Schreyögg
Unternehmensstrategie

Georg Schreyögg

Unternehmensstrategie

Grundfragen einer Theorie strategischer Unternehmensführung

Walter de Gruyter · Berlin · New York 1984

Dr. *Georg Schreyögg*
Privatdozent am Betriebswirtschaftlichen Institut
der Universität Erlangen-Nürnberg

Mit 29 Abbildungen und 4 Tabellen

CIP-Kurztitelaufnahme der Deutschen Bibliothek

Schreyögg, Georg:
Unternehmensstrategie : Grundfragen e. Theorie strateg. Unternehmensführung / Georg Schreyögg. – Berlin ; New York : de Gruyter, 1984.
ISBN 3-11-009878-4 (geb.)
ISBN 3-11-014136-1 (brosch.)

Printed in Germany
Satz und Druck: Arthur Collignon GmbH, Berlin
Bindearbeiten: Buchgewerbe GmbH Lüderitz & Bauer, Berlin

Vorwort

Seit nunmehr gut 10 Jahren sind Fragen der strategischen Planung und Steuerung mehr und mehr in den Mittelpunkt betriebswirtschaftlicher Forschung und praktischen Interesses getreten. Die wirtschaftliche Krise und die Schlaglichter, die sie auf die Unternehmenspolitik großer Unternehmen wirft, haben das Interesse daran weiterhin erheblich verstärkt.

Grundlegend für die Einordnung, Beurteilung und praktische Umsetzung der in rascher Folge erscheinenden neuen Aspekte und Planungsmethoden ist die Entwicklung einer allgemeinen Theorie der strategischen Unternehmensführung. Das vorliegende Buch will dazu einen Beitrag leisten. Die weite Verstreuung der Theorieansätze und praktischen Handlungsanweisungen, wie sie heute vorzufinden ist, fordert zunächst eine ordnende Bestandsaufnahme. Die systematische Darstellung der verschiedenen Ansätze und ihre Analyse bilden die Basis zur Erörterung der Grundfragen einer allgemeinen Theorie, die Funktion und Ziel der strategischen Unternehmensführung präzisiert und die Voraussetzungen ihres effektiven Einsatzes klären will.

Entstanden ist das Buch während meiner Tätigkeit am Betriebswirtschaftlichen Institut der Universität Erlangen-Nürnberg; die Untersuchung wurde im Sommersemester 1983 von der Wirtschafts- und Sozialwissenschaftlichen Fakultät in Nürnberg als Habilitationsschrift angenommen. Vielen Personen gilt es Dank zu sagen für empfangene Unterstützung und erteilten Rat, zunächst allen meinen Kollegen, die mir mit tatkräftiger Hilfeleistung und Rücksichtnahme zur Seite standen, sowie Liesbeth Schoyerer für Umsicht, Geduld und Engagement bei der Manuskripterstellung. Prof. Dr. Manfred Neumann hat sich die Zeit für eine kritische Durchsicht und Diskussion des 1. Kapitels genommen, von ihm habe ich wertvolle Hinweise erhalten. Zu danken habe ich ferner Prof. Dr. Manfred Meyer für Anregungen und die wohlwollende Förderung der Arbeit. Mein besonderer Dank gilt aber meinem akademischen Lehrer, Prof. Dr. Horst Steinmann, für die jahrelange Unterstützung, die fortwährende Ermutigung und die nie ermüdende Bereitschaft zum konstruktiven Dialog.

Nürnberg, im Oktober 1983 — Georg Schreyögg

Inhalt

Einführung 1

1 Unternehmensstrategie und Wirtschaftstheorie 5
1.1 Die theoretische Ausgangslage 5
1.2 Unternehmensstrategie in der mikroökonomischen Gleichgewichtstheorie 8
1.2.1 Der Fall der vollkommenen Konkurrenz 8
1.2.2 Monopol und Oligopol als Sonderfälle 11
1.3 Zur „strategischen“ Bedeutung des Oligopolfalles 14
1.4 Zur empirischen Relevanz des Oligopolfalles 17
1.4.1 Zur wirtschaftlichen Bedeutung der Großunternehmen . . 17
1.4.2 Marktstrukturen in den Industriezweigen 18
1.4.3 Langfristige Tendenzen 21
1.4.4 Finanzkraft und Handlungsspielraum 23
1.5 Handlungsspielraum bei unvollkommener Konkurrenz 25
1.5.1 Produktdifferenzierung („Monopolistische Konkurrenz“) 26
1.5.2 Marktzutrittsschranken 29
1.5.3 Unvollkommene Information 32
1.6 Gewinnmaximierung – eine tragfähige Prämisse? 33
1.6.1 Entscheidungen unter Ungewißheit 34
1.6.2 Die Firma ist eine Organisation! 35
1.6.3 Der Managerkapitalismus 36
1.6.3.1 Managerziele kontra Eigentümerziele 36
1.6.3.2 Der Kapitalmarkt als durchschlagendes Disziplinierungsinstrument? 40
1.6.3.3 Revitalisiert die divisionale Organisation die Gewinnmaximierungsprämisse? 45
1.7 Marktstruktur und Unternehmensstrategie: „Industrial Organization“ als integratives Paradigma 50
Exkurs: Anmerkung zu den wohlfahrtsökonomischen Implikationen unternehmensstrategischen Handelns 55

2 Erklärungsansätze für das Entstehen strategischen Denkens in der Unternehmenspolitik 58
2.1 Zur Genesis des Großunternehmens: Der Chandlersche Erklärungsansatz 58
2.2 Unternehmensplanung als Folge veränderter Produktions- und Kostenstruktur 69
2.3 Gestiegene Umweltturbulenz als Grund verstärkter strategischer Unternehmensplanung? 72

3 Die strategische Unternehmensplanung: Präskriptive Strategietheorie 77
3.1 Kurzer Abriß der Entwicklung 77
3.2 Allgemeine Merkmale der strategischen Planung 80
3.3 „Prämissen" des strategischen Planungsprozesses: Festlegung der langfristigen Unternehmensziele 86
3.4 Strategieformulierung 89
3.4.1 Strategische Analyse 89
3.4.1.1 Strategieidentifikation 89
3.4.1.2 Umweltanalyse: Chancen und Risiken 100
3.4.1.3 Ressourcenanalyse: Stärken und Schwächen . . . 111
3.4.2 Strategische Wahl 114
3.4.2.1 Lückenanalyse und Alternativensuche auf Unternehmens- und Geschäftsfeldebene 114
3.4.2.2 Alternativenbewertung und Auswahl der Strategie(n) 121
3.5 Strategieimplementation 124
3.5.1 Programmplanung für die Funktionsbereiche 124
3.5.2 Kurzfristige Aktionsplanung und Budgetierung 125
3.5.3 Errichtung eines strategiegerechten Organisations- und Führungssystems 128
3.5.4 Plankontrolle und strategische Kontrolle 131
3.6 Zum Rationalitätsbegriff des präskriptiven Ansatzes 133

4 Deskriptive Theorie unternehmensstrategischen Handelns 139
4.1 Ausgangspunkt und theoretische Wurzeln 139
4.2 Überblick über die deskriptive Strategieforschung 141
4.3 Der Strategiebegriff in der deskriptiven Strategieanalyse 147
4.4 Grundmuster deskriptiver Strategieanalyse 151
4.4.1 Das Paradigma des rationalen Aktors 151
4.4.2 Das Organisationsprozeß-Paradigma 153
4.4.2.1 Basischarakteristika 153
4.4.2.2 Theoretische Grundlagen 155
4.4.2.3 Empirische Studien 169
4.4.3 Das Kampfspiel-Paradigma 177
4.4.3.1 Basischarakteristika 177
4.4.3.2 Theoretische Grundlagen 181
4.4.3.3 Ausgewählte empirische Studien 192
4.4.4 Das Paradigma der „organisierten Anarchie" 201
4.4.4.1 Basischarakteristika und ihre theoretischen Grundlagen 201
4.4.4.2 Planung und Strategiebildung in „organisierten Anarchien" 206

5 Zum Verhältnis von Deskriptivem und Präskriptivem Ansatz 213
5.1 Vorbemerkung 214
5.2 Konfliktäre Perspektive 215
5.3 Kontingenztheoretische Perspektive 230
5.4 Integrative Perspektive 234
5.4.1 Implementation als Problem 234
5.4.2 Logischer Inkrementalismus nach Quinn 239
5.5 Systemrationalität als Alternative 243
5.5.1 Strategisch-synoptische Planung und Zweck/Mittel-Prinzip 245
5.5.2 Zum Konzept der Systemrationalität 248
5.5.3 Systemrationalität versus synoptische Rationalität: Konkurrierende Grundlagen einer Theorie strategischer Unternehmensführung 251
5.5.4 Schlußfolgerungen für eine Theorie strategischer Unternehmensführung 267

6 Zur Methodologie einer Theorie strategischer Unternehmensführung – Abschließende Bemerkungen 273

Verzeichnis der Abbildungen und Tabellen 285

Abkürzungsverzeichnis 286

Literaturverzeichnis 287

Sachregister 323

Einführung

Gegenstand der vorliegenden Untersuchung ist die *strategische Steuerung* von Unternehmen. Kaum ein betriebswirtschaftliches Gebiet vermochte in den letzten Jahren soviel Attraktivität zu entfalten wie dieses. Jahrelang eng begrenzt auf die Enklave *unternehmenspolitischer* Kurse, wie sie vornehmlich an der Harvard Universität entwickelt wurden, greifen jetzt zahlreiche (Teil-)Disziplinen nach diesem Konzept der Unternehmensstrategie – sei es die Organisationstheorie, das Controlling, die Wirtschaftsgeschichte oder die Industrieökonomik – und versuchen, es für ihre Theorienbildung nutzbar zu machen. Aber nicht nur die Wissenschaft, sondern auch insbesondere die Praxis zeigt ein hohes Interesse für dieses Gebiet. Dies schon allein deshalb, weil sich mit der Idee strategischer Unternehmensführung die Erwartung verbindet, Unternehmen krisenfester und (international) konkurrenzfähiger machen zu können.

Ein Blick in das Schrifttum und speziell auch in die Beiträge der für diesen Wissenszweig gegründeten Zeitschriften, wie „Long Range Planning" oder „Strategic Management Journal", zeigt nun allerdings ein verwirrendes Bild von Theorien und Meinungen. Neben hoch ausdifferenzierten Modellen des rationalen Planungsaufbaus finden sich dazu kraß kontrastierende Schilderungen faktischer Strategiebildungsverläufe in Unternehmen; die pragmatische Propagierung von Erfolgsstrategien trifft auf die Forderung nach soliderer theoretischer und empirischer Fundierung der Disziplin; die Empfehlung, die neuen Planungsmethoden auch in Mittelbetrieben einzusetzen, steht der Warnung gegenüber, strategische Planung führe zu einer gefährlichen Erstarrung der Unternehmenssteuerung; neben dem Appell einer allumfassenden Partizipation der Betroffenen am strategischen Planungsprozeß verunsichert die Behauptung, die Verhaltensweisen der Firma seien im wesentlichen Reflex der Marktstruktur, die Idee der Unternehmensstrategie folglich eine irreführende Fiktion.

Dieses widersprüchliche Bild fordert zur Klärung auf; Ziel dieses Buches ist es, zu dieser Klärung einen Beitrag zu leisten. Es bietet sich an, ein solches Vorhaben auf der Basis von Grundlagenfragen anzugehen, deren Beantwortung über *Stellenwert*, *Art* und *Ausprägung* einer Theorie strategischer Unternehmensführung *entscheidet*.

Die *erste* – quasi vorgelagerte – *Grundlagenfrage* betrifft das Verhältnis von Einzelwirtschaft und Gesamtwirtschaft bzw. von Unternehmung und Markt. Strategische Planung setzt *Kontingenz*, also Indeterminiertheit und somit Gestaltbarkeit voraus. Volkswirtschaftliche und betriebswirtschaftliche Theorien gehen an diesem Punkt jedoch bisweilen weit auseinander.

Für eine Theorie strategischer Unternehmensführung muß deshalb vor allen weiteren Diskussionen hinreichend geklärt sein, ob in marktwirtschaftlichen Systemen, wie wir sie in den hochindustrialisierten westlichen Industrieländern vorfinden, zu Recht ein *Aktionsfreiraum* und eine Lockerung von Marktzwängen in einem solchen Umfange unterstellt werden darf, wie es die Idee strategischer Unternehmenssteuerung zwingend zur Voraussetzung hat. Läßt sich für einen solchen Spielraum argumentieren, so ergibt sich sofort die Frage nach einem *konzeptionellen Rahmen*, der das Verhältnis von Marktdeterminanten und Unternehmensführung thematisiert und den Raum strategischer Steuerungsmöglichkeit absteckt. Beide Probleme sind Gegenstand von Kapitel 1. Dem positiven Spielraumnachweis folgt der Vorschlag, ausgehend von der Oligopoltheorie die Konzeption des „Industrial Organization" als Verbindungsrahmen für die Idee strategischer Unternehmensführung und die Markttheorie zu wählen.

Eng mit dem ersten Grundlagenproblem in Zusammenhang steht die Frage, wie man sich das Aufkommen und das zunehmende Interesse an der Idee unternehmensstrategischen Handelns überhaupt verständlich machen kann, welche Faktoren man benennen könnte, die die Herausbildung unternehmerischer Strategien sinnvoll erscheinen lassen. Kapitel 2 ist daher Theorien zur *Genesis des strategischen Problems* gewidmet. Diese Erklärungsansätze – sie stellen alle die Veränderung in den Bedingungen der Unternehmensführung in den breiteren Kontext der Entwicklung von Unternehmung und Gesellschaft – bilden zugleich den Hintergrund für die nachfolgenden Theorien der Strategieformulierung. Kapitel 2 nimmt daher auch eine Art Vermittlungsstellung ein.

Ist, gesamtwirtschaftlich gesehen, über die Möglichkeit strategischen Handelns positiv entschieden und ist das Verständnis für den Hintergrund unternehmensstrategischen Handelns durch eine Genese der Problemstellung geschaffen, so stellt sich als nächstes die Frage, was nun im einzelnen unter strategischer Unternehmensführung verstanden wird bzw. wie sich in der betriebswirtschaftlichen Theorie die Bildung unternehmerischer Strategien darstellt. Schon ein flüchtiger Blick in die strategische Literatur zeigt eine große Fülle unterschiedlicher Vorstellungen und Betrachtungsweisen. Wir versuchen daher zunächst, einen *ordnenden Literaturüberblick* zu schaffen, der nicht nur das breite Spektrum der Meinungen sichtbar machen, sondern auch die *Grund-Strömungen* in ihren Strukturen herausmeißeln soll. Es sind im wesentlichen zwei Haupt-Blöcke, in die sich die Literatur zur strategischen Unternehmensführung heute aufteilt, nämlich die *präskriptiv*-modellhaften Ansätze auf der einen und die empirisch-*deskriptiven* Ansätze auf der anderen Seite. Der Darstellung dieser beiden Blöcke sind die Kapitel 3 bzw. 4 gewidmet.

Die betriebswirtschaftliche Literatur hatte sich jahrelang fast ausschließlich auf den präskriptiv-modellhaften Ansatz strategischer Planung konzentriert.

Mit dem Aufgreifen von Ergebnissen der deskriptiven Entscheidungsforschung und stärker noch mit der rasch an Popularität gewinnenden empirischen Strategieforschung verbreiterte sich jedoch zusehends die Perspektive, so daß die Wahl des geeigneten theoretischen Ansatzes (oder besser gesagt, die Paradigmawahl) immer mehr zum Problem wird, zumal sich präskriptive Modelle zum rationalen Planaufbau und deskriptive Analysen faktischer Strategiebildung *spannungsreich* gegenüberstehen. Diese Entwicklung ließ in der Planungsdiskussion eine Verunsicherung in der Grundorientierung entstehen, die in der jüngeren Literatur zur strategischen Unternehmensführung ihren vollen Niederschlag findet. Dieser Verunsicherung nachzugehen mit der Absicht, eine Orientierung zu gewinnen, ist Gegenstand von Kapitel 5.

Im Mittelpunkt von Kapitel 5 steht deshalb die Diskussion des Verhältnisses von deskriptiver und präskriptiver Planungsforschung. Für die Struktur einer Planungs- und Steuerungstheorie ist die Wahl des zugrunde zu legenden Rationalitätskonzeptes von ausschlaggebender Bedeutung. Kernpunkt jeder planungstheoretischen Grundlagendiskussion ist damit zwangsläufig die Frage nach der *Planungsrationalität.* Wir stellen daher die Diskussion in Kapitel 5 unter den leitenden Gesichtspunkt der Planungsrationalität und begreifen dies zugleich als *zentrales Grundlagenproblem* einer Theorie strategischer Unternehmensführung.

Das Verhältnis von deskriptiver und präskriptiver Strategietheorie wird zunächst auf dem Hintergrund der Konzepte *synoptischer* und *inkrementaler* Rationalität beleuchtet. Nachdem die Analyse dieser Polarität und auch dazwischen vermittelnder Ansätze, wie sie in der jüngeren Literatur zu finden sind, keine befriedigende Perspektive erbringt, wird der Versuch gemacht, in dem systemtheoretischen Konzept der *„Systemrationalität"* eine gangbare Alternative aufzuzeigen.

Natürlich ist die Idee, strategische Planung auf der Basis der Systemtheorie zu konzeptualisieren, nicht neu. Sie wird in der Literatur jedoch häufig als letztlich unverbindliches Plädoyer für einen breiteren Ordnungsrahmen oder den Einbezug der Interaktion von Unternehmung und Umwelt (was strategische Analyse ja per definitionem tut) vertreten. Einen zentralen Stellenwert bekommt diese Idee jedoch erst dann, wenn mit ihr eine *Ablösung* des herkömmlichen Begriffes strategischer Planungsrationalität verbunden wird. Es stellt sich daher die besondere Aufgabe, genau zu dieser Implikation zu argumentieren und ihre Konsequenzen aufzuzeigen.

Das Prinzip systemrationaler Planung nimmt Elemente sowohl des präskriptiven als auch des deskriptiven Ansatzes auf und verbindet sie in einer Weise, die für eine Theorie strategischer Unternehmensführung eine – so jedenfalls unsere These – geeignete Grundstruktur abgibt. Anhand von einigen Skizzen wird gezeigt, wie der strategische Steuerungsprozeß auf der Basis dieses Rationalitätskonzeptes zu denken und zu konzipieren ist. Abschließend wird auf die Ergänzungsbedürftigkeit der Systemrationalität (im Grunde jeder bloß technischen Rationalität) durch den normativen Aspekt der Planung hingewiesen und das Prinzip „praktischer Rationalität" kurz skizziert.

Die Wahl des Rationalitätsbegriffs beinhaltet zugleich eine Vorentscheidung über den logischen Status der Planungstheorie. In dem abschließenden Kapitel 6 wird daher – die vorangehende Diskussion rekapitulierend – das Methodologieproblem aufgegriffen und die Grundlagenfrage nach der geeigneten *methodischen Basis* einer Theorie strategischer Unternehmensführung gestellt. Ein beträchtlicher Teil der neueren Literatur beinhaltet die Forderung, die Theorie strategischer Unternehmensführung als eine empirische Gesetzeswissenschaft zu begreifen und die vorhandenen Konzepte in einer solchen Weise zu reformulieren. Es gehört auch zu den Anliegen von Kapitel 6, Gründe gegen diese Forderung vorzutragen und aufzuzeigen, daß eine Planungs- und Gestaltungslehre schon von ihrem Anspruch her präskriptiv angelegt sein muß, ohne dabei allerdings den hohen Stellenwert empirischer Forschung für eine Theorie strategischer Unternehmensführung vernachlässigen zu dürfen. Abschließend wird ein Methodologieraster skizziert, das dem speziellen Anliegen einer Theorie der Unternehmenspolitik gerecht werden und der Fortentwicklung dieses Zweiges betriebswirtschaftlicher Forschung eine Leitlinie geben könnte.

Das Untersuchungsziel und der skizzierte Aufbau der Argumentation bringen zugleich – von einer anderen Warte her betrachtet – zwangsläufig die Aufgabe mit sich, einen beträchtlichen Teil der vielfältigen und aus *unterschiedlichen Disziplinen* kommenden theoretischen Annäherungen an (unternehmens-)strategisches Handeln und Planen zueinander in *Verbindung* zu setzen. Notwendige Anschlußstücke, gemeinsame Voraussetzungen und vorhandene *Divergenzen* sind zu verdeutlichen. Dieser Vorstoß in andere Disziplinen (Volkswirtschaftslehre, Politische Wissenschaften, Wirtschaftsgeschichte u.a.) wird sicherlich unvollständig und bisweilen arg vergröbernd bleiben. Es soll hier jedoch primär darum gehen, Schnittstellen aufzuzeigen und notwendige Verknüpfungspunkte herauszuarbeiten. Die Vielzahl der beteiligten Disziplinen braucht die Entwicklung einer eigenständigen *betriebswirtschaftlichen Theorie* strategischer Unternehmensführung nicht ausschließen; aber sie stellt sie theoretisch und praktisch vor besondere Probleme. Die in dieser Arbeit dargelegten Voraussetzungen strategischen Handelns und das als vorziehungswürdig ausgezeichnete Konzept der Systemrationalität sowie die daran anknüpfenden Prinzipien der Strategieformulierung sind daher zugleich als Versuch zu verstehen, einer solchen interdisziplinär orientierten betriebswirtschaftlichen Theorie strategischer Unternehmenssteuerung einen geeigneten Rahmen zu bieten.

1 Unternehmensstrategie und Wirtschaftstheorie

1.1 Die theoretische Ausgangslage

Gleichgültig, ob man strategische Planung mehr im Sinne einer Gestaltungslehre zur *Neuorientierung* der Unternehmensführung versteht oder – wie in jüngerer Zeit häufiger vorgeschlagen – zur *Erklärung* der Handlungsweise und -ergebnisse von Unternehmen heranzieht, immer setzt das Konzept der Strategie eine *spezifische* Entscheidungssituation in dem Unternehmen voraus; eine Situation nämlich, die es erlaubt, sich über Entscheidungen im voraus schlüssig zu werden und in das Aktionsfeld im Sinne eigener Vorstellungen einzuwirken[1]. Konkreter wird unter Unternehmensstrategie – späteren Ausführungen vorgreifend – die langfristig-orientierte(n) Entscheidung(en) darüber verstanden, in welcher oder in welchen Domänen (Branchen, Märkte) eine Unternehmung tätig sein soll, und welche Handlungsweisen und Ressourcenverwendungen zu wählen sind, um eine vorteilhafte Wettbewerbsposition zu erreichen (domain navigation)[2]. Mit anderen Worten, Strategie bezeichnet die Wahl des Produkt/Markt-Konzeptes[3] und der zentralen Aktionsparameter (Wettbewerbsschwerpunkte) zur Sicherstellung des Unternehmenserfolges[4]. Typische Strategien sind z. B. das Erschließen neuer Märkte für ein bestehendes Produktprogramm oder die Diversifikation, d. h. der Eintritt in neue Märkte mit bislang nicht bearbeiteten Produkten. Der zugrundegelegte zeitliche Horizont reicht dabei häufig zehn Jahre und mehr in die Zukunft hinein.

[1] Soweit ist eine Ähnlichkeit mit dem spieltheoretischen Strategiebegriff gegeben; ansonsten hat jedoch das Konzept der Unternehmensstrategie, wie es in der strategischen Planung gefaßt wird, kaum Berührungspunkte mit der spieltheoretischen „Strategie". Dies schon deshalb nicht, weil das unternehmensstrategische Aktionsfeld keinen Spielregeln gehorcht, die *alle* möglichen Spielzüge antizipieren ließen. Zum spieltheoretischen Strategiebegriff vgl. von Neumann & Morgenstern (Spieltheorie), S. 79.

[2] Ähnlich die Strategiedefinitionen von Bourgeois (Strategy), S. 27 und Bracker (Development), S. 221, die beide versucht haben, aus den zahllosen vorliegenden Strategiedefinitionen den gemeinsamen Kern herauszuschälen.

[3] Vgl. hierzu den Klassiker der strategischen Planung: Ansoff (Strategy), S. 5 f., 108 ff.

[4] An dieser Stelle wird absichtlich offen gelassen, ob es sich bei der Strategie um ein umfassendes und integriertes System von Zielen und Maßnahmen handelt oder um ein Bündel lose gekoppelter Entscheidungen. Auch soll es noch keinen Unterschied machen, ob strategische Entscheidungen Ergebnis formaler Planung sind oder nicht. Die Problematik dieser Unterscheidung wird sich im Fortlauf der Arbeit entfalten.

Strategien sollen die sich bietenden Chancen und Potentiale der Unternehmung nutzen und Bedrohungen der erreichten Positionen abwehren. Um eine entsprechend vorteilhafte Wahl bezüglich des Ressourceneinsatzes treffen zu können, wird eine gute Kenntnis der Stärken und Schwächen des eigenen Unternehmens, wie sie sich in Relation zu den konkurrierenden Unternehmen ergeben, als wichtige Voraussetzung genannt. *Das Spektrum der Aktionsparameter* zur Gestaltung des Wettbewerbs wird in der Regel breit veranschlagt. Es beinhaltet u.a. Preispolitik, Standortwahl, Realisierung von Skalenerträgen, aktive Beeinflussung der Nachfrage, systematische Schaffung neuer Märkte durch Forschung und Entwicklung, Variationen der Qualität und Lebensdauer von Produkten, Patentpolitik und zwischenbetriebliche Kooperation, um nur einige zu nennen[5].

Bereits aus dieser knappen Schilderung läßt sich ohne Mühe ersehen, daß die unternehmenspolitische Literatur der strategischen Wahl eine Schlüsselrolle für den Unternehmenserfolg zuschreibt, und zwar sowohl im positiven als auch im negativen. Die Fähigkeit des Managements und die Handhabung des strategischen Prozesses werden damit zu kritischen Variablen bei der Bestimmung unternehmerischen Erfolgs bzw. der Frage, ob und wieweit die Konkurrenz übertroffen werden kann. Diese Auffassung korrespondiert mit der herkömmlichen betriebswirtschaftlichen Betrachtungsweise der Firma. Das Streben betriebswirtschaftlicher Forschung und Lehre fand immer schon in der Auffassung seine Begründung, daß der Erfolg einer Unternehmung ganz wesentlich durch ihre Führung und die sie tragenden Personen bestimmt ist. Anders ausgedrückt, Unterschiede im Erfolg lassen sich durch Unterschiede in der Unternehmensführung erklären. Die Existenz der *Umwelt* und die Bedeutung ihrer Einflußkräfte werden keineswegs geleugnet, sondern ausdrücklich anerkannt, freilich jedoch immer nur in Form von mehr oder weniger beeinflußbaren oder umgehbaren Restriktionen im Feld des strategischen Entscheidungsprozesses.

Diese Betrachtungsweise mag vielen selbstverständlich erscheinen, so selbstverständlich, daß sie gar keine Frage mehr daran knüpfen. Wir könnten sie dann auch für den Fortlauf schlicht voraussetzen. Selbstverständlich ist eine Betrachtungsweise allerdings erst dann, wenn sich *alle* Sachverständigen darin teilen. Davon kann aber keine Rede sein; steht diese Betrachtungsweise doch in einem markanten Gegensatz zu bedeutsamen Schulen der volkswirtschaftlichen Theoriebildung, allen voran der gewichtigen neoklassischen Preistheorie, die die Firma bekanntlich rein reaktiv als „Mengenanpasser" modelliert[6]. Auch wenn man in Rechnung stellt, daß methodisch

[5] Zu einem umfassenden Überblick über die Instrumente unternehmensstrategischen Handelns vgl. statt anderer das Standardwerk Newman & Logan (Strategy).

[6] Als weitere Schule wäre hier z.B. der marxistische Denkansatz zu nennen, der über die Heraushebung systemstruktureller Entwicklungszwänge eine firmenspezifische Betrach-

gesehen eine gesamtwirtschaftliche Theorie von vielen Details, für die sich eine Theorie der Unternehmensstrategie gerade interessiert, abstrahieren muß, um überhaupt theoriebildend vorgehen zu können, so dürfen sich die angesprochenen Sichtweisen doch nicht so weit voneinander unterscheiden, daß die eine die andere ausschließt oder jedenfalls kaum eine Verknüpfung hergestellt werden kann. Eine nähere Untersuchung ist daher angezeigt.

Strategisches Handeln setzt notwendig Kontingenz, also Indeterminiertheit und somit die Existenz eines hinreichend großen Entscheidungs- und Aktionsspielraums der jeweiligen Firma voraus. Kann aber aufgrund virulenter Marktzwänge, die eine ständige Anpassung gebieten, ein solcher Freiraum nicht angenommen werden oder läßt sich dafür argumentieren, daß durch die Entwicklung von Strategien nur Veränderungen des Firmenverhaltens in marginaler Größe möglich sind, so steht der Sinn und die Notwendigkeit einer Strategielehre und strategischer Analysen *grundsätzlich* in Frage. Der Verweis darauf, daß in großen Unternehmungen strategische Plandokumente auffindbar sind, kann für sich allein genommen noch kein Gegenbeweis sein, denn die Firmen können ihren Plänen subjektiv einen Spielraum unterlegen, der bei objektiver Betrachtung gar nicht existiert[7].

Die Frage, ob sich mit guten Gründen in unserer heutigen Situation ein relevanter Handlungsspielraum für zumindest einen beträchtlichen Teil der Firmen behaupten läßt, bzw. die Frage nach der Bestimmungskraft des gesamtwirtschaftlichen Rahmens für die strategischen Handlungspläne von Firmen, wird damit zu einem *Grundlagenproblem* jedweder Theorie strategischer Unternehmensführung. Es ist das *vorgeordnete* Grundlagenproblem; erst wenn hierauf eine positive Antwort gefunden werden kann, lassen sich mit Berechtigung die anderen geplanten Untersuchungsschritte zur Planungstheorie in Angriff nehmen, will man sich nicht dem Vorwurf bloß esoteri-

tungsweise bedeutungslos macht. Daneben gibt es freilich auch volkswirtschaftliche Strömungen, die unternehmensstrategisches Handeln in der einen oder anderen Weise integrieren, z. B. die „Harvard-Schule", die „Chicago-Schule" oder die „Österreichische Schule". Auf sie wird zurückzukommen sein. Ferner muß betont werden, daß nicht nur im volkswirtschaftlichen Bereich Ansätze vorliegen, die der führungszentrierten Betrachtungsweise widersprechen. So ist z. B. auf Untersuchungen von Managementtheoretikern hinzuweisen, die der Frage nachgehen, welcher Anteil an Erfolgsvarianz durch Aktivitäten der Geschäftsleitung erklärt werden kann, und hierbei im Vergleich zu Branchenmerkmalen oder etwa zur Größe zu recht bescheidenen Prozentsätzen erklärter Varianz kommen; vgl. Lieberson & O'Connor (Leadership) und Weiner & Mahoney (Model). Die Unternehmensführung hat nach Auffassung von Lieberson & O'Connor nur in Zeiten extremen Wandels und Wachstums eine herausragende Bedeutung. Dieser letzte Punkt korrespondiert im übrigen mit volkswirtschaftlichen Theorien der Marktinnovation, wie sie Schumpeter (Entwicklung) vertreten hat.

7 Vgl. zu diesem Argument auch die Diskussion bei Porter (Choice), S. 73 f., sowie die Position von Bain (Industrial Organization); ähnlich im übrigen auch das Argument, das Kahn (Comment) gegen die Theorie administrierter Preise von Lanzillotti (Pricing) ins Feld führt.

scher Betrachtung aussetzen. Ein positiver Spielraumbeleg wirft die Anschlußfrage auf, wie eine konzeptionelle Vermittlung von aktiver Unternehmenspolitik und Wirtschaftstheorie gedacht werden soll, um sie als *Baustein* einer Theorie strategischer Unternehmensführung *zugrundelegen* zu können. Der Diskussion dieser Fragen ist zweckmäßigerweise eine Präzisierung des theoretischen Dilemmas zwischen der Idee strategischer Wirtschaftspläne mit der vorherrschenden Mikroökonomie voranzustellen.

1.2 Unternehmensstrategien in der mikroökonomischen Gleichgewichtstheorie

1.2.1 Der Fall der vollkommenen Konkurrenz

Der Fixpunkt der mikroökonomischen Gleichgewichtstheorie ist das Modell der vollkommenen Konkurrenz. Es geht – ebenso wie die klassisch-liberale Wirtschaftstheorie – davon aus, daß die Kräfte des Marktes das Verhalten der Firma erklären. Grundlegend für die Theorie ist die Idee bestimmender Marktkräfte, d.h. die Dynamik des marktwirtschaftlichen Prozesses vermag den Wirtschaftsplan der einzelnen Firma nahezu vollständig zu prägen; eine firmenspezifische Betrachtung erübrigt sich damit. Kaufer nennt diese Konstellation „kontextualen Determinismus“[8]; wir nennen sie „funktionaler Determinismus“, um damit – wie gleich noch zu zeigen sein wird – auf die Voraussetzung einer Teilnahmemotivation bzw. des Strebens nach Bestandssicherung aufmerksam zu machen[9].

Das Modell der vollkommenen Konkurrenz baut im wesentlichen auf folgenden Annahmen auf

(1) Homogenität der Güter;
(2) vollständige Information der Marktteilnehmer;
(3) unüberschaubar viele Anbieter und Nachfrager;

[8] Vgl. Kaufer (Industrieökonomik), S. 509; Latsis (Determinism) nennt sie „situationaler Determinismus“.

[9] Um Mißverständnissen vorzubeugen, sei sogleich klargestellt, daß sich eine solche deterministische Beziehung grundsätzlich von dem Determinismus unterscheidet, wie er für Naturgesetze angenommen wird. Während es sich in erstem Falle um kulturell hergestellte, aus einer normativen Ordnung abzuleitende Systemzwänge handelt, sind es im zweiten Fall notwendige und unabänderliche Verläufe von Ereignisfolgen. Zu den methodischen Grundlagen und praktischen Konsequenzen dieser Determinismus-Konzepte vgl. im einzelnen Habermas (Logik), S. 138f., S. 164ff.; im Hinblick auf Kontingenztheorien der Organisation Schreyögg (Umwelt), S. 212ff.

(4) freier Marktzugang und -austritt[10];
(5) Unabhängigkeit der Entscheidungen der Marktteilnehmer;
(6) gewinnmaximierende Unternehmer[11], nutzenmaximierende Konsumenten.

Das hieraus deduzierbare totale Marktgleichgewicht bestimmt das Verhalten der Firma[12]. Sie hat die Signale der Konsumenten, vermittelt über das Preissystem, aufzunehmen und in eine entsprechende Produktion umzusetzen („vikarische Funktion der Unternehmer"). Der Wunsch, auf dem Markt zu verbleiben, ist nur mit einer einzigen Handlungsmöglichkeit vereinbar, nämlich gerade soviel und nur soviele Güter zu produzieren, daß die Grenzkosten gleich dem Preis und dem Minimum der Durchschnittskosten sind. Jede Abweichung von diesem Optimum führt unweigerlich zum Untergang der Firma.

Gerade das, was strategisches Handeln ausmacht, ist damit von vorneherein ausgeschlossen. Entscheidungen, die für eine strategische Planung konstitutiv sind, sind in diesem Raster gar nicht thematisierbar[13]. Dort, wo die Produktionspläne nur eine Widerspiegelung geäußerter Konsumentenbedürfnisse sind, erübrigt sich die Suche nach neuen Märkten; dort, wo die Güter homogen sind, ist für Strategien des Produktwettbewerbs kein Raum. Die Preise auf den Faktor- und Absatzmärkten, die Nachfrage, die Produkte, die Technologie, alles dies sind im Rahmen dieses Kontextes für die Firma *Daten*, denen sie sich reibungslos *anpassen* muß. Die *Leistung* der Unternehmensführung ist *standardisiert*; sie kann nur die determinierte Maximum-Lösung realisieren, will sie nicht den Bankrott der Firma herbeiführen. Sie spielt in

[10] In der neueren Volkswirtschaftslehre wird häufig Prämisse (4) als Prämisse (3) umschließend gedacht; bei freiem Marktzu- und -austritt sei die Zahl der Anbieter unerheblich, ja selbst bei nur einem Anbieter könne dann aufgrund potentieller Anbieter die Voraussetzung vollkommener Konkurrenz erfüllt werden. Vgl. Neumann (Volkswirtschaftslehre II), S. 28, jüngst wieder Baumol (Markets), S. 3 f. Gegen diese Auffassung wendet sich aufgrund empirischer Beobachtungen Zohlnhöfer (Wettbewerbspolitik), S. 15. Vollständig freier Marktzutritt impliziert auch eine hinreichende Teilbarkeit der Güter, was häufig auch als eigenständige Prämisse geführt wird. Diesen Hinweis verdanke ich Prof. M. Neumann.

[11] Wie gleich zu zeigen sein wird, kann diese Prämisse für die statische (nicht aber die dynamische) Betrachtungsweise zu einem Interesse an Bestandserhaltung abgeschwächt werden.

[12] Das gilt genau genommen nur in längerfristiger Perspektive. Soll es auch kurzfristig gelten, muß die Prämisse der unendlich großen Reaktionsgeschwindigkeit mit hinzugenommen werden, vgl. Neumann (Volkswirtschaftslehre II), S. 28; sowie die kritische Diskussion bei Streißler (Kritik), S. 52 ff.

[13] Vgl. hierzu u. a. Minkes & Foxall (Entrepreneurship), S. 296 f., Sutton (Economics), S. 3 f., sowie allgemeiner Kaysen (Corporation), S. 88 ff., Krüsselberg (Organisationstheorie), S. 13 ff., Streißler (Kritik), S. 40 ff.

dem Prozeß nur die Rolle eines *mechanischen Umsetzers* der Marktsignale[14]. Die interne Struktur und Entscheidungsfindung in einer Firma sind als Problem eliminiert[15].

Diese strenge Determinierung folgt wesentlich aus den idealisierten Prämissen des Modells. Die Determiniertheit des Firmenverhaltens und der mangelnde strategische Spielraum bleiben im Kern jedoch auch dann erhalten, wenn man die Prämissen lockert und ein realistischeres Bild eines wettbewerbsintensiven Marktes zugrunde legt. In Teilen der nationalökonomischen Literatur wird in diesem Sinne zwischen „reinem Wettbewerb" (pure competition) und „vollkommener Konkurrenz" unterschieden; wobei ersterer nur noch auf das Vorhandensein vieler hinreichend kleiner Anbieter und Nachfrager und die Homogenität der Güter abstellt[16]. Auch dort ist der Preis für die Firma ein Datum, auch dort kann die einzelne Firma nicht entscheiden, wie sie den Wettbewerb bestreiten will. Zwar sind – wenn man die grundsätzlich statische Betrachtungsweise „dynamisiert" – etwa durch die Verwendung neuer Produktionstechniken oder innovativer Verfahren Divergenzen in den Gewinnhöhen bzw. den Kosten möglich, sie können aber nur von kurzer Dauer sein, denn Gewinndivergenzen schaffen nach Voraussetzung den Anreiz zu ihrer Beseitigung. Solange Gewinne erzielbar sind, strömen neue Anbieter in den Markt und senken durch Ausdehnung des Angebots den Gleichgewichtspreis. Submarginale Anbieter müssen ausscheiden. Das (langfristige) Marktgleichgewicht ist erreicht, wenn der Preis die totalen Durchschnittskosten der Anbieter mit den neuen Techniken und Verfahren gerade deckt, also keine Gewinne mehr erzielt werden[17]. Mit anderen Worten: auch bei *dynamisierter Sichtweise* wird die Anpassung der Firma durch die Konkurrenz erzwungen. Um nicht vom Markt verdrängt zu werden, muß der einzelne Wettbewerber die jeweils kostenwirtschaftlichste Faktorenkombination wählen. Caves resümiert deshalb: „In this environment the individual firm has no significant freedom of choice" [18].

Anders stellt sich die Situation in den klassischen (unerwünschten) *Abweichungsfällen* der mikroökonomischen Gleichgewichtstheorie dar, nämlich den Marktkonstellationen des (Angebots-)Monopols und des (Angebots-) Oligopols.

[14] Ansoff (Theory) charakterisiert dieses Bild des Management-Prozesses ähnlich: „microeconomic theory studies the manager as an operator of a fixed arm". (S. 12).

[15] Streißler (Kritik) schreibt: „Dominierende neoklassische Ansätze sind völlig unternehmerlos." (S. 43)

[16] Diese Unterscheidung geht auf Chamberlin (Theory), S. 6f., 25f., zurück.

[17] Darstellung nach Neumann (Volkswirtschaftslehre II), S. 33f.

[18] Caves (Industry), S. 51, dazu auch Streißler (Kritik), S. 46ff.

1.2.2 Monopol und Oligopol als Sonderfälle

Der *Monopol-Fall* (genauer: das Angebotsmonopol) als extremer Gegensatz zur Situation vollständiger Konkurrenz unterscheidet sich von dieser in der neoklassischen Preistheorie – so merkwürdig dies im ersten Moment klingen mag – bezüglich des strategischen Spielraums nur unwesentlich. Der Monopolist steht zwar *alleine*, von Konkurrenten unbedroht, unübersehbar vielen Nachfragern gegenüber; er kann wählen, welchen Modellparameter, Menge oder Preis, er beeinflussen will und hat insofern Marktmacht. Bei *Zugrundelegung* des *Gewinnmaximierungsprinzips* ist aber dennoch die Optimalhandlung wohl definiert und damit wiederum *determiniert*[19]. Es gibt nur eine Preis-Mengen-Kombination, die den Gewinn maximiert; sie liegt bekanntlich dort, wo die Grenzkosten gleich dem Grenzerlös sind (Punkt S in Abb. 1), d.h. wo die letzte zusätzlich verkaufte Einheit gerade die dadurch zusätzlich entstandenen Kosten deckt. Im Vergleich zur Allokationssituation bei vollkommener Konkurrenz wird eine kleinere Gütermenge zu einem höheren Preis verkauft (vgl. Abb. 1), das Allokationsoptimum also verfehlt.

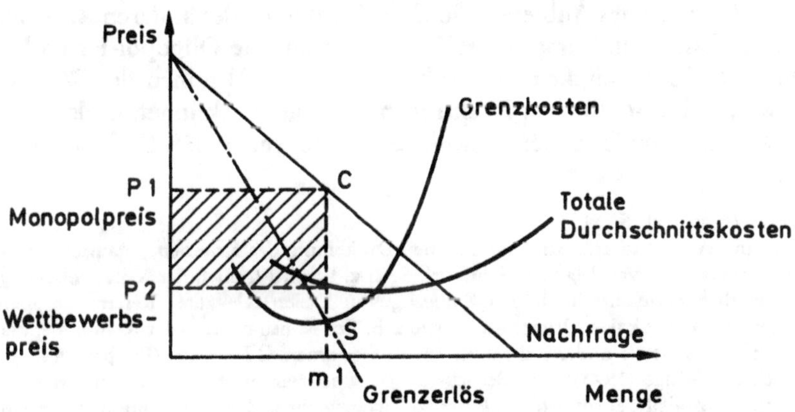

Abb. 1. Gewinnmaximum im Monopol

An Veränderungen der Faktorpreise oder der Nachfrage paßt sich der Monopolist routinemäßig an, dies verschiebt die gewinnmaximale Preis-Mengen-Kombination, ändert aber nichts an der Determiniertheit der Optimallösung. Und dennoch ist natürlich auch unter diesen Prämissen der strategische Spielraum des Monopolisten größer als der des Wettbewerbers bei vollkommener Konkurrenz, er kann nämlich von der gewinnmaximalen Lösung abweichen, ohne daß der sofortige Untergang der Firma droht. Er hat

[19] Vgl. zu dieser Sichtweise Caves (Industry), S. 51, Latsis (Determinism), S. 211.

insoweit die Wahl, ob er überhaupt als Erfolgsziel den Gewinn maximieren möchte oder nicht, der Wille zur Bestandserhaltung zwingt ihn dazu nicht[20].

So gesehen erhält die Annahme der Gewinnmaximierung auch erst hier ihre rechte Bedeutung, im Falle der vollkommenen Konkurrenz ist sie eigentlich überflüssig; hier reicht allein das Streben der Firma, am Markte teilzunehmen aus. Im totalen Konkurrenzgleichgewicht fallen ja das Erfolgskriterium *„Gewinnmaximum"*, das Effizienzkriterium *„Kostenminimum"* und das Kriterium der *„Bestanderhaltung"* in eins[21].

Als *zweite* idealtypische Verzerrungsform der vollkommenen Konkurrenz wird gewöhnlich das *Oligopol* analysiert, d.h. die Situation, daß das Güterangebot nur von einer *geringen Zahl* von Anbietern bei atomistischer Nachfragestruktur erbracht wird. Diese bloß an morphologischen Merkmalen orientierte Beschreibung des Oligopols wird jedoch in aller Regel als unzureichend empfunden, weil sie eine Abgrenzung zum Polypol schwer macht. Wie groß müssen die Marktanteile der Firmen sein, um von einem Oligopol sprechen zu können[22]? Nachdem das Typische am Oligopol ja der eingeschränkte Wettbewerb sein soll, wird zumeist als zusätzliches Definitionsmerkmal die *Interdependenz* aufgenommen; das meint den Sachverhalt, daß die Entscheidungen eines Anbieters die *Entscheidungen* der anderen Anbieter spürbar *beeinflussen* und umgekehrt[23]. Bezogen auf die Oligopol-Firma bedeutet dies die Notwendigkeit, die wahrscheinlichen Aktionen der Wettbewerber und ihre mutmaßlichen Reaktionen auf eigene Aktionen in das Entscheidungskalkül einzubeziehen (zirkulare Interdependenz)[24]. Und das heißt

[20] Vgl. Caves (Industry), S. 51.

[21] Zu dieser in der Organisationstheorie üblichen Dreiteilung der Kriterien organisationaler Leistungswirksamkeit vgl. Mayntz (Struktur), S. 2; z.T. wird freilich der Kriterienkatalog noch wesentlich erweitert durch den Einbezug von Zielen relevanter Referenzgruppen („stakeholder") der fokalen Organisation, wie z.B. der Konsumenten, der Kommune, der Arbeitnehmer. Vgl. statt anderer die Aufsätze in Goodman & Pennings (Perspectives) sowie Grochla & Welge (1975). Eine Berücksichtigung solcher zusätzlicher Zielkriterien erübrigt sich im Modell des totalen Konkurrenzgleichgewichtes, denn das Optimum der Firma fällt hier bekanntlich zugleich in eins mit dem gesamtgesellschaftlichen Optimum. Die Interessen der anderen Marktteilnehmer wie etwa der Arbeitnehmer finden dieser Vorstellung nach auf den Faktormärkten ihren Ausgleich.

[22] Zur breiten Oligopolliteratur sei stellvertretend auf folgende „Marksteine" verwiesen: von Stackelberg (Marktform), Chamberlin (Theory), Fellner (Competition); in der Betriebswirtschaftslehre hat Gutenberg (Absatz, S. 272ff.) die Oligopoltheorie meisterhaft dargestellt und erweitert.

[23] Natürlich ist auch dieses Abgrenzungskriterium nicht so exakt, daß der Übergang zum Polypol eindeutig bestimmt werden kann. Insgesamt hat man sich das „Oligopol" deshalb mehr als ein Kontinuum vorzustellen.

[24] Vgl. hierzu Gutenberg (Absatz), S. 273, Scherer (Market), S. 151, Simonis (Oligopolpreistheorie), S. 7f. Dieser Definitionszusatz setzt logischerweise voraus, daß der Wettbewerber die Marktsituation als Oligopol *erkennt* und entsprechend handelt, vgl. Caves (Industry), S. 52.

auch, daß für den Wettbewerber jeweils *alternative* Annahmen über die Handlungsweise der Rivalen möglich sind[25]. Im Unterschied zur vollkommenen Konkurrenz tritt im Oligopol also der Wettbewerb nicht in Form einer anonymen, zwingenden Kraft auf, sondern vielmehr in individualisierbarer Weise, die grundsätzlich eine direkte Interaktion erlaubt[26].

Aufgrund der beschriebenen Interdependenz ist ohne zusätzliche Prämissen keine Optimallösung für die Firma im Oligopol deduzierbar. Die Firma kann u. U. ähnlich wie der Monopolist Preis(mengen)politik betreiben – die (neo-) klassische Markttheorie beschränkt sich ja auf diese Aktionsparameter[27] –, aber ob, in welchem Umfang und in welcher Weise dies möglich ist, hängt eben von den Reaktionen und Handlungsplänen der Konkurrenten ab, und diese sind nun nicht ihrerseits wiederum durch die Marktsituation oder durch die Gewinnmaximierungsprämisse determiniert[28]. Sie sind in Grenzen frei wählbar. Auch besteht für den Oligopolisten, ähnlich wie für den Monopolisten, vom Markte her kein Gewinnmaximierungszwang, wie ihn die Firma im Modell der vollkommenen Konkurrenz erfährt.

Die faktischen Verhaltensweisen von oligopolistischen Firmen variieren denn auch erheblich: „Casual observation suggests that virtually anything can happen“[29]. Ähnlich vielfältig sind die – nebeneinander stehenden – Modelle der oligopolistischen Preisbildung[30]. In jedem Falle ist klar, daß zur Erklärung oligopolistischer Märkte und Preise sehr viel mehr Informationen (und Annahmen) notwendig sind als in der Monopol- und Konkurrenzanalyse, und zwar Informationen eben über die *Handlungspläne der Firmen*. Dies bedeutet nicht nur eine Individualisierung der Firma, sondern auch, daß hier theoretisch erstmals die *Unternehmensführung* als eigenständiger Faktor ins Blickfeld gerät. Insoweit läßt sich sagen, daß die Oligopoltheorie das Tor für strategisches Denken und eine Strategieanalyse öffnet. Mason bezeichnet denn auch in einer viel zitierten Aussage die neoklassische Oligopoltheorie als „ticket of admission to institutional economics“[31].

25 Vgl. Scherer (Market), S. 151.
26 Vgl. Caves (Industry), S. 52.
27 Andere Aktionsparameter werden unten bei den erweiterten Konkurrenzmodellen behandelt; vgl. S. 25 ff. dieser Arbeit.
28 Vgl. Heflebower (Firm), S. 152 f.
29 Scherer (Market), S. 151.
30 Einen Überblick geben Krelle (Preistheorie), S. 247 ff., 481 ff., Simonis (Oligopolpreistheorie), S. 26 passim, Scherer (Market), S. 151 ff.
31 Mason (Concentration), S. 60.

1.3 Zur „strategischen" Bedeutung des Oligopolfalles

Um die Relevanz des Oligopolfalles für die Idee strategischer Unternehmensführung besser ausloten und mögliche Schnittstellen besser verdeutlichen zu können, bietet es sich an, exemplarisch einige Oligopolpreistheorien näher zu beleuchten. Grundsätzlich werden drei Möglichkeiten unterschieden, wie sich Oligopolunternehmen preispolitisch verhalten können[32]:

(1) Die Unternehmen treffen ihre Entscheidungen nach den Regeln eines *geordneten*, mit „wirtschaftsfriedlichen" Mitteln ausgetragenen Wettbewerbs.

(2) Die Entscheidungen der Unternehmen stellen darauf ab, die konkurrierenden Oligopolunternehmen *auszuschalten* bzw. – im Falle der angegriffenen Unternehmen – solche Attacken abzuwehren. Die Preispolitik ist auf den *Machtkampf* ausgerichtet und nicht auf Gewinnmaximierung (zumindest kurzfristig nicht).

(3) Die Unternehmen der Oligopolgruppe *verständigen* sich auf eine gemeinsame Preispolitik (Kollusion).

Die (frühen) Modelle, die mit Verhaltensweise (1) arbeiten, erklären die Preisbildung mit *Erwartungen*, die das betrachtete Unternehmen bezüglich der Reaktionsweise der Konkurrenzunternehmen hegt. Dabei wird unterschieden nach autonomen, konjekturalen und empirisch-konjekturalen Verhaltensweisen[33].

In unternehmenspolitischer Hinsicht implizieren alle drei Varianten einen gewissen Spielraum für aktive *Preispolitik*; sie sind jedoch insoweit sehr restriktiv, als die Erwartungsstrukturen relativ einfach modelliert sind und bezüglich der Reaktionsweisen als *unveränderlich* angenommen werden. Die Möglichkeit, daß sich durch Enttäuschung andere Erwartungen bilden, bleibt ausgeschlossen. Für ein lernfähiges Management, und das setzt ja strategisches Denken eben voraus, ist kein Platz. Diese wenig realistische Annahme führte auch in der Theorie dazu, Reaktionsweisen und Erwartungen, mit denen Oligopolunternehmen preispolitisch rechnen, komplexer zu modellieren[34].

Hier ist zunächst *Verhaltensweise (2)*, die *Kampf- und Verdrängungspolitik*, zu nennen, die davon ausgeht, daß alle beteiligten Unternehmen die Unabhängigkeitsposition einnehmen und darauf abstellen, durch Ausschaltung des Konkurrenten eine Monopolstellung zu erringen. Einer solchen Politik sind freilich enge Grenzen gezogen. So setzt dies z.B. eine hinreichende finanzielle Stärke voraus und ferner, daß das jeweilige Unternehmen alleine die

[32] Vgl. im folgenden Gutenberg (Absatz), S. 274f., Krelle (Preistheorie), S. 247ff.
[33] Vgl. Gutenberg (Absatz), S. 277ff.
[34] Vgl. Scherer (Market), S. 155.

Gesamtnachfrage befriedigen oder seine Produktionsanlage kostenstrukturneutral erweitern kann, sowie hinreichend unterschiedliche Kostenstrukturen (der Kostengünstigere kann die aggressive Veränderungspolitik wagen)[35]. Je weniger diese Bedingungen gegeben sind, um so existenzgefährdender sind solche Preiskämpfe.

In Anbetracht dieser Sachlage stellt sich für das Oligopolunternehmen die Frage, ob nicht *Verhaltensweise (3)* am vorteilhaftesten ist, nämlich eine *gemeinsame* Lösung anzustreben. Und bekanntlich ist dies in der Praxis eine häufig getroffene Wahl. Marris schreibt – vielleicht etwas überspitzt: „it seems that if we are to presume general rationality and *comprehension* (. . .), we must presume that wherever oligopolistic interpendence exists, it will be recognized, and that if a well-defined cooperative solution also exists and is recognized, it will be adopted. Any other presumption implies ignorance, irrationality or both"[36]. Eine gemeinsame Politik ist auf unterschiedlichste Art und Weise zu erreichen[37]. Im allgemeinen werden hier grob *drei* verschiedene Formen der Kooperation unterschieden[38]:

- ausdrückliche Abmachungen/Kartelle;
- stillschweigende Verständigung;
- Preisführerschaft[39].

Eine solche Kooperation stellt im Unterschied zu den vorhergehenden individuell gewinnmaximierenden Verhaltensweisen auf eine *gemeinsame Gewinnmaximierung* ab (joint profit maximization)[40]. Ziel des Zusammenschlusses ist es, für die Gruppe einen Gewinn zu erzielen, der größer ist als die Summe der Gewinne, die sich bei individueller Gewinnmaximierung der Oligopolunternehmen erreichen ließe[41]. Die vorteilhaftere Lösung läßt sich für die Gruppe dann erreichen, wenn sie sich wie ein *Monopolist* verhält und den Monopolgewinn dann nach einem konsensfähigen Schlüssel auf die Mitglieder verteilt. Dies setzt allerdings voraus, daß gleiche oder zumindest sehr ähnliche Kostenstrukturen vorliegen. Ist dies nicht der Fall, muß nach kompromißfähigen Preisen gesucht werden. Oder das Problem wird über die Preisführerschaft gelöst, d.h. die Anbieter richten sich spontan – etwa aus

[35] Vgl. Gutenberg (Absatz), S. 327f.

[36] Marris (Corporation), S. 290.

[37] Vgl. Stigler (Organization), S. 41ff.

[38] Vgl. im einzelnen den Überblick bei Caves (Industry), S. 56ff., Scherer (Market), S. 169ff.

[39] Scherer (Market, S. 193ff.) nennt als ergänzende und stabilisierende Kooperationspraktik die Bildung von Puffern, genauer die Bildung bzw. den Abbau von Lägern und Auftragsüberhängen. Damit sollen kurzfristige Marktschwankungen abgefangen und verstetigt werden, um die getroffenen Preisvereinbarungen nicht zu gefährden. Zu weiteren Strategien oligopolistischer Firmen zur Reduktion von Umweltunsicherheit vgl. Pennings (Organizations), S. 439ff.

[40] Vgl. Chamberlin (Theory) und die Fortführung bei Fellner (Competition).

[41] Vgl. Gutenberg (Absatz), S. 331.

Furcht vor Vergeltung – oder vereinbarungsgemäß bei Setzung ihrer Preise nach einem Preisführer[42].

Diese grobe Taxonomie von Verhaltensweisen[43] bestätigt noch einmal die eingangs getroffene Feststellung, daß die – hier nur an wenigen Ausschnitten gezeigte – Oligopoltheorie die *Unternehmensführung* als *signifikanten* Faktor aufnehmen muß, um die *Preisbildung* erklären zu können.

Zusammenfassung und Ergebnis

Fassen wir unsere bisherige Analyse zusammen, so kommen wir zu folgendem Ergebnis: Die mikroökonomische Gleichgewichtstheorie läßt für Unternehmensstrategien im eingangs definierten Sinne wenig Raum. Während bei vollkommenem Wettbewerb strategisches Handeln ausgeschlossen ist, wird es im Abweichungsfall des (Angebots-)Monopols durch die Rationalitätsannahme gegenstandslos. Dagegen ist im zweiten „Abweichungsfall", dem (Angebots-)Oligopol, wenigstens ansatzweise eine Verortung unternehmensstrategischer Konzepte möglich.

In der Oligopoltheorie tritt die reaktive, sich bloß den disziplinierenden Kräften des Marktes beugende Firma in den Hintergrund. Kein Oligopolist ist gezwungen, seinen Preis und seine Angebotsmenge streng nach dem Marginalprinzip: Grenzkosten = Grenzerlös zu bestimmen. Die Variationsmöglichkeiten im Verhalten sind groß genug „that it is quite impossible to support a case that only particular narrowly defined policies will survive"[44].

Von der Strategieplanung her gesehen läßt sich von der Oligopoltheorie eine Brücke zur „Stärken/Schwächen-Analyse" schlagen, wie sie ja eingangs für ein strategisches Kalkül als konstitutiv ausgewiesen wurde; eine solche ist ja erst dann möglich und sinnvoll, wenn identifizierbare und hinreichend unterschiedliche Konkurrenten den Wettbewerb bestreiten. Überhaupt gibt ja die Rede von Unternehmensstrategien nur dort einen Sinn, wo die Möglichkeit besteht, sich *unterschiedlich* zur Konkurrenz zu verhalten.

Trotz dieser Affinität unternehmensstrategischer Konzepte zur oligopolistischen Marktstruktur gilt es doch zu sehen, daß der Spielraum, den die *bisher*

[42] Preisführerschaft wird in folgenden Formen diskutiert: *dominant, kollusiv* oder *barometrisch*; vgl. hierzu Markham (Nature), Stigler (Curve).

[43] Zu weiteren Aspekten unter Einbezug neuer *verhaltens*wissenschaftlicher Forschungsergebnisse vgl. Khandwalla (Properties), S. 411 ff.

[44] Marris (Preface), S. XIX. Zu einer vergleichbaren Schlußfolgerung kommt Krelle (Preistheorie): „Es ist – bei dem Vorherrschen oligopolistischer Marktformen in der modernen Wirtschaft – also nicht so, daß Preise und Produktion und damit auch Realeinkommen, Verteilung usw. sozusagen naturgesetzlich durch den Marktmechanismus festliegen. Vielmehr besteht ein weiter ‚Unbestimmtheitsbereich', in dem sie sich ohne Verletzung von Marktgesetzen befinden können". (S. IX)

betrachtete Oligopolanalyse der Firma freistellt, sehr eng umgrenzt ist (z. B. sind Aktionsparameter nur Menge und Preis).

Diese Begrenzung ist im wesentlichen ein Ausfluß der Annahmen über Märkte und Wirtschaftssubjekte, die den bisher dargestellten Modellen zugrunde liegen. Es gibt nun eine Reihe von Ansätzen, die diese Prämissen lockern (Theorien des unvollkommenen Wettbewerbs), um bestimmte empirische Marktphänomene faßbar zu machen, ohne allerdings den Rahmen der Neoklassik zu verlassen. Bevor wir diese Theorien erörtern, um gegebenenfalls einen engeren Konnex zur Idee strategischer Unternehmensführung herstellen zu können, ergibt sich allerdings zunächst einmal die Frage, ob der hier interessierende Oligopolfall als Sonderfall, als *Ausnahme*, zu betrachten ist oder aber, ob er empirisch gesehen als *repräsentativ* für die Märkte der westlichen Industriegesellschaft gelten kann.

1.4 Zur empirischen Relevanz des Oligopolfalles

Die Behauptung, Oligopole bildeten infolge fortgeschrittener Konzentration auf den wirtschaftlich bedeutsamen Märkten die vorherrschende Marktform, sei im folgenden anhand ausgewählter statistischer Erhebungen belegt.

Es gibt unterschiedliche Möglichkeiten, oligopolhafte Marktformen empirisch zu beschreiben. Eine erste grobe Annäherung ist über die *Unternehmensgröße* bzw. die relative Bedeutung der Großunternehmen möglich.

1.4.1 Zur wirtschaftlichen Bedeutung der Großunternehmen

Die folgenden Daten geben einen Überblick:

(1) 1963 hatten bundesdeutsche Unternehmen mit mehr als 100 Mio. DM Umsatz – das waren insgesamt *394 Unternehmen* oder 0,8% aller industriellen Unternehmen – einen Anteil von *44% am industriellen Gesamtumsatz*[45]. 1970 tätigten die Unternehmen dieser Größenklasse bereits *56%* aller Industrieumsätze[46]. 1979 konnten die *50* größten Industrieunternehmen 41% des gesamten Industrieumsatzes auf sich vereinigen[47].

(2) Bezogen auf die Beschäftigtenzahl ergibt sich für 1970, daß *Industrieunternehmen* mit *1.000 und mehr Beschäftigten* – das sind ca. 1.100 Unter-

[45] Vgl. Steinmann (Großunternehmen), S. 135.
[46] Vgl. Gotthold (Macht), S. 52.
[47] Vgl. Steinmann, Schreyögg & Dütthorn (Managerkontrolle), S. 12.

nehmen oder 2,5% aller Industrieunternehmen – mehr als die Hälfte aller Industrieumsätze tätigen[48].

(3) Ein ähnlich hoher Anteil der Großunternehmen am Gesamtumsatz zeigt sich im Handel. 1970 hatten die 24 größten Einzelhandelsunternehmen (das sind 0,0006% aller Einzelhandelsunternehmen) einen Anteil von 18% am gesamten Einzelhandelsumsatz[49].

1.4.2 Marktstrukturen in den Industriezweigen[50]

Die gebräuchlichste Form, Marktstrukturen abzubilden, sind die sog. *Konzentrationsraten*. Sie geben an, wie groß der Anteil der größten Unternehmen eines Industriezweiges am Gesamtumsatz des Industriezweiges ist.

Bei Anerkennung aller Kritik an diesem diskreten Maß[51] läßt sich an ihm doch verhältnismäßig gut ablesen, inwieweit die wesentlichen Industriezweige oligopolistische Marktstrukturen vermuten lassen[52]. Zu den Befunden:

(1) Im Durchschnitt lag der Anteil der jeweils drei größten Unternehmen 1977 bei 26,9% des Gesamtumsatzes der einzelnen Industriezweige. (1975: 25,3%; 1973: 25,4%)[53].

(2) Betrachtet man die Konzentrationskoeffizienten für die Umsatzanteile der 10 größten Unternehmen, so bestätigt sich der Eindruck, daß der Grad

[48] Vgl. Gotthold (Macht), S. 51.

[49] Vgl. ebenda, S. 53f.

[50] Es wird hier nicht übersehen, daß eine *Gleichsetzung* von Industriezweig und Markt nicht ohne weiteres möglich ist. Industriezweige enthalten in der Regel mehrere relevante (Bedarfs- oder Produkt-)Märkte. Dennoch soll hier als Groborientierung nur eine Industriezweigbetrachtung erfolgen, weil nur hierzu systematisch statistisches Material gesammelt wird. Zu dem diffizilen Problem der Marktabgrenzung (z.B. hinreichend tiefe Substitutionslücke zwischen den Gütern) und vorliegenden Abgrenzungsvorschlägen vgl. Hoppmann (Abgrenzung), Monopolkommission (Wettbewerb), S. 65f., Neumann (Konzentration), S. 670ff. Ein weiteres Problem stellt die (faktische und potentielle) internationale Konkurrenz dar, die hier nicht mit erfaßt ist; vgl. dazu Monopolkommission (Fusionskontrolle), S. 163ff.

[51] So bleiben z.B. Konzernverflechtungen unbeachtet, was tendenziell dazu führt, eine zu geringe Konzentrationsziffer auszuwerfen. Desweiteren werden Unternehmen nach dem Schwerpunktprinzip zugeordnet, was ebenfalls tendenziell zu Über- oder Unterschätzungen führt. Vgl. zu weiteren Problemen dieser Meßziffer Gotthold (Macht), S. 55, Monopolkommission (Wettbewerb), S. 70f., Scherer (Market), S. 59ff.

[52] So auch die Monopolkommission (Wettbewerb), S. 71. Dabei ist über die Frage, ab wann von einem Oligopol gesprochen werden kann – etwa wenn 4 Unternehmen 40% oder 8 Unternehmen 50% des Gesamtumsatzes tätigen –, nicht ohne Willkür zu entscheiden. Es müßten zusätzliche Informationen vorliegen, ob die Firmen der Definition entsprechend ihre gegenseitige Abhängigkeit konstatieren und in ihre Entscheidungen einbeziehen.

[53] Vgl. Monopolkommission (Fusionskontrolle), S. 39.

Tabelle 1. Konzentration in den Industriegruppen 1973, 1975 und 1977 in der Bundesrepublik Deutschland

Industriegruppen („zweistellig“)	Prozentualer Anteil der 10 größten Unternehmen am Umsatz der Industriegruppe in den Jahren		
	1973	1975	1977
Bergbau			
Bergbau	90,9	91,1	93,9
Grundstoff- u. Produktionsgüterindustrie			
Chemische Industrie (einschl. Kohlenwerkstoffindustrie)	43,8	46,4	47,3
Mineralölverarbeitung	83,8	87,2	91,6
Eisenschaffende Industrie	69,7	75,1	71,8
Industrie der Steine und Erden	16,8	17,6	17,8
NE-Metallindustrie	53,0	50,5	49,3
Gummi- u. asbestverarbeitende Industrie	57,2	58,9	59,9
Gießereiindustrie	36,0	37,6	42,6
Holzschliff-, zellstoff-, papier- und pappeerzeugende Industrie	–[1]	54,1	59,7
Sägewerke und holzbearbeitende Industrie	20,0	20,5	21,5
Gewogenes Mittel aus 9 Industriegruppen[2]	53,6	57,4	57,2
Investitionsgüterindustrie			
Maschinenbau	16,8	17,8	17,5
Elektrotechnische Industrie	43,9	48,3	47,8
Straßenfahrzeugbau	80,9	79,5	81,1
Eisen-, Blech- und Metallwarenindustrie	11,7	12,3	14,2
Stahl- und Leichtmetallbau	18,1	21,3	40,6
Feinmechanische u. optische sowie Uhrenindustrie	34,8	33,6	32,5
H. v. Büromaschinen, Datenverarbeitungsgeräten und -einrichtungen	89,7	–[1]	–[1]
Schiffbau	78,4	–[1]	76,1
Luftfahrzeugbau	96,0	95,1	–[1]
Gewogenes Mittel aus 9 Industriegruppen[2]	41,5	41,1	42,7

Fortsetzung: siehe S. 20.

Fortsetzung: Tabelle 1

Industriegruppen („zweistellig“)	Prozentualer Anteil der 10 größten Unternehmen am Umsatz der Industriegruppe in den Jahren		
	1973	1975	1977
Verbrauchsgüterindustrie			
Textilindustrie	9,6	9,5	9,7
Holzverarbeitende Industrie	9,5	9,6	9,4
Bekleidungsindustrie	–[1]	9,6	–[1]
Druckerei- u. Vervielfältigungsindustrie	–[1]	12,5	12,2
Kunststoffverarbeitende Industrie	15,5	14,0	12,0
Papier- und pappeverarbeitende Industrie	21,9	24,0	26,0
Glasindustrie	–[1]	–[1]	50,1
Lederverarbeitende u. Schuhindustrie	23,9	–[1]	–[1]
Musikinstrument-, Spiel-, Schmuckwaren- u. Sportgeräteindustrie	14,7	15,5	–[1]
Feinkeramische Industrie	42,6	45,9	47,6
Ledererzeugende Industrie	40,3	40,6	44,3
Gewogenes Mittel aus 11 Industriegruppen[2]	14,6	13,5	17,0
Nahrungs- u. Genußmittelindustrie			
Ernährungsindustrie	13,2	11,8	12,8
Tabakverarbeitende Industrie	95,4	–[1]	–[1]
Ungewogenes Mittel[2]	41,8	42,3	43,7

[1] Keine Angaben verfügbar; Geheimhaltung
[2] Mittelwerte ohne Berücksichtigung der Industriegruppen ohne Angaben

Quellen: Zusammengestellt aus Monopolkommission (Wettbewerb), S. 575 ff., dies. (Konzentration), S. 453 ff., dies. (Fusionskontrolle), S. 231 f.

der Unternehmenskonzentration ein hohes Niveau erreicht hat. In Tabelle 1, die aus Untersuchungen der Monopolkommission zusammengestellt ist, findet sich der prozentuale Anteil der 10 größten Unternehmen in der Bundesrepublik Deutschland an dem Gesamtumsatz in den einzelnen („zweistelligen“) Industriezweigen gegenübergestellt, und zwar für die Jahre 1973, 1975 und 1977 im Vergleich. Zieht man anstelle der durchschnittlichen

Umsatzanteile der 10 größten Unternehmen die der 6 größten oder 3 größten heran, so verfestigt sich das Bild eines hohen Konzentrationsgrades[54].

Demnach vereinigen die 10 größten Unternehmen im Bergbau, in der tabakverarbeitenden Industrie sowie im (gewogenen) Durchschnitt in der Grundstoff-, Produktionsgüter- und der Investitionsgüterindustrie mehr als 40% des Gesamtumsatzes auf sich.

(3) Betrachtet man statt der – gemäß amtlicher Statistik – zweistelligen Wirtschaftszweige die vierstelligen Branchen[55], so erhöhen sich die Konzentrationskoeffizienten merklich. Der Mittelwert für den Umsatzanteil der 10 größten Unternehmen liegt für 1977 dann bei 56,8% (statt 41,3%)[56].

Die Monopolkommission kommt ferner zu der Feststellung, daß sich das Verhältnis des Durchschnittsumsatzes der 10 größten Unternehmen zum Durchschnittsumsatz der restlichen Unternehmen im Mittel auf 56:1 beläuft[57].

Insgesamt kann trotz aller Vorsicht, die diesen hochaggregierten Daten entgegenzubringen ist und trotz der fehlenden Berücksichtigung der internationalen Märkte, wohl doch festgehalten werden, daß der Konzentrationsprozeß in der Bundesrepublik weit vorangeschritten und daß in weiten Bereichen der Industrie das Oligopol die vorherrschende Marktform ist.

1.4.3 Langfristige Tendenzen

Für unsere Untersuchung sind die eben vorgestellten Struktur-Daten zur Bedeutung oligopolistischer Marktstrukturen letztlich aber nur dann signifikant, wenn wir es hierbei mit einem längerfristigen Phänomen zu tun haben. Zu fragen ist also nach Belegstücken, die die beschriebene Situation mit guten Gründen als eine *dauerhafte* erscheinen lassen.

(1) Von 1954–1975 hat der Konzentrationsprozeß in der Bundesrepublik kontinuierlich zugenommen. Bezogen auf den Durchschnittswert der Anteile der 10 größten Unternehmen aller Industriezweige zeigt sich folgende Entwicklung:

1954	31,1%	1972	41,5%
1968	38,5%	1977	43,7%

[54] Vgl. Monopolkommission (Fusionskontrolle), S. 39.

[55] Die Monopolkommission führte in ihrem dritten Hauptgutachten (Fusionskontrolle, S. 43) erstmals diese Aufgliederung durch. Es ist durch diese engere Begrenzung einerseits zwar eine bessere Annäherung an den „relevanten“ Markt möglich, andererseits steigt dadurch aber – worauf die Monopolkommission zurecht hinweist – das Ausmaß der Fehlzuordnung von Umsatzanteilen, wenn nach dem Schwerpunktprinzip verfahren wird.

[56] Vgl. ebenda.

[57] Vgl. ebenda, S. 46.

In einigen wenigen Wirtschaftsbereichen stagnierte die Konzentration im Zeitablauf und in dreien war eine Tendenz zur Dekonzentration feststellbar[58].

(2) In der *amerikanischen Industrie* läßt sich eine höhere (Durchschnitts-) Konzentrationsrate mit allerdings nach dem 2. Weltkrieg nur noch leichter Zunahme verzeichnen[59].

(3) Der Kreis der Großunternehmen schließt sich immer mehr, d.h. die Zu- und Abgänge bei diesem Kreis verringern sich. So fand z.B. Edwards[60] in einer Längsschnittuntersuchung der 100 größten U.S.-amerikanischen Unternehmen, daß die *Rate der ausscheidenden Unternehmen* von

3,4 zwischen 1903 und 1919 auf
1,0 zwischen 1919 und 1969

fiel. Edwards resümiert: „by the early twenties – certainly by 1923 – the system had 'stabilized', and relatively little change has occurred since then“[61]. Ähnlich auch Collins und Preston[62], die eine eindeutige *Verringerung der Fluktuation* in der Liste der Großunternehmen nach 1935 im Vergleich zu der Periode von 1909–1935 konstatieren[63]. Mueller kommt in einer jüngst fertiggestellten Studie nicht nur zu dem Ergebnis, daß von den 1.000 größten US-amerikanischen Unternehmen im Zeitraum von 1950–1972 lediglich 2% *liquidiert* wurden[64], sondern er belegt auch, daß *hohe Marktanteile* in diesem Zeitraum nur einem geringen Erosionsprozeß unterlagen.

Wir kommen damit zu der Schlußfolgerung, daß die für die Vergangenheit ausweisbare Persistenz von Großunternehmen und oligopolhaften Marktstrukturen für die Zukunft eine nicht grundsätzlich andere Situation erwarten läßt. Theoretische Gründe hierfür sind vor allem in den Vorteilen des Großunternehmens, Diversifikationsbestrebungen und Markteintrittssperren, also unternehmensstrategischen Maßnahmen, zu suchen[65].

[58] Vgl. Monopolkommission (Fusionskontrolle), S. 51.
[59] Vgl. Scherer (Market), S.69f.
[60] Vgl. Edwards (Stages).
[61] Vgl. ebenda, S. 429.
[62] Vgl. (Structure), S. 998.
[63] Vgl. hierzu auch die Aktualisierung des Materials von Scherer (Market), S. 55f.
[64] Vgl. Mueller (Persistence); im Text wird Bezug genommen auf die Tabellen 1.1 und 3 der Unterlage, die der Autor anläßlich eines Vortrages in Nürnberg verteilte.
[65] Vgl. Herman (Control), S. 69f., Neumann (Konzentration), S. 675ff., Scherer (Market), S. 56f., Steinmann (Großunternehmen), S. 148ff. Daneben muß natürlich auch berücksichtigt werden, daß große Unternehmen heute in vielen Fällen mit einer Art staatlicher Bestandsgarantie rechnen können. Vgl. hierzu Galbraith (Age), S. 278, Aldrich & Pfeffer (Environments), S. 88; allgemeiner zu den Staatseinflüssen Lenel (Ursachen), S. 57ff.

Es sei ausdrücklich darauf hingewiesen, daß das Zahlenmaterial nichts anderes belegen sollte als das Vorherrschen und die Beständigkeit großer Unternehmen und oligopolistischer Marktstrukturen. Es ist damit keine Aussage beabsichtigt dergestalt, daß in diesen (Teil-)*Märkten* kein Wettbewerb herrscht, oder daß die großen Unternehmen nicht miteinander konkurrieren[66]. Das kann zwar der Fall sein, muß aber nicht so sein. Worum es hier geht, ist der Ausweis von Handlungsspielräumen bei den jeweils größten Unternehmen[67]. Ob diese zur Intensivierung oder zur Einschränkung des Wettbewerbs genutzt werden, soll an dieser Stelle nicht interessieren, das ist u.a. auch eine Frage des *strategischen* Konzepts der jeweiligen Unternehmen. Wir können daher aus den genannten Gründen auch die Debatte um das Wettbewerbskonzept[68] oder etwa darum, ob das „weite Oligopol" ein optimales Maß an Wettbewerbsintensität bietet[69], hier unbehandelt lassen[70].

1.4.4 Finzanzkraft und Handlungspielraum

In vielen Fällen ist zur Beurteilung der Marktsituation und des strategischen Handlungsspielraums des einzelnen Unternehmens eine kombinierte Betrachtung der Unternehmensmerkmale und der Marktanteile (Konzentrationsraten) angezeigt[71]; dies gilt insbesondere für *diversifizierte* Unternehmen und

[66] Vgl. zu dieser Kontroverse z.B. die Auffassung des Gesetzgebers (GWB), Monopolkommission (Konzentration) und die Gegenposition von Hoppmann (Marktmacht); sowie unten Abschnitt 1.4.4 dieser Arbeit.

[67] So auch die Schlußfolgerung der Monopolkommission (Fusionskontrolle): „Die Monopolkommission ist sich bewußt, daß Konzentrationskennziffern Rückschlüsse auf das Wettbewerbsverhalten der einbezogenen Unternehmen unmittelbar nicht zulassen. Konzentrationskoeffizienten messen nicht die bestehende Wettbewerbsintensität in den einzelnen Wirtschaftszweigen. Vielmehr geben sie zusammen mit anderen Strukturmerkmalen, wie z.B. die Zahl der Unternehmen, die Größe und die Größenverteilung der Umsätze dieser Unternehmen, ... Aufschluß über die strukturellen Wettbewerbsbedingungen in den einzelnen Wirtschaftszweigen und damit Hinweise auf bestehende *Verhaltensspielräume* bei den jeweils größten Unternehmen". (S. 38f.). Meine Hervorhebung.

[68] Vgl. z.B. Machlup (Wettbewerb), Kirzner (Wettbewerb), S. 72ff., Heuß (Bemerkungen), S. 66ff.

[69] Vgl. zu diesem Konzept Kantzenbach (Funktionsfähigkeit).

[70] Wie bereits erwähnt, wird in der jüngeren Diskussion die Frage des potentiellen Wettbewerbs verstärkt erörtert und die Wettbewerbsintensität weniger an der Zahl der Anbieter als an der Existenz von Marktzutrittsschranken festgemacht; vgl. hierzu etwa Fama & Laffer (Number) und jüngst Baumol (Markets). Unsere Spielraumthese setzt demzufolge auch das Vorhandensein bzw. die Herstellbarkeit von Marktzutrittsschranken voraus. Dies für die bezeichneten Oligopole anzunehmen, erscheint – ohne hier eine nähere Prüfung durchzuführen – plausibel.

[71] Im Hinblick auf die „Marktbeherrschung" im Sinne § 22 GWB spezifiziert Albach (Finanzkraft, S. 100f.) die Fälle, in denen seines Erachtens die Marktanteile alleine zur Beurteilung ausreichen und solche, in denen zusätzliche Kriterien heranzuziehen sind.

die synergetischen Effekte ihrer Präsenz auf mehreren Märkten. Die Möglichkeit, die aus der günstigen Stellung auf *einem* Markt resultierenden Vorteile auf andere Märkte zu übertragen, erweitert den Handlungsspielraum einer Firma in einem nicht-trivialen Maße. „Es ist unbestreitbar", schreibt Albach, „daß Mischkalkulation, Finanzierung der Forschung für neue Produkte aus Gewinnen der bei den Kunden gut eingeführten Produkte usw. dem diversifizierten, integrierten Unternehmen Möglichkeiten im Wettbewerb geben, die dem nur auf einen Markt spezialisierten Unternehmen nicht zur Verfügung stehen"[72]. Die sog. Ressourcen-Theorie greift dieses Problem auf und zieht zusätzlich zum Marktanteil unternehmensindividuelle Kriterien zur Beurteilung der Stärke eines Unternehmens gegenüber seinen Konkurrenten heran. Eine herausragende Rolle wird dabei der *Finanzkraft* zugeschrieben[73].

Theoretisch und praktisch ergibt sich dabei jedoch das Problem, daß ein einfacher Schluß von der Finanzkraft auf das Wettbewerbsverhalten nicht möglich ist. Es ist vielmehr so, daß die Finanzkraft oder allgemeiner die Ressourcenanhäufung eines Großunternehmens[74] ein *Potential* darstellt, das vom Management erst zur Wirkung gebracht werden muß. Das Management und das gewählte strategische Konzept sind hier also letztlich der kritische Faktor[75]. Nachdem aber ein solches (Macht-)Potential immer nur in *Relation* zu anderen definierbar ist, müssen auch die Perzeptionen und Reaktionen der Bezugsgruppe mit berücksichtigt werden[76]. Albach[77] arbeitet auf dem Hintergrund der Theorie des „market signalling" mögliche Wirkungsrichtungen der Finanzkraft auf Oligopolmärkten heraus. Ausgangspunkt ist der Interdependenzgedanke der Oligopoltheorie; auf dieses Konzept übertragen heißt das, daß die Finanzkraft, wenn sie wettbewerbsbeeinflussend wirken soll, von den Konkurrenten als solche perzipiert und in die Entscheidungskalküle einbezogen werden muß. Demnach ist Finanzkraft zunächst einmal als *Signal* für *Reaktionsmacht* zu deuten, d.h. (Groß-)Unternehmen schätzen bei der Planung eigener Aktionen die Intensität der möglichen Reaktionen auf der *Basis der Finanzkraft* der Konkurrenten ab. Je

[72] Albach (Finanzkraft), S. 69; vgl. hierzu auch Kaysen (Corporation), S. 91.

[73] Vgl. hierzu die „deep pocket"-Theorie von Edwards (Bigness), S. 5f., S. 20ff.; siehe auch § 22 I Nr. 2 GWB; andere Querbezüge, die sich aus der Diversifikation für den Wettbewerb ergeben, werden vor allem unter den Strategien der „live and let live"-Politik, der Verminderung des potentiellen Wettbewerbs und des „reciprocal buying" diskutiert. Vgl. im Überblick Frankus (Fusionskontrolle), S. 47ff.

[74] Vgl. hierzu die Diskussion der einzelnen Ressourcenpotentiale bei Steinmann (Großunternehmen), S. 150ff.

[75] Vgl. Albach (Finanzkraft), S. 79ff.

[76] Vgl. zu dieser Frage auch die allgemeine Diskussion um den Machtbegriff und seine Implikationen bei Zelger (Vorschriften). Zur Machtmessung vgl. Nicolini (Untersuchungen).

[77] Vgl. im fortfolgenden (Finanzkraft), S. 83ff.

größer die Finanzkraft eines Konkurrenten, um so eher muß mit Vergeltungsstrategien gerechnet werden, um so gefährlicher sind aggressive Wettbewerbsstrategien. Ferner läßt sich Finanzkraft verstehen als *Signal* für *Aktionsmacht*, d.h. die Möglichkeit, Neu-Konkurrenten *abzuwehren*, mit Konkurrenten aktiv zu *kooperieren*, kämpferische Verhaltensweisen zu zeigen etc. Hohe Finanzkraft signalisiert demzufolge dem Konkurrenten, daß ein Angriff wenig sinnvoll, bei der Preisgestaltung eher barometrische Gefolgschaft geboten ist und daß tendenziell die Gefahr einer Verdrängungspolitik[78] besteht. Die bezeichneten Wirkungen hoher Finanzkraft werden jedoch nur dort vorfindbar sein, wo sich Finanzkraft mit einem großen Marktanteil paart.

Der (Re-)Aktionsspielraum wird durch zwei Komponenten bestimmt, durch

(a) die Bandbreite der Aktionsmöglichkeiten (Konzentrationspotential) und
(b) die Zeitdauer, mit der einzelne Aktionen gegen den stärksten Konkurrenten durchgehalten werden können (Durchhaltepotential).

So gesehen hätte also der Spielraumnachweis nicht nur an der Marktstruktur anzusetzen, sondern müßte auch das Ressourcenpotential des einzelnen Unternehmens in die Betrachtung integrieren. Dies ist – schon wegen der Datenbeschaffung – weniger für Globalaussagen denn für den Einzelfall (und damit auch für die strategische Führung) bedeutsam.

1.5 Handlungsspielraum bei unvollkommener Konkurrenz

Die oben geführte Diskussion hatte ergeben, daß die Theorie des totalen Konkurrenzgleichgewichts die Unternehmensführung als selbständigen Faktor ausschließt, daß jedoch die Oligopoltheorie typisierte Handlungsweisen der Unternehmensleitung integrieren muß, um die Preisbildung erklären zu können.

Im Anschluß daran ist anhand statistischer Daten die Bedeutung oligopolistischer Marktformen für die Bundesrepublik aufgezeigt worden, um zu belegen, daß die Marktform, die (im Rahmen des neoklassischen Denkgebäudes) am ehesten strategische Relevanz besitzt, auch empirisch ein relevanter, wenn nicht *der* relevante Fall ist. Die obige Diskussion hatte aber

[78] In der amerikanischen Antitrust-Politik gilt ein besonderes Augenmerk dem sog. predatory pricing (interne Preissubventionierung als Mittel des Verdrängungswettbewerbs); vgl. Edwards (Bigness) und die differenzierenden Überlegungen von Neumann (Pricing); im allgemeinen wird das kurzfristige „disciplinary price-cutting" für wahrscheinlicher gehalten; vgl. Frankus (Fusionskontrolle), S. 58f.

auch gezeigt, daß der Aktionsspielraum, der der Firma in dieser Art von Oligopolanalyse zukommt, eng umschrieben ist, und zwar primär aufgrund der Prämissen, die zur Definition des Marktes verwendet werden. Seit längerer Zeit werden nun Ansätze entwickelt, die die Vollkommenheitsbedingung aufgeben und die herkömmliche Marktkonzeption modifizieren, ohne dabei allerdings das Basisparadigma der neoklassischen Gleichgewichtstheorie preiszugeben.

Die zwei wohl am häufigsten studierten Phänomene, die der idealisierten Sichtweise der vollkommenen Konkurrenz mehr Realitätsbezug verleihen sollen, sind der Nicht-Preiswettbewerb, insbesondere die Produktdifferenzierung, und die Marktzutrittsschranken. In zunehmendem Maße werden auch Modifikationen der Prämisse der vollkommenen Information diskutiert. Schließlich gibt es fast schon eine eigene Literatur zur Frage der Gültigkeit und Zweckmäßigkeit der Gewinnmaximierungsprämisse. Die Lockerung dieser Prämissen, wie auch immer im einzelnen theoretisch gefaßt, erweitert die Marktkonzeption und führt, wie sich im folgenden zeigen wird, die Gleichgewichtstheorie mit der Idee strategischer Unternehmensführung ein Stück näher zusammen.

1.5.1 Produktdifferenzierung („Monopolistische Konkurrenz")

Die Produktdifferenzierung stellt darauf ab, bei bestehenden Produkten und deren Verwendungsmöglichkeiten Unterschiede zu schaffen; sie aus der Zone der *Homogenität* herauszuführen.

Lancaster hebt in seinem verfeinerten Ansatz hervor, daß der Produktbegriff als ein Bündel von Charakteristika zu verstehen sei und daß sich unterschiedliche Reaktionen von Konsumenten auf ein Gut unterschiedlichen Präferenzen gegenüber den diversen Charakteristika eines Gutes verdanken. Die Präferenzen für Charakteristika werden als stabil unterstellt. Wird die *Kombination* der Charakteristika von Produkten variiert (= Produktdifferenzierung), so ändern sich dementsprechend die Präferenzen für diese Produkte[79]. Dabei kommt es nicht nur auf *objektive* Unterschiede wie bessere Qualität oder funktionelleres Design an, sondern es können auch rein *imaginative* Faktoren sein, die dazu führen, daß der Verbraucher eine Produktvariante der anderen vorzieht[80].

[79] Vgl. Lancaster (Variety), S. 17f.; der Autor stellt fest: „This is the key to the analysis of product differentiation; variation in product implies a change in its characteristics composition, the effect of which can be read off against assumed stable preferences over characteristics". (S. 18).

[80] Vgl. grundlegend Chamberlin (Theory), S. 56ff.

Haupt-Ansatzpunkte für eine Produktdifferenzierung sind[81]:

(1) *Räumliche* und *zeitliche* Variation des Angebots an sich gleichartiger Güter.

(2) Differenzierung der *Darbietung* an sich gleichartiger Güter durch Service, Gestaltung der Verkaufsräume und des Verkaufsgesprächs, Kreditgewährung usw.

(3) Schaffung von *assoziativen Unterschieden* (Image) bei an sich gleichartigen Gütern durch Verpackung, Markenname und Werbung.

(4) Differenzierung der *Qualität* an sich gleichen Zwecken dienender Güter (Bauart, Design, Rohstoffe usw.).

Lancaster trifft im Anschluß an seine Charakteristika-These die Unterscheidung zwischen vertikaler und horizontaler Produktdifferenzierung. Ein Produkt *vertikal* differenzieren heißt demnach, alle Charakteristika eines Produktes gemeinsam zu verändern; dies ist in der Regel nur für unteilbare Güter bedeutsam. Teilbare Güter lassen sich auch horizontal differenzieren, d.h. die Komposition der Charakteristika wird partiell variiert[82].

Ziel der Produktdifferenzierung ist es, einen begrenzt-autonomen Teilmarkt zu schaffen, der der Firma einen quasi-monopolistischen Preisspielraum bietet[83]. Dies wird um so eher erreicht, je mehr es gelingt, Verbraucherpräferenzen auf das eigene Produkt zu fixieren, also die *Elastizität der Nachfrage* zu verringern (vgl. Abb. 2). Nachdem jedoch in der Regel relativ enge Substitutionsbeziehungen zwischen den variierten Gütern verbleiben, spricht man von „monopolistischer Konkurrenz"[84].

Im Hinblick auf den unternehmerischen Spielraum bedeutet die Produktdifferenzierung zweierlei. Zum einen wird damit die *Marktform* nicht mehr als ausschließlich *externer* Faktor betrachtet, sie ist zumindest teilweise von der Unternehmung *gestaltbar*. Monopolartige Preisspielräume können – in gewissen Grenzen – folglich *aktiv* geschaffen werden. Zum anderen – damit aber zusammenhängend – impliziert das Konzept der Produktdifferenzierung eine gewisse Loslösung von den *Marktzwängen*. Marktveränderungen schlagen nicht mehr voll auf die unternehmerische Faktor-Kombination durch, ihnen kann durch (weitere) Produktdifferenzierung begegnet oder ausgewichen werden[85]. Die Führung der Unternehmung erhält damit einen signifikanten Stellenwert.

[81] Vgl. Scherer (Market), S. 375 ff., Gutenberg (Absatz), S. 183.

[82] Vgl. Lancaster (Variety), S. 28 f.; als Beispiel für eine vertikale Produktdifferenzierung nennt der Autor VW (Käfer) und Mercedes; für eine horizontale: unterschiedliche Varianten eines Kleinwagens.

[83] Vom Gesetzgeber werden solche Quasi-Monopole durch den Schutz für eingetragene Markenzeichen gestützt.

[84] Vgl. Chamberlin (Theory), S. 68 ff.

[85] Vgl. Caves (Industry), S. 20.

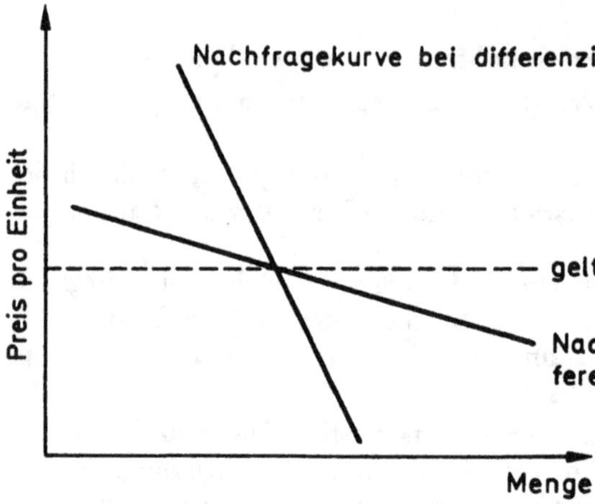

Abb. 2 Nachfragekurven von Anbietern mit differenzierten und undifferenzierten Produkten. Quelle: Caves (Industry), S. 21

Die Frage, die sich hier unmittelbar für die Theorie der Unternehmensstrategie anschließt, ist die, welche *faktische* Bedeutung der Produktdifferenzierung in fortgeschrittenen Industriegesellschaften zugemessen werden kann. Ist es ein Aktionsparameter, der jeder Unternehmung zu Gebote steht?

Die Antwort auf die Frage muß differenziert gegeben werden. Die Erfahrung zeigt, daß bei gut informierten und rational kalkulierenden Käufern, wie das in der Regel bei professionellen Einkäufern von Firmen der Fall ist, eine Produktdifferenzierung kaum möglich ist. Am extensivsten und am leichtesten erreichbar ist die Produktdifferenzierung bei langlebigen Konsumgütern; der Grad der Informiertheit und Erfahrung ist gewöhnlich gering, die Bereitschaft, über die reine Zweckerfüllung hinausgehende Momente in die Kaufentscheidung einzubeziehen, ist dagegen groß[86]. Ferner ist auf Einzelhandelsebene eine lokale und personale Produktdifferenzierung im allgemeinen von großer Bedeutung[87]. Die Beurteilung der Bedeutung der Produktdifferenzierung in der Gesamtwirtschaft kann demzufolge nicht global erfolgen, sondern ist von Marktstrukturmerkmalen selbst abhängig zu machen.

Durch Produktdifferenzierung geschaffene Quasi-Monopole sind von Imitatoren bedroht, die unter Umständen den Handlungsspielraum herunterkonkurrenzieren und Extra-Profite vernichten. Dies ist freilich nur dann möglich, wenn die Differenzierung einfach imitiert werden kann, wenn also –

[86] Vgl. ebenda, S. 22. Deutlich hiervon muß der Fall der Auftragsfertigung unterschieden werden, wie er etwa für die Maschinenbauindustrie typisch ist. Dort werden die Produkte zwar sehr stark differenziert, aber nach Kundenwünschen, so daß die Differenzierung nicht unter der Kontrolle des Anbieters steht; vgl. Kaufer (Industrieökonomik), S. 256.

[87] Vgl. Caves (Industry), S. 22.

um es anders zu sagen – leichter Marktzutritt möglich ist. Damit ist bereits das nächste zentrale, die herkömmliche Marktkonzeption modifizierende Konzept angesprochen, die Marktzutrittsschranken.

1.5.2 Marktzutrittsschranken[88]

Beschränkungen des Marktzutritts lassen Marktmacht entstehen. Die Theorie des unvollkommenen Wettbewerbs konkretisiert und quantifiziert zumeist das Konzept der Eintrittsschranken an dem Problem, wie weit der Preis gerade noch über den Wettbewerbspreis gesetzt werden kann, ohne daß hierdurch neue Anbieter auf den Markt gelockt werden[89]. Von hohen Eintrittsbarrieren wird demnach dann gesprochen, wenn der Preis in die Nähe des Monopolpreises gesetzt werden kann, ohne dadurch neue Anbieter anzulocken. Was sind aber die Bedingungen, die Interessenten den Zutritt zum Markt versperren bzw. die es den vorhandenen Anbietern erlauben, ihre Preise *dauerhaft* über das Wettbewerbsniveau zu setzen? Zunächst einmal ist zu unterscheiden zwischen Schranken, die von den Unternehmen gezielt errichtet werden (durch Patente, Werbung, politische Schutzmaßnahmen usw.) und solchen, die mehr oder weniger zwangsläufig als Nebenfolge struktureller Bedingungen auftreten (z.B. Skalenerträge). Salop unterscheidet dementsprechend zwischen „strategic" und „innocent entry barriers", wobei eine Abgrenzung nur selten leicht fallen dürfte[90].

Nach Bain werden grundsätzlich drei Klassen von den Zutritt beschränkenden Determinanten unterschieden[91]:

1. Skalenerträge,
2. absolute Kostenvorteile und
3. Produktdifferenzierung.

Ad (1) Skalenerträge[92]

Je größer eine Firma sein muß, um in den vollen Genuß der Skalenerträge zu kommen, um so höher sind die Eintrittsschranken, d.h. um so schwieriger ist

[88] Vgl. hierzu insbes. das Standardwerk von Bain (Barriers). Neuerdings wird auch der umgekehrte Fall, die Abgangsschranke (exit barrier) verstärkt in die theoretische Diskussion gebracht. Vgl. hierzu z.B. Harrigan (Effect), Porter (Location) sowie Baumol (Markets), S. 4ff.

[89] Vgl. Böbel (Industrial Organization), S. 34; Caves (Industry), S. 23.

[90] Vgl. Salop (Deterrence).

[91] Vgl. Bain (Barriers).

[92] Zur Theorie der Skalenerträge, die von größenbedingten Kostenersparnissen ausgeht, vgl. Robinson (Economics), Pratton (Economies), S. 10ff., einen knappen Überblick gibt Gutenberg (Produktion), S. 417ff.

es für eine neue Firma zu starten und um so weniger bedroht sind die etablierten Anbieter in ihrer Position[93]. Empirische Untersuchungen zeigen allerdings, daß die Vorteile aus Skalenerträgen bisweilen theoretisch überschätzt werden. In manchen Wirtschaftsbereichen war nur eine mäßige *mindestoptimale Betriebsgröße* notwendig, um in den Genuß der möglichen „economies of scale" zu kommen[94]. Diese Betrachtungen beziehen sich allerdings nur auf produktionsbedingte Skalenerträge. Größenvorteile resultieren aber auch aus anderen Bereichen, wie Aufbau eigener Abteilungen für Forschung und Entwicklung, Marktforschung, Public Relations, Rechtsberatung, ferner die Errichtung eigener Vertriebssysteme, die Durchsetzung von Mengenrabatten im Einkauf oder die Unterhaltung eigener Lobbyisten[95]. Solche Aktivitäten setzen dann wohl doch eine *erhebliche* Mindestgröße und -finanzkraft voraus.

Ad (2) Absolute Kostenvorteile

Marktzutrittsschranken aufgrund von *absoluten Kostenvorteilen* werden in der folgenden Weise begründet: Jede *neue* Firma hat Kosten*nachteile*, auf welchem Niveau auch immer sie produziert. Die geringeren Stückkosten der etablierten Anbieter werden insbesondere mit der größeren Erfahrung, Patenten und günstigeren Kreditkonditionen bzw. geringerer Zinsbelastung begründet[96]. Marris führt erweiternd die absolute Größe als zentrale Marktschranke ein und zwar mit dem Argument, daß in einem ökonomischen Kampf letztendlich die größere Finanzkraft und nicht die höhere Rentabilität entscheide[97].

[93] Zu unterschiedlichen Konzepten der Skalenerträge und ihrer Messung vgl. Kaufer (Industrieökonomik), S. 58ff.

[94] Vgl. Scherer et al. (Economics), S. 80ff., Stigler (Organization), S. 88, Caves (Industry), S. 26.

[95] Vgl. Albach (Finanzkraft), S. 74f.

[96] Vgl. Kaufer (Industrieökonomik), S. 28f., Dirrheimer (Marktkonzentration), S. 265ff., speziell im Hinblick auf die Erfahrung vgl. das in der strategischen Literatur viel verwandte Konzept der Erfahrungskurve: Henderson (Erfahrungskurve) und unten S. 92f., dieser Arbeit. Die sog. Chicago-Schule wendet sich gegen die Interpretation solcher Faktoren als Eintrittsbarrieren. Jede Firma könne Kapital aufnehmen und, sofern sie den Wettbewerb geschickt bestreitet, vorhandene Kostennachteile ausgleichen. Wenn es dennoch vielen Firmen nicht gelingt in den Markt hineinzukommen, so sei dies eben Ausdruck der hocheffizienten Ressourcenallokation der bestehenden Firmen und nicht irgendwelcher Monopolpraktiken; vgl. insbesondere Demsetz (Wirtschaftswissenschaften), S. 346. Diesen Überlegungen liegt das – theoretisch umstrittene – Survivor-Prinzip zugrunde, das Stigler in Analogie zur biologischen Evolutionstheorie gebildet hat. Vgl. Stigler (Organization), S. 72ff., kritisch dazu Kallfass (Chicago School) und die dort angeführte Literatur.

[97] Vgl. Marris (Preface), S. XVII.

Ad (3) Produktdifferenzierung

Beschränkter Marktzutritt durch *Produktdifferenzierung* findet seinen Grund in Preis- und Kostenvorteilen der etablierten Anbieter, die das Resultat sind von Faktoren wie Goodwill, eingeführter Markenname mit hoher Konsumentenloyalität, gewohnte Absatzwege usw. Der neue Rivale muß den Konsumenten davon überzeugen, daß seine bisherige Produktwahl verbesserungsbedürftig ist, d.h. er wird *höhere* Marketingaufwendungen als die etablierten Anbieter tätigen müssen, um die bestehenden Kaufwiderstände zu überwinden. Dies stellt nicht nur einen *relativen* Nachteil, sondern auch eine *absolute* Kostenbarriere dar[98]. In vielen Fällen muß der Neukonkurrent Preisnachlässe gewähren, um die Konsumenten für sich zu gewinnen[99]. Produktdifferenzierungsbarrieren sind nach einer Untersuchung von Bain von mindestens ebensolcher Bedeutung wie Marktschranken, die sich aus Skalenerträgen ableiten[100].

Daneben wirken noch eine Reihe anderer Faktoren marktzutrittsbeschränkend, wie z.B. vorhandene Überschußkapazitäten oder die in der Vergangenheit gezeigte Aggressivität der etablierten Anbieter („history of price cutting")[101]. Die faktische Bedeutung von Marktzutrittsschranken variiert mit branchen- (und firmen-)spezifischen Voraussetzungen. Als Wirtschaftszweige mit besonders hohen Schranken erwiesen sich in einer Untersuchung von Bain z.B. die Zigaretten-, die Automobil-, und die Nickelindustrie. Relativ geringe Eintrittsbarrieren hatten dagegen z.B. die Zementindustrie und die Mehlmühlen[102].

Strategisch gesehen sind Marktzutrittsschranken *ambivalent*; einerseits *erhöhen* sie den Spielraum etablierter Anbieter, andererseits *verringern* sie den Spielraum potentieller Konkurrenten. Im Hinblick auf unternehmerische Strategien ist es wichtig zu sehen, daß Eintrittsschranken nicht nur vor Neukonkurrenten, sondern auch vor *Diversifikations*bestrebungen etablierter Anbieter anderer Produkte schützen bzw. diese in ihren Vorhaben behindern, wenn auch vielleicht nicht in so hohem Maße wie potentielle Neuanbieter[103].

[98] Vgl. Scherer (Market), S. 258ff., Caves (Industry), S. 28f. zur Kritik vgl. FN 96.

[99] Vgl. Bain (Barriers), S. 127ff., Kaufer (Industrieökonomik), S. 29.

[100] Vgl. Bain (Barriers), S. 142f.

[101] Dies sind die zwei Faktoren, die sich in einer empirischen Untersuchung von Harrigan (Barriers) als besonders abschreckend erwiesen haben.

[102] Vgl. Bain (Barriers), S. 169ff., zu einem Überblick über Nachfolgeuntersuchungen und deren Kritik vgl. Böbel (Industrial Organization), S. 39ff.

[103] Vgl. Porter (Structure), S. 216. Auf der anderen Seite ist es gerade die Diversifikation, die zur Erhöhung von Eintrittsschranken beiträgt, weil die Unternehmung dadurch Unabhängigkeit gewinnt und auf einem umkämpften Markt auch vorrübergehend auf Gewinne verzichten kann. Vgl. hierzu Marris (Preface), S. XVII; Kaysen (Corporation), S. 91 sowie unsere Ausführungen oben S. 23ff. zur Finanzkraft.

Porter schlägt vor, das Problem der Marktzutrittsschranken nicht nur von dem Produktmarkt, sondern auch von den einzelnen Firmen her zu studieren[104]. Er geht dabei – analog zur strategischen Literatur – davon aus, daß ein Markt in unterschiedlicher Weise bedient werden kann, z.B. Hochpreissegment mit feiner Ware oder Niedrigpreissegment für Standardkonsum-Ware. Je nach Entscheidung gehören die Firmen dann unterschiedlichen „strategischen Gruppen" in der Branche an. Im Hinblick auf die Zutrittsschranken ergibt sich nun, daß die einzelnen strategischen Gruppen in einem Produktmarkt in unterschiedlich hohem Maße Neukonkurrenz abwehren[105].

1.5.3 Unvollkommene Information

Erst in jüngerer Zeit stärker beachtet sind (neoklassische) Modellanalysen, die sich mit einer Lockerung der Prämisse der vollkommenen Information der Marktteilnehmer beschäftigen[106]. Ausgangspunkt der Überlegungen ist, daß Informationen über die zur Verfügung stehenden Alternativen nicht gegeben sind, sondern erst gesucht bzw. beschafft werden müssen und daß diese Beschaffung Kosten verursacht[107]. Das gilt sowohl für die Firma, die sich Informationen über neue Technologien, alternative Investitionsmöglichkeiten, Preise anderer Anbieter erst beschaffen muß, wie für den Konsumenten, der sich das nach Preis und Qualität differenzierte Marktangebot erst erschließen muß. Mit anderen Worten: das Ausmaß der Informationsbeschaffung wird selbst zum Aktionsparameter von Entscheidungen[108]. Unter Beibehaltung des Optimierungsprinzips wird postuliert, daß der Suchprozeß dann abgebrochen wird, wenn die Opportunitätskosten der Informationsbeschaffung größer werden als der erwartete Grenznutzen, den zusätzliche Informationen zu erbringen vermögen[109].

Es läßt sich hier auch eine Querverbindung zur dynamisierten Marktanalyse bzw. zur fehlenden unendlich großen Reaktionsgeschwindigkeit ziehen; sie wird in der neueren Gleichgewichtstheorie als Ausdruck unvollkommener Information gedeutet[110]. Unter Verwendung von Elementen aus Schumpeters Theorie[111] werden Forschungs- und Entwicklungsaufgaben als Entschei-

[104] Vgl. Porter (Structure), S. 215f., sowie ders. (Choice), S. 69ff.

[105] Vgl. Porter (Structure), S. 216f.

[106] Vgl. statt anderer Ozga (Markets), Stigler (Organization), S. 171ff.

[107] Vgl. hierzu auch unsere Ausführungen unten S. 58ff. zu dem Transaktionskosten-Theorem.

[108] Vgl. Marschak (Theory), Mag (Entscheidung), S. 197ff.

[109] Vgl. Neumann (Volkswirtschaftslehre III), S. 102, kritisch dazu z.B. Kappler (Informationskosten), S. 99ff.

[110] Vgl. auch oben S. 10.

[111] Vgl. insbes. (Entwicklung), sowie ders. (Kapitalismus).

dungen verstanden, die sich aus dem *Prospekt* motivieren, eine monopolartige Stellung erringen und Monopolrenten abschöpfen zu können[112]. Technologische und Verfahrensinnovation werden also gesehen als schöpferische Zerstörung des stationären Gleichgewichts und als Möglichkeit der Erringung von Marktmacht. Die Gewinne – so die Idee – übernehmen die Funktion der Information und lenken die Ressourcen in einem sich mehr oder weniger rasch vollziehenden Diffusionsprozeß (Informationstransfer) zu den überlegenen Technologien und Verfahren und zwar so lange, bis der Gleichgewichtszustand wieder erreicht ist[113].

Dieser Analyse nach wäre vollkommener Wettbewerb der beste Anreiz für Innovationen; empirische Untersuchungen zeigen indessen ein anderes Bild. Ein relativ hohes Maß an Konzentration (allerdings nicht über einen bestimmten Punkt hinaus) erwies sich am förderlichsten für eine hohe Innovationsrate[114]. Im Patentrecht dokumentiert sich auch die Auffassung des Gesetzgebers, daß der Innovator eines institutionellen Schutzes bedarf, daß also die Aussicht auf kurzfristige Monopolgewinne keinen hinreichenden Anreiz darstellt. Damit wird aber zugleich eine rasche Informations-Diffusion verhindert[115].

Diese (hier stark vergröbert wiedergegebenen) Thesen lassen sich zum einen in eine gewisse Nähe zu strategischen Suchverfahren rücken und zum anderen gelangen mit ihr strategische Aktionsparameter wie Aufwendungen für Forschung und Entwicklung oder Werbung erstmals in das Blickfeld[116].

1.6 Gewinnmaximierung – eine tragfähige Prämisse?

Ein weiterer, viel diskutierter Ansatzpunkt für eine Modifikation der herkömmlichen Markttheorie, der zugleich Bedeutung für die These strategischer Spielräume besitzt, ist die Problematisierung der Gewinnmaximierungsprämisse. Wie oben dargelegt ist diese Prämisse für die Situation der vollkommenen Konkurrenz wenig bedeutsam; im Gleichgewicht erzwingen die Marktkräfte ohnehin ein solches Firmenverhalten. Um so mehr stellt sich freilich die Frage für das Oligopol und das Monopol, die ja eine Zielwahl nicht grundsätzlich ausschließen.

112 Vgl. Futia (Competition), S. 676f.
113 Vgl. Neumann (Volkswirtschaftslehre II), S. 34.
114 Vgl. Kamien & Schwartz (Innovation), kritisch dazu Dasgupta & Stiglitz (Structure), S. 266ff.
115 Vgl. statt anderer Johnson (Aspects), S. 420f.
116 Vgl. ausführlicher Sutton (Economics), S. 160ff.

Die Prämisse der Gewinnmaximierung wurde von unterschiedlichster Seite her in Zweifel gezogen. Drei Haupteinwände lassen sich unterscheiden[117]
(1) Ungewißheit im Entscheidungsprozeß;
(2) die Firma ist eine Organisation!
(3) Manager als Zielträger.

1.6.1 Entscheidungen unter Ungewißheit

Die meisten ökonomischen Entscheidungen von Firmen sind zukunftsgerichtet, und je größer die Firma, um so weiter in die Zukunft reicht gewöhnlich ihr Entscheidungshorizont. Nachdem aber die Zukunft prinzipiell ungewiß ist, versagt die Gewinnmaxierung als deterministisches Entscheidungskriterium. Die mikroökonomische Gleichgewichtstheorie hat zunächst das Ungewißheits-Phänomen völlig ausgeschlossen, es aber dann insoweit zu integrieren versucht, als bei Ungewißheit nicht mehr der Gewinn, sondern der Erwartungswert des Nutzens des Gewinns bzw. der Marktwert des Kapitals maximiert wird[118]. Der Marktwert ergibt sich aus der erwarteten Rendite und dem Risiko, mit dem die zu erwartende Rendite behaftet ist[119]. Indessen, die vom Unsicherheitsphänomen hervorgerufene Indeterminiertheit kann nicht durch Einführung einer *eindeutigen* subjektiven Erwartung geheilt werden, es gibt keine einheitliche, für alle Firmen gleichermaßen gültige Optimallösung mehr, denn für eine unsichere Zukunft gilt grundsätzlich: „no single 'correct' reading of it is possible"[120]. Das heißt, es steht jeweils eine Reihe gleich gut oder gleich schlecht begründeter *Wahlmöglichkeiten offen*, der Unsicherheit zu begegnen; es ist dies bekanntlich eine Frage der Risikoscheu, des Optimismus oder des Pessimismus, welche Alternative letztlich gewählt wird[121].

Eine eindeutige Bestimmung des gewinnmaximierenden Verhaltens ist damit nicht mehr möglich! Dadurch werden mehrere Lösungen denkbar und die Analyse strategischen Handelns erhält Raum.

[117] Vgl. ähnlich Scherer (Market), S. 29ff.

[118] Vgl. im Überblick Neumann (Volkswirtschaftslehre III), S. 204ff., Lintner (Optimum), S. 178, Kaufer (Industrieökonomik), S. 420ff.

[119] Vgl. Kaufer (Industrieökonomik), S. 430.

[120] Kaysen (Corporation), S. 90, siehe auch Streißler (Kritik), S. 50.

[121] Zu den diesbezüglichen Entscheidungskriterien in Ungewißheitssituationen (der Entscheidungsträger kennt die endliche Menge möglicher Umweltzustände, hat aber keine Informationen über die Wahrscheinlichkeiten des Eintritts) und zu zugrundegelegten Präferenzen vgl. Bamberg & Coenenberg (Entscheidungslehre), S. 58ff.

1.6.2 Die Firma ist eine Organisation![122]

Der zweite Haupteinwand bezieht sich auf die mehr oder weniger komplexe Struktur des Leistungsprozesses in der Firma und wendet sich damit zugleich gegen die „Organisationslosigkeit“ (Ein-Mann-Modell) der neoklassischen Analyse. Die Organisationsthese will u.a. besagen, daß in allen größeren Unternehmen die Führungsfunktion nicht mehr in einer Hand liegt, sondern arbeitsteilig von vielen – in der Regel hierarchisch geordneten – Instanzen wahrgenommen wird. Es nehmen nicht nur die Entscheidungen und ihre Koordination regelmäßig einen solchen *Umfang* an, daß sie nicht mehr von einer Person bewältigt werden können (Delegationsthese), sondern sie erfordern heutzutage auch eine solche Vielzahl *spezialisierter*, technischer und wirtschaftlicher Kenntnisse, die ein einzelner gar nicht mehr besitzen kann (Professionalisierungsthese)[123]. Das bedeutet aber, daß eine große Zahl von Personen Zugang zu dem Entscheidungsprozeß hat und von Eigeninteressen geleitete Verzerrungen daher nicht auszuschließen sind[124]. Konkret bedeutet dies, daß z.B. Entwicklungsingenieure auch dann nach technischer Perfektion streben, wenn sich diese nicht durch zusätzliche Erträge ökonomisieren läßt und daß eine solche „Verzerrung“ zumindest längere Zeit unentdeckt bleiben kann, weil es an hinreichenden Kontrollmöglichkeiten der Tätigkeit des Entwicklungsingenieurs fehlt[125]. Damit kommt auch die Frage der zielgerechten *Motivation* ins Spiel[126].

Was die Informationsversorgung großer Organisationen anbelangt, so gilt hier, daß mit steigender Zahl der Hierarchieebenen die Möglichkeiten interessenbezogener Selektion und Weitergabe zunehmen und somit das Treffen optimaler (gewinnmaximaler) Entscheidungen fraglich wird[127]. Williamson spricht hier von einem „control loss“[128].

In diesem Zusammenhang ist auch die – im Rahmen der deskriptiven Planungstheorien noch ausführlich darzustellende – These bedeutsam von der

[122] Vgl. hierzu auch unsere Ausführungen unten S. 153ff.

[123] Vgl. Steinmann (Großunternehmen), S. 123, sowie Gordon (Leadership).

[124] Vgl. hierzu z.B. die Studie über den Einfluß von Stäben auf den Entscheidungsprozeß der Linie von Irle (Markt).

[125] Vgl. ähnlich Scherer (Market), S. 31f.

[126] Hier ist aus volkswirtschaftlicher Sicht insbesondere auf die bekannten Analysen von Leibenstein (Effizienz) zu verweisen. Er macht darauf aufmerksam, daß das Input/Output-Verhältnis nicht deterministischer Art ist und daß deshalb interne Faktoren, wie Motivation, Qualifikation des Managements usw. Bedeutung erlangen. Er spricht hier von „nichtallokativen Effizienzkomponenten“ bzw. von „X-Ineffizienz“.

[127] Über diese und weitere Effekte (Dysfunktionen) gibt die ganze neuere Bürokratieforschung Auskunft; vgl. z.B. Blau & Scott (Organizations), S. 121ff.; zu einer Aufarbeitung aus nationalökonomischer Sicht vgl. Boulding (Economics).

[128] Dort freilich nur bezogen auf funktional organisierte Firmen, vgl. Williamson (Control), S. 25; vgl. unten S. 45ff. dieser Arbeit.

begrenzten Informationsverarbeitungsfähigkeit und Rationalität des menschlichen Entscheidungsträgers, die grundsätzlich keine Ziel-Maximierung, sondern nur „befriedigende" Lösungen zulassen[129]. Noch einen Schritt weiter gehen Studien in der Tradition von Cyert und March[130]. Sie lösen die Vorstellung eines einheitlichen Zieles (geschweige denn seiner Maximierung) auf und beschreiben die Zielbildung als komplexen Aushandlungsprozeß, in dessen Verlauf interne und externe Interessengruppen eingreifen. Das resultierende Ziel stellt sich dann als Kompromiß dar, der von der Gruppe der Kapitaleigner nicht mehr ohne weiteres überformbar ist[131].

Der nachhaltigste und in der ökonomisch/juristischen Literatur am weitesten beachtete Einwand gegen die Gewinnmaximierungsprämisse findet jedoch seinen Grund in der typischen Struktur großer *Kapitalgesellschaften.*

1.6.3 Der Managerkapitalismus

1.6.3.1 Managerziele kontra Eigentümerziele

Die herkömmliche Mikroökonomie geht von der Vorstellung aus, daß der Eigentümer selbst sein Gewerbe betreibt, daß also die Träger der Unternehmensinteressen und der Unternehmensführungsfunktion eine personelle Einheit bilden. Einer solchen Einheit von Herrschaft und Haftung, wie sie für Einzelfirmen und Personengesellschaften auch heute noch typisch ist, stellen sich jedoch bei Kapitalgesellschaften, speziell solchen mit gestreutem Anteilsbesitz, Schwierigkeiten entgegen. Bereits in den frühen 30er Jahren traten Berle und Means[132] mit einer bahnbrechenden Untersuchung an die Öffentlichkeit, die aufwies, daß 50% der größten amerikanischen Unternehmen nicht mehr unter der Kontrolle der Eigentümer stehen. Dieser Befund fußt auf der Erfahrung und der Erkenntnis, daß bei Gesellschaften mit breit gestreutem Aktienbesitz keine aktive Kontrolle durch die Eigentümer via General- (Haupt-)Versammlung stattfindet und daß stattdessen das Management die Kontrolle in diesen Unternehmen an sich zieht[133]. Es folgten zahl-

[129] Vgl. Simon (Theories), S. 262ff.

[130] Vgl. (Theory); siehe hierzu auch unsere Ausführungen unten S. 163ff. dieser Arbeit.

[131] An *dieser* Stelle ähnlich ist auch die Sichtweise der hier nicht näher zu diskutierenden „Theorie der Eigentumsrechte", die die Firma nicht mehr monolithisch versteht, sondern als eine Gruppe von Ressourcenbesitzern, die sich zur gemeinsamen Nutzung der Produktionsmittel gebildet hat. Vgl. z.B. Alchian & Demsetz (Production), S. 777f.

[132] Vgl. (Corporation).

[133] Nach Auffassung der neuen Theorie der Eigentumsrechte wird diese sog. Indolenz der Aktionäre nicht mehr als Mangel angesehen, sondern als Resultat einer äußerst effizienten Entscheidung. Die Partizipation aller Aktionäre an der Unternehmenskontrolle würde viel zu hohe Informations- und Verhandlungskosten mit sich bringen. Die „Delegation" der Kontrolle an das Management erhöht demnach sogar zusätzlich den Gewinn. Die ent-

reiche weitere Untersuchungen, deren aufsehenerregendstes Ergebnis Larner vorlegte: ca. 75% der 500 größten U.S.-Unternehmen erwiesen sich 1963 als managerkontrolliert[134]. Untersuchungen in der Bundesrepublik Deutschland kommen zu einer vergleichbaren Tendenz, wenn auch mit schwächerer Ausprägung[135].

In der Regel wird das Argument des relativ autonomen Managements aber nicht nur auf Publikumsgesellschaften begrenzt, sondern auf alle Gesellschaften ausgedehnt, bei denen die Eigentümer die Geschäftsführungsfunktion abgegeben haben. Es fehlt der intime Kontakt mit dem täglichen Geschäft und damit die Informationsgrundlage – so das Argument –, um den eigenen Willen wirksam zur Geltung bringen zu können[136].

Wieviel Spielraum hat das Management und welche Eigenziele verfolgt diese Gruppe? Diese Frage hat eine ganze Literatur unter dem Stichwort „Managerialismus" oder „Manager-Kapitalismus" entstehen lassen[137]. Hier ist nicht der Ort, die Debatte im einzelnen zu rekapitulieren; das Interesse gilt hier nur mittelbar der Frage des *potentiellen Freiraums* in der Zielsetzung und seiner Begrenzungen, um daraus Rückschlüsse für die Spielraumthese strategischer Führung zu gewinnen.

stehende Kontrollücke füllt dieser Theorie nach der Kapitalmarkt und der Markt für Manager. Vgl. ausführlich Ridder-Aab (Aktiengesellschaft), S. 76ff., S. 83ff., Schüller (Property Rights), S. 50f. Dieser Uminterpretation kann indessen nicht zugestimmt werden. Sie setzt voraus, daß sich die Trennung von Eigentum und Verfügungsgewalt einem *individuellen* Entscheidungskalkül verdankt, das jederzeit wieder rückgängig gemacht werden kann („Delegation"!). Dies ist aber eine offensichtlich unhaltbare Prämisse, eine Rücknahme der „delegierten" Verfügungsgewalt ist bei großen Publikumsgesellschaften strukturell ausgeschlossen. Auch der Verkauf der Aktie kann hier nicht als Substitut dienen, da sich hiermit nur die Zusammensetzung der Aktionäre, nicht aber die Unmöglichkeit der Rücknahme der Verfügungsgewalt ändert. Vgl. hierzu ausführlicher Steinmann, Schreyögg & Dütthorn (Managerkontrolle), S. 19ff.

134 Vgl. Larner (Control); eine neuere amerikanische Untersuchung kommt allerdings zu weniger spektakulären Ergebnissen; auf dem Wege einer Neufassung der Kontrollkategorien wird ein immer noch bestehender dominierender Einfluß amerikanischer Industriellenfamilien herausgefiltert, vgl. Burch (Revolution); diese Auffassung wird auch von marxistischer Seite häufig vertreten; vgl. z.B. Zeitlin (Ownership). Zu weiteren Untersuchungen im anglo-amerikanischen Raum vgl. Schreyögg & Steinmann (Trennung), S. 554, FN 16. Zu der Problematik der „Familienthese" und deren fraglicher Kategorienbildung vgl. Steinmann, Schreyögg & Dütthorn (Managerkontrolle), S. 17ff.

135 Eine vom Verfasser mit durchgeführte Erhebung für das Jahr 1979 weist für die 300 größten Unternehmen (exklusive Banken und Versicherungen) einen Managerkontrollanteil von 57% (nach Umsatz: 73%) aus. Vgl. Steinmann, Schreyögg & Dütthorn (Managerkontrolle), S. 10; zu anderen Untersuchungen im deutschen Raum vgl. insbesondere Pross (Manager).

136 Vgl. insbesondere Williamson (Economics), S. 24, Marris (Theory), S. 14f., Kaysen (Corporation), S. 91, Papandreou (Issues), S. 197, Gordon (Leadership), S. XII.

137 Exponierte Vertreter sind Galbraith (Industriegesellschaft), Marris (Theory), Baumol (Behavior), Williamson (Economics).

Auf dem Hintergrund personaler Motive, die für den Manager in einem Großunternehmen *verfolgbar* sind (insbesondere Macht, Prestige, hohes Einkommen, Sicherheit)[138], wurden vor allem die folgenden Ziele für Managerunternehmen postuliert:

(1) Wachstums-[139]/Umsatzmaximierung[140]
(2) Maximierung einer Nutzenfunktion der „Ausgabenpräferenzen" mit den Hauptkomponenten Mitarbeiterstab, Sonderleistungen und diskretionäre Gewinne (expense preference)[141]
(3) Autonomie und Sicherheit[142].

In jedem Fall wird – das ist für eine strategische Analyse ganz allgemein von hoher Bedeutung – als *Nebenbedingung* von einer Art Mindestgewinnniveau[143] ausgegangen, das erst erreicht sein muß, bevor das Management eigene Präferenzen in den Entscheidungsprozeß hineintragen kann. Nachdem es sich bei dieser Annahme um eine *generelle* Aussage über den Spielraum von Unternehmen handelt, unterscheidet Williamson hier konsequenterweise zwischen einem *„management's opportunity set"* und einem *„firm's opportunity set"*. Letzterer umfaßt – negativ abgegrenzt – alle die Handlungsmöglichkeiten, die sich nach Erreichung des Überlebensniveaus (Mindestgewinn) eröffnen. Der „management's opportunity set", ist enger; er ergibt sich aus dem „firm's opportunity set", reduziert um die zusätzlichen (Mindest-)Gewinne, die als erforderlich angesehen werden, um Maßnahmen zur Ersetzung des Managements von seiten der Aktionäre vorzubeugen[144]. Die Mindestbedingungen sind also *exogen* bestimmt. Der diskretionäre Spielraum der Manager bzw. der der Firma ganz allgemein hängt davon ab, wie restriktiv diese vom (Kapital-)Markt bestimmten Mindestbedingungen ausfallen[145].

Als Determinanten des Minimalniveaus werden im allgemeinen Mindesterwartungen der Aktionäre und die Bedingungen und Standards des Kapitalmarktes angesehen[146]. Williamson[147] spezifiziert als Bestimmungsgrößen (1) den Gewinn der Konkurrenten, (2) die Gewinnraten der Firma in der Ver-

[138] Vgl. hierzu Williamson (Economics), S. 29, Marris (Theory), S. 46ff.
[139] Vgl. Marris (Theory), S. 47f.
[140] Vgl. Baumol (Behavior), S. 45ff.
[141] Williamson (Economics), S. 32ff.
[142] Vgl. Galbraith (Industriegesellschaft).
[143] Bei Marris (Theory) ist es eine Mindestbewertungsrate, bezogen auf die Relation von Marktwert und Buchwert des Grundkapitals. Weicht die faktische Gewinnlage von der potentiellen zu stark ab, sinkt die Bewertungsrate und es drohen Konsequenzen.
[144] Vgl. Williamson (Control), S. 49.
[145] Vgl. hierzu die pointierte Diskussion bei Ridder-Aab (Aktiengesellschaft), S. 31.
[146] Vgl. hierzu auch die Diskussion bei Solow (Implications), S. 329ff., sowie die Kritik von Yarrow (Predictions), S. 267ff.
[147] Vgl. (Economics), S. 36.

gangenheit und (3) die aktuellen Bedingungen, die allgemein als erfolgsfördernd oder -behindernd angesehen werden. Die Differenz zwischen dem maximal erreichbaren Gewinn und dem Mindestprofit stellt dann eine Art „Fonds opferfähiger Gewinne“ [148] dar, der dann so verwandt werden kann, daß sich die Eigenziele der Manager im größtmöglichen Maße erreichen lassen (oder aber auch Eigentümerziele, die nicht auf Gewinnmaximierung gerichtet sind, etwa im Sinne gesellschaftlicher Verantwortung).

Umsatzmaximierung heißt dann, daß die Produktion unter Inkaufnahme negativer Grenzgewinne so lange über die gewinnmaximale Ausbringungsmenge ausgedehnt wird, bis der Grenzerlös gleich Null ist, allerdings nur dann, wenn damit zugleich der Mindestgewinn erreicht wird[149].

Im Marrisschen Modell wird analog die Wachstumsgeschwindigkeit der Firma auf Kosten der (diskretionären) Gewinne erhöht[150].

Relativ ähnlich ist die Argumentation von Williamson aufgebaut, nur müssen sich dort die „Ausgabenpräferenzen“ nicht zwangsläufig in erhöhtem Wachstum oder Umsatz niederschlagen. Sie äußern sich zunächst einmal in suboptimaler Kostenwirtschaftlichkeit, d.h. es werden Mitarbeiterstäbe über den Punkt, wo die Grenzkosten gleich dem Grenzertrag sind, hinaus ausgedehnt und es werden Gehaltszuschläge gezahlt, die entfallen könnten, ohne daß der Manager den Betrieb verlassen würde[151]. Auf der anderen Seite sind Stabserweiterungen und Sonderzuschläge auch nicht unabhängig von einem Größenwachstum möglich.

Das Galbraithsche Sicherheitsziel stellt auf das Bestreben ab, die erreichte Position und insbesondere die erreichte *Autonomie* nicht zu gefährden bzw. sie vorsichtig auszubauen. Unwägbarkeiten und Risiken werden deshalb weitgehend zu vermeiden und/oder durch planenden Eingriff in die Umwelt zu stabilisieren gesucht[152]. Daneben stellt er Wachstum und technologische Spitzenleistungen als Ziele der manageriellen Firma bzw. der sie beherrschenden „Technostruktur“ heraus[153].

[148] Baumol (Behavior), S. 56; bei Williamson (Economics): „Diskretionärer Gewinn“ (S. 35f.).

[149] Die Unterscheidung von Gewinnmaximum und Umsatzmaximum ist allerdings nur dort sinnvoll, wo von nicht-linearen Kurvenverläufen auszugehen ist. Im Falle der Linearität, so etwa in der Break-Even-Analyse, fallen ja die beiden Maxima an der Kapazitätsgrenze zusammen. Vgl. Krüsselberg (Organisationstheorie), S. 179f.

[150] Vgl. Marris (Theory), ders. (Preface), S. XXI.

[151] Vgl. Williamson (Economics), S. 34f.

[152] Dabei kann auch an die „Quiet life“-These von Hicks (Survey) angeschlossen werden, die darin die vorherrschende Verhaltensweise im Monopol erblickt.

[153] Vgl. Galbraith (Industriegesellschaft); vgl. hierzu auch die resümierende Diskussion der Galbraithschen Thesen bei Bower (Planning), S. 186 passim; vgl. auch unsere Diskussion unten S. 71ff. zur Galbraithschen Genese betrieblicher Planung.

Gegen diese Thesen der Managerialisten werden heute zahlreiche Einwände vorgetragen. In diesem Zusammenhang ragt das Argument heraus, daß der behauptete Handlungsspielraum des Managements de facto durch die disziplinierenden Kräfte des *Kapitalmarktes* zunichte gemacht wird, also nicht wirklich existent ist[154].

Empirische Untersuchungen konnten bislang weder die eine noch die andere Seite eindeutig stützen[155], so daß es angezeigt erscheint, den theoretischen Argumenten nachzugehen. Dies um so mehr, als ja dieser Einwand nicht nur die Manager-Autonomie betrifft, sondern die *ganze Spielraum-These* und somit auch die Bedingungen strategischer Analyse und strategischen Handelns im Unternehmen substantiell in Frage stellt.

1.6.3.2 Der Kapitalmarkt als durchschlagendes Disziplinierungsinstrument?

Die zu prüfende Ausgangsthese besagt, daß ein funktionierender Kapitalmarkt – also der Markt für die Finanzierung der Käufe von Gütern[156] – das Management bzw. *jede diskretionäre Firma* veranlaßt, sich trotz oligopolistischer Strukturen im Gütermarkt wie ein Profitmaximierer zu verhalten. Der Kapitalmarkt, wobei in der Regel nur der Aktienmarkt betrachtet wird, dient also gewissermaßen als Kontrollinstanz zweiter Stufe. Alchian und Kessel bringen die These prägnant zum Ausdruck[157]:

„... despite the absence of competition in product markets, those who can most profitably utilize monopoly powers will acquire control over them ... so long as free capital markets are available, the absence of competition in product markets does not imply a different quality of management in monopolistic as compared with competitive enterprises".

Im Hintergrund steht dabei die Vorstellung, daß die Aktienpreise als Allokationssignale von den Erwartungen über die künftigen Erträge der jeweiligen Gesellschaft bestimmt werden und daß die hierfür notwendigen Antizipationen der Managementleistung zutreffend sind[158]. Der Kapitalmarkt als „market for corporate control" [159] erzwingt – so die These – die Gewinn- bzw. Marktwertmaximierung und zwar entweder durch Selektion, indem die Eigentumsrechte neu zugeteilt werden, oder durch die Disziplinierung des

[154] Zu weiteren Gegenargumenten vgl. Peterson (Control), sowie die Entgegnungen von Berle (Impact) und Kaysen (View); siehe auch die ausführliche Diskussion bei Ridder-Aab (Aktiengesellschaft, S. 83 ff.) aus der Sicht der Theorie der Eigentumsrechte.

[155] Vgl. die Übersichten von Blattner (Theorie), S. 106 ff., McEachern (Control), Thonet (Managerialismus), S. 70 ff., Ridder-Aab (Aktiengesellschaft), S. 33 f.

[156] Vgl. Blattner (Theorie), S. 69.

[157] Alchian & Kessel (Competition), S. 160.

[158] Vgl. Ridder-Aab (Theorie), S. 105.

[159] Diese Bezeichnung wurde von Manne (Merger) in die Literatur eingeführt.

etablierten Managements[160]. Wie aber soll nun die Kontrolle des Kapitalmarktes über diskretionäres Firmenverhalten konkret wirksam werden?[161]

Direkte Kontrolle

Der *direkte* Einfluß des Kapitalmarktes ergibt sich daraus, daß sich annahmegemäß hohe Rentabilität in hohen Aktienkursen niederschlägt und somit Kapital für Investitionen relativ *billig* über Neuemissionen beschafft werden kann und umgekehrt[162]. Eine Abweichung vom Höchstgewinnstreben wird demzufolge mit höheren Kapitalkosten bestraft bzw. im Extremfall stellt der Kapitalmarkt für solche Firmen keine Mittel bereit[163].

Dieses Argument kann allerdings für deutsche Verhältnisse nicht sehr schwer wiegen, ist doch allzu bekannt, daß die großen Aktiengesellschaften in breitem Umfange *Innenfinanzierung* und/oder *Fremdfinanzierung* betreiben und von der Börse relativ wenig Gebrauch machen[164]. In der Bundesrepublik sind in den letzten Jahren nur 2% des Neukapitals über Neuemission von Aktien beschafft worden[165]. Aus dem Kapitalbeschaffungsargument kann daher (zumindest für unsere Verhältnisse) wohl kaum eine signifikante Disziplinierungsgewalt abgeleitet werden[166, 167]. Darüber hinaus darf das Problem nicht als „Null/Eins-Entscheidung" betrachtet werden. Das Management kann durchaus abwägen, wieviel an verteuertem Kapital via sinkende Aktienkurse es in Kauf zu nehmen gewillt ist, um den diskretionären „Ertrag" zu steigern[168]. Insoweit ist wieder nur eine Art *Mindestniveau* einzuhalten, wie oben behauptet.

160 Vgl. Kaufer (Industrieökonomik), S. 452.

161 Der folgende Argumentationsaufbau lehnt sich an Williamson (Control), Kap. 6 an; vgl. auch die Übersicht bei Kaufer (Industrieökonomik), S. 452–456.

162 Vgl. Williamson (Control), S. 90f.

163 Vgl. Baumol (Stock Market), S. 77.

164 So stellt eine Untersuchung von Samuels & McMahon (Saving) fest, daß in der Bundesrepublik die Innenfinanzierung die wichtigste Finanzierungsquelle, gefolgt von Bankkrediten, darstellt.

165 Vgl. Cable & Dirrheimer (Innovation), S. 10; damit kann freilich nicht behauptet werden, daß dies nun für immer in dieser geringen Größenordnung bleiben muß. Zu Ursachen für die Funktionsschwäche des Aktienmarktes speziell in der Bundesrepublik vgl. Sachverständigenrat (Jahresgutachten 1979/80), S. 149. Maßnahmen zur Revitalisierung der Aktie als Finanzierungsinstrument, wie sie gerade in jüngster Zeit wieder verstärkt erwogen werden, können sicherlich einen gewissen Einfluß nehmen, ob sie allerdings eine ganze Umkehrung der Tendenz herbeiführen können, muß aufgrund der gemachten Erfahrungen bezweifelt werden.

166 So auch Baumol (Stock market), S. 76.

167 Sicherlich fließt den Banken via Fremdfinanzierung eine beträchtliche Kontrollmacht zu; die Frage aber, ob sie damit als vollgültiges Kapitalmarkt-Substitut fungieren können, scheint uns negativ beantwortbar zu sein. Dies schon deshalb, weil spezifisches Bankeninteresse und Kapitalmarktfunktion nicht deckungsgleich sind.

168 Vgl. Ridder-Aab (Aktiengesellschaft), S. 111f.

Indirekte Kontrolle

Gewichtiger jedoch als der direkte Einfluß wird in der Literatur die *indirekte* Kontrollfunktion des Kapitalmarktes veranschlagt. Williamson unterscheidet zwischen Kontrolle durch Anreiz- und durch Drohungsmechanismen[169]. Was die *Anreizmechanismen* anbetrifft, so ist hier zum einen die (vornehmlich U.S.-amerikanische) Praxis gemeint, das Management durch *„stock options"* an der Höhe des Aktienkurses persönlich interessiert zu machen. „Stock options" sind terminierte Bezugsrechte auf Aktien zu einem festgelegten Preis und stellen einen Lohnbestandteil dar. Der Ertrag für die Manager ist um so höher, je weiter der Börsenkurs am Bezugstag über dem festgesetzten Optionskurs liegt (= Gewinnmaximierung)[170].

Zwei zentrale Argumente lassen die Wirksamkeit der „stock options" gering erscheinen. Nachdem die „stock options" nur einen *Bruchteil* des Managereinkommens darstellen, ist zu bezweifeln, daß das Management dessentwillen seinen „Slack" aufgibt, zumal dies ja auch auf die zukünftigen Gewinnerwartungen der Aktionäre durchschlagen würde. Zum zweiten ist in komplexen Organisationen die *Zurechenbarkeit* der Gesamtleistung auf einzelne Personen äußerst gering. Ein unmittelbarer Zusammenhang zwischen der Individualleistung des Managers und dem Aktienkurs läßt sich kaum herstellen („Teamwork")[171] mit der Folge, daß „Shirking-" und „Free-Rider"-Befürchtungen die Motivation lähmen[172].

Ein *zweiter Anreizmechanismus* stellt darauf ab, daß das Management als *Insider* durch Aktientransaktionen von der eigenen Leistung profitieren kann. Die Erfolgsverantwortlichen wissen *vor* dem Börsenpublikum um den zu erwartenden Gewinn (= Kurssteigerung) und können diesen Informationsvorsprung durch rechtzeitigen Aktienkauf kapitalisieren. Betreibt das Management keine Gewinnmaximierung, entstehen dementsprechend Opportunitätskosten[173]. Dieser zweite Mechanismus überzeugt als Kontrollinstrument ebensowenig wie der erste. Es gelten dieselben Einwände, außerdem würde der Mechanismus auch bei *Mißerfolg* seine volle Wirkung entfalten[174].

Beide Mechanismen setzen darüber hinaus einen so engen Zusammenhang zwischen erzieltem *Ertrag* und *Börsenkurs* voraus, wie er in der (zumindest bundesrepublikanischen) Realität aus verschiedenen Gründen nicht vorfindbar ist[175].

[169] Vgl. Williamson (Control), S. 91ff.
[170] Vgl. Blattner (Theorie), S. 105.
[171] Vgl. Williamson (Control), S. 92f., Ridder-Aab (Aktiengesellschaft), S. 93ff.
[172] Vgl. zu diesen Problemen allgemein Alchian & Demsetz (Production), S. 779ff., Neumann (Volkswirtschaftslehre III), S. 262f.
[173] Vgl. Manne (Insider Trading).
[174] Vgl. Williamson (Control), S. 93ff.
[175] Vgl. zusammenfassend Blattner (Theorie), S. 94ff.; für den deutschen Raum konnte z.B. immer wieder belegt werden, daß die Kursentwicklung durch starke Marktteilnehmer ma-

Als durchschlagendster Mechanismus der indirekten Kapitalmarktkontrolle wird aber die ständig wirksame *Bedrohung*[176] des Managements angeführt, entlassen oder degradiert zu werden, und der damit einhergehende Verlust an Prestige, Geld und Macht. Eine hervorragende Rolle spielt dabei – so die These – die Gefahr des Aufgekauftwerdens (takeover raid)[177]. Im Hintergrund steht folgender Gedankengang[178]: Einzelne managerkontrollierte Firmen verwerten das Kapital nicht so profitabel, wie es möglich wäre. Die Aktionäre registrieren diese Abweichung und reagieren mit Verkauf („exit")[179], der Marktwert der Firmen fällt. Je größer die Differenz zwischen aktuellem Marktwert und wahrem Ertragswert, um so größer ist der Anreiz für Außenstehende, die Verfügungsgewalt über die Firma zu erwerben und den latenten Gewinn durch Veränderung der Geschäftspolitik zu realisieren. Für das etablierte Management bedeutet eine solche Übernahme (in welcher Firma auch immer) in der Regel Entlassung oder Degradierung. Aus Furcht vor diesen Konsequenzen – so grob die These – verzichtet das Management auf die Verfolgung eigener Ziele und strebt nach Gewinn- bzw. Marktwertmaximierung.

Dieses Argument arbeitet ganz offenkundig mit einer Reihe wenig realistischer Annahmen, die seine Überzeugungskraft fragwürdig erscheinen lassen. Zentrale Einwände sind[180]:

(1) Für den interessierten Aufkäufer bestehen hohe Transaktionskosten. Ein Außenstehender muß beachtliche Kosten aufwenden, um das Renditepotential der Firma zu identifizieren (wobei dies grundsätzlich eine mit mehr oder weniger großer Unsicherheit behaftete Diagnose bleiben muß). Außenstehende neigen ferner aufgrund unvollständiger Informationen dazu, das Ertragspotential zu unterschätzen. Dadurch muß die betreffende Firma erst eine signifikante *Schwelle überschreiten*, bevor überhaupt ein Aufkauf droht.

nipuliert wird, vgl. Hanssen & Reiß (Börsenzwang). Einen Überblick über die neuere Kapitalmarkteffizienzdiskussion mit Daten für den deutschen Raum gibt Schmidt (Aktienkursprognose).

176 Als weiterer effektiver Drohungsmechanismus werden die Sanktionsmittel der Aktionäre (z.B. Verweigerung der Entlastung, Abberufung des Vorstandes via Aufsichtsrat) angeführt. Um diesem Mechanismus wirklich Abschreckung attestieren zu können, sind aber wohl doch die Kooptationspraktiken zu sehr Faktum. Die Kooptationskompetenz des Vorstands in Publikumsgesellschaften bezieht sich nicht nur auf den Vorstand selbst, sondern auch auf sein direktes Kontrollorgan, den Aufsichtsrat. Vgl. hierzu z.B. Mitbestimmungskommission (Mitbestimmung), Teil V.

177 Vgl. Manne (Mergers); Marris (Theory), S. 19ff., bei Marris allerdings nur im Rahmen der Formulierung von „Mindestbedingungen", die die Firma erfüllen muß, um zu überleben.

178 Vgl. ausführlich Ridder-Aab (Aktiengesellschaft), S. 113ff., Marris & Mueller (Corporation), S. 36f.

179 Vgl. Hirschman (Exit), S. 46.

180 Vgl. Williamson (Control), S. 97ff., Kaufer (Industrieökonomik), S. 452ff.

(2) Das Management versucht ferner zumeist durch eine Politik der Dividendenkontinuität – Anpassungen werden nur nach einer länger anhaltenden Veränderung der Gewinnsituation vorgenommen – und andere Maßnahmen der Kurspflege, die *Reaktionsbereitschaft* der Anteilseigner weiter zu *desensibilisieren*[181]. Mit einer hohen Reaktionsbereitschaft der Aktionäre steht und fällt aber die These.

(3) In der Regel muß für eine vollständige Übernahme den verbliebenen Aktionären ein attraktives (über dem Börsenkurs liegendes) *Übernahmeangebot* gemacht werden, was wiederum schwellenerhöhend wirkt.

(4) Der *Realisierung* einer neuen Geschäftspolitik in der übernommenen Firma zur Ausschöpfung des Potentials stellen sich in der Praxis mannigfaltige Hindernisse entgegen[182].

(5) Die Übernahmewahrscheinlichkeit verringert sich wegen des absoluten hohen Kaufpreises mit *steigender Firmengröße*. Gerade die Unternehmen mit dem *breitesten* Handlungsspielraum sind damit aber gegenüber der Übernahmedrohung weitgehend immun. Untersuchungen von Singh weisen darauf hin, daß Größe mehr Schutz bietet als hohe Profitabilität[183].

Die These, daß der Kapitalmarkt jede Abweichung von der Gewinn- bzw. Marktwertmaximierung wirksam zu unterbinden vermag, ist daher zu bestreiten; er stellt allenfalls die *Einhaltung* der Mindestbedingungen sicher. Marris und Mueller kommen zu dem Schluß: „All empirical work to date supports Marris' original contention of considerable slack in the takeover mechanism ...". Und weiter heißt es: „... rather than deviant managerial behavior being driven out by stockholder-welfare maximizing behavior, the so-called 'deviant' behavior has more likely driven out the other"[184]. Ähnlich auch das Resümee von Kaufer; er kommt zu dem Schluß, daß der Kapitalmarkt allein diejenigen Firmen effizient disziplinieren kann, „die so klein sind, daß sie gar nicht mehr ins empirische Testfeld der managerialistischen Modelle fallen"[185].

Nicht unerwähnt soll hier bleiben, daß Übernahmen sehr viel häufiger aufgrund *strategischer Planungen* erfolgen, etwa um das Produktprogramm zu

[181] Vgl. Lintner (Distribution), S. 82f., Brittain (Dividend Policy).

[182] Vgl. hierzu die breite betriebswirtschaftliche Literatur zum (Miß-)Erfolg von Firmenkäufen; stellvertretend Kitching (Mergers).

[183] Vgl. Singh (Take overs); die These der Kontrollfunktion des Kapitalmarktes via Kaufdrohung kommentiert Mueller (Case) sarkastisch: „Apparently our business schools retain the best of their students to teach on their faculties and send the rest out to work in business. Despite their incompetence, these graduates rise to the top of their companies and cling on so that their unfortunate stockholders can be rescued only through an outside acquisition. To keep out these incompetents and keep capital flowing to its most productive uses in the economy, we need some 1.000 mergers per year". (S. 92f.)

[184] Marris & Mueller (Corporation), S. 42.

[185] Kaufer (Industrieökonomik), S. 455.

komplettieren oder um zu diversifizieren. Die Differenz zwischen potentiellem Ertragswert und aktuellem Marktwert spielt dabei eine nachgeordnete Rolle, eher schon eine akute *Krise*, die das ökonomische Überleben einer Firma fraglich erscheinen läßt[186]. Interessant ist in diesem Zusammenhang auch zu wissen, daß in der Mehrzahl der Fälle ein Unternehmenszusammenschluß auf *Initiative* des „Verkäufers" zustandekommt[187].

1.6.3.3 Revitalisiert die divisionale Organisation die Gewinnmaximierungsprämisse?

Williamson relativiert in seinem Buch „Corporate Control and Business Behavior" seine und die von uns vertretene Spielraumthese des Managements (einschließlich des Falles „diskretionärer" Eigentümer), indem er sie auf Firmen mit funktionaler Organisationsstruktur eingrenzt und für divisional organisierte Firmen zurückweist. Er geht sogar so weit zu behaupten, daß durch diese Organisationsform der unvollkommene (externe) Kapitalmarkt durch einen vollkommenen internen (Quasi-)Kapitalmarkt ersetzt wird, mit dem Ergebnis: „. . . neoclassical profit maximization, except for transitory deviations, tends generally to be restored" [188]. Ausgangspunkt der These ist eine Kritik an der funktionalen *Organisationsstruktur*, wie sie lange Zeit in allen Großunternehmen vorherrschend war[189]. Der oben generell diskutierte „Kontrollverlust" in großen Hierarchien[190] wird auf diese funktionale Organisationsform eingeschränkt. Je größer die Unternehmen werden – so die These – um so krasser machen sich die kumulierten Kontrollverluste in den täglichen Führungs- und Entscheidungsprozessen bemerkbar. Darüber hinaus erzwinge das Unternehmenswachstum eine Veränderung der Unternehmensleitung derart, daß die Leiter der Funktionalbereiche in die überlastete „Hierachiespitze" eintreten. Damit sei aber einer partikularistischen Interessenverfolgung Tür und Tor geöffnet, das Gesamtziel muß tendenziell hinter den Funktionalinteressen zurücktreten. Unternehmenspolitische Entscheidungen der Spitze werden mit Partialproblemen aus den Funktionalbereichen vermengt. Die Ausgabenvorlieben der Funktionsmanager finden direkten Eingang in die globale Unternehmenspolitik[191]. Anders ausgedrückt, die Erscheinung des Managerialismus in Großunternehmen ist – neben gewonnener Marktmacht – auf die Untauglichkeit der funktionalen Struktur zurückzuführen, partikularistische Interessen unter Kontrolle zu halten.

186 Vgl. zu den Motiven von „Mergers" Scherer (Market), S. 37f., 11ff., Steiner (Mergers).
187 Vgl. Scherer (Market), S. 127f. und die dort angegebenen empirischen Studien.
188 Williamson (Control), S. 166.
189 Vgl. hierzu unsere historischen Betrachtungen unten S. 61 dieser Arbeit.
190 Vgl. oben S. 35 dieser Arbeit.
191 Vgl. Williamson (Discretion), S. 344ff.

Diese Probleme – und damit auch das Managerialismus-Phänomen – entfallen nach Auffassung von Williamson bei der divisionalen Organisationsstruktur mit ihrer Aufgliederung der Unternehmensaktivitäten in relativ selbständige, gewinnverantwortliche Geschäftsbereiche[192]. Folgende Gründe werden genannt[193]:

- Die Divisionen agieren als quasi-autonome überschaubare Einheiten, der Kontrollverlust wird dadurch eingedämmt.
- Partikularistische (Funktionsbereich-)Interessen dringen nicht in die Gesamtunternehmensleitung vor; sie werden in den Divisionen von gesamtverantwortlichen Divisionsleitern unter Kontrolle gehalten.
- Das Verhalten der Divisionen wird von der Gesamtleitung und einem ihr beigeordneten Stab (elite staff) mit Hilfe finanzwirtschaftlicher Kennzahlen, insbesondere ROI (Return on Investment), effektiv kontrolliert.
- Das Top-Management kann sich ganz auf die Gesamtleitung konzentrieren.

Die divisionale Organisationsform bietet nach Auffassung von Williamson ein Kapitalmarktsubstitut, das in seinen Kontrollwirkungen effektiver ist als der (unvollkommene) Kapitalmarkt, weil die Kapitalallokationsentscheidungen des Topmanagements auf besseren internen *Informationen* fußen, *marginale* Anpassungen und Veränderungen möglich und die *Interventionskosten* gering sind, so daß der Kapitaltransfer reibungslos vonstatten gehen kann[194].

Diese Überlegenheit der divisionalen Organisationsform zwingt – wie es Williamson in einem dynamischen Prospekt darlegt[195] – andere Unternehmen dazu, sich ebenfalls in dieser Form zu organisieren, oder aber sie werden von divisional organisierten Firmen aufgekauft, um das durch Reorganisation mögliche Ertragspotential zu realisieren. Dadurch werden mehr oder weniger *alle* Unternehmen zur *Gewinnmaximierung* gezwungen. Managerialismus bzw. diskretionäres Handeln ist demnach primär ein Problem interner Organisation[196].

Allein, so plausibel diese gedankliche Konstruktion im ersten Moment erscheinen mag, sie hat wenig für sich. Sie greift *selektiv* die Vorzüge der divisionalen Organisation heraus und verschließt sich ihren Problemen. Williamson trägt zwar selbst einen ganzen Katalog von möglichen Einwänden vor[197], verwirft oder bagatellisiert diese aber nach mehr oder weniger genauer Prü-

[192] Vgl. im Überblick Poensgen (Geschäftsbereichsorganisation).
[193] Vgl. Williamson (Control), S. 120 ff., ders. (Corporation), S. 1559.
[194] Vgl. Williamson (Control), S. 139 f.
[195] Vgl. ebenda, S. 165 f.
[196] Vgl. Williamson (Corporation), S. 1560.
[197] Vgl. Williamson (Control), S. 154 ff.

fung. So etwa das gravierende Problem, daß mit der Divisionalisierung in vielen Fällen eine *künstliche* Trennung interdependenter Aktionsräume herbeigeführt wird, was erhebliche Koordinationsverluste mit sich bringt oder zumindest einer Reihe *zusätzlicher* Koordinationsanstrengungen bedarf[198]. In der Praxis sind denn auch zwischenzeitlich zahlreiche Modifikationen des Konzepts vorgenommen worden; zumeist um dem Problem der Interdependenz besser gerecht werden zu können[199].

Daraus ist zugleich ersichtlich, daß der Anwendungsbereich der divisionalen Organisation klar begrenzt ist. In Firmen mit vielfältigen (leistungs- und produktionsmäßigen) *Verbundeffekten* oder homogener Produktpalette gilt die funktionale Strukturform der Geschäftsbereichsorganisation grundsätzlich als überlegen[200].

Die wohl gravierendste Fehleinschätzung ist das Vertrauen in die nahezu *perfekte Kontrolle* der Divisionen mit Hilfe der ROI-Kennziffer. Eine Literatur nicht zu kleinen Umfangs beschäftigt sich gerade mit den schwierigen Kontrollproblemen, die die Divisionalisierung mit sich bringt, und mit den Unzulänglichkeiten einer ROI-Kontrolle[201]. So hat z.B. eine Kontrolle auf ROI-Basis mit allen den Problemen zu kämpfen, wie sie für die bilanzielle *Berichterstattung* typisch sind: mangelnde Eindeutigkeit und damit *Manipulierbarkeit* der zugrundeliegenden Größen (z.B. Bewertung, Rückstellung, stille Reserven)[202]. Desweiteren sind Rentabilitätsdaten, wie sie der ROI liefert, für Kapitalallokationsentscheidungen wenig tauglich, weil sie *vergangenheitsorientiert* sind und weil in sie Größen (z.B. Abschreibungen, Buchwerte des Anlagevermögens) Eingang finden, die für diesen Zweck unerheblich sind[203]. Darüber hinaus vermag die Rentabilität kein zuverlässiges Abbild der erbrachten Leistungen des Divisionsmanagements für *eine* Periode

198 Vgl. hierzu Mertens (Divisionalisierung), S. 2ff. und den dort geschilderten SEL-Fall; Eisenführ (Unterscheidung), S. 739ff.; Frese (Grundlagen), S. 122ff.

199 Vgl. Mertens (Divisionalisierung) und die dort beschriebene Rezentralisierungswelle in den 60er Jahren; eine Übersicht über Modifikationsvarianten gibt Frese (Grundlagen), S. 339ff.; vgl. auch das dort (S. 343ff.) analysierte Beispiel der ARAL AG.

200 Vgl. Poensgen (Rendite), S. 222, sowie unten S. 61ff.; Cable & Dirrheimer (Innovation) gehen noch weiter; sie stellen im Anschluß an die Befunde ihrer empirischen Untersuchung die These auf, daß in der Bundesrepublik die divisionale Organisation nicht erfolgreich, zumindest aber nicht erfolgreicher als die funktionale Organisation eingesetzt werden kann. Dem widerspricht jedoch die Untersuchung von Poensgen & Marx (Ausgestaltung), S. 239f.

201 Vgl. u.a. Dearden (Limits); ders. (Case), Solomons (Performance); Poensgen (Geschäftsbereichorganisation), S. 247ff.; Eisenführ (Lenkungsprobleme); Lüder (Anmerkungen), Albach (Lenkpreise), S. 236f.

202 Vgl. die ausführliche Diskussion bei Solomons (Performance) und Poensgen (Geschäftsbereichsorganisation), S. 278ff.

203 Vgl. Lüder (Anmerkungen), S. 403; Drumm (Geschäftsbereichsorganisation), S. 92f.

zu liefern. Es bereitet nicht nur Schwierigkeiten, eine Vergleichbarkeit zwischen den Divisionen herzustellen; in das Ergebnis fließen auch Entscheidungen vergangener Perioden ebenso wie divisionsfremde Entscheidungen ein[204].

Informationsverzerrungen, wie sie Williamson für die funktionale Struktur so scharf herausstellt, treten also auch bei der divisionalen Struktur auf, nur in einem anderen Gewande[205]. Ganz generell läßt sich feststellen, daß die meisten der von Williamson konstatierten Probleme der funktionalen Struktur typische Bürokratieprobleme sind, die sich mit dem Mittel der Divisionalisierung nicht lösen lassen. Die Divisionen großer Unternehmen sind ja selbst große funktional-organisierte Hierarchien[206].

Völlig unverständlich bleibt schließlich, weshalb Williamson[207] durch die divisionale Struktur diskretionäres Handeln nicht nur auf Divisions-, sondern auch auf *Top-Management-Ebene* gebunden sieht. Das Argument, die gewinnmaximierenden Divisionen würden eine solche Dynamik entfalten, daß sie auch die Spitze zu einer gewinnmaximalen Nutzung des Potentials diskretionärer Handlungsmöglichkeiten „erziehen" würden, erscheint zu ad-hoc gegriffen und zu sehr zu seinen Spielraumthesen im Widerspruch, als daß es Überzeugungskraft entfalten könnte. Dasselbe gilt für den das Divisionalisierungsargument u.E. weit überziehenden *Prospekt*, divisionalisierte Unternehmen würden via Kapitalmarktdynamik funktional-organisierte Unternehmen zur divisionalisierenden Reorganisation zwingen oder aber – falls sie dazu unfähig sind – diese aufkaufen.

Es ist deshalb auch die Williamsonsche Schlußfolgerung zurückzuweisen, daß die divisionale Organisationsform den Handlungsspielraum des Divisionsmanagements und letztlich auch der Unternehmensleitung vernichte bzw. nur noch die Wahl der Gewinnmaximierung im Sinne der neoklassischen *deterministischen* Lösung zulasse.

Zusammenfassung und Ergebnis

Fassen wir unsere bisherigen Ausführungen zusammen, so läßt sich festhalten, daß in oligopolistischen (und monopolistischen) Marktstrukturen

[204] Vgl. Poensgen (Geschäftsbereichsorganisation), S. 173ff., 195ff.; Dearden (Case), S. 127.

[205] Ein bezeichnendes Licht auf die Informations- und Entscheidungssituation des Top-Managements divisionalisierter Unternehmen wirft der Erfahrungsbericht eines Unternehmensberaters: „In today's complex business environment, few senior executives can know enough about their companies various businesses to make any positive contribution to the proposals presented to them for decision; and at any rate, by the time they see a proposal it is usually too late to make real changes". Hunsicker (Managers), S. 77.

[206] Zur Größe der Divisionen vgl. die Untersuchung von Poensgen & Marx (Ausgestaltung), S. 244.

[207] Vgl. Williamson (Control), S. 165ff.

signifikante Handlungsspielräume für die Unternehmensleitung bestehen, daß diese auch durch die Möglichkeiten der Produktdifferenzierung, der Schaffung von Eintrittsbarrieren und die Optionen unvollständiger Information ausgedehnt und verfestigt werden können und daß schließlich die Entscheidungsungewißheit, die Dysfunktionen der Hierarchie und die Zulässigkeit diskretionärer Ziele weiterhin die eigenständige Bedeutung des unternehmerischen Entscheidungshandelns gegenüber der neoklassischen Gleichgewichtslösung unterstreichen. Der Kapitalmarkt und seine inhärenten Kontrollmechanismen erwiesen sich in der Analyse als zu schwach, um eine – wie auch immer definierte – Maximallösung zu erzwingen, jedoch als stark genug, um den Unternehmen *Mindesterfolgsniveaus* vorzuschreiben und damit den Zielprospekt wesentlich einzugrenzen. Das Tor für die Analyse unternehmerischer Strategien im wettbewerbswirtschaftlichen Kontext ist damit geöffnet.

Das heißt aber keinesfalls, daß die *Zwänge* wettbewerblicher Ordnung fortan unbeachtet bleiben könnten. Im Gegenteil, diese Analyse lehrt uns auch, daß eine Theorie der Unternehmensstrategie einer nationalökonomischen Reflektion ihres übergreifenden Ordnungs- und Marktstrukturzusammenhangs nicht entraten kann, will sie nicht Gefahr laufen, an der Oberfläche zu verharren oder gar das *falsche Problem* zu lösen.

Bereits jetzt lassen sich einige *Einschränkungen* für die strategische Analyse und das strategische Management relativ genau erkennen. So ist etwa dort, wo ein Unternehmen in sehr starkem Maße den disziplinierenden Kräften des Marktes ausgesetzt ist, es also keine Marktmacht hat, wo ferner kaum Eintrittsschranken bestehen und die Möglichkeiten einer Produktdifferenzierung vom Markt nicht angenommen werden, der Entwurf von Wettbewerbsstrategien ganz eng begrenzt. Das Handeln solcher Firmen läßt sich mit der herkömmlichen Wettbewerbs-Analytik wohl hinreichend präzise erfassen.

Allgemeiner wird man sagen können, daß die individuellen Möglichkeiten strategischer Pläne nicht *überschätzt* werden dürfen, dazu sind die überformenden Kräfte der *Wirtschaftsordnung* und der *Marktstruktur* zu signifikant. Derjenige, der sich anschickt, eine Strategie zu entwerfen oder eine strategische Analyse anzufertigen, tut also gut daran, zunächst einmal Gründe dafür vorzutragen, daß die Situation, in der sich das oder die fraglichen Unternehmen befinden, einen entsprechenden Freiraum läßt. Im Umkehrschluß ergibt sich, daß geradezu *negativ* eine strategische Planung dort wirken muß, wo unverzügliche Anpassung an die Imperative des Marktes die Voraussetzung für das Bestehen der Firma ist. Dort lenkt eine strategische Planung den Blick auf scheinbar vorziehenswerte Handlungsalternativen und macht die Firma dadurch eventuell in gefährlicher Weise unsensibel für die *Anpassungsnotwendigkeiten* der aktuellen Situation.

Diese theoretische Ableitung spiegelt sich ziemlich genau in empirischen Erhebungen wider, die Rhenman[208] durchgeführt hat. Strategische Planung erwies sich nur für Unternehmen geeignet, die ein gewisses Maß an *Einfluß* auf die Umwelt hatten, die in bestimmtem Umfange prognostizierte Unsicherheit durch Gegenmaßnahmen in Plan-Sicherheit verwandeln konnten. Firmen, die über ein solches Aktionspotential nicht verfügten, aber dennoch strategisch planten und ihr Handeln daraufhin ausrichteten, gerieten in große Schwierigkeiten[209]: „Our study taught us dearly that it is very difficult for the non-dominating organization to operate the type of long-range planning employed by the corporation“[210]. „Marginale“, nicht-kontrollfähige Firmen sicherten ihren Bestand besser durch eine kontinuierliche Anpassung an die Markterfordernisse und deren Wandel.

Als Resümee unserer Analyse kann das Szenarium dienen, mit dem Caves einen typischen Strategiekontext umreißt: „... the concept of corporate strategy applies to market environments that would be described as imperfectly competitive. Because the strategy model implies that competing firms earn different efficiency rents and that they can serve the same market by means of quite different input combinations, we expect that the products they offer to the market are multidimensional and heterogeneous, and that a firm's strategic strengths and weaknesses can be evaluated meaningfully only with respect to identified rivals. The strategy model hence has an affinity for a market structure of differentiated oligopoly“[211].

1.7 Marktstruktur und Unternehmensstrategie: „Industrial Organization“ als integratives Paradigma

Theoretisch gesehen bestimmen im Anschluß an die vorstehende Analyse die Marktumstände und interne Faktoren der Unternehmung *gemeinsam* den Unternehmenserfolg. Bei der Frage, ob es ein theoretisches Gerüst gibt, das es erlaubt, Marktbedingungen und (strategische) Unternehmensführung in ein systematisches Verhältnis zueinander zu bringen, fällt der Blick heute wohl zwangsläufig auf ein zunehmend an Gewicht gewinnendes nationalökonomisches Grenzgebiet, das – etwas irreführend – „Industrial Organiza-

208 Vgl. (Theory).
209 Vgl. ebenda, S. 79ff.
210 ebenda, S. 86.
211 Caves (Industry), S. 65f.

tion"[212] genannt wird[213]. Im Mittelpunkt des Interesses dieses Ansatzes stehen von Großunternehmen geprägte Märkte (also insbesondere oligopolistische Marktformen) und deren Auswirkungen auf die Wirtschaftsführung der Unternehmen und die gesamtwirtschaftliche Ressourcenallokation[214]. Die drei zentralen Konzepte, die das Paradigma dieser Forschungsrichtung bilden, sind: Markt- bzw. Industriestruktur *(structure)*, Unternehmensführung *(conduct)* und Leistung *(performance)*; der Ausgangspunkt und das konzeptionelle Grundmuster passen – auf den ersten Anschein jedenfalls – recht genau zu dem hier Gesuchten. Das ist jedoch genauer zu prüfen[215]. Das Ausgangsparadigma, das auf Beiträge von Mason[216] und insbesondere Bain[217] zurückgeht, läßt sich vereinfacht wie folgt darstellen (Abb. 3).
Dieser Vorstellung nach bestimmt sich die *Marktleistung* (Allokative Effizienz, Technische Effizienz, Wohlfahrtsniveau, Innovationsrate, Vollbeschäftigung, Gewinnrate usw.) *aus* der *Geschäftspolitik* der Anbieter (dazu gehören: Preispolitik, Werbung, Absprachen und Kooperation mit Rivalen, Forschungsanstrengungen, Produkt/Markt-Konzept usw.). Die Entscheidungen der Geschäftspolitik der Firmen werden nun aber ihrerseits *zurück*geführt auf die Struktur des Marktes[218]; hierzu werden in der Regel folgende

212 Irreführend deshalb, weil damit nicht die Organisation von Industriebetrieben, sondern die Organisation der Märkte/Industrien gemeint ist.

213 Zu einem Überblick vgl. Bain (Industrial Organization); Caves (Industry), Scherer (Market); Neumann (Industrial Organization); Böbel (Industrial Organization).

214 Vgl. Grether (Industrial Organization), S. 85.

215 Alternativ wäre hier natürlich auch an andere Positionen wie etwa die sog. österreichische Schule und ihr nahestehende Konzeptionen zu denken gewesen. Sie gehen von einer grundsätzlich anderen Markt- und Wettbewerbskonzeption als die Neoklassik aus; unternehmerisches Handeln ist Bestandteil der Theorie. Neben der erwähnten Konzeption von Schumpeter findet hier vor allem die Theorie von Kirzner (Wettbewerb, S. 101 ff.) viel Beachtung. Danach wird der Markt durch „findige" Unternehmer nicht – wie bei Schumpeter – aus dem Gleichgewicht gebracht, sondern sie führen es durch das Aufspüren von Disparitäten erst herbei. Allen diesen Konzepten ist jedoch, wenn wir es recht sehen, gemeinsam, daß sie den Freiraum für unternehmensstrategisches Handeln als transitorischen Zustand begreifen, der in der Dynamik des Marktprozesses alsbald sein Ende findet und nur durch eine neuerliche Innovationsleistung wieder belebt werden kann. Unsere Analyse hier geht jedoch von dem Faktum aus, daß die Großunternehmung eine (dauerhafte) Institution ist und daß die Marktstrukturen, in die sie eingebettet ist, ebenfalls trotz gewiß vieler Veränderungen, dennoch nicht als transitorische, auf dem Weg zu einem Gleichgewicht befindliche begriffen werden können. Vgl. hierzu das oben S. 21 ff. ausgebreitete empirische Material sowie Bain (Stability). Insofern erscheint das Industrial Organization-Paradigma für unsere Zwecke besser geeignet.

216 Vgl. (Price).

217 Vgl. (Industrial Organization).

218 Auf die Diskussion, ob „Structure" besser durch die auf Firmenpläne bezogene Marktstruktur oder aber durch die Charakteristika eines Industriezweiges konzeptionalisiert wird, sei hier nicht näher eingegangen. Vgl. hierzu im Überblick Kaufer (Industrieökonomik), S. 6 ff.

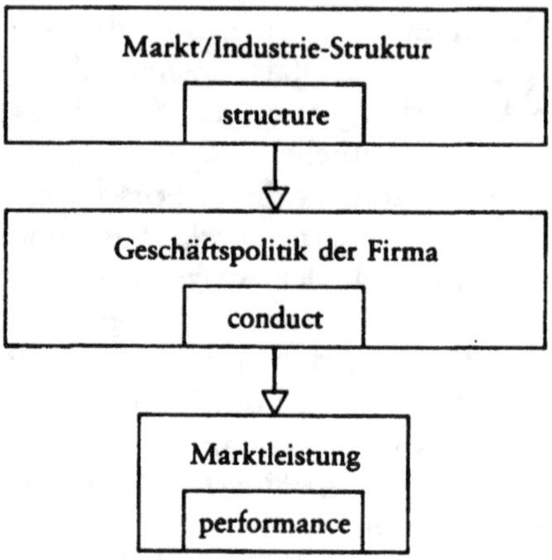

Abb. 3: Das Mason/Bain-Paradigma
Quelle: Im Anschluß an Porter (Contributions), S. 611

Elemente gezählt: Zahl und Größe der Anbieter (einschl. Konzentrationsraten, Marktanteile), Eintrittsschranken, Produktdifferenzierung, Elastizität der Nachfrage[219]. Diese primär auf Bain zurückgehende Konzeptionalisierung – auch „strukturalistischer" Ansatz genannt – begreift also die Handlungsweise der Unternehmung trotz gesondertem Ausweis letztlich doch als abhängige Variable der Markt/Industrie-Struktur[220]. „Conduct" ist demnach mehr oder weniger nur ein Transfermechanismus. „Performance" könnte somit streng genommen direkt aus der Struktur bestimmt werden, „conduct" hätte nur eine prozeßerläuternde, letztlich aber keine prozeßbestimmende Funktion[221].

Diese Perspektive läßt zwar die Firma in einem breiten Aktionsspektrum erscheinen; diese Wahlmöglichkeiten werden aber in einem zweiten Schritt wieder zurückgenommen. Die Firma reagiert ja nur auf die Strukturgegebenheiten ihres Industriezweiges. Deshalb werden in diesen Studien dann auch – abgesehen von der Größe – keine ökonomisch relevanten Unterschiede zwischen den Firmen angenommen. Ändert sich die Struktur, ändern sich entsprechend die Entscheidungen der Firmen. Der Eigeneinfluß der individuellen Firma ist vernachlässigbar gering[222].

[219] Vgl. Scherer (Market), S. 4; Porter (Contributions), S. 611, Grether (Industrial Organization), S. 85, Shepherd (Elements).

[220] Vgl. Porter (Structure), S. 214.

[221] Teilweise wird als Grund hierfür auch die mangelnde Meßbarkeit von „Conduct" angeführt; vgl. z.B. Bain (Industrial Organization), S. 329. Dies kann indes ersichtlich kein systematischer Grund sein, eine Variable zu vernachlässigen.

[222] Vgl. Porter (Structure), S. 214.

Daß diese Perspektive zu eng ist, wurde von Theoretikern der Industrial Organization-Schule selbst frühzeitig bemängelt[223] und unsere vorhergehenden Überlegungen sollten dies ja ebenfalls belegt haben. Auch rückte die Frage nach den *Determinanten der Industriestruktur* in den Vordergrund, die sich nicht wiederum aus dem Markt und seinen inhärenten Kräften beantworten ließ[224]. Die umgekehrte Kausalität wurde einbezogen. „Conduct“ (genauer: die Geschäftspolitik großer Unternehmen) hat nicht nur einen eigenen Erklärungswert neben der Industriestruktur, sondern beeinflußt auch – zumindest auf längere Sicht – die Struktur. So erhöhen z.B. hohe Werbeaufwendungen (z.B. für Markenartikel) gezielt die Marktzutrittsschranken oder hohe Forschungs- und Entwicklungsausgaben dienen zur selbstinitiierten Schaffung neuer Märkte; Preispolitik (z.B. Verdrängungspreise) verändert die Marktform usw.[225, 226]. Weiterhin wirkt auch die Marktleistung bzw. der Unternehmenserfolg in umgekehrter Richtung. Hohe Gewinne erweitern die Wahlmöglichkeiten der Unternehmensführung („Slack“), z.B. im Hinblick auf Diversifikation oder die Ausdehnung des Marktanteils, was wiederum eine Veränderung der Industriestruktur (Konzentration, vertikale Integration, Kostenstruktur) nach sich zieht, die dann die nachfolgenden Entscheidungen der Firmen ihrerseits wiederum mitprägt[227].

Auch ist der Wirkungspfad von der Marktstruktur zur Geschäftspolitik (Conduct) keineswegs als einfache Kausalität abbildbar. Innerhalb einer gegebenen Industriestruktur sind unterschiedliche Geschäftspolitiken „überlebensfähig“ (funktionale Äquivalente) und Änderungen der Industriestruktur schlagen sich keineswegs immer in einer *bestimmten* Veränderung der Geschäftspolitik nieder[228].

In diesem Zusammenhang sind die bereits erwähnten Studien von Porter[229] sehr aufschlußreich, die *innerhalb* von Industrien/Branchen nach *„strategi-*

[223] Vgl. u.a. Vernon (Structure), S. 39; Phillips (Critique); Scherer (Market), S. 6f.; vgl. auch den Überblick bei Böbel (Industrial Organization), S. 21f.

[224] Vgl. Neumann (Industrial Organization), S. 646.

[225] Vgl. z.B. Scherer (Market), S. 5; Baldwin (Feedback), S. 123ff.

[226] Vgl. hierzu z.B. Comanor & Wilson (Advertising), die einen Einfluß des Gewinns auf die Höhe der Werbeausgaben belegen. Die Ambivalenz der Wirkungsrichtung drückt sich deutlich in dem Resümee aus, das Phillips (Critique) nach Durchsicht zahlreicher Untersuchungen zieht, die ein positives Verhältnis von Konzentration und Gewinnrate nachweisen: „Market concentration may be the cause of high profits, or, conversely, market concentration and high profits may be the result of superior performance by a few firms“. (S. 248)

[227] Marris (Theory) beschreibt das daraus folgende Problem für die Theoriebildung wie folgt: „The firm has the power to mould the environment, and to add new possibilities to its own information; we must then consider the limits on its power to change its limits“. (S. 113)

[228] Vgl. hierzu im Überblick Lenz (Determinants), S. 132f.

[229] Vgl. im folgenden Porter (Choice), S. 75ff., ders. (Market).

schen Gruppen" differenzieren. Ausgangspunkt sind signifikante Unterschiede in der Geschäftspolitik (strategisches Konzept) von Firmen innerhalb einer Industrie; Firmen mit ähnlichem Wettbewerbskonzept, ähnlicher Kostenstruktur usw. werden zu „strategischen Gruppen" zusammengefaßt, wobei davon ausgegangen wird, daß diese Firmen ihre Ähnlichkeit untereinander erkennen und sie bei ihrem Handeln in Rechnung stellen. Strategische Gruppen errichten *innerhalb der Branche* noch einmal unterschiedlich geartete *Zutrittsschranken*. Das Konzept strategischer Gruppen und die ihm zugrundeliegende Idee der strategischen Wahl gibt Antwort auf die Frage, warum *Unterschiede zwischen den Firmen* innerhalb einer Branche bestehen und das Konzept der Mobilitätsbarrieren erklärt, warum diese Unterschiede sich – entgegen der herkömmlichen Wettbewerbstheorie – als so *überdauernd* erweisen.

Unabhängig davon, ob diese Konzeption in jedem Punkt haltbar ist, wird hier doch unseres Wissens erstmals konkret ein Weg gezeigt, wie strategische Analyse und Industriestruktur-Analyse *systematisch* in Verbindung gebracht werden können. Sie zeigt zugleich die interagierenden Effekte zwischen den Kernvariablen. Die strategische Wahl führt zu strategischen Gruppen, diese bestimmen in einem gewissen Maße die Industriestruktur, die wiederum als Restriktion in die strategische Wahl einfließt.

Die *Industriestruktur* ist freilich auch von vielen anderen Faktoren, wie technologische Gegebenheiten, Rohstoffe, Art des Produkts usw. abhängig, so daß mit Porter festgehalten werden kann: „... there is some set of fundamental traits of an industry which are unchanging and which place some bounds in the strategies firms may choose over the life of industry. Within these bounds there are broad ranges of possible strategies, and these change over time as innovations in selling and producing the product occur"[230].

Indem der Industrial-Organization-Ansatz diese strukturellen Bedingungen expliziert, gewichtet und in ihrem Zusammenwirken klärt, stellt er zugleich ein profundes Raster für die – bislang häufig recht pragmatisch gebliebene – Erfassung der ökonomischen Umwelt im Rahmen der strategischen Analyse dar[231]. Diese Perspektive spiegelt sich auch in aller Klarheit in dem Resümee von Grether[232] wider: „Market structure analysis is a systematic means of analyzing the linkages of enterprises into the broader macrorelations of the competitive market system and of the economy".

Insgesamt gesehen bietet das erweiterte Structure/Conduct/Performance-Paradigma, das man schematisch wie in Abb. 4 darstellen könnte, einen geeigneten Rahmen, um die aus dem Wirtschaftssystem und der Industriestruktur

[230] Porter (Choice), S. 75.

[231] Vgl. die diesbezüglichen Vorschläge von Porter (Strategy), S. 3ff., ders. (Forces), S. 137ff., Hinterhuber (Wettbewerbsstrategie), S. 57ff.

[232] Vgl. (Industrial Organization), S. 89.

fließenden Restriktionen, aber auch die darin gegebenen Möglichkeiten und Spielräume des strategischen Kalküls in der Firma systematisch zu erfassen. Und umgekehrt hat es den Anschein, daß die Berücksichtigung strategischer Handlungsmuster zunehmend als gewichtige Erweiterung für die Industrial Organization-Forschungsprogramme erkannt wird[233].

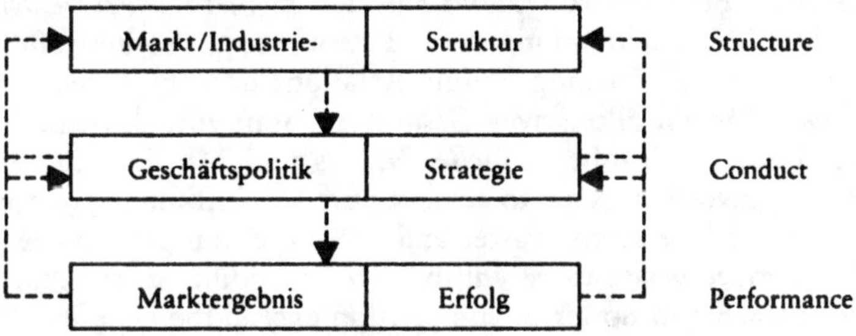

----- Die gestrichelten Pfeile deuten an, daß es sich um keine deterministischen Beziehungen handelt

Abb. 4: Revidiertes Industrial Organization-Paradigma
Quelle: Porter (Contributions), S. 616 (modifiziert)

Das hervorstechendste Merkmal dieser erweiterten Konzeption ist, daß sie von *interdependenten* Beziehungen ausgeht – die Marktstruktur ist also nicht schlichte Restriktion für das Handlungsfeld des Unternehmens, sondern auch Gegenstand *strategischer Veränderung*; diese Interdependenz ist es aber auch, die es so schwer macht, das Beziehungsgefüge über einen Bezugsrahmen hinaus theoretisch konzise zu fassen.

EXKURS:

Anmerkung zu den wohlfahrtsökonomischen Implikationen unternehmensstrategischen Handelns

Bislang unbeachtet gelassen wurde das Problem der gesamtgesellschaftlichen Wirkungen. Wie ist unternehmensstrategisches Handeln im Hinblick auf die Effizienz der Gesamtwirtschaft zu beurteilen?

Es ist hier nicht der Platz, diese Problematik in der gebotenen Gründlichkeit zu entfalten. Soviel sei jedoch gesagt, daß die Nationalökonomie diese Frage keineswegs einheitlich beantwortet. Neoliberal und neoklassisch orientierte

[233] Zu einem sehr guten Beispiel für ein fruchtbares Zusammenwirken beider Ansätze vgl. neuerdings Caves, Porter & Spence (Competition), insbes. S. 297–324.

Autoren betrachten strategische Aktivitäten großer Unternehmen voll *Skepsis*, sind sie doch geeignet, vorhandene *Marktmacht* auszubauen und damit – gemessen an der Situation des Konkurrenzgleichgewichts – eine *suboptimale Allokation* der Ressourcen und Wohlfahrtsverluste herbeizuführen, wie dies in der Regel am Extremfall „Monopol" demonstriert wird[234].

Schwierig wird eine Einschätzung der wohlfahrtstheoretischen Konsequenzen bereits für den strategisch relevanten Fall des *Nicht-Preiswettbewerbs*. Für die Beurteilung der Aufwendungen für Patentierung, Produktdifferenzierung und -innovation, Werbung, Public Relations usw. liegt kein theoretischer Nachweis für ein allokatives Gesamtoptimum vor, das eine ähnlich eindeutige Aussage wie oben zuließe. Marris und Mueller schreiben: „Since part of these investments are to achieve pure redistributions, nonprice competition must produce some waste, and the more competition of this form there is, the more waste there will be. The possibility arises that the total cost of investments in nonprice competition exceed the benefits"[235].

Auf der anderen Seite stehen die Argumente, die der strategisch geführten *Großunternehmung* unverzichtbare gesamtwirtschaftliche *Effizienzvorteile* zuweisen, wie etwa die Schaffung neuer Märkte, die Diffusion von Innovationen, die Bewältigung großflächiger Vorhaben, die Realisation von Skalenerträgen in Massenproduktion und -distribution, die Bereitstellung komplexer Servicenetze usw.[236].

So argumentiert z.B. die sog. Chicago-Schule, daß Unternehmen, die einen hohen Marktanteil errungen haben und/oder halten, die Bedürfnisse der Nachfrager besser befriedigten als die Konkurrenten oder potentielle Wettbewerber; sie haben den „survivor test" überstanden[237].

Eine positive Beurteilung erfährt die strategisch geführte Großunternehmung in dem Argument der – im nachfolgenden Kapitel noch ausführlicher zu erörternden – Transaktionskostentheorie, wonach die Entstehung von Großunternehmen und die Herausformung von Wachstumsstrategien auf *Marktversagen* zurückzuführen ist bzw. auf die Möglichkeit, Transaktionen des Gütertausches durch hierarchische *Administration kostengünstiger* und damit gesamtwirtschaftlich effektiver zu bewältigen als es der marktlichen Koordination möglich war[238].

Innerhalb der Industrial Organization-Schule finden sich Tendenzen, das Problem *empirisch* zu beantworten; es werden Informationen über solche

234 Vgl. zusammenfassend Scherer (Market), S. 459 ff.; Böbel (Industrial Organization), S. 127 ff.

235 Marris & Mueller (Corporation), S. 57.

236 Vgl. den Überblick bei Wood (Analysis), S. 62 ff.; Galbraith (Industriegesellschaft); Albach (Nature).

237 Vgl. z.B. Brozen (Doctrine), S. 829 ff.; Stigler (Organization), S. 71 ff.

238 Vgl. Coase (Nature); Williamson (Markets).

Marktstrukturen und Firmenverhaltensweisen *gesucht*, die das relativ beste Ergebnis (Branchenrendite, Innovation, etc.)[239] zu erbringen vermögen[240]. Als wettbewerbsfördernd und damit wohlfahrtssteigernd weist schließlich Porter[241] die strategische Führung von Unternehmen aus. Dieses Argument stellt auf die strategische Logik ab, die eigenen Stärken und Schwächen im Hinblick auf die der Hauptrivalen abzuschätzen, um sodann die besonderen eigenen Vorteile optimal zur Geltung zu bringen. Damit werde die *Asymmetrie* zwischen den Firmen betont und ausgebaut, oligopolistische *Kollusion* somit weniger verlockend und auch weniger leicht zu bewerkstelligen mit dem Resultat, daß die Firmen stärker untereinander in *Wettbewerb* treten und die potentiellen Monopolrenten herunterkonkurrenzieren.
Eine Entscheidung, welcher Meinung der Vorrang gebührt, ist wohl derzeit und vor allem hier nicht zu treffen. In jedem Fall aber nimmt diese wohlfahrtsmäßige Unbestimmtheit dem Wirtschaftsprozeß und den ihn treibenden Kräften, d.h. den Wirtschaftsplänen der Firmen, die *normative* Kraft, wie sie dem (neo-)klassischen Konkurrenzgleichgewicht zu eigen war. Wenn es richtig ist, daß auf Unternehmensebene ein beachtlicher Handlungsspielraum besteht, der nicht seinerseits wieder als Reflex der Marktstruktur begriffen werden kann, wenn ferner davon auszugehen ist, daß Großunternehmen in einem gewissen Umfange die Marktstruktur gezielt beeinflussen können, dann wirft dies zwangsläufig die Frage nach der Legitimation einzelwirtschaftlicher Entscheidungen auf und damit die Frage nach der Unternehmensverfassung[242]. Die Idee gesellschaftlich-verantwortlicher Unternehmensführung setzt just an diesem Punkte an[243]. Kurz gesagt: Das Verhältnis von Gesellschaft und (Groß-)Unternehmen bedarf einer neuen theoretisch-normativen Bestimmung[244].

[239] Wobei die Frage der Rendite aus volkswirtschaftlicher Sicht ja durchaus ambivalent ist, zeigt sie doch eventuell nur wohlfahrtsmindernde Preissetzungsspielräume an. Es spiegelt sich darin die grundsätzliche Schwierigkeit, „performance“ in einer gesamtwirtschaftlich wünschbaren Weise zu operationalisieren.

[240] So z.B. dem Tenor nach Caves (Industry), S. 66 ff.; ausdrücklich Jones, Laudadio & Percy (Profitability), S. 205 ff.

[241] Vgl. Porter (Structure), S. 217 f., ders. (Market), S. 123, sowie ähnlich Newman (Groups).

[242] Vgl. Steinmann & Gerum (Reform), S. 8 ff.

[243] Vgl. statt anderer Walton (Responsibility), siehe auch Arrow (Limits), S. 21 ff., 66 ff., dort heißt es im Einklang mit unserer Feststellung: „The evolution of attitudes toward corporate responsibility is an interesting combination of changes in descriptive analysis, normative attitudes, and the underlying institutional structure itself“. (S. 66).

[244] Vgl. den instruktiven Überblicksaufsatz von Preston (Corporation).

2 Erklärungsansätze für das Entstehen strategischen Denkens in der Unternehmenspolitik

Nachdem die Beziehung von Wirtschaftstheorie und Unternehmenspolitik bzw. von Marktstruktur und unternehmensstrategischem Handeln soweit geklärt ist, daß eine Theorie der Unternehmensstrategie sinnvoll entfaltet werden kann, soll nun in einem nächsten Schritt Gründen nachgegangen werden, die das Aufkommen strategischen Denkens in der Unternehmensführung und das zunehmend starke Interesse daran erklären können. Will man das Konzept unternehmensstrategischen Handelns verstehen, so wie es in der betriebswirtschaftlichen Planungswissenschaft und in der betrieblichen Praxis seinen Niederschlag gefunden hat, so muß man es als Bestandteil einer breiteren Entwicklung von Unternehmung und Gesellschaft sehen. Bei dem Versuch, diese Entwicklung nachzuzeichnen, stößt man sehr schnell auf die *Geschichte des modernen Großunternehmens* überhaupt. Dies kann nicht weiter überraschen, hält man sich die Ergebnisse unserer vorangehenden Analyse der Möglichkeit strategischen Handelns vor Augen.
Theorien und Spekulationen über das Entstehen und die Entwicklung der modernen Großunternehmen sind in großer Zahl verfügbar. Sie rekurrieren nicht selten auf die herausragenden Leistungen und den Einfallsreichtum einzelner *Personen*. Seltener sind dagegen *strukturelle* Erklärungsversuche. Unser Interesse gilt letzteren.

2.1 Zur Genesis des Großunternehmens: Der Chandlersche Erklärungsansatz

Einen in jüngster Zeit stark beachteten strukturellen Interpretationsentwurf hat der amerikanische Wirtschaftshistoriker Alfred Chandler[1] vorgelegt. Er rekurriert wesentlich auf eine Transaktionskosten-Betrachtung, wie sie ursprünglich von Coase[2] entwickelt und später insbesondere von Williamson[3] fortgeführt wurde.

[1] Vgl. insbesondere (Hand).
[2] Vgl. (Nature).
[3] Vgl. insbesondere (Markets); ders. (Corporation).

Ausgehend von der gegen die Neoklassik gerichteten Coase-These, daß die Verwendung des Preissystems Kosten verursacht, werden dann Markt und interne Organisation (Hierarchie) als konkurrierende Mittel begriffen, wirtschaftliche Transaktionen zu koordinieren[4]. Dementsprechend haben sich Großunternehmen überall dort herausgebildet, wo sie aufgrund ihrer internen Koordinationsformen ökonomische Transaktionen *kostengünstiger*[5] als der Markt[6] oder auch zwischenbetriebliche Föderationen (Kartelle, Interessengemeinschaften usw.) bewerkstelligen konnten[7].

Die moderne Großunternehmung[8] („modern business enterprise") wird nun von Chandler ganz im Sinne dieses Paradigmas über die *Organisationsstruktur* definiert. Zwei Charakteristika sollen maßgeblich für das Großunternehmen sein[9]:

- Die Existenz mehrerer separater Funktionsbereiche (z.B. Einkauf, Vertrieb, Produktion), die jeweils von einem spezialisierten Vorgesetzten verantwortlich geleitet werden;
- eine mehrfach gestufte Management-Hierarchie, die die Betriebsabteilungen koordiniert und überwacht.

Unternehmen mit diesen Merkmalen gab es vor Mitte des 19. Jahrhunderts nicht – weder in Amerika, noch in Europa. Die damals typische Firma versah in der Regel nur *eine* ökonomische Funktion, wurde vom Eigentümer ge-

[4] Vgl. hierzu auch Arrow (Limits).

[5] Kosten einer Transaktion können sein: (1) Anbahnungskosten (z.B. Informationssuche); (2) Vereinbarungskosten (z.B. Vertragskosten); (3) Kontrollkosten (z.B. Sicherstellung der Einhaltung von Terminvereinbarungen); (4) Anpassungskosten (z.B. Durchsetzung von Qualitätsänderungen aufgrund veränderter Bedingungen); nach Picot (Transaktionskostenansatz), S. 270. Es ist klar, daß dieses Kostenverständnis über die Grenzen des betriebswirtschaftlichen Kostenbegriffs hinausgeht.

[6] Albach (Nature, S. 717) wendet sich gegen diese Auffassung; er deutet die Firma alternativ als *Komplement* zum Markt. Sie sei ein notwendiger Bestandteil des allokativen Systems einer Wirtschaft. Firmen zerstörten nicht nur Märkte, sondern schüfen auch neue oder veränderten sie. Das ist gewiß plausibel; allerdings läßt sich damit nur schwer eine Antwort auf die Frage finden, warum es Großunternehmen gibt. Daß Großunternehmen dann auch in der beschriebenen Weise handeln, steht außer Zweifel.

[7] Dieses Deutungsschema hat ersichtlich die Annahme zur Voraussetzung, daß sich jedes wirtschaftliche Vorhaben im Grunde in Elementartransaktionen zerlegen läßt. Wenngleich dies für viele Fälle denkbar ist (und auch faktisch so vorfindbar war), bleibt doch der Bereich der Großprojekte (z.B. Schiffbau) und Großtechnologie (Stahlwerke, Walzwerke usw.), der von *vorneherein* für den Kernbereich eine *betriebliche* Koordination verlangt und eine marktliche Koordination eben aufgrund der Unteilbarkeit ausschließt. Dies ist ganz zweifellos eine Schwäche des Transaktionskostenansatzes; ihr soll hier nicht weiter nachgegangen werden, weil dies für den hier interessierenden Argumentationsgang nicht von ausschlaggebender Bedeutung ist.

[8] Das Beiwort „modern" soll anzeigen, daß es auch in früheren Zeiten Großunternehmen gab (z.B. die East India Company), daß diese aber sich strukturell signifikant von den modernen unterscheiden.

[9] Vgl. Chandler (Hand), S. 1f.

führt und über den Markt koordiniert[10]. Mit Beginn des 1. Weltkrieges war das Großunternehmen aber bereits die – was das ökonomische Gewicht anbelangt – dominierende Institutionsform in vielen Branchen und Sektoren[11].

Das moderne Großunternehmen bildet sich dadurch heraus, daß es vor- und nachgelagerte Aktivitäten und Transaktionen *internalisiert* (vertikale Integration), die vormals von separaten (Klein-)Unternehmen wahrgenommen wurden[12]. Diese Integration vollzog sich – der Deutungstheorie entsprechend – dort, wo die interne Koordination der Marktkoordination überlegen war[13]. Die Großunternehmung wird also gewissermaßen als soziale Erfindung zur Senkung von Transaktionskosten betrachtet[14]. Worin aber kann der Grund für diese Überlegenheit gesehen werden?

Die zentrale Erklärung wird in der Errichtung einer *Managementhierarchie* gesehen[15]. Sie vermochte die Kosten der Transaktion zwischen den integrierten betrieblichen Funktionen soweit zu reduzieren, daß sie unterhalb der Kosten für die Verwendung des Preissystems lagen. Die Hierarchie – so das Argument – besitzt eine höhere Kontrollkapazität und vermag deshalb vor allem dort, wo Transaktionen mit „Opportunismus“[16] und einem hohen Maß an Mehrdeutigkeit belastet sind, den *Informationsbedarf* und die Informations*unsicherheit* wesentlich zu senken. Höher noch veranschlagt Chandler die Möglichkeit des hierarchisch integrierten Unternehmens, den gesamten ökonomischen Prozeß von der Beschaffung des Materials bis hin zum Verkauf des fertigen Produkts sorgfältig abzustimmen und durch Standardisierung zu beschleunigen[17]. Diese Abstimmungsleistung läßt sich auch als Geburtsstunde der (kurzfristigen) Unternehmensplanung interpretieren.

Es mußten jedoch regelmäßig gewisse Voraussetzungen gegeben sein, damit sich die Vorteile der Hierarchie entfalten konnten. Dies sind zum einen ein

[10] Vgl. Chandler (Hand), S. 3.

[11] Vgl. ebenda.

[12] Vgl. Williamson (Integration), S. 112ff.

[13] Daems (Rise) verdichtet daher die Genesis des modernen Großunternehmens zu der Frage: „When, where, how and why business hierarchies were able to coordinate economic activity more efficiently than markets and federations“. (S. 204)

[14] Vgl. Schüller (Theorie), S. 159.

[15] Vgl. im folgenden Chandler (Seedbed), S. 11f., Williamson (Integration).

[16] Vgl. Williamson (Markets), Kap. 3.

[17] Chandler (Hand, S. 490) veranschlagt diese „organizational economies“ wesentlich höher als die Skalenerträge durch Vergrößerung der Produktion und der Distribution. Nutzinger (Unsicherheit) weist zurecht darauf hin, daß interne Koordination nicht zwingend mit Hierarchie gleichzusetzen ist. Es bedürfte erst noch einer gesonderten Begründung, weshalb hierarchische Formen anderen, etwa *horizontalen* Formen innerbetrieblicher Koordination grundsätzlich überlegen sind. Dies gilt um so mehr, als die Bürokratiekritik schon seit langem auf breiter Front die Schwächen hierarchischer Koordination aufdeckt. Vgl. im Überblick Kieser & Kubicek (Organisationstheorien I), S. 110ff., sowie unsere Diskussion unten S. 253ff.

hinreichend großer Markt (um den Standardisierungsaufwand lohnend werden zu lassen) und zum anderen bestimmte technologische Bedingungen (Transportwesen, Kommunikationsnetze usw.). So hat etwa erst die problemlose Verfügbarkeit von Energie die Produktionsprozesse so beschleunigt, daß eine breitflächige interne Koordination vorteilhaft wurde[18].

Die ersten modernen Großunternehmen in dem bezeichneten Sinne waren in den USA die Eisenbahngesellschaften[19]. Diese Gesellschaften waren zunächst kleine „organische" Einheiten, die einen eng begrenzten Streckenbereich zu versorgen hatten. Den mit Anwachsen der Verkehrsdichte immer krasseren Koordinationsverlusten[20] wurde durch Integration (Fusion) von Betriebseinheiten begegnet. Die dadurch gestiegene *administrative Komplexität* wurde dann – dem Theorem entsprechend – durch die Herausbildung einer Management-Hierarchie bearbeitbar gemacht, deren besonderes Novum *„Koordinationsspezialisten"* im Mittelbereich (Middle Management) und beigeordnete Stäbe waren. Im Zuge dieser Neuorganisation der Administration formte sich schließlich die sog. *funktionale Organisationsstruktur* heraus, die zum Standard jeder Großunternehmung in den USA und Europa werden sollte[21].

Die modernisierte Eisenbahn war dann zusammen mit den sich rasch entwickelnden Kommunikationstechnologien eine der wichtigsten Voraussetzungen für den Umbruch im industriellen Bereich[22]. Der Entwicklungsprozeß läßt zwei strategische Hauptphasen erkennen[23]:

(1) Herausbildung von Großunternehmen:
Vorherrschende Strategien: Markterweiterung, vertikale Integration, Erhöhung des Marktanteils, Verbreiterung der Produktlinie.

(2) Herausbildung von Mehrproduktunternehmen:
Vorherrschende Strategien: Diversifikation, Eintritt in neue, Verlassen alter Märkte, Verteidigung der erreichten Marktstellungen, Internationalisierung.

[18] Vgl. Chandler (Hand), S. 14.

[19] Vgl. im folgenden ebenda, S. 81; ders. (Strategy), S. 21 ff.; siehe hierzu auch Williamson (Corporation), S. 1551.

[20] So mußte etwa aufgrund der kleinen Betriebsgröße eine Fracht von Philadelphia nach Chicago neunmal auf- und abgeladen werden.

[21] Kocka (Enterprise, S. 97) weist darauf hin, daß in Deutschland die aufstrebenden Großunternehmen weniger bei den Eisenbahngesellschaften als vielmehr bei der wohlentwickelten öffentlichen Bürokratie übertragbare Lösungsmuster für die Bewältigung der komplexer werdenden Koordinationsaufgabe fanden. Zum Vergleich der Entwicklung deutscher und amerikanischer Großunternehmen siehe Kocka & Siegrist (Industrieunternehmen).

[22] Vgl. Chandler (Hand), S. 207 ff.

[23] In Anlehnung an Scott (Stages); ders. (State).

Ad (1) Die Herausbildung des Großunternehmens

Die Antwort der Produzenten und Händler auf die neu geschaffenen Möglichkeiten der Kommunikation und des raschen preiswerten Transports war eine Ausdehnung der Märkte zur Realisierung von Skalenerträgen. Massenproduktion und auch Massendistribution beherrschten bald das Bild[24].

Die Möglichkeiten der Massenproduktion brachten – Chandler lokalisiert den Zeitpunkt dieser Entwicklung für die USA zwischen 1870 und 1900 – eine ungezügelte Expansion mit *Überschußkapazitäten*. Eine erste Welle von Zusammenbrüchen und Zusammenschlüssen setzte ein. Das für den Absatz vorherrschende Großhändlersystem erwies sich nun als zu unzuverlässig und zu schwerfällig für die Ansprüche der Großproduzenten. So brachte z.B. das Auseinanderfallen von Produktgestaltung und Fertigung einerseits und Absatz andererseits erhebliche Koordinationsverluste mit sich; das Anbieten der Ware außerhalb des Kontrollbereichs des Großproduzenten ließ zu viele Unwägbarkeiten entstehen, etwa wenn Konkurrenzprodukte von ein und demselben Händler (oder Vertreter) angeboten wurden. Die Idee der *Vorwärtsintegration* bot sich an und wurde sehr bald zur vorherrschenden Strategie im industriellen Sektor[25]. Diese Vorwärtsintegration wurde entweder durch Fusion mit einem Distributionsunternehmen oder durch den Aufbau einer eigenen Absatzorganisation bewerkstelligt. Die Zusammenfassung von Produktion und Absatz – und im Fortlauf dann auch wesentlicher Teile der Zulieferung (Rückwärtsintegration)[26] – unter eine einheitliche Leitung und die systematische Durchdringung des gesamten Prozesses machte Kostensenkungen und eine Steigerung der Produktivität möglich.

Auf dem Hintergrund des eingangs erläuterten Deutungstheorems macht Chandler nun deutlich, daß die bezeichneten ökonomischen Vorteile der vertikalen Integration sich nicht schon aus der Tatsache der damit erreichten Betriebsgröße ergaben. Der ausschlaggebende Faktor, der über Erfolg oder Mißerfolg der Integrationsstrategie entschied, war die organisatorische und führungsmäßige Bewältigung der *komplexen Koordinationsaufgabe*. Viele Expansionsversuche scheiterten an der mangelnden Beachtung der Managementfunktionen und ihrer Teilung. Wie erwähnt, erwies sich insbesondere die Einrichtung eines mittleren Führungskaders, also die *Teilung der Managementaufgabe* und deren organisatorische Spezialisierung (gewöhnlich nach Sachfunktionen) als geeignete Lösung, die immens gewachsene Koordinationsaufgabe dennoch kostengünstiger als der Marktmechanismus zu

[24] Vgl. im folgenden Chandler (Hand), S. 207ff.

[25] Anhang A in Chandler (Hand) zeigt mit aller Deutlichkeit, daß bereits 1917 in den USA nahezu alle Großunternehmen „integrated operating companies" sind.

[26] Eine „Rückwärtsintegration" betrieben zuallererst Verarbeiter von landwirtschaftlichen Produkten, vgl. Chandler (Seedbed), S. 25f.

bewältigen. Die Unternehmensspitze hatte die Aufgabe, das mittlere Management zu koordinieren und zu kontrollieren und als „Spezialgebiet" die Bestimmung der Unternehmenspolitik. Chandler resümiert: „The visible hand of managerial direction replaced the invisible hand of market forces in coordinating the flow of goods from the suppliers of raw and semifinished materials to the retailer and ultimate consumer"[27]. Es entstand das „moderne Großunternehmen".

Mit der Ausdehnung der Führungshierarchie ging ein Prozeß der *Professionalisierung des Managements* einher, der einen neuen Typ von Unternehmensführer entstehen ließ, nämlich den des nicht mit seinem Kapital haftenden, auf die Führungsaufgabe spezialisierten Managers. Er drängte den Eigentümer langsam in die passive Rolle des Kapitalgebers und Kontrolleurs. Dieser Prozeß wurde wesentlich *verstärkt* durch den hohen *Kapitalbedarf*, den die Herausformung und Weiterentwicklung des Großunternehmens erforderte. In vielen Fällen konnte ein einzelner Unternehmer diese Summe nicht mehr aufbringen, so daß eine Außenfinanzierung notwendig wurde. Dies bedeutete zumeist eine Dispersion des haftenden Kapitals mit der Folge, daß der Eigentümer noch mehr aus seiner Rolle des Unternehmensführers heraustrat und das professionelle Management einen noch breiteren Dispositionsspielraum erlangte[28].

Die These von Chandler – im Anschluß an die Managerialismusdiskussion – ist nun, daß Manager den dauerhaften Bestand des Unternehmens sehr viel mehr in das Zentrum der Unternehmenspolitik rückten als die Eigentümer, weil ihre Karriere mit dem Bestand und dem Wachstum der Institution und nicht primär mit ihrem Ertrag verknüpft war und ist. Konzepte der langfristigen Sicherung, der Risikominderung und des Wachstums wurden entwickelt[29]. Demzufolge wäre hier der *Anfang der Institutionalisierung* strategischer Planung zu suchen.

Unabhängig davon, ob diese managerialistische These *so* haltbar ist, hat in jedem Fall die Professionalisierung der Managementaufgabe zu einem wachsenden Schulungsbedarf geführt, der in sich rasch etablierenden Managementschulen und Hochschulen seinen Niederschlag fand. Die Unternehmensführung wurde zu einer akademischen Disziplin entwickelt. Kurz vor dem 1. Weltkrieg begannen dann (als Pionierunternehmen) die Business-Policy-Kurse an der Harvard-Universität, die den Grundstein für das spätere Lehr- und Forschungsfach „Strategische Unternehmensführung" legten[30].

[27] Chandler (Hand), S. 286.

[28] Vgl. hierzu unsere Diskussion oben S. 36 ff.; die dort angeführte Untersuchung von Berle & Means (Corporation) kommt zu folgendem Resümee: „Ownership of wealth without appreciable control and control of wealth without appreciable ownership appear to be the logical outcome of corporate development". (S. 66)

[29] Vgl. Chandler (Hand), S. 10.

[30] Vgl. ebenda, S. 464 ff.

Die Schaffung integrierter Großunternehmen – der Prozeß verlief in Europa strukturell ähnlich, wenngleich aufgrund der kleineren Märkte gemächlicher[31] – ging, gesamtwirtschaftlich gesehen, einher mit der Errichtung mächtiger *Marktzutrittsschranken*. Neue Wettbewerber mußten nun erst einmal entsprechende Beschaffungs- und Vertriebssysteme aufbauen, bevor sich ein Produktionsvolumen mit wettbewerbsfähigen Stückkosten realisieren ließ. Dies führte zu dem Ergebnis, daß Branchen, in denen sich die administrative Koordination in breitem Umfange durchsetzte, rasch von einigen großen Unternehmen dominiert wurden; es entstanden *oligopolistische* Marktstrukturen[32].

Ad (2) Die Herausbildung des Mehrproduktunternehmens[33]

Am Ende der ersten Phase veränderten sich die Bedingungen für die Großunternehmen in vielen der rasch und profitabel erschlossenen Märkte. Trotz der Marktzutrittsschranken traten „Imitatoren" auf, die die Gewinnmarge senkten. Die Unternehmen versuchten durch verstärkte Werbung und Produktdifferenzierung ihre Position zu halten. Als die angestammten Märkte gewisse Sättigungserscheinungen zeigten, ein weiteres rapides Marktwachstum jedenfalls nicht mehr zu erwarten stand[34], drängte sich die Frage auf, ob sich ein weiterer Einsatz der akkumulierten Ressourcen auf diesen Märkten lohnt bzw. wo die überschüssigen oder nur teilweise genutzten Ressourcen einer profitablen Verwendung zugeführt werden könnten.

Der erste Schritt als Antwort auf diese Entwicklung war die Vervollständigung und Verbreiterung des Produktprogramms („full line"), abgestellt auf den bisherigen Abnehmer. Gleichzeitig setzte eine breitere Bewegung ein, in Märkten anderer Länder neue Absatzpotentiale zu erschließen. Vertriebs- und schließlich auch Produktionsstätten wurden im Ausland errichtet. Der für die weitere Entwicklung markanteste Weg des alternativen Ressourceneinsatzes aber war die *Diversifikation*, d.h. der Eintritt in gänzlich neue Produkt-Märkte, entweder durch Akquisition oder Aufbau neuer Produktionsstätten mit neuen Produkten. Die Frage, ob und in welchem Umfang diversifiziert wurde, hing wesentlich mit der Transferierbarkeit der Ressourcen zusammen. Am umfänglichsten machten die Unternehmen von dieser Strategie Gebrauch, die im Kern eine *Technologie* (Know-How) handhabten und nicht an dem Endprodukt orientiert waren; dazu gehörten vor allem die chemische, die Elektro- und die Motorenindustrie. Die bereits institutionalisierte

[31] Vgl. hierzu Chandler (Seedbed), S. 36ff.; für Deutschland Kocka (Enterprise).

[32] Vgl. Chandler (Seedbed), S. 26.

[33] Vgl. im folgenden Chandler (Strategy), S. 19ff., 390ff.

[34] Chandler (Strategy, S. 390f.) lokalisiert diese Situation in den USA für die „ältere" Industrie (z.B. Metall, Ernährung) um die Jahrhundertwende, für die moderne Industrie Ende der 20er Jahre.

und mit viel Aufwand betriebene firmeneigene Forschung spielte dabei eine herausragende Rolle. Das dokumentiert sich auch darin, daß die Diversifikation der U.S.-Unternehmen der 20er und 30er Jahre sehr viel häufiger das Ergebnis internen Wachstums als der Akquisition bestehender Unternehmen war[35]. Später nahmen zahlreiche andere Industrien die Diversifikationsstrategie auf. Als Sonderform bildete sich der Typus des *konglomeraten* Unternehmens heraus, der vorteilhafte Ressourcentransfer beschränkt sich hier im Extremfall auf das Kapital[36]. Ferner entwickelte sich der Typus des weit verzweigten multinationalen Konzerns.

Tabelle 2 zeigt, daß sich die Diversifikationsbestrebungen in den letzten Jahrzehnten nicht nur kontinuierlich fortsetzten, sondern eine deutliche Verstärkung erfuhren.

Tabelle 2. Veränderungen zwischen 1950 und 1968 in der Zahl der Branchen („four-digit industries"), in denen die 200 größten U.S.-amerikanischen Industrieunternehmen tätig waren.

Zahl der Branchen, in denen ein Unternehmen tätig ist	Zahl der Unternehmen 1950	1968
5 und weniger	56	16
6–10	55	38
11–20	51	70
21–30	28	37
31–40	6	19
41–50	3	11
mehr als 50	1	9
Gesamt	200	200

Quelle: Scherer (Market), S. 76

Zu einem ähnlichen Ergebnis kommt Rumelt[37] mit einem feineren Diversifikationsmaß[38]. Er hat die Veränderungen der Produkt/Markt-Kombination

[35] Zu einem strukturgleichen Ergebnis kommt Küting (Wachstumspolitik, S. 314f.) bei seiner Analyse der Wachstumsstrategien deutscher Konzerne (n = 150) für die Periode von 1967 bis 1974. Internes Wachstum war wesentlich bedeutsamer als externes Wachstum.

[36] Der konglomerate Unternehmenstypus spielt unter den deutschen Großunternehmen bislang keine sehr gewichtige Rolle; vgl. die Untersuchung von Küting (Wachstumspolitik), S. 318f.

[37] Vgl. (Strategy).

[38] Zu einer vergleichenden Diskussion dieser beiden Diversifikationsmaße siehe Böhnke (Unternehmen), S. 65 und jüngst Montgomery (Measurement).

der 500 größten U.S.-amerikanischen Industriebetriebe zwischen 1949 und 1969 untersucht. Seine Resultate zeigen für die 50er und 60er Jahre einen starken Diversifikationsschub (vgl. Tab. 3).

Tabelle 3. Diversifikation in der U.S.-amerikanischen Industrie: 1949 und 1969

Diversifikationsklassen*	Jahr 1949	Jahr 1969
(1) Unternehmen mit nur *einer* Produktgruppe	35%	6%
(2) Unternehmen mit einer *dominanten* Produktgruppe	35%	29%
(3) Unternehmen mit mehreren *verwandten* Produktgruppen	27%	46%
(4) Unternehmen mit mehreren *nicht-verwandten* Produktgruppen	3%	19%
	100%	100%

Quelle: Rumelt (Strategy), S. 51

* Die Klassifikation der unterschiedlichen Diversifikationsstufen stammt von Wrigley (Autonomy), Kap. III, S. 7ff.; die entsprechenden Diversifikationsklassen heißen dort: (1) Single Product, (2) Dominant Product, (3) Related Product, (4) Unrelated Product.

Dasselbe gilt für die größten europäischen Unternehmen, wenn auch noch nicht in der extremen Ausprägung. Tab. 4 zeigt im Überblick die Ergebnisse eines groß angelegten Projektes der Harvard-Universität, das die Diversifikationsentwicklung zwischen 1950 und 1970 in den je 100 größten Industriebetrieben von Großbritannien, Italien, Frankreich und Westdeutschland verfolgt hat.

Im Sinne des Transaktionskostentheorems müßte nun allerdings sichergestellt sein, daß die *horizontale Erweiterung* des Operationsfeldes der internen Koordination ökonomisch *vorteilhafter* ist als die marktliche Veräußerung der überschüssigen Ressourcen. Das Argument wird wie folgt geführt[39]:

Die Veräußerung der überschüssigen bzw. frei gewordenen Ressourcen über den Markt ist mit erheblichen Transaktionsproblemen und damit hohen Transaktionskosten verbunden, jedenfalls höheren als sie die Eigenverwertung durch Ausweitung des Produktprogramms mit sich bringt. Wie erwähnt spielt(e) für die Diversifikation erworbenes Know-How eine zentrale Rolle. Der Transfer von erworbenem Know-How, sei es in technologischer oder

[39] Zu einem entsprechenden Erklärungsversuch vgl. Teece (Economies); zusammenfassend Picot (Transaktionskosten), S. 280.

Tabelle 4. Die Diversifikation zwischen 1950 und 1970 in verschiedenen Ländern

Land	Jahr	Diversifikationsklassen (%-Anteile) (1)	(2)	(3)	(4)	
Großbritannien	1950	34	41	23	2	(n = 92)
	1960	20	35	41	4	(n = 96)
	1970	6	34	54	6	(n = 100)
Italien	1950	30	24	43	4	(n = 84)
	1960	23	20	53	3	(n = 94)
	1970	10	33	52	5	(n = 100)
Frankreich	1950	42	21	33	4	(n = 100)
	1960	28	27	40	5	(n = 100)
	1970	16	32	42	10	(n = 100)
Deutschland	1950	34	26	32	7	(n = 99)
	1960	22	28	40	9	(n = 99)
	1970	22	22	38	18	(n = 100)

Quellen: Channon (Strategy), S. 67 (Großbritannien)
Pavan (Strategy), Kap. IV, S. 34 (Italien)
Dyas (Strategy), S. 162 (Frankreich)
Dyas & Thanheiser (Enterprise), S. 72 (Deutschland)

administrativer[40] Hinsicht, über den Markt in Form von Tauschverträgen stößt auf Schwierigkeiten; in der *Theorie des Marktversagens* wird gerade immer auch der Informationsmarkt als Problem hervorgehoben[41]. Neben den spezifischen Schwierigkeiten des Verkaufs und Kaufs von Informationen tritt aber bei dem Know-How als weiterer Problemfaktor hinzu, daß es in der Regel nicht ohne weiteres teilbar und fungibel gemacht werden kann: „know how is generally not embodied in blueprints: the human factor is critically important“[42]. Der Vorteil der administrativen Koordination gegenüber dem Markt besteht also dieser Vorstellung nach in der *besseren Fähigkeit*, erworbenes Know-How in andere neue Märkte zu *transferieren*.

Daß dieser Transfer einer schwer teilbaren Ressource und die daraus fließende Realisierung von „economies of scope“ dennoch nicht einfach zu bewerkstelligen ist, zeigen die zahllosen fehlgeschlagenen Diversifikationsversuche[43]. Steigert doch die Hinzufügung neuer Produkt-Märkte die Kom-

[40] Penrose (Theory) sieht diesen Faktor zugleich als zentrale Schranke für betriebliches Expansionsstreben. Zu rasches Wachstum verursache Kosten administrativer Ineffizienz.

[41] Vgl. hierzu insbesondere Arrow (Essays), S. 152.

[42] Teece (Economies), S. 232.

[43] Gälweiler (Planung, S. 67) schätzt, daß in den 60er Jahren ca. drei Viertel aller Diversifikationsvorhaben von großen Unternehmen mehr oder weniger gescheitert sind.

plexität der administrativen Aufgabe erheblich. Es galt nun, die Entscheidungen auf der operativen Ebene nicht nur für die unterschiedlichen Sachfunktionen, sondern über mehrere Märkte hinweg in Einklang zu bringen. Die unternehmerischen Entscheidungen richten sich nicht mehr nur auf die Fortentwicklung und Sicherung *einer* Produktlinie, sondern auf ein ganzes *Portefeuille* von teilweise recht unterschiedlichen Produktlinien[44]. Abstimmungsverluste und administrative Schwierigkeiten (z.B. Überforderung der Spitze) stellten sich in der Folge rasch ein, der Erfolg der Diversifikation war in Frage gestellt[45]. Schließlich fand man – zunächst in vier Pionierunternehmen[46] – in der *Divisionalisierung* ein geeignetes Reorganisationsmuster für die Lösung des Administrationsproblems. Mit anderen Worten: das Koordinationsfeld wurde in relativ selbständige erfolgsverantwortliche Geschäftsbereiche aufgeteilt, denen nur noch eine Koordinationsebene, die Spitze des Unternehmens, vorgeordnet war. Bekanntlich ist dies heute auch die vorherrschende Organisationsform in den Großunternehmen der westlichen Welt[47].

Die mit dem Aufbau einer Managementpyramide und ihrer Ordnung nach dem funktionalen Strukturmuster begonnene *Teilung des Managementprozesses* wurde – historisch gesehen – mit der Einführung der Geschäftsbereichsorganisation pointiert fortgesetzt. Chandler interpretiert diese Reorganisation als die *Institutionalisierung* der Diversifikationsstrategie[48].

Mit der Diversifikation und der Divisionalisierung setzten dann verstärkt Bemühungen ein, die Unternehmensaktivitäten gesamthafter zu planen, die Vorbereitung strategischer Entscheidungen zu *professionalisieren* und zu *formalisieren*. Es ist dies auch der Zeitpunkt, in dem die betriebswirtschaftliche Planungswissenschaft diese Bemühungen der Praxis aufgreift und konzeptionelle Modelle strategischer Planung entwickelt[49].

[44] Vgl. Chandler (Strategy), S. 44; ders. (Seedbed), S. 32.

[45] So gerieten etwa bei DuPont nach der Diversifikation alle Produktlinien in die Verlustzone mit Ausnahme der langetablierten Sprengstoffe; vgl. Chandler (Hand), S. 475.

[46] Dies waren nach Chandler (Strategy): DuPont, General Motors, Standard Oil (N.J.) und Sears, Roebuck.

[47] Eine umfängliche Forschung dokumentiert diesen Entwicklungstrend, wobei sowohl was die Diversifikation als auch was die Einrichtung einer divisionalen Organisationsstruktur anbetrifft, eine deutliche zeitliche Verzögerung zwischen europäischen und amerikanischen Unternehmen feststellbar ist. Zu empirischen Untersuchungen zu der Beziehung Diversifikation und Divisionalisierung vgl. zu den USA: Wrigley (Autonomy), Rumelt (Strategy), für Großbritannien: Channon (Strategy), für Deutschland: Thanheiser (Strategy), für Italien: Pavan (Strategy), für Frankreich: Dyas (Strategy), für Japan: Imai (Organization). Zu einer eingehenden Untersuchung des Prozeßablaufs der Divisionalisierung und zu anderen maßgeblichen Auslösern als dem der Diversifikation vgl. Gabele (Einführung).

[48] Chandler (Strategy), S. 394; im Sinne des Transaktionskostentheorems stellt sich allerdings die Frage, ob nicht die Divisionalisierung einen großen Teil der Vorzüge vernichtet, die die zentrale interne Koordination mit sich brachte.

[49] Vgl. Steiner (Rise), S. 133, Honko (Entwicklungstendenzen), S. 5, Zahn (Planung), S. 24f.

Williamson stellt heraus, daß mit der divisionalen Organisationsstruktur (zusammen mit einer Diversifikationsstrategie) über die Internalisierung von Gütermarkttransaktionen hinaus klassische Transaktionen des Kapitalmarktes, insbesondere die Kapitalallokation, in die Unternehmung hineinverlagert werden, wobei sich Transaktionskostenvorteile insbesondere aufgrund der besseren Informations- und Kontrollmöglichkeiten ergeben sollen[50]. Die Unternehmensspitze verteilt periodisch wiederkehrend das zur Verfügung stehende Kapital (Eigen- und Fremdmittel) nach Rentabilitäts- und Risikoerwägungen auf die Geschäftsbereiche und verfolgt über ein Kontrollsystem seine Verwertung[51].

Die voranstehenden transaktionstheoretischen Erörterungen lassen sich im Hinblick auf das strategische Denken in der Unternehmung abschließend zu der These verdichten, daß *strategisches Denken* in dem Maße an Bedeutung gewann, in dem vormals marktliche Funktionen von der *Managementhierarchie* (aufgrund von Transaktionskostenvorteilen) übernommen wurden und daß strategische Entscheidungen in dem Moment *systematisches Gewicht* erlangten, in dem Kapitalmarktfunktionen als Folge breit gestreuter Unternehmensaktivitäten in die Unternehmen hineinverlagert und durch interne Organisation ersetzt wurden.

Allgemein läßt sich die beschriebene Entwicklung so zusammenfassen, daß die *Herausbildung des Großunternehmens* und die damit einhergehende Oligopolisierung der Märkte den *Spielraum* für strategisches Handeln eröffnet haben. Die im Zuge dieser Entwicklung immer komplexer und in ihren Auswirkungen immer folgenschwerer gewordene Führungsentscheidung ließ die Forderung nach einer systematisierten Durchdringung der strategischen Handlungsmöglichkeiten entstehen[52].

2.2 Unternehmensplanung als Folge veränderter Produktions- und Kostenstruktur

Ein thematisch verwandter, vom Deutungstheorem her aber doch grundlegend verschiedener Ansatz zur Genesis strategischen Denkens in der Unternehmensführung stellt vorrangig auf die Produktions- und Kostenstruktur als Bestimmungsfaktor ab. Ihm lassen sich so unterschiedliche Autoren wie Schmalenbach und Galbraith zurechnen.

[50] Vgl. Williamson (Emergence), S. 187, sowie unsere Kritik oben S. 46ff. dieser Arbeit.
[51] Vgl. Heflebower (Observations), S. 18.
[52] Vgl. hierzu auch Scott (Planning), S. 40ff.; Albach (Beiträge), S. 84; Steiner (Rise), S. 133.

Thematisch dem vorhergehenden verwandt ist der Ansatz insofern, als er ebenfalls ganz auf das Großunternehmen und seine Handlungsmuster abstellt. Er setzt mit seiner Erklärung der fortgesetzten Steigerung der Betriebsgröße und der Entwicklung strategischer Planung dort an, wo sich die Großunternehmung bereits herausgebildet hat und Massenproduktion und Massendistribution zum systemprägenden Merkmal geworden sind.

Die Entwicklung der Großunternehmung ist durch eine zunehmende Kapitalintensität und damit einhergehend durch einen überproportional steigenden Anteil fixer bzw. einem entsprechend sinkenden Anteil proportionaler Kosten gekennzeichnet (hohe Anlagenintensität der industriellen Produktion)[53]. Wenn aber – so die zentrale These – der wesentliche Teil der Kosten *fix* ist, geht die (kurzfristige) *Anpassungsfähigkeit* der Produktion an die Nachfrage verloren. Die Unternehmung kann durch eine Verringerung der Produktion die Kosten nicht mehr entsprechend senken. Das durch den Ausfall dieses Aktionsparameters entstehende Dilemma für die Unternehmensführung macht Schmalenbach am Beispiel eines Preisabfalls deutlich[54]. Es hat nämlich in dieser Situation (bei konstanter Kostenstruktur) keinen Zweck, das Absinken des Preises durch Produktionsverminderung auszugleichen. Es ist *ökonomischer*, unter den Durchschnittskosten weiter zu produzieren, weil der dadurch entstehende Verlust kleiner ist, als er bei Produktionsverminderung wegen der trotzdem in voller Höhe zu tragenden Fixkosten wäre. Die hohen Fixkosten drängen aber nach Auffassung Schmalenbachs den Betrieb nicht nur, die Kapazitäten *immer* soweit als möglich auszulasten, sondern auch die *Kapazitäten* dann *auszudehnen*, wenn es die Nachfrage gar nicht erforderlich macht. In jedem Betrieb gibt es eine Reihe von Anlagen, die nur mäßig belegt sind, die Eigendynamik der Fixkosten setzt den Impuls, den Betrieb so lange zu vergrößern, d.h. das Produktionsvolumen auszudehnen, bis auch diese Anlagen ausgelastet sind, ohne daß dazu eine gestiegene Nachfrage Veranlassung gegeben hätte[55].

Diese der Kostenstruktur des modernen Industriebetriebs inhärente *Dynamik* setzt das Motiv – so kann man nun das Argument im Sinne von Galbraith fortführen – den Absatzbereich, insbesondere die Preisgestaltung und den Bedarf, dem planenden Zugriff des Betriebs zu öffnen, um eine beständige Auslastung der Kapazitäten bei einer zumindest auskömmlichen Rendite zu sichern[56]. Der verlorengegangene Parameter „Produktionsvolu-

[53] Vgl. Schmalenbach (Betriebswirtschaftslehre), S. 242 ff.; Wild (Grundlagen), S. 21.

[54] Vgl. Schmalenbach (Betriebswirtschaftslehre), S. 245.

[55] Die chronischen Überkapazitäten der Stahlindustrie mögen hier ein anschauliches Beispiel sein.

[56] Vgl. Galbraith (Industriegesellschaft); ders. (Volkswirtschaftslehre); Schmalenbach (Betriebswirtschaftslehre, S. 245 ff.) prognostizierte als Ergebnis seiner Analyse viel krassere Schritte zur Umweltstabilisierung; er sah eine *Kartellierung*, *Vertrustung* und *Monopoli-*

men" wird durch den neuen Aktionsparameter „Umweltbeeinflussung" ersetzt. Gelingt es, die Umwelt soweit zu stabilisieren, daß der Absatz der Produkte zu einem angemessenen Preis auf längere Zeit sichergestellt werden kann, so ist das Fixkosten-Problem eingedämmt. Galbraith interpretiert daher die (strategische) Unternehmensplanung als ein Instrument, das eben diesen Zweck erreichbar machen soll[57]. Das *festgelegte* Kapital drängt darauf „Schritte (zu) unternehmen, um die Auswirkungen schädlicher Entwicklungen zu verhindern, auszugleichen oder auf andere Weise zu neutralisieren, um sicherzustellen, daß das vorhergesehene Ergebnis auch tatsächlich erreicht wird"[58]. Der (strategischen) Planung kommt in dieser Sicht also primär die Aufgabe zu, Mittel und Maßnahmen zu finden, die eine Stabilisierung der Umwelt erlauben. Galbraith erklärt: „Ein guter Teil dessen, was die Firmen als Planung betrachten, besteht einfach darin, den Einfluß des Marktes zu verringern oder ganz auszuschalten"[59].

Die wesentlichsten strategischen Mittel, dies zu erreichen, sieht er zum einen in der *vertikalen Integration* einschließlich der vertraglichen Bindung der Zulieferer und Abnehmer, und zum anderen in der *Diversifikation*, mit der nicht eliminierbare Schwankungsfaktoren „verkraftbar" gemacht werden können (Risikostreuung)[60]. Die offenkundige Voraussetzung – aber auch ihre Folge – für eine solche Planung ist eine hinreichende *Größe* des Unternehmens.

Galbraith bringt diese Analyse in Zusammenhang mit der These von der Technostruktur, der Kerngruppe von Experten in einem Unternehmen, die

sierung ungeahnten Ausmaßes kommen, und damit zugleich das Ende der Marktwirtschaft. In seinen Augen war das Jahr 1928 die Schwelle zu einer neuen *„gebundenen"* Wirtschaftsverfassung.

[57] Vgl. Galbraith (Industriegesellschaft), S. 35 ff.

[58] Galbraith (Industriegesellschaft), S. 30; Versuche, die Galbraithsche These empirisch zu prüfen – allerdings extrem verengt auf den positiven Zusammenhang von Kapitalintensität und Planungsumfang –, kommen zu widersprüchlichen Ergebnissen. Während z. B. Keppler, Bamberger & Gabele (Organisation, S. 48) einen eindeutig positiven Zusammenhang zwischen Kapitalintensität (der Branche) und dem Vorhandensein und Umfang langfristiger Planung berichten, finden Poensgen & Hort (Einflüsse, S. 20 f.) in ihrer Untersuchung keinen solchen Zusammenhang; wobei jedoch zu berücksichtigen ist, daß Poensgen & Hort mehr kurz- und mittelfristige Aspekte der Planung gemessen haben.

[59] Galbraith (Industriegesellschaft), S. 30; diese Loslösung von der Kontingenz des gesellschaftlichen Produktionsprozesses wird von Altmann & Bechtle (Herrschaftsstruktur) auf allgemeiner Ebene als *Autonomiestrategie* der Großunternehmen identifiziert. Wobei in einer späteren Analyse allerdings die zu bewältigende Kontingenz als eine sich fortwährend wiederbelebende Kraft dargestellt wird, die das Resultat des kollektiven Einsatzes eben jener Autonomiestrategie ist. Die Großunternehmung versuche die Kontingenz der gesellschaftlichen Produktion zu verringern, reproduziere sie aber damit gleichzeitig. Vgl. Bechtle (Betrieb), S. 55 f.

[60] Vgl. Galbraith (Industriegesellschaft), S. 39 ff.

die Entscheidungsmacht kraft *Sachverstand* an sich gerissen hat und deren Ziele auf eine Autonomisierung des Unternehmens hinauslaufen[61].

2.3 Gestiegene Umweltturbulenz als Grund verstärkter strategischer Unternehmensplanung?

Ein weiterer Denkansatz führt das gerade auch in jüngerer Zeit immer mehr *wachsende Interesse* an Problemen und Methoden der strategischen Unternehmensführung auf die außerordentlich *gestiegene Turbulenz* der Umwelt und der daraus fließenden Notwendigkeit vorsorgender Maßnahmen zurück[62]. Technische, ökonomische und soziale Veränderungen – so das Argument – vollziehen sich in so rascher Folge und unterscheiden sich in so hohem Maße voneinander, daß *ständig neue* Situationen und Probleme von der Unternehmensführung bewältigt werden müssen. „In einer Welt rascher und tiefgreifender Wandlungen" – schreibt Hinterhuber – „ist eine einzige Konstante ohne Unsicherheit feststellbar: Die Beschleunigung der Veränderung"[63]. Damit steigt auch das Risiko, daß sich einmal getroffene Entscheidungen als falsch oder revidierungsbedürftig erweisen[64]. Diese erhöhte Turbulenz der Umwelt führte zwangsläufig zu erhöhter Unsicherheit der Entscheidungen in den Unternehmen[65]. In einer *strategischen Planung* mit weitem Horizont, und hier insbesondere in den neueren Methoden der Portfolio-Analyse[66], wird nun ein *geeignetes Mittel* erblickt, um der enorm gestiegenen Umweltturbulenz und dem erhöhten Risiko zu begegnen[67]. Dieser These sei im folgenden widersprochen.

Zunächst ist schon das Basisargument unplausibel, einer Umwelt voller Überraschungen und Diskontinuitäten könne besonders gut mit einer langfristigen Planung begegnet werden. Dort, wo mit großer Wahrscheinlichkeit „morgen" alles anders ist und wo über die Entwicklung der *Zukunft* so gut wie *keine Aussagen* gemacht werden können, gibt eine strategische Analyse

[61] Vgl. Galbraith (Industriegesellschaft), S. 76ff.; hier besteht ein wesentlicher Unterschied zur Chandlerschen Analyse; die Galbraithsche Technostruktur ist nicht mit dem Management gleichzusetzen. Ihre herausragende Qualifikation ist auch nicht die Koordination, sondern der Sachverstand, der sich insbesondere auf die modernen Technologien bezieht.

[62] Vgl. statt anderer Albach (Unternehmensplanung), S. 702ff., Hinterhuber (Unternehmungsführung), S. 5, Roventa (Portfolio-Analyse), S. 5ff., Wild (Grundlagen), S. 20f., Zahn (Planung), S. 11ff., Ansoff (Shape), S. 35ff., Schendel & Hofer (Introduction), S. 6f.

[63] Hinterhuber (Unternehmungsführung), S. 23.

[64] Vgl. Wild (Grundlagen), S. 20.

[65] Vgl. Albach (Unternehmensplanung), S. 703.

[66] Vgl. hierzu unsere Darstellung unten S. 92ff. dieser Arbeit.

[67] So ausdrücklich z.B. Albach (Unternehmensplanung), S. 705.

zum Zwecke der Bestimmung des langfristigen Aktionsrahmens keinen Sinn. Ansoff, Kirsch und Roventa machen diesen Widerspruch deutlich, wenn sie herausstellen, daß die Anwendung vieler Planungsmethoden (vor allem auch der Portfolio-Analyse) voraussetzt, daß die Umwelt *gut vorhersehbar* und einschätzbar ist und daß die Planer Informationen zur Verfügung haben, welche es erlauben, präzise Strategien zu formulieren[68]. In der Untersuchung von Keppler, Bamberger und Gabele wird dementsprechend die mangelnde Prognostizierbarkeit der Märkte und Technologien, also die Umweltturbulenz, von den Praktikern als der *wichtigste* Grund für den *Verzicht* auf eine langfristige Planung angegeben[69]. So überrascht es auch nicht, daß in empirischen Untersuchungen der positive Zusammenhang zwischen Umweltturbulenz und Existenz/Umfang strategischer Planung bislang nicht nachgewiesen werden konnte[70].

Verbietet – so könnte man weiter fragen – eine in so hohem Maße gestiegene Turbulenz nicht grundsätzlich jede *langfristige* Mittelbindung, weil sie das Unternehmen *unflexibel* macht?[71] Und ferner, wird nicht das Grundanliegen von Planung, nämlich Rationalitätsgewinn durch frühzeitige Antizipation und eben nicht bloße Reaktion, in einer so gearteten Umwelt von vorneherein obsolet?

Einen Sinn macht die Kombination von rapide wachsender Umweltturbulenz und strategischer Planung eigentlich nur dann, wenn man grundsätzlich annimmt – wie u.a. Galbraith es getan hat –, daß die Unternehmung via strategische Planung stabilisierend auf die Umwelt einwirken und auf diese Weise Turbulenz in einem gewissen Umfang binden kann[72].

[68] Vgl. Ansoff, Kirsch & Roventa (Unschärfenpositionierung), S. 964.

[69] Vgl. Keppler, Bamberger & Gabele (Organisation), S. 47f. Zu einer empirischen Untersuchung der planerischen Reaktion deutscher und schweizerischer Industrieunternehmen auf steigende Unsicherheit vgl. Kordina-Hildebrandt & Hildebrandt (Planung).

[70] Vgl. u.a. Kreikebaum & Grimm (Unternehmensplanung), S. 531ff., Poensgen & Hort (Einflüsse), S. 18ff., Hadaschik (Einsatzbedingungen), S. 109, 137.

[71] Vgl. hierzu auch Hanssmann (Rolle), S. 32f.; Zahn (Planung), S. 17; Kirsch (Institutionalisierung), S. 9f. Etwas überraschend ist in diesem Zusammenhang die Aussage von Hinterhuber (Unternehmungsführung): „Durch die Formulierung von Strategien wird in einer Welt in raschem Wandel die dringend notwendige unternehmerische Flexibilität bei gleichzeitig langfristiger Ausrichtung der Entscheidungen erhöht." Dies scheint nun doch einer Quadratur des Kreises gleichzukommen. Auch eine „flexible Planung" im Sinne von Hax & Laux (Planung) kann dieses Dilemma nicht lösen, weil sie auf eine optimale Elastizität des Planes in bezug auf verschiedene *vorhersehbare* Umweltentwicklungen abstellt, die Turbulenzthese aber gerade die *unvorhersehbaren* Entwicklungen in den Vordergrund rückt.

[72] Diesen Zusammenhang stellt Galbraith (Industriegesellschaft) mit aller Prägnanz heraus: „Ist der Markt unsicher, dann weiß man nichts im voraus und kann infolgedessen auch nicht planen ... es sei denn, auch der Markt wird in den Bereich der Planung einbezogen". (S. 39). Und so hat man wohl auch Albach (Unternehmensplanung) zu verstehen, wenn er schreibt: „Die erhöhten Umweltrisiken, insbesondere die Marktrisiken, verlangen

Allein, wenn so zu handeln möglich ist, dann kann die vorgängige Beschreibung der Umwelt *nicht korrekt* gewesen sein, denn dann ist es auch eine Frage des unternehmerischen *Handelns*, wie turbulent die Umwelt ist und kein bloßes Problem *exogener* Ereignisfolgen mehr.

Damit stellt sich zugleich die Frage, ob der Diagnose ständig zunehmender Umweltdynamik grundsätzlich zugestimmt werden kann. Als einer der ganz wenigen Autoren begründet Albach inhaltlich, was aus seiner Sicht dazu berechtigt, von einer zunehmend turbulenten Umwelt zu sprechen[73]. Er nennt vier Bestimmungsfaktoren:

(1) Schwere Voraussagbarkeit der Kaufströme infolge stark gestiegener Einkommen und befriedigter Grundbedürfnisse;
(2) stagnierende Wachstumsraten lassen Verschiebungen in den Kaufkraftströmen rasch durchschlagen bis hin zur absoluten Nachfrageminderung;
(3) Verschärfung des internationalen Verteilungskampfes führt zu einer verschärften innenpolitischen Verteilungssituation;
(4) mangelnder Handlungsspielraum der staatlichen Wirtschaftspolitik zur Stabilisierung der Lage.

Diese Faktoren sind jedoch u.E. zu selektiv, in ihrer Auswahl zu willkürlich, als daß man daraus den Schluß einer *generell* erhöhten Umweltunsicherheit ziehen könnte. Warum sind es gerade diese und nicht andere, mindestens ebenso bedeutende Umweltfaktoren, etwa der Arbeitgeber/Arbeitnehmerkonflikt oder Marktzutrittsschranken, die die Dynamik der Umwelt bestimmen? Und sind nicht viele andere Faktoren festzustellen, wie etwa die immer mehr verbesserten *Kommunikations- und Informationstechnologien,* die helfen, viele Risiken einzugrenzen? Man denke nur an die hochriskanten Geschäfte, mit denen es die Handelshäuser noch im 19. Jahrhundert aufgrund der mangelhaften Kommunikationsmöglichkeiten zu tun hatten. Auch ist schwer einzusehen, weshalb die neue Informationstechnologie mehr Turbulenz produziert haben soll und produzieren wird als seinerzeit etwa die Entwicklung der Elektrizität oder der Eisenbahn[74]. Ferner ist die Behauptung einer *durchgängig* hohen Umweltdynamik viel *zu pauschal.* Dazu sind die Verhältnisse in den einzelnen Branchen und auf den einzelnen Märkten zu unterschiedlich. Nicht zufällig reüssiert in den Organisationswissenschaften seit geraumer Zeit ein Ansatz, der für Branchen, aber auch

vom strategischen Planer eine systematische Analyse und Begrenzung der Risiken". (S. 705). Und früher noch deutlicher: „Die Bewältigung der Unsicherheiten, die die Zukunft unserer Wirtschaft bietet, erfordert also keine Hellseher, sondern Unternehmer, die ihre langfristigen Konzeptionen durchsetzen". Albach (Anforderungen), S. 7.

[73] Vgl. Albach (Unternehmensplanung), S. 702; ansatzweise, aber ohne Systematik, auch bei Wittek (Unternehmensführung), S. 39ff.; zur häufig phrasenhaften Redeweise von der Umweltturbulenz vgl. auch die jüngst erschienene Kritik von Woodward (Myth).

[74] Vgl. Woodward (Myth), S. 270.

für Subsysteme eines Unternehmens von der *Existenz* differenter Umweltzustände (Dynamik/Stabilität) ausgeht, ja diese Differenz zum Ausgangspunkt für die Organisationsgestaltung nimmt[75].

Zwar wird man nicht abstreiten können, daß in bestimmten Umwelt-Bereichen die Situation erheblich schwerer kalkulierbar und turbulenter gegenüber früheren Jahren geworden ist – etwa die Zeitspanne zwischen Entdeckung und Anwendung naturwissenschaftlicher Prinzipien[76] –; dem steht aber auf der anderen Seite ein, zumindest was die Großunternehmen anbetrifft, beständiges *Größenwachstum* gegenüber, das – wie gezeigt – die Grundlage für verstärkte Möglichkeiten bietet, in die Umwelt gestaltend *einzugreifen* und einen Ausgleich für bestehende Risiken zu schaffen[77]. Auch spricht die bereits belegte verhältnismäßig hohe (absolute und rangmäßige) *Persistenz* der Großunternehmen[78] eher für eine stabilisierte Situation[79].

Alles in allem erscheint es daher plausibler, die deutlich wachsende Bereitschaft der Unternehmen, strategischen Überlegungen einen breiteren Raum zu geben und z.T. diese durch formal-systematische Verfahrensweisen zu unterstützen, nicht in erster Linie als Antwort auf eine verstärkte Umweltdynamik zu verstehen, sondern – im Rahmen der zwei vorangehenden Erklärungsschemata – als *Ausdruck der wachsenden Betriebsgrößen* und als Antwort auf die weiter *gestiegene Komplexität* der *administrativen Koordinationsprobleme* durch die fortgesetzte *Diversifikation* zu suchen. Die Tabellen 2, 3 und 4 haben ja auch gerade für die 60er Jahre eine *forcierte* Diversifikation belegt.

Dieser Trend – so läßt sich vermuten – hat zu *verstärkten* Bemühungen geführt, das so erweiterte und erneut komplexer gewordene Handlungsfeld systematischer zu durchdringen und die einzelnen Geschäftseinheiten in eine zweckmäßige, dem Gesamtziel förderliche Verbindung zueinander zu bringen[80]. So sind es denn auch gerade die neueren Methoden der strate-

[75] Gemeint ist der vielbeachtete Ansatz von Lawrence & Lorsch (Organization); zu Branchenunterschieden vgl. auch oben S. 28, 31.

[76] Vgl. hierzu u.a. Wittek (Unternehmensführung), S. 40; Hammer (Unternehmungsplanung), S. 107.

[77] Dies bestätigt sich in gewissem Maße auch durch den immer wieder gefundenen positiven Zusammenhang zwischen Unternehmensgröße und Existenz und Umfang strategischer Planung. Vgl. hierzu u.a. Poensgen & Hort (Einflüsse), S. 10ff., Kirsch u.a. (Planung), S. 9ff., Kreikebaum & Grimm (Unternehmensplanung), Töpfer (Entwicklungsstand), S. 194ff., Hadaschik (Einsatzbedingungen), S. 142f., Denning & Lehr (Extent), S. 10.

[78] Vgl. oben S. 22 dieser Arbeit.

[79] Wir übersehen dabei natürlich nicht, daß diese Persistenz gerade auch Ergebnis strategischen Handelns ist.

[80] Vgl. hierzu unten S. 90ff. dieser Arbeit. Ganz in diesem Sinne ist auch der Befund von Keppler, Bamberger & Gabele (Organisation, S. 34), daß der *Abstimmung* der Unternehmensbereiche in ihrer Zukunftsentwicklung in den befragten 181 Unternehmen die größte Bedeutung von allen Anforderungen an langfristige Planungssysteme beigemessen wurde.

gischen Planung, insbesondere die Portfolio-Analyse, die sich in dieses Erklärungsschema gut einfügen; wollen sie doch die Unternehmensführung dazu veranlassen, die Verteilung der verschiedenen Geschäftseinheiten systematisch darzustellen und die günstigste Kombination nach Risiko-, Wachstums- und Finanzierungsgesichtspunkten zu suchen[81].

[81] Neben diesem rationalen Erklärungsversuch findet die stark gewachsene Planungsfreudigkeit sicherlich auch in einem modischen Trend hin zur strategischen Planung und in den Überredungskünsten gewandter Unternehmensberater ihren weiteren Grund. Vgl. hierzu Rumelt (Strategy), S. 149; Zahn (Planung), S. 11.

3 Die strategische Unternehmensplanung: Präskriptive Strategietheorie

3.1 Kurzer Abriß der Entwicklung

Die im vorigen Abschnitt beschriebenen Veränderungen in den Bedingungen und Verfahrensweisen praktischen unternehmenspolitischen Handelns wurden zunehmend von der Betriebswirtschaftslehre aufgegriffen mit der Absicht, sie zu einer Lehre von der Bildung optimaler Unternehmensstrategien und ihrer Durchsetzung auszuformen. Die entwickelten Lehrsätze sind im Kern – wie sich in der nachfolgenden Darstellung ihrer Grundzüge deutlich zeigen wird – praktische Handlungs*vorschriften* und -prinzipien für die Unternehmensführung, die eine rationale Handhabung des komplexen Strategieproblems ermöglichen sollen.

In den Anfangsjahren der theoretischen Entwicklung stand die *Investitionsplanung* an zentraler Stelle[1]. Durch Wachstum und steigende absolute Betriebsgrößen waren zunehmend mehr langfristige Investitionen zu tätigen, die eine planende Vorausschau zumindest für die Dauer ihrer Nutzung verlangten[2]. Die entsprechende Planung befaßte sich projektbezogen (nicht aber periodisch) mit den einzelnen technischen Gegebenheiten und deren wirtschaftlichen Konsequenzen, wobei als vorrangiges Hilfsmittel die Verfahren der Investitionsrechnung in einfacher und in verfeinerter Form angeboten wurden. Eine bloße Investitionsplanung empfand man jedoch bald als zu eng und zu passiv, um als Grundlage der langfristigen Unternehmenssteuerung dienen zu können[3].

Daneben entwickelte sich zunehmend die kurz- und mittelfristige Planung für einzelne Funktionsbereiche, wie etwa Finanzierung, Absatz, Produktion, Beschaffung, und wurde mathematischen Optimierungskalkülen geöffnet.

Die in den 60er Jahren schließlich entwickelten Konzepte der Langfristigen Unternehmensplanung rücken Fragen der *Strategiebildung* erstmals in den

[1] Die folgende Darstellung der Entwicklung strategischer Planungssysteme orientiert sich an Honko (Entwicklungstendenzen); zu anderen Schematisierungsversuchen des Entwicklungsganges vgl. Gälweiler (Unternehmensplanung), S. 84ff., Kirsch, Esser & Gabele (Reorganisation), S. 455ff., Zahn (Planung), S. 19ff., 28ff., Ansoff (Entwicklungsstand), Ansoff (Shape), S. 30ff.

[2] Vgl. Honko (Entwicklungstendenzen), S. 4f., sowie Kirsch (Institutionalisierung), S. 9.

[3] Die Unterschiede zwischen der Investitionsplanung und der strategischen Planung und die Versäumnisse bloßer Investitionsplanung stellt Ansoff (Strategy), S. 13ff., akzentuiert heraus.

Mittelpunkt der Handlungsempfehlungen und stellen auf die Entwicklung eines integrierten *Totalplanes* ab, der die langfristige Erfolgsperspektive des Unternehmens mit den einzelnen Funktionsplänen verknüpfen und zu einem kohärenten Gebilde vereinigen soll. Diese Planungsansätze und die zugrundeliegende Systematik der Entscheidungsfindung enthalten im Grundsatz bereits alle wesentlichen Elemente der heutigen strategischen Planungssysteme[4], nämlich die Analyse der Umwelt und der Unternehmensressourcen, die Entwicklung von zukunftsgerichteten Strategien sowie deren Umsetzung in Aktionsprogramme und Budgets. Im Fortlauf (insbesondere seit Mitte der 70er Jahre) ist die Literatur zur Lehre der strategischen Unternehmensplanung sprunghaft angewachsen. Sie brachte eine Fülle unterschiedlicher Verfahrensvorschläge und -modelle, insbesondere aber wurden für Teilbereiche des Planungsprozesses Neu- und Fortentwicklungen vorgestellt, wie etwa Verfeinerungen der Prognosetechniken und der Methode der technologischen Prognose, die Verbesserung der Diagnosetechniken und die Entwicklung von Normstrategien im Rahmen sog. Portfolio-Analysen, die zwischenzeitlich in zahlreichen Varianten vorliegen, ferner Versuche, die Erfolgswahrscheinlichkeiten neuer Strategien besser abschätzbar zu machen, Vorschläge für neue Formen der Planungsorganisation usw. Schließlich wurde auch ein verstärktes Augenmerk auf die Strategie-Implementation und Fragen der strategischen Kontrolle gerichtet. Um der Fortentwicklung Rechnung zu tragen, schlugen einige Autoren vor, fortan nicht mehr von Strategischer Planung sondern von Strategischem Management oder Strategischer Unternehmensführung zu sprechen[5], was sehr rasch breiten Zuspruch fand[6]. Nachdem

[4] Diese Auffassung steht in deutlichem Gegensatz zu der These von Ansoff (Entwicklungsstand, S. 65 ff.), wonach „Langfristige Unternehmensplanung" lediglich die gegenwärtigen Aktivitäten auf der Basis von Extrapolationen in die Zukunft fortschreibt und sich auf das operative Management beschränkt. Ansoff stilisiert hier ganz offensichtlich aus Darstellungsgründen ein extrem verengtes Modell heraus, das jedoch nicht mit dem übereinstimmt, was man in den 50er und 60er Jahren unter Langfristiger Unternehmensplanung verstanden hat und was man heute darunter z.B. in der Zeitschrift „Long Range Planning" versteht. Die Planung von Diversifikation wäre ja mit diesem Modell gar nicht möglich, wurde aber zu dieser Zeit aktiv betrieben, wie unser vorhergehender historischer Rückblick gezeigt hat. King & Cleland (Planning, S. 6) präferieren den Terminus „Strategische Planung", weil er die Zeitperspektive, die in „Langfristplanung" vorrangig aufscheint, zugunsten der Konnotation „Wichtigkeit" zurückdränge.

[5] So programmatisch Ansoff, Declerck & Hayes (Planning). Einen deutlich anderen Akzent geben Kirsch & Trux (Perspektiven) dem Begriff „Strategisches Management". Die dort dargelegte Konzeption läßt sich nicht mehr unter das herkömmliche Verständnis strategischer Planung subsumieren. Vgl. unsere Diskussion in Kapitel 5.

[6] Leontiades (Words) wendet sich jüngst entschieden gegen diesen Gebrauch des Begriffs „Strategisches Management", ja überhaupt gegen die vorrangige Betonung des „Strategischen", weil dies seines Erachtens nach herkömmlichem Sprachgebrauch nur einen Teil der Planung abdeckt. Er schlägt stattdessen vor, wieder von (Unternehmens-)Planung (mit den Elementen „mission", „strategy" und „plans") zu sprechen und dies synonym mit „Business Policy" zu verwenden.

Strategische Planung strategiegerechte Steuerung immer mit umschloß, wollen wir die drei Begriffe synonym verwenden.

Jüngste Ansätze, etwa das „Strategic Issue Management" oder das „Surprise Management", stellen sehr stark auf die Entwicklung hoher Reaktionsfähigkeit und -geschwindigkeit ab, um „strategischen Überraschungen" effektiv begegnen zu können[7]. Ackoffs Konzept der „interaktiven Planung"[8] betont vor allem die Partizipation der Planungsbetroffenen[9].

Im folgenden soll nun der Versuch gemacht werden, die strategische Planungslehre trotz aller Unterschiede und Besonderheiten in den einzelnen Konzeptionen in ihren Grundzügen quasi als *Kernmodell* darzustellen.

Der präskriptive Ansatz zur strategischen Unternehmensplanung hat sich in den letzten Jahren so breit ausdifferenziert, daß dem Vorhaben einer konzisen Darstellung größere Schwierigkeiten entgegenstehen. *Ein* allgemein anerkanntes und verwendetes Modell liegt nicht vor, stattdessen findet sich eine Vielfalt von Einzeltechniken (z.B. Prognose-Techniken, Szenario-Techniken), von Partialansätzen (z.B. Portfolio-Methoden, Umweltanalyse) auf unterschiedlichen Ebenen (Unternehmens-, Divisions-, Funktionsebene), von Gesamt-Modellen des Prozeßablaufs und Planaufbaus, von Modellen der Planungsorganisation usw. Durch zahlreiche empirische Studien aus jüngerer Zeit kam zusätzlich eine methodische Umorientierung hinzu. Für eine *typisierende Darstellung* des Ansatzes – wie wir es für unseren Argumentationsgang brauchen – muß also entschieden werden, was zum Kern des Ansatzes gehört und was mehr Beiwerk ist, was lediglich Erweiterung und was bereits strukturelle Veränderung ist, wo aufzuweisende Unterschiede zwischen den Ansätzen bestehen usw., kurz gesagt, es stellt sich zusätzlich die Aufgabe der *Rekonstruktion*. Es sollte gelingen, eine zusammenfassende Darstellung der strategischen Planungslehre zu geben, die (1) den neueren *Entwicklungsstand* in fairer Weise wiedergibt, (2) hinreichend allgemein ist, um wenigstens die wichtigsten Ansätze – trotz Unterschiede im Detail – *vereinigen* zu können und (3) die zugrundeliegende Idee der *Planungsrationalität* erkennen läßt. Nachdem die Frage des zugrundeliegenden Rationalitätstypus durchaus kontrovers beantwortet wird, ist es notwendig, die in dieser Arbeit hierzu vertretene Auffassung sorgfältig zu begründen. Dies geschieht am besten dadurch, daß sie anhand der Darstellung des Ansatzes selbst *nachvollziehbar* wird. Hierfür ist es erforderlich, wie später deutlich werden wird, nicht nur eine Grobskizzierung der wesentlichen Elemente, sondern eine *detaillierte* Beschreibung wenigstens einiger Prozeßabläufe zu geben.

[7] Vgl. hierzu vor allem Ansoff (Management).

[8] Vgl. Ackoff (Creating).

[9] Die drei zuletzt genannten Konzepte treten aus dem typischen Rahmen strategischer Unternehmensplanung heraus und werden von uns daher nicht in diesem, sondern in Kapitel 5 bei Ansätzen behandelt, die auf Ergebnisse deskriptiver Strategieforschung reagieren.

3.2 Allgemeine Merkmale der strategischen Planung[10]

Zunächst einmal gehen die Gestaltungsvorschläge und Modelle der strategischen Planung trotz aller Unterschiedlichkeit prinzipiell von der Überlegung aus, daß ein für den Erfolg eines Unternehmens so bedeutsamer Bereich wie die Bestimmung der Strategie *systematisch* durchdrungen werden muß und keinen Zufälligkeiten überlassen bleiben darf[11] und weiterhin, daß die komplexe Steuerung großbetrieblichen Wirtschaftens nur durch eine *zentrale Koordination* der Einzelentscheidungen bewältigbar ist[12]. Dies mündet in die Forderung, daß Unternehmen – und hier insbesondere die *obersten Entscheidungsträger* – formalisierte, rational-konzipierte und auf quantitative Methoden gestützte Verfahrensweisen benötigen, um optimale *Strategien formulieren* und diese in umfassende operationale *Programme* umsetzen zu können.

Für die Einrichtung *formalisierter* Systeme und Verfahrensweisen zur strategischen Planung werden im einzelnen die folgenden Vorteile geltend gemacht[13]:

(1) Verminderung des *Risikos* von Fehlentscheidungen durch die kontrollierte Entwicklung von Zielen und die systematisierte Auswahl geeigneter Mittel.
(2) Breite(re) *Exploration* des Spektrums strategischer Handlungsmöglichkeiten.
(3) Frühzeitige(re) Identifikation der strategischen *Chancen* und *Bedrohungen* und damit Erhaltung von Handlungsspielräumen.
(4) *Integration* der operativen und administrativen Einzelentscheidungen in einen langfristigen Perspektivplan, der dem ganzen Entwicklungsgeschehen Richtung und Form verleiht. Verhinderung der Aufeinanderfolge ungeplanter, evtl. widersprüchlicher Einzelschritte.
(5) *Rationalisierung* der Informationsgewinnung. Es wird sichergestellt, daß *alle* relevanten Bereiche in den Entscheidungen berücksichtigt werden. Ferner: Vermeidung von Doppelarbeit, Vereinheitlichung der Verfahrensweisen, Regelung der Informationssammlung durch offizielle Selektionskriterien usw.

[10] Dem Argumentationsgang der Arbeit entsprechend kommt es im Anschluß an die Darstellung nicht auf eine immanente Kritik an einzelnen Vorgangsweisen und/oder Instrumenten an – die Diskussion soll ja konzeptionell geführt werden; dort, wo es jedoch notwendig erscheint, wird auf diese Kritik in Fußnoten hingewiesen.

[11] Vgl. Hofer & Schendel (Strategy), S. 5.

[12] Vgl. Zahn (Planung), S. 114, Szyperski & Winand (Grundbegriffe), S. 175.

[13] Vgl. zum folgenden Steiner (Planning), S. 63 ff.; Wild (Grundlagen), S. 15 ff.; Hofer & Schendel (Strategy), S. 5 f.; Hill (Unternehmensplanung), S. 10 ff.

(6) Die ***kontinuierliche*** Veranlassung der Unternehmensleitung, systematisch über die Zukunft des Unternehmens nachzudenken[14].

Alle diese Faktoren – so wird angenommen – tragen insgesamt dazu bei, daß planende Unternehmen ihren Bestand dauerhafter sichern und ihre Ziele in einem wesentlich höheren Maße verwirklichen können als Unternehmen, die nicht strategisch planen.

Das erste bekanntere theoretische Modell strategischer Planung ist das 1962 publizierte, in den Grundzügen aber gleichwohl noch aktuelle Prozeßschema von Gilmore und Brandenburg[15], das die Entwicklung eines strategischen Plans in 43 Schritte gliedert, die vier Hauptphasen angehören: (1) Bestimmung der Marktaufgabe des Unternehmens („kind of business the firm should be in"), (2) Bestimmung der Wettbewerbsstrategie („finding the right product-market-sales approach combination for accomplishing the mission"), (3) Spezifizierung der Handlungsprogramme (als Mittel zur Erreichung der Wettbewerbsstrategie), (4) Planrevision („monitor the internal and external environment of the firm in search of problems and opportunities ... that might demand some change in the current master plan")[16].

Abb. 5 zeigt im Überblick die Phasen und die zugehörigen Schrittfolgen einschließlich der vorgesehenen Feedbacks. Die (Kontroll-)Phase 4 bildet bei einem breit institutionalisierten Planungsprozeß zugleich die Eröffnungsphase für einen neuen Planungszyklus[17]. Nachdem dies der Regelfall ist, wurde sie auch an den Anfang gerückt (vgl. Abb. 5).

Vergleichbare Modelle liegen in großer Zahl vor. Z.T. sind sie dem Konzept von Gilmore und Brandenburg sehr ähnlich, z.T. werden andere Aspekte und Phasen stärker herausgestellt[18]. So rückt z.B. das bekannte Konzept von Ansoff[19], das vielfach als der eigentliche Startpunkt der strategischen Planung angesehen wird, konkreter das *Wachstum* und spezieller noch Diversifikationsnotwendigkeiten und -möglichkeiten in den Vordergrund. Das von Hofer & Schendel[20] vorgelegte Prozeßschema akzentuiert dagegen stärker die verschiedenen *Planungsebenen* (insbesondere „corporate" und „business

[14] Hambrick (Awareness) spricht in diesem Zusammenhang von „Strategic Awareness" und versucht, ihre Bedeutung auch empirisch zu klären.

[15] Vgl. (Anatomy).

[16] ebenda, S. 62; die Phasen 1, 2, 3 finden ihr exaktes Gegenstück in der neuerdings stark beachteten Differenzierung von „Corporate"-, „Business"- und „Functional Area"-Strategie; vgl. hierzu Hofer & Schendel (Strategy), S. 27ff. und unten S. 89f. dieser Arbeit.

[17] Dies verweist darauf, daß Planung und Kontrolle Zwillingsfunktionen im Managementprozeß sind insofern, als Kontrolle Planung voraussetzt und Planung ohne Kontrolle sinnlos ist; vgl. hierzu Steinmann (Management-Prozeß), S. 2.

[18] Einen Überblick über verschiedene Konzepte geben u.a. Steiner (Planning), S. 41ff.; Grinyer (Anatomy), S. 202ff., Hofer & Schendel (Strategy), S. 47ff.

[19] Vgl. (Strategy), insbes. S. 202f.; vgl. unten S. 99f.

[20] Vgl. (Strategy), insbes. S. 53ff.

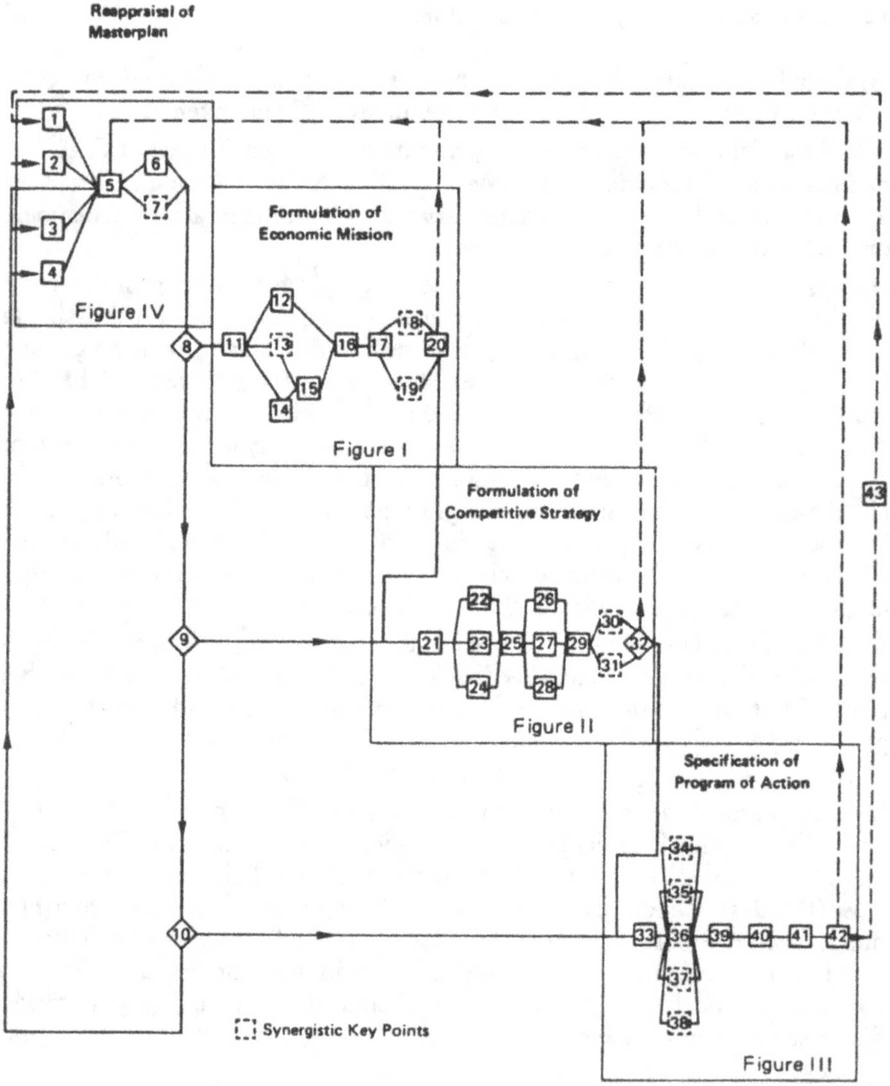

Key

1 Company activities
2 Competitors' actions
3 Economic trends
4 Technological developments
5 Potential problems and opportunities
6 Impact on competitive advantage
7 Impact on synergy
8 New economic mission?
9 New competitive strategy?
10 New program of action?

11 Fields of endeavor
12 Inherent potential
13 Normative capability profile
14 Firm's capability profile
15 Comparative capability profile
16 Performance potential
17 Combinations of fields
18 Feasibility comparisons
19 Performance potential comparisons
20 Economic mission

21 Product-market opportunities
22 Potential market
23 Competitors' performance
24 Competitors' capabilities
25 Functional changes
26 Feasibility comparisons
27 Competitive advantage comparisons
28 Performance potential comparisons
29 Alternative strategies
30 Functional synergy
31 Performance synergy
32 Competitive strategy

33 Program tasks
34 R&D events and activities
35 Production events and activities
36 Marketing events and activities
37 Finance events and activities
38 Management events and acitivities
39 Program integration
40 Time-cost characteristics
41 Performance goal evaluation
42 Program of action
43 Operations

Abb. 5 Strategische Planung nach Gilmore & Brandenburg
Quelle: Gilmore & Brandenburg (Anatomy), S. 67

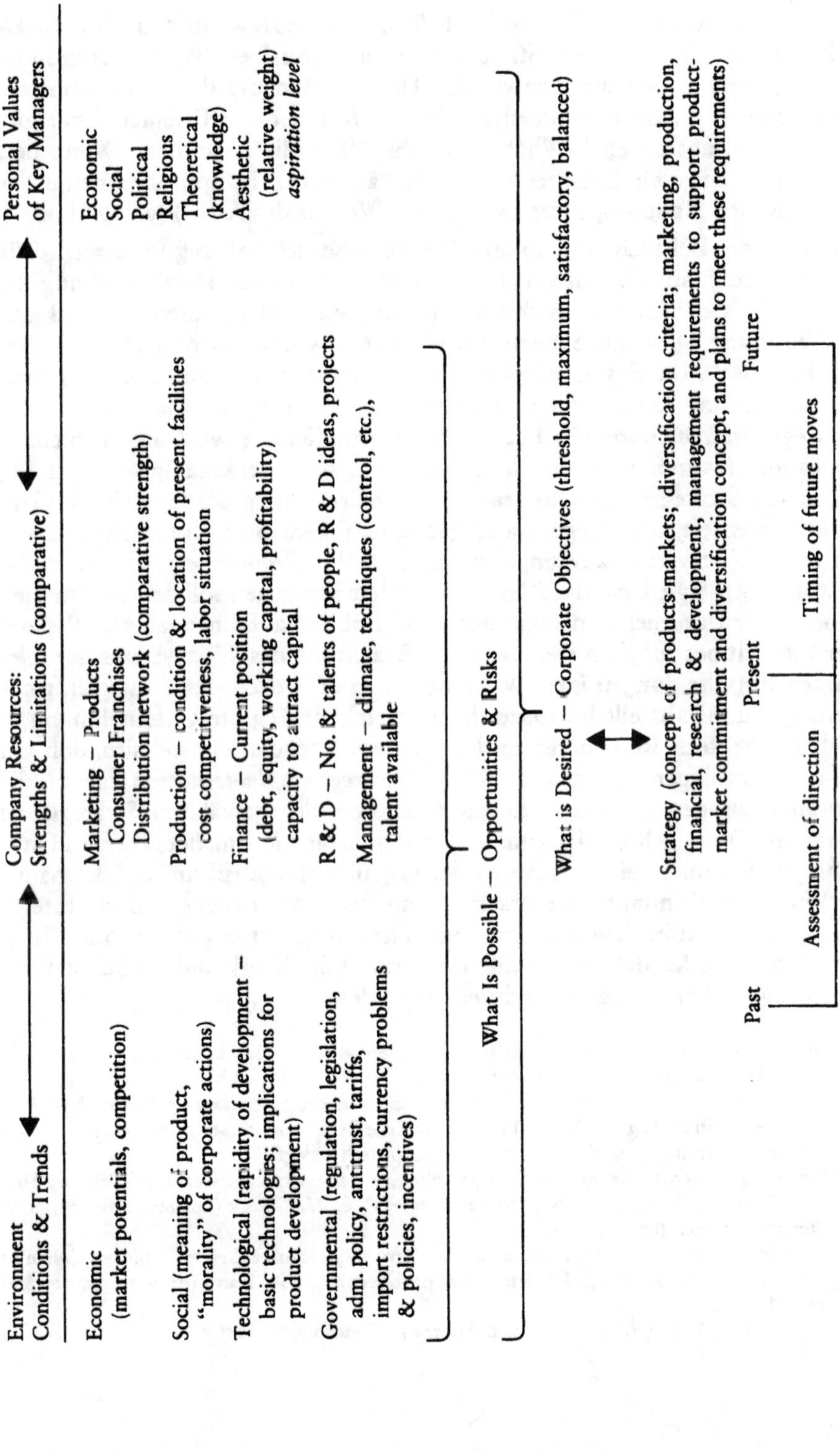

Abb. 6. Das LCAG-Schema zur Analyse strategischer Probleme Quelle: Guth (Manual), S. IX

level"). Das Raster von Learned, Christensen, Andrews und Guth (LCAG-Schema), wie sie es ihrem Standardlehrbuch „Business Policy" zugrundelegen[21], stellt neben die Analyse der Umwelt und die der Unternehmensressourcen – beide zusammen sollen den Raum der effizienten Strategiealternativen abstecken („What is possible?") – die personalen Werte und Ziele der zentralen Entscheidungsträger als dritte Hauptkomponente des strategischen Planungsprozesses heraus („What is desired?") (vgl. Abb. 6)[22].

Die Liste der Beispiele und Sonderakzente ließe sich beliebig fortsetzen. Wir wollen jedoch stattdessen versuchen, in einer typisierenden Darstellung die Grundzüge der Modelle zusammenzufassen; wir haben zu diesem Zweck das in Abbildung 7 gezeigte Schema entwickelt[23]. Es sind gewöhnlich zwei „Super-Prozesse", die das Konzept der Unternehmensstrategie bzw. die strategische Planung konstituieren, nämlich die *Strategieformulierung* und die *Strategieimplementation*[24]. Die Strategieformulierung wird als Problemlösungsprozeß verstanden, der die Bestimmung der zweckmäßigsten Mittel in Form von Strategien und Programmen zur Erreichung der langfristigen Unternehmensziele zum Gegenstand hat. Die allgemeinen Unternehmensziele und das Wertsystem werden vorgeschaltet als *„Prämissen"* bestimmt. Die gewählte Strategie bzw. das Bündel gewählter Strategien soll den zukünftigen Einsatz der Unternehmensressourcen im Hinblick auf Chancen und Risiken der Umwelt bestmöglich steuern, unter Beachtung des Wertsystems der relevanten Entscheidungsträger. Während also der Prozeß der Strategieformulierung darauf abstellt herauszufinden, welchen Weg die Unternehmung in Anbetracht ihrer Ressourcen und der zu erwartenden Umweltsituation am besten einschlagen soll, geht es bei der *Strategieimplementation* darum, die Voraussetzungen für die Erfolgswirksamkeit der gewählten Strategie zu schaffen. Dazu gehört die Umsetzung der Strategien in detaillierte Handlungsprogramme, die Ausrichtung der Organisationsstruktur und des Motivations- und Kommunikationssystems an den Anforderungen der Strategie wie auch ein strategieadäquates Kontrollsystem („Strategische Kontrolle"). Anhand dieses Modells sollen nun im Fortlauf die Logik und die Schrittfolge der strategischen Planung beschrieben werden.

[21] Im Literaturverzeichnis zitiert nach der dritten Auflage des Lehrbuchs: Christensen, Andrews & Bower (Business Policy).

[22] Diese nachhaltige Betonung des Wertsystems der Entscheidungsträger geht auf einen Aufsatz von Guth & Tagiuri (Values) zurück, der die Bedeutung dieser Komponente im strategischen Planungsprozeß theoretisch und empirisch belegt.

[23] Das Phasenschema orientiert sich vornehmlich an den entsprechenden Modellen von Steiner (Planning), S. 33, Hofer & Schendel (Strategy), S. 47, Glueck (Business Strategy), S. 7, Steiner & Miner (Policy), S. 15f.
Eine etwas anders akzentuierte, aber im Kern vergleichbare Synopsis bieten Cohen & Cyert (Strategy), S. 349ff., Köhler (Grundprobleme), S. 266, Zahn (Entwicklungstendenzen), S. 180.

[24] Vgl. Bower (Strategy), S. 133, sowie Andrews (Concept), S. 24ff.

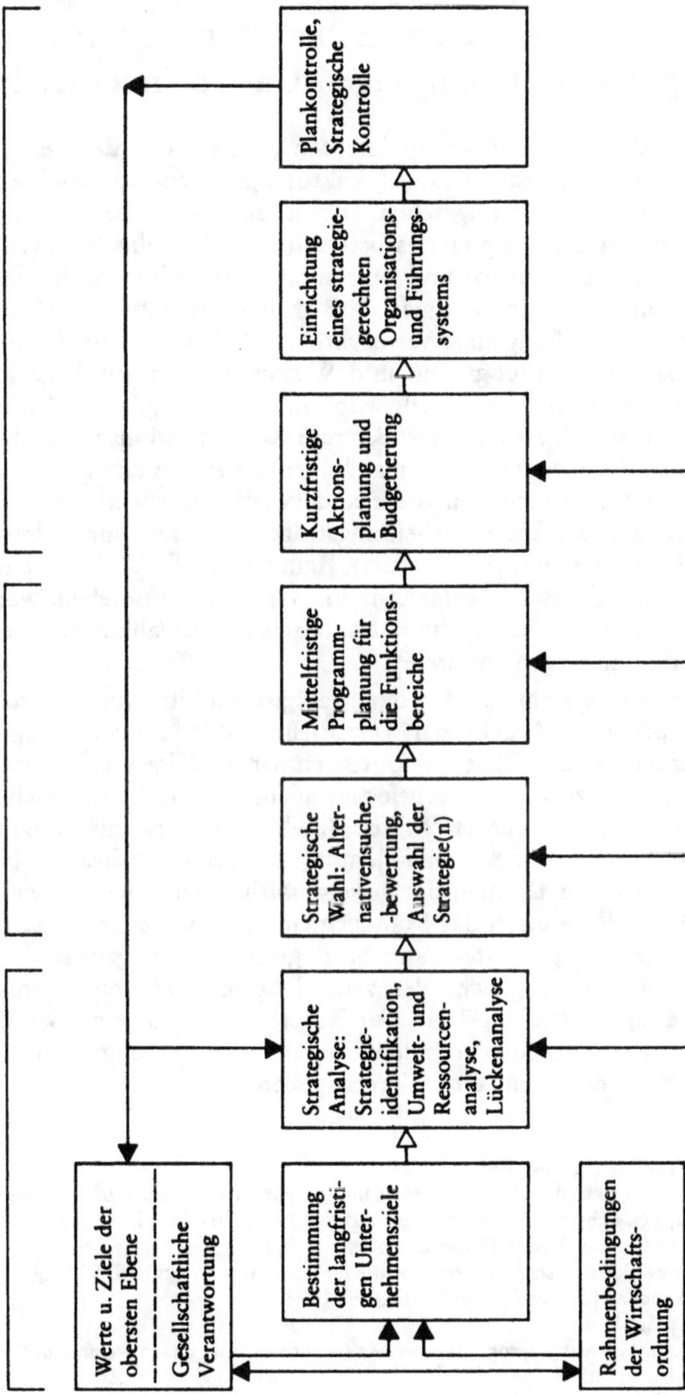

Abb. 7 Elemente und Schrittfolge der strategischen Planung

3.3 „Prämissen" des strategischen Planungsprozesses: Festlegung der langfristigen Unternehmensziele

Die der Strategieformulierung vorangestellten „Prämissen" definieren die langfristigen Unternehmensziele. Zwei Faktorengruppen werden hier im wesentlichen als bestimmend angesehen. Dies ist zum einen die Wirtschaftsordnung, die die Grundprinzipien des betrieblichen Handelns festlegt (z.B. erwerbswirtschaftliches Prinzip) und bestimmte Basisbedingungen für das Überleben der Unternehmung definiert (z.B. Mindestrentabilität, Mindesteigenkapitalquote, Erstellung einer vermarktbaren Leistung). Zumeist *implizit* wird dabei an die Einflußgrößen und Wirkungszusammenhänge angeknüpft, wie sie in Kapitel 1 dargestellt wurden. Demnach gilt: je schwächer die Marktzwänge sind (Bestimmungsfaktoren: Konzentrationsgrad, Marktzutrittsschranken, Kollusion usw.), um so höher ist der Handlungsspielraum und um so mehr Raum bleibt auch für anderweitige (nicht kurzfristig gewinnmaximierende) Ziele der Entscheidungsträger (z.B. freiwilliger Umweltschutz, Ausgabenpräferenzen, Wachstum). Rein personelle Werte, wie technische Perfektion, ästhetische Brillanz, nationalstaatliche Vorlieben, werden schließlich dann relevant, wenn die ökonomischen Auswahlkriterien mehrere gleichwertige Lösungen zulassen[25].

In die Frage des Wertsystems wird in der strategischen Literatur auch häufig der zentrale normative Aspekt der Unternehmensplanung einbezogen[26], nämlich die Frage, welche Ziele ein Unternehmen verfolgen *soll*; genauer: welche Unternehmensziele als gerechtfertigt anzusehen sind und welche als illegitim zurückgewiesen werden sollten („what the strategist ought to do"[27]). Die Autoren der strategischen Planung antworten auf diese Problemstellung zumeist mit der Doktrin der gesellschaftlich-verantwortlichen Unternehmensführung[28], wonach das Management die *gesellschaftlichen Konsequenzen* der zur Verfügung stehenden Strategiealternativen prüfen und im Sinne eines gerechten Ausgleichs der zentral betroffenen Interessenlagen seine Entscheidung treffen soll[29]. In aller Regel wird zu diesem Zweck ein Kodex sozial (un-)erwünschter Verhaltensweisen und Handlungsregeln empfohlen, der dem Management Orientierung geben soll[30].

[25] Vgl. Guth & Tagiuri (Values).

[26] Die normativen Aspekte der Unternehmensplanung haben wir an anderer Stelle ausführlich diskutiert, vgl. Schreyögg (Zielsetzung) und die dort angeführte Literatur.

[27] Christensen, Andrews & Bower (Business Policy), S. 578f.

[28] Vgl. statt vieler Christensen, Andrews & Bower (Business Policy), S. 578ff., Carroll (Goals), Kreikebaum (Unternehmensplanung), S. 142ff.

[29] Vgl. auch oben S. 57.

[30] Besonders bekannt ist hier das sog. Davoser Manifest geworden, das in Steinmann (Lehre), S. 462f. abgedruckt ist.

Dem Konzept gesellschaftlich-verantwortlicher Unternehmensführung wird auch deshalb eine große Bedeutung beigemessen, weil eine alle Problembereiche abdeckende rechtliche Regulierung des Handelns weder erwünscht noch möglich ist[31] und so ein Freiraum verbleibt, der einer verantwortlichen Ausfüllung anheimgestellt werden muß[32].

Was nun die Zielfestlegung im engeren anbetrifft, so besteht in der (präskriptiven) Literatur Uneinigkeit, ob sie als Teil der Strategie bzw. Strategieformulierung betrachtet werden soll oder nicht. Während etwa Christensen, Andrews und Bower[33] oder Steiner[34] die Formulierung von Zielen als Ergebnis des strategischen Prozesses betrachten, stellen andere Autoren wie etwa Glueck[35], Hofer und Schendel[36] oder der Arbeitskreis „Langfristige Unternehmensplanung" [37] die Zielbestimmung als separaten Prozeß der Strategieformulierung voraus; dies deshalb, weil nach dem (von allen geteilten) Grundverständnis die Strategie ein Mittel zur Zielerreichung ist. Eine nähere Betrachtung zeigt, daß es sich um keinen wirklichen Widerspruch handelt. Zum einen wird über unterschiedliche Zielebenen gesprochen. Konkrete inhaltliche Handlungsziele – darin wird schnell Einigkeit herzustellen sein – lassen sich nur im Anschluß an die gewählte Strategie bilden. Generelle Ziele für das Handeln der Unternehmung werden dagegen der Strategieformulierung vorangestellt, weil sie der Idee nach die Leitlinie für den Prozeß der Bildung und Wahl von Strategien darstellen[38]. Das Setzen der fundamentalen langfristigen Ziele steht letztlich bei allen Autoren als *separater Prozeß*. Ob man dies dann als einen Subprozeß der Strategieformulierung oder als eigenständigen Prozeß führt, ist lediglich eine Frage darstellungstechnischer Zweckmäßigkeit[39]. Dasselbe gilt für die Diskussion, ob der Terminus „Strategie" die fundamentalen Ziele beinhalten soll oder nicht[40].

31 Vgl. hierzu programmatisch das Werk „Where the law ends" von Stone (Law).

32 Es soll nicht unerwähnt bleiben, daß das Konzept der gesellschaftlichen Verantwortung der Unternehmensführung aus dem Blickwinkel der Machtkontrolle heraus nicht ganz befriedigen kann, denn eine *nachprüfbare* Gewährleistung des Interessenausgleichs bietet diese personalistische Lösung nicht. Vgl. hierzu die Diskussion bei Steinmann (Lehre), S. 369ff., ders. (Verbraucherschutz).

33 Vgl. (Business Policy), S. 107.

34 Vgl. (Planning), S. 34.

35 Vgl. (Business Policy), S. 34ff.

36 Vgl. (Strategy), S. 20; vgl. auch die dort geführte Diskussion zu dieser Fragestellung (S. 16ff.).

37 Vgl. (Planung), S. 2ff.

38 Die Verwirrung entsteht dadurch, daß die genannten Autoren für diese generellen Ziele andere Begriffe verwenden; z.B. Steiner (Planning, S. 33): „fundamental organizational socio-economic purpose" sowie „values of top managers", Christensen, Andrews & Bower (Business Policy, vgl. Abb. 6): „personal values of key managers", „aspiration levels".

39 Vgl. zu dieser Auffassung Arbeitskreis „Langfristige Unternehmensplanung" (Planung), S. 2; Bircher (Unternehmensplanung), S. 330; das in diesem Zusammenhang von Hofer & Schendel (Strategy) angeführte Argument, Zielsetzung und Strategieformulierung wären in vielen Unternehmen separate und distinkte Prozesse und müßten folglich auch in der

Die Festlegung der langfristigen Unternehmensziele ist damit der erste große Schritt im Prozeß der strategischen Planung; an ihm richten sich alle im Fortlauf zu ergreifenden Schritte und zu erstellenden Analysen aus[41].

Es wird durchgängig als Kernaufgabe der *Unternehmensspitze* angesehen, diese Ziele festzulegen[42], und zwar in einer möglichst *präzisen* Weise, so daß die Mittel, die es zu ihrer Erreichung auszuwählen gilt, unmittelbar auf diese Ziele *bezogen* werden können; nur dann ist es möglich, daß sie auch als Meßgröße für die Wirkungsbeurteilung der potentiellen Handlungsalternativen dienen[43]. Solche allgemeinen Unternehmensziele sind z.B. Maximierung der Eigenkapitalrentabilität, Umsatzwachstum (15% p.a.), Umsatzgegewinnrate (10%). In der Regel werden nicht nur ein Ziel, sondern mehrere Ziele verfolgt, mit der Gefahr, daß sie miteinander nicht verträglich sind. Die präskriptive Literatur verlangt von der Unternehmensleitung, daß sie durch Zielanalysen solche Widersprüche aufdeckt und durch Modifikation, Gewichtung oder Ausscheiden einzelner Ziele ein *konsistentes* Zielbündel (oder eben ein Einzelziel) an die Spitze des Planungsprozesses stellt[44].

Neben den Zielen wird bisweilen als weitere Aufgabe der Unternehmensspitze die Formulierung von Verhaltensrichtlinien *(policies)* genannt, die den Prozeß strategischer Planung als Rahmenbedingung orientierend begleiten[45]. Sie sollen zusammen mit den Zielen die Such- und Auswahlprozesse steuern.

Die „Policies“ werden auf unterschiedlichen Entscheidungsebenen formuliert z.B.: „Bei Auslandsinvestitionen engagieren wir, wenn möglich, einheimische Führungskräfte“ oder „wir investieren nicht im Ostblock“.

Theorie als solche behandelt werden, kann freilich nicht hinreichen, denn allein der Usus, so zu handeln, kann für eine präskriptive Theorie kein ausschlaggebender Grund sein.

[40] Vgl. hierzu die Synopsis gängiger Strategiedefinitonen in Hofer & Schendel (Strategy), S. 18f.

[41] Zumeist wird darauf hingewiesen, daß Ziele, sollten sie sich im Laufe des Planungsprozesses als nicht realisierbar erweisen, einer Revision zu unterwerfen sind.

[42] Vgl. Lorange & Vancil (Systems), S. 23, Ackoff (Unternehmensplanung), S. 39.

[43] Zu den zentralen Aufgaben der Ziele im Führungsprozeß vgl. z.B. Szyperski (Setzen), S. 650f.

[44] Vgl. u.a. Wild (Grundlagen), S. 55, 59ff., Berthel (Unternehmenssteuerung), S. 66ff., Glueck (Business Policy), S. 35ff.

[45] Vgl. hierzu u.a. Steiner (Planning), S. 264ff., Aurich & Schroeder (Unternehmensplanung), S. 198ff.

3.4 Strategieformulierung

3.4.1 Strategische Analyse

Die strategische Analyse wird in der präskriptiven Literatur regelmäßig als systematische Schrittfolge angelegt. Nahezu alle vorliegenden Modelle weisen hierzu – mehr oder weniger explizit – das folgende Raster aus[46]:

a) Strategieidentifikation
b) Umweltanalyse (Chancen und Bedrohungen)
c) Ressourcenanalyse (Stärken und Schwächen)
d) Lückenanalyse

Die strategische Analyse gilt ebenso wie die Zielbestimmung als exklusive Aufgabe der obersten Unternehmensführung (Top-Management-Planung).

3.4.1.1 Strategieidentifikation

Als Grundlage jeder strategischen Planung wird ein klares Verständnis der Ausgangslage des Unternehmens, ihrer verfolgten Strategien und der Politiken für die funktionalen Bereiche angesehen[47]. Ist bereits ein Planungssystem vorhanden, so wird diese Phase (sofern Abweichungen von dem ursprünglichen Ausgangszustand vorliegen) im wesentlichen von der strategischen Kontrolle geleistet, als der Schlußphase des vorhergehenden Planungszyklus. Die Beschreibung des Ist-Zustandes ist die Vorphase der späteren Ermittlung der strategischen Stärken und Schwächenanalyse.

Die neuere Literatur verlangt eine vertikale Differenzierung der strategischen Bestandsaufnahme, indem unterschieden wird zwischen:

a) Unternehmensstrategie (corporate strategy) und
b) Geschäftsfeldstrategie (business strategy)[48].

[46] Wir schließen uns hier an den Literaturüberblick von Hofer & Schendel (Strategy), S. 46f. an. Die „Lückenanalyse" wurde ursprünglich wohl von Ansoff (Strategy, S. 141ff.) in die strategische Literatur eingeführt. Sie findet heute nach z.T. harter Kritik – vgl. zusammenfassend Lange (Portfolio-Methoden), S. 36ff. – in modifizierter Form wieder verstärkte Verwendung in Empfehlungen zur Gestaltung der strategischen Planung; vgl. u.a. Hofer & Schendel (Strategy), insbes. S. 81ff., 157, Leontiades (Strategy), S. 99f.

[47] Vgl. Hinterhuber (Unternehmungsführung), S. 37.

[48] Vgl. stellvertretend Hofer & Schendel (Strategy), S. 27f.; die Autoren fügen als weitere Ebene noch die Funktionalbereichsstrategie (functional area strategy), z.T. sogar noch die „subfunctional area strategy" hinzu, dies weicht jedoch von dem allgemeinen Strategieverständnis stark ab. Zumeist werden diese „Strategien" als Programme bezeichnet. Vgl. dazu unsere Ausführungen unten S. 124ff. Hinterhuber (Unternehmungsführung, S. 38ff.) stellt dieser strategie-spezifischen eine allgemeine Bestandsaufnahme voran.

Die Unternehmensstrategie gibt in erster Linie Antwort auf die Frage: In welchen Domänen bzw. Produkt/Markt-Segmenten sind wir tätig? (Planungsfrage: What set of business should we be in?), während die Geschäftsfeldstrategie festlegt, wie auf einem bestimmten Markt (Branche, Geschäftsfeld) in Wettbewerb getreten wird (Planungsfrage: How to compete in a particular product/market segment?)[49].

In der Unternehmensstrategie geht es also dann darum, die „Domänen" der Firma festzulegen und die Ressourcen auf die Geschäftsfelder zu verteilen. Auf Geschäftsfeldebene stehen die spezifischen Fähigkeiten und Wettbewerbsvor- und -nachteile im Vordergrund der strategischen Analyse.

Diese Unterteilung geht davon aus, daß die strategisch planende Unternehmung in der Regel in unterschiedlichen Geschäftsfeldern tätig ist. Nachdem sich in vielen Unternehmen gezeigt hat, daß die im Rahmen der Divisionalisierung abgegrenzten Aktionsbereiche oder die auf eine andere Weise gebildeten Marktsegmente sich für eine strategische Analyse nicht immer eignen, wird zunehmend die (Neu-)Bildung von Strategischen Geschäftsfeldern (SGF) oder „relevanten Märkten" als erster Schritt der Strategieidentifizierung herausgestellt[50]. Bei einem Einproduktunternehmen, das im wesentlichen nur auf einem Markt konkurriert, erübrigt sich natürlich eine solche Aufgliederung.

Für die Abgrenzung von Strategischen Geschäftsfeldern gilt als Regel, daß sie neben dem Formal-Kriterium der Unabhängigkeit an der *Funktion* des *Produktes*[51] für den Kunden und an den dementsprechenden *Märkten* zu orientieren sind[52]. Eine hohe Beachtung hat hier der Versuch von Abell gefunden, die faktischen und potentiellen Geschäftsfelder eines Unternehmens auf der Basis eines dreidimensionalen Rasters (vgl. Abb. 8) zu definieren[53]. Märkte werden demzufolge nach *Nachfrager-Sektoren* (z.B. öffentliche Verwaltung, private Unternehmen) und die Nachfrage konstituierenden *Problemen* (z.B. Nahtransport, Ferntransport) gebildet, während sich Produkte nach ihren Funktionen (Problemlösungsmerkmale) und den dafür verwendbaren Technologien definieren. Auf welcher (Detaillierungs-)Ebene und in welcher Größe Strategische Geschäftsfelder zu formulieren sind, soll von den Wettbewerbs- und Branchenbedingungen abhängig gemacht werden. Von einer

[49] Vgl. Hofer & Schendel (Strategy), S. 27; sowie Hofer (Theory), S. 784ff., ders. (Research), S. 272ff., Leontiades (Strategy), S. 12f., Bourgeois (Strategy, S. 27f.) unterscheidet analog zwischen „Domain definition"- und „Domain navigation"-Strategie.

[50] Vgl. z.B. Tilles (Making), S. 183ff., Dunst (Management), S. 56ff., Gerl & Roventa (Geschäftseinheiten), Hofer & Schendel (Strategy), S. 59ff.

[51] Das Denken in Funktionen statt in Produkten soll die Abstrahierung bzw. das Finden von Äquivalenten erleichtern. Vgl. Levitt (Marketing).

[52] Vgl. Tilles (Making), S. 184f., Albach (Unternehmensplanung), S. 712f.

[53] Vgl. Abell (Defining), sowie die instruktive Zusammenfassung von Köhler (Grundprobleme), S. 268f.

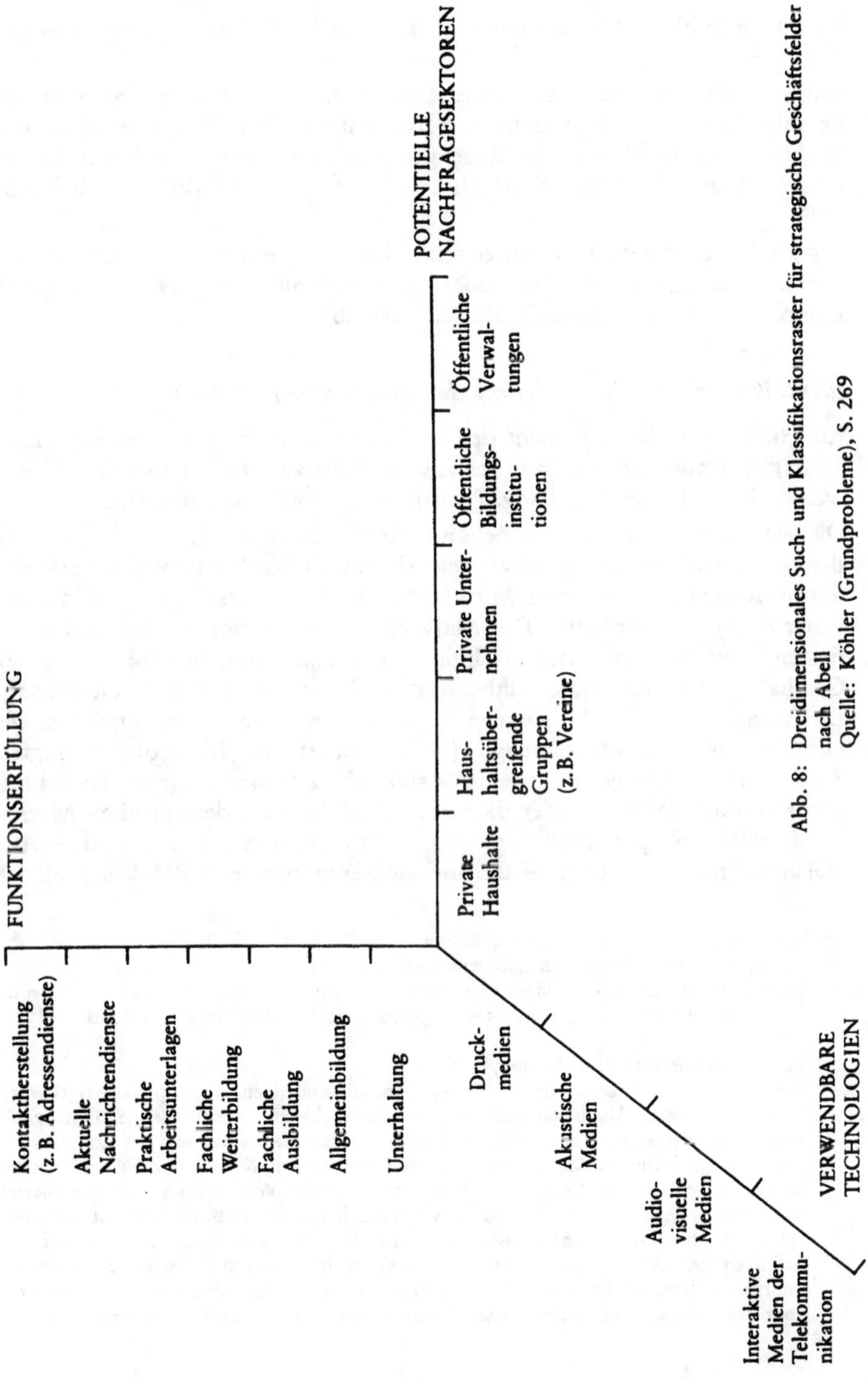

Abb. 8: Dreidimensionales Such- und Klassifikationsraster für strategische Geschäftsfelder nach Abell
Quelle: Köhler (Grundprobleme), S. 269

zu großen Zahl wird jedoch schon allein des planerischen Aufwandes wegen abgeraten[54].

Aufgrund der zumeist zwischen den Leistungen und Produkten bestehenden mannigfaltigen Interdependenzen, bereitet die saubere Abgrenzung strategischer Geschäftsfelder in der Regel große Schwierigkeiten, was ja nicht zuletzt auch aus der Wettbewerbstheorie („relevanter Markt") gut bekannt ist[55].

Um konkrete Strategien identifizieren zu können, bedarf es eines Kategorienschemas, das eine für den Formulierungsprozeß hilfreiche Beschreibung und Einordnung der verfolgten Strategie(n) erlaubt.

Identifikation und Visualisierung der Unternehmensstrategie

Als Hilfsmittel, das Sortiment der Ist-Strategien in einer für den folgenden Strategieformulierungs-Prozeß geeigneten Weise zu erfassen und abzubilden, werden heute in der Regel sog. Portfolio-Matrizen empfohlen[56].

Die einfachste und zugleich bekannteste dieser Matrizen wurde von der Boston Consulting Group entwickelt; sie hat als Beschreibungsdimensionen der Strategien den relativen *Marktanteil* der Geschäftseinheit und das erwartete *Marktwachstum*[57]. Der Marktanteil (in Relation zu dem des wichtigsten Konkurrenten) wird als Indikator für die *Wettbewerbsposition* der Geschäftseinheit verwendet; dabei liegt als Annahme die Gültigkeit des sog. Erfahrungskurven-Effekts zugrunde, wonach mit jeder Verdoppelung der kumulierten Produktionsmenge (= Erfahrung) die inflationsbereinigten Stückkosten potentiell um 20–30% sinken[58]. Daraus wird nun der Schluß gezogen, daß die Firma oder die Geschäftseinheit mit dem größten Marktanteil mit den (potentiell) niedrigsten Stückkosten arbeitet und – bei gleichem Preis der Anbieter – die höchste Rentabilität erzielt[59]. Wie groß der

[54] Vgl. Dunst (Management), S. 63f., Köhler (Grundprobleme), S. 272f.

[55] Vgl. statt anderer Hoppmann (Abgrenzung).

[56] Einen Überblick über Grundlagen und Anwendung eines Portfolio-Management geben im deutschen Schrifttum z.B. Dunst (Management), S. 47ff., Roventa (Portfolio-Analyse), S. 109ff.

[57] Vgl. insbesondere Hedley (Strategy).

[58] Zum Konzept der Erfahrungskurve vgl. grundlegend Henderson (Erfahrungskurve), Hedley (Approach). Die behauptete Tendenz des Stückkostenverlaufs hat gewiß plausible Gründe für sich, es wird darüber ja auch schon Jahrzehnte im Rahmen des Konzepts der Skalenerträge diskutiert. Indes, die postulierte Linearität und Kontinuität der Stückkostendegression und ihre mechanische Verknüpfung unter der Verdoppelung der kumulierten Produktionsmenge kann einer genaueren wissenschaftlichen Prüfung kaum standhalten. Vgl. hierzu die ausgezeichnete Diskussion bei Lange (Portfolio-Methoden), S. 114ff.

[59] Daß auch diese Aussage die Sachlage extrem simplifiziert und in dieser Allgemeinheit gewiß nicht haltbar ist, sei hier nur kurz angemerkt. Eine undifferenzierte Verwendung des Konzepts kann z.B. zu hochriskanten Expansionsentscheidungen führen; man denke nur

Wettbewerbsvorteil (-nachteil) ist, ergibt sich dann aus der Größe des Marktanteils des wichtigsten Konkurrenten (unter der Annahme, beide Konkurrenten sind zur selben Zeit in den Markt eingetreten). Zusammen mit der zweiten Dimension, der erwarteten Wachstumsrate des Marktes, wird schließlich, gestützt auf empirische Untersuchungen (insbesondere auf das PIMS-Programm)[60], postuliert: Je höher die *Marktwachstumsrate* und je höher der eigene *Marktanteil*, um so höher die (potentielle) Rentabilität[61]. Die Wachstumsrate des Marktes wird zugleich als Indikator für den Cash-Flow-Verbrauch betrachtet, während der Marktanteil die potentielle Cash-Flow-Erzeugungsfähigkeit signalisieren soll.

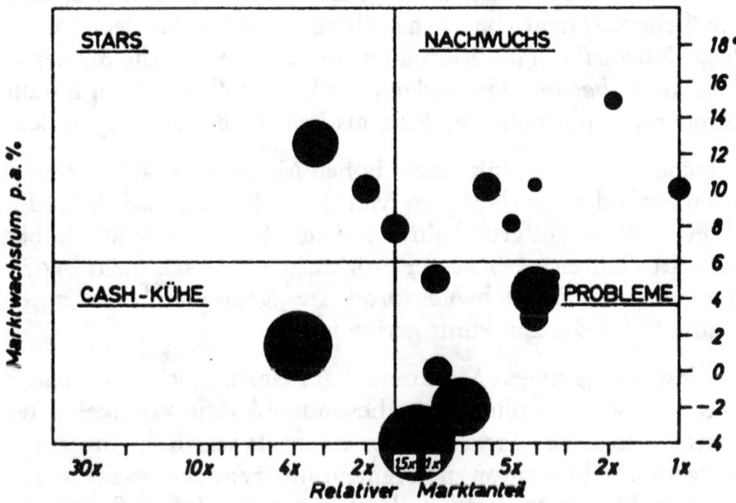

Abb. 9 Die Marktwachstums-/Marktanteils-Matrix nach Hedley
Quelle: Dunst (Management), S. 97

an die aktuellen Probleme der AEG. Vgl. zu dieser Problematik und anderen Einwänden gegen die unbedachte Verwendung dieses Konzepts in der strategischen Planung Kreikebaum (Unternehmensplanung), S. 64f., Paine & Naumes (Strategy), S. 116, Pfeiffer et al. (Management), S. 41ff.

60 Zu den Ergebnissen der PIMS (*P*rofit *I*mpact of *M*arket *S*trategy)-Studie, die in Phase II (1970-1974) Daten von ca. 600 Geschäftsfeldern auswertete, vgl. Schoeffler, Buzzell & Heany (Impact), Buzzell, Gale & Sultan (Market Share). Ansatzpunkt der PIMS-Studie ist die Erklärung der ROI-Varianz der untersuchten Unternehmen. Mit 37 erfaßten unabhängigen Variablen konnte ca. 80% der ROI-Varianz erklärt werden. Dabei erwies sich der Marktanteil (relativ zu den drei größten Wettbewerbern) als besonders guter Prediktor. Vgl. hierzu auch Gale (Market Share).

61 Vgl. ähnlich auch das Ergebnis der Studie von Shepherd (Elements). Zur vielfältigen Kritik an der PIMS-Studie vgl. z.B. Anderson & Paine (PIMS), Scherer (Market), S. 289, Kreikebaum (Unternehmensplanung), S. 78ff., Lange (Portfolio-Methoden), S. 122ff. In diesem Zusammenhang ist auch die erwähnte Marktkonzentrations/Profitabilitäts-Debatte im „Industrial Organization"-Bereich aufschlußreich, vgl. statt anderer Phillips (Critique).

Dichotomisiert man die beiden Dimensionen[62], so können die Geschäftseinheiten in eine der vier strategischen Kategorien fallen, wie sie schematisch in Abbildung 9 dargestellt sind.

Im Rahmen der strategischen Bestandsaufnahme werden nun die Geschäftseinheiten je nach Ausprägung auf die vier Kategorien verteilt, wobei die Kreisflächen in Abbildung 9 die Größe des jeweiligen Engagements (Umsatz oder gebundenes Kapital) in ihrer Relation zueinander zum Ausdruck bringen sollen. Die strategische Position der einzelnen Geschäftsfelder läßt sich so leicht identifizieren.

Die zentrale Idee ist, daß die Geschäftseinheiten in den vier Quadranten einer signifikant unterschiedlichen Situation gegenüberstehen und daher auch einer unterschiedlichen strategischen Behandlung bedürfen. Für jeden Quadranten sind sog. *Normstrategien* formuliert, die sowohl für die Strategie*identifikation* als auch *-bestimmung* gedacht sind. Sie sollen – vom Inhalte her etwas vorgreifend – im folgenden kurz als Beispiel dargestellt werden.

Cash-Kühe: Geschäftseinheiten mit einem hohen Marktanteil auf nur noch langsam wachsendem oder rückläufigem Markt werden als Cash-Flow-Erzeuger betrachtet, weil sie aufgrund ihres hohen Marktanteils mit hohen Kostenvorteilen wirtschaften, aber keiner großen Investitionen mehr bedürfen. Sie sollen zugunsten der Nachwuchsprodukte „gemolken" werden, da ihr Erfolgspotential[63] für die Zunkunft gering ist.

Fragezeichen: Mit einem geringen Marktanteil auf einem rasch wachsenden Markt müsse diesen Geschäftseinheiten eine besondere Aufmerksamkeit zuteil werden. Der rasch wachsende Markt verlangt einerseits sehr hohe Investitionen, um in eine starke Marktposition zu kommen, auf der anderen Seite ist aufgrund des geringen Marktanteils noch kein günstiges Kosten/Leistungs-Verhältnis erreicht. Zwei Normstrategien werden formuliert: Entweder die Unternehmensleitung versucht durch hohe Investitionen Marktanteile zu gewinnen oder sie desinvestiert.

Probleme („Arme Hunde"): Das sind die am wenigsten geschätzten Geschäftseinheiten, weil sie weder auf einem verheißungsvollen Markt operieren noch auf Kostenvorteile als Folge eines relativ hohen Marktanteils zurückgreifen können. In manchen Fällen sind diese Geschäftseinheiten noch nicht einmal in der Lage, die Mittel zu erwirtschaften, die notwendig sind, um das laufende Geschäft aufrecht zu erhalten. Von diesen Geschäftseinheiten sollte sich – so wird empfohlen – das Unternehmen sobald als möglich trennen (es sei denn, es gingen sehr wichtige Verbundeffekte verloren).

[62] Es dürfte klar sein, daß dieser Schritt einer gewissen Willkür nicht entraten kann.
[63] Zum Begriff des Erfolgspotentials vgl. Gälweiler (Unternehmensplanung), S. 85f.

Stars: Diese Geschäftseinheiten befinden sich nach der Logik der Matrix in der günstigsten Position (hoher Marktanteil/hohes Marktwachstum). Sie stellen das eigentliche Erfolgspotential einer Unternehmung dar, das gehalten und ausgebaut werden soll. Wird dieser Normstrategie gefolgt, muß der erwirtschaftete Gewinn voll reinvestiert werden.

Das Gesamt-Portfolio soll vor allem daraufhin geprüft werden, ob es genügend Erfolgspotential in sich birgt und einen Ausgleich zwischen Cash-Flow-Erzeugung und Cash-Flow-Bedarf sicherstellt[64].

Die Verwendung dieser und ähnlicher Portfolio-Matrizen setzt eine gelungene *Abgrenzung* der Geschäftsfelder bzw. des *relevanten Marktes* voraus. Beides bereitet – wie gezeigt – erhebliche Schwierigkeiten und es bedarf daher zunächst einmal ausgedehnter Untersuchungen und Datenerhebungen, um einen Geschäftsbereich überhaupt mit einer gewissen Mindest-Zuverlässigkeit in der Matrix positionierbar zu machen[65]. Um dies leisten zu können, sind Vorgriffe auf die „Ressourcen-Analyse" und die „Umwelt-Analyse" notwendig; dies weist auch auf eine enge Vermaschung der „Identifikationsphase" mit diesen beiden Analyseschritten hin.

Zur Marktanteils-/Marktwachstums-Matrix wurde in der Folge eine Vielzahl alternativer Modelle der Portfolio-Analyse entwickelt[66]. In den meisten Fällen handelt es sich um Ausdifferenzierungen der Ursprungsidee; so etwa bei der „Marktattraktivitäts/Wettbewerbspositions-Matrix"[67]. In den komplexen Dimensionen „*Marktattraktivität*" und „*Wettbewerbsposition*" sind jeweils eine größere Zahl von Erfolgs- und Risiko-Faktoren zusammengefaßt, die u.a. den Marktanteil und die Marktwachstumsrate enthalten[68]. Die einzelnen Faktoren werden gesondert numerisch bewertet und zu einem Gesamtscore aufaddiert, der den Grad der Marktattraktivität bzw. die Stärke der Wettbewerbsposition zum Ausdruck bringen soll. Eine Dreiteilung der Dimensionen ergibt schließlich die in Abbildung 10 gezeigte Matrix, in der

[64] Die dabei zugrundeliegende Annahme einer vollständigen Selbstfinanzierung geht natürlich an den realen Gegebenheiten ein wenig vorbei. Ein krasser Widerspruch tut sich auf, wenn man bedenkt, daß volkswirtschaftliche Autoren, wie oben (S. 40ff.) dargestellt, eine weitgehende Kontrolle der Unternehmen durch den Kapitalmarkt unterstellen.

[65] Vgl. Porter (Strategy), S. 363f., vgl. auch die treffende Darstellung dieser Problematik bei Channon (Commentary), S. 130.

[66] Einen Überblick geben Albach (Unternehmensplanung), Mauthe & Roventa (Versionen); vgl. auch die von Koch (Verfahren) als Alternative zur Portfolio-Analyse entwickelte „selektive Programmplanung".

[67] Zu Darstellungen vgl. Hinterhuber (Unternehmungsführung), S. 71ff.

[68] Weitere Dimensionen der „*Marktattraktivität*" sind Marktqualität (z.B. Branchenrendite), Energie- und Rohstoffversorgung und Umweltsituation (z.B. Ausmaß staatlicher Eingriffe); die „*Wettbewerbsposition*" setzt sich neben dem Marktanteil aus den folgenden Hauptfaktoren zusammen: Finanzkraft des Unternehmens, Risiko (z.B. Grad der Etabliertheit am Markt) und Marketingpotential (z.B. Image). Vgl. hierzu Hinterhuber (Unternehmungsführung), S. 76ff.

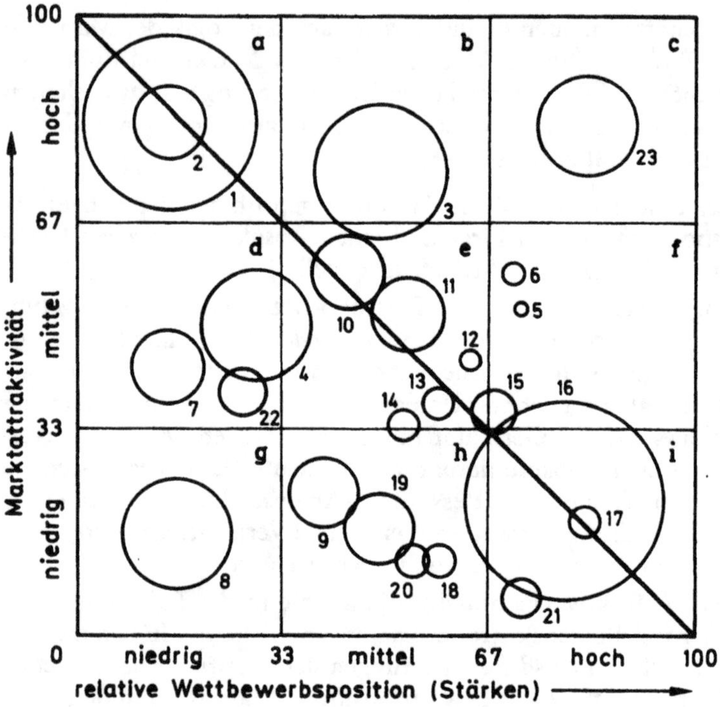

Abb. 10 Die Marktattraktivitäts-/Wettbewerbspositions-Matrix
Quelle: Hinterhuber (Unternehmungsführung), S. 83

die verschiedenen Geschäftsfelder strategisch positioniert bzw. identifiziert werden können.

Für den Fortlauf der Strategieformulierung werden sodann drei strategische Stoßrichtungen (Normstrategien) für die Erreichung eines optimalen Portfolios empfohlen:

a) Felder b, c, f: Wachsen (Zone der Mittelbindung)
b) Felder a, e, i: Selektieren (defensiv/offensiv)
c) Felder d, g, h: Ernten (Zone der Mittelfreisetzung)

Ein Haupteinwand gegen die dargestellten Formen der strategischen Bestandsaufnahme ist, daß sie den Lebenszyklus der Produkte/Märkte unberücksichtigt lassen, und daß damit *neu* gestartete Geschäftseinheiten wie möglicherweise Nr. 7 in Abbildung 10 misrepräsentiert sind und in der Entwicklung befindliche, erfolgversprechende Produkte gar nicht abgebildet werden können. Es wird daher von zahlreichen Autoren empfohlen[69], alter-

[69] Vgl. u.a. Albach (Unternehmensplanung), S. 708ff., Wittek (Unternehmensführung), S. 151ff., Hofer & Schendel (Strategy), S. 33f.

nativ zur Marktattraktivität die Phasen des Produktlebenszyklus[70] auf der Ordinate aufzutragen[71].

Trotz ihrer vielfältigen Probleme wird jedoch die Marktwachstums-/Marktanteils-Matrix von zahlreichen Autoren als erster Schritt in der *Sichtung* und *Identifikation* der strategischen Position(en) des Unternehmens empfohlen, der in späteren Phasen durch verfeinerte Portfolio-Analysen zu vertiefen ist; eine Empfehlung also für einen komplementären und nicht konkurrierenden Gebrauch der Modelle.

Identifikation und Visualisierung der Geschäftsfeldstrategie(n)

Als eine erste Möglichkeit, die Geschäftsfeldstrategie[72] darzustellen, gilt die sog. Produkt-Positionierungs-Matrix. Sie stellt – wie Abbildung 11 zeigt – insbesondere auf den Gedanken der Marktsegmentierung ab. Es wird gezeigt, wie sich ein Produkt bzw, eine Produktgruppe auf die verschiedenen Segmente eines Marktes verteilt.

		Marktsegmente				
Anbieter	Produkt (Variante)	A	B	....	N	Summe
eigene Firma	1 2 ⋮ n	50* 30 10	12 180 2	....	3 10 2	125 220 30
Haupt-konkurrent	1 2 ⋮ n	120 30 30	50 10 2	....	40 5 4	250 90 60
Zweit-wichtigster Konkurrent						

* Hier können alternativ das absolute Umsatzvolumen, der Marktanteil, die Zahl der verkauften Stücke usw. je nach Bedarf eingesetzt werden.

Abb. 11: Die Produkt-Positionierungs-Matrix für einen Markt
Quelle: Hofer & Schendel (Strategy), S. 35 (modifiziert)

[70] Vgl. hierzu genauer unten S. 107f. dieser Arbeit.

[71] Vgl. z.B. Thanheiser & Patel (Planung), S. 65.

[72] Der Terminus Geschäftsfeldstrategie soll beides einschließen, die Geschäftseinheit einer multidivisionalen Unternehmung und die Einprodukt-Unternehmung.

Mit einer solchen Abbildung läßt sich zeigen, welche Segmente abgedeckt bzw. unbearbeitet sind, wie breit oder wie eng sich die Firma auf dem Markt bewegt, wo die Hauptkonkurrenten ihre Schwerpunkte setzen, wie ähnlich oder wie unterschiedlich das Aktivitätsraster der Konkurrenten im Vergleich zu dem eigenen ist u. a. m. Eine solche Bestandsaufnahme bietet eine breite Informationsgrundlage, ihr wird jedoch ein Mangel an spezifisch strategischer Ausrichtung vorgehalten. Als Mittel, das speziell diese Funktion erfüllt, findet neuerdings das in Abbildung 12 wiedergegebene Strategien-Schema von Porter große Beachtung[73].

		Strategischer Schwerpunkt	
		Besonderheiten aus der Sicht der Käufer	Kostenvorteil
Marktabdeckung	alle Segmente	Differenzierung	Kostenführerschaft
	nur ein Segment	Fokus	

Abb. 12: Basisstrategien nach Porter
Quelle: Porter (Strategy), S. 39

Die Strategie einer Geschäftseinheit oder eines Einproduktunternehmens ist diesem Schema nach einer der drei Kategorien zuzuordnen:

1. Kostenführerschaft
2. Differenzierung
3. Fokussierung

Die *erste Strategie* setzt primär auf die Produktion großer Stückmengen, um die dabei erzielbaren *Kostenvorteile* zu realisieren. Im Hintergrund steht hier eindeutig die Erfahrungskurve und ihre strategischen Implikationen[74]. Kostenführerschaft in diesem Sinne erfordert eine konsequente Rationalisierungspolitik, eine strenge Kostenkontrolle, die Ausschöpfung aller möglichen Skalenerträge usw. Die Erzielung von Kostenvorteilen gegenüber der Konkurrenz ist also die bestimmende Richtschnur strategischen Handelns, andere Aspekte wie Service, Qualität etc. fließen als Mindestbedingungen in die Kalküle ein. Kostenführerschaft setzt einen hohen *Marktanteil* voraus und verlangt, daß das Produkt bzw. die Produktgruppe einen großen Teil der Marktsegmente (oder aber ein sehr großes Marktsegment) abdeckt,

[73] Vgl. Porter (Strategy), S. 34ff.; siehe hierzu auch jüngst Hinterhuber (Wettbewerbsstrategie), S. 94ff.

[74] Vgl. oben S. 92f. dieser Arbeit.

um die *Menge* zu erreichen, die die entsprechenden Erfahrungserträge ermöglicht[75].

Die *Differenzierungsstrategie* versucht, dem Produkt oder der Dienstleistung eine Besonderheit (Qualität, Image, Kundendienst) zu verleihen, die es als einzigartig erscheinen läßt („monopolistische Konkurrenz")[76]. Kosten treten als strategisches Moment in den Hintergrund, sie bilden quasi ein Nebenziel. Ziel der Strategie ist es, die Kundentreue zu steigern und die Preiselastizität zu senken. Die Produktdifferenzierung läßt sich nicht immer mit dem Ziel eines möglichst hohen Marktanteils in Einklang bringen; ein Teil der Nachfrager wird den höheren Preis nicht akzeptieren und/oder die herausgehobene Besonderheit nicht schätzen[77].

Die *Fokus-Strategie* schließlich geht noch einen Schritt weiter und konzentriert sich voll und ganz auf nur ein Marktsegment (spezifische Zielgruppe, spezifisches Produkt, Region usw.). Die Idee ist, daß die Firma die ausgewählte *Nische* effektiver und effizienter bearbeiten kann als die Konkurrenten, die den ganzen Markt oder die ganze Produktpalette abdecken wollen. In ihrer Nische stellt die Firma dann auf ein relativ hohes Maß an Einzigartigkeit ab und/oder auf eine Position relativer Kostenvorteile[78].

	Produktmission \ Produkte	alt	→ neu ←
	σ_i \ μ_j	μ_0	μ_1 .... μ_j
alt	σ_0	Markt-durchdringung	Marktentwicklung
→ neu ←	σ_1 ... σ_n	Produkt-entwicklung	Diversifikation (horizontal, vertikal, lateral)

Abb. 13 Die Produkt/Markt-Matrix
Quelle: Ansoff (Strategy), S. 109, modifiziert

[75] Vgl. Porter (Strategy), S. 35 ff.
[76] Vgl. hierzu auch unsere Ausführungen oben S. 26 ff. dieser Arbeit.
[77] Vgl. Porter (Strategy), S. 37 f.
[78] Vgl. ebenda, S. 38 f.; nebenbei sei angemerkt, daß sowohl die Differenzierungs- als auch die Fokusstrategie im Widerspruch zu der PIMS-These und der Boston Consulting-Prä-

Für wachstumsorientierte Firmen und Geschäftseinheiten bietet schließlich Ansoffs berühmte Produkt/Markt-Matrix ein Klassifikationsraster mit ihren vier Basisstrategien Marktdurchdringung, Marktentwicklung, Produktentwicklung und Diversifikation (siehe Abbildung 13).

Mit dieser Matrix können bisher verfolgte Strategien der Umsatzsteigerung beschrieben und in einem späteren Schritt neue Strategien geplant werden[79].

3.4.1.2 Umweltanalyse: Chancen und Risiken

Der Kern der strategischen Planung beginnt mit der Analyse der Umwelt und der Prognostizierung ihrer mutmaßlichen Entwicklung[80]. Für die Unternehmung gilt es, die Möglichkeiten und Gefahren dieser Entwicklung(en) herauszufinden. Die Umwelt steckt einerseits die Grenzen des strategischen Spielraums ab und eröffnet andererseits den Raum für neue Strategiealternativen. Umweltereignisse sollen nicht nur antizipiert werden, um sich ihnen im Strategiekonzept *anpassen* zu können, sondern auch – mindestens ebenso bedeutsam –, um sie ggf. zu *verhindern*, d.h. ihrem Eintreten aktiv entgegenzuwirken, oder auch um sie zu *verstärken*. Die Umweltanalyse hat die Aufgabe, zusammen mit der im nächsten Abschnitt zu beschreibenden Ressourcenanalyse den Raum der strategischen Alternativen abzustecken, („What the strategist might and can do?"), aus dem dann auszuwählen ist („What he wants to do?")[81].

Für die Umweltanalyse gilt grundsätzlich, daß sie die Informationssektoren möglichst *vollständig* abdecken soll. Nachdem das Universum nicht erfaßbar ist, wird empfohlen, eine *Auswahl* zu treffen, die sich auf die relevanten und potentiell relevanten Aspekte konzentriert[82]. Dabei soll jedoch auch der Gefahr entgegengewirkt werden, den Filter zu eng am vorhandenen Strategie-

misse stehen, wonach diejenige Firma die höchste Rentabilität erzielt, die den größten Marktanteil besitzt. Fokus- oder Differenzierungsfirmen können – wie viele Beispiele aus der Praxis zeigen (Hewlett Packard, Nixdorf, Porsche) – auch bei geringen Marktanteilen sehr erfolgreich arbeiten. Woo & Cooper (Case) sprechen in diesem Zusammenhang von „profitable low-market-share business". Natürlich kann man den Markt jeweils so definieren, daß auch diese Firmen einen großen Marktanteil innehaben und somit der Widerspruch verschwindet. Ein solches Vorgehen ließe jedoch das Problem ins Ungewisse verschwimmen.

[79] Weitere Instrumente der Strategieidentifikation werden u.a. vorgestellt in Hofer & Schendel (Strategy), S. 36ff.

[80] Vgl. Hinterhuber (Unternehmungsführung), S. 41.

[81] Vgl. Christensen, Andrews & Bower (Business Policy), S. 578.

[82] Vgl. zu dem Problem Hinterhuber (Unternehmungsführung), S. 41f., Pfeffer & Salancik (Control), S. 74ff., Hambrick (Scanning), S. 162; zu der allgemeinen Problematik der Bestimmung der „relevanten" Umwelt und der dabei auftretenden Gefahr des argumentativen Zirkels vgl. Schreyögg (Umwelt), S. 85ff.

konzept auszurichten, weil sonst grundsätzlich neue Möglichkeiten („opportunities“) nicht in das Blickfeld der strategischen Planung geraten.

Zur Strukturierung der Informationsgewinnung werden zumeist zwei Analyseebenen unterschieden: zum einen die *globalen* Umweltbedingungen in politischer, sozio-kultureller, technologischer und gesamtwirtschaftlicher Hinsicht. Die Analyse dieser Entwicklung bildet dann den *Rahmen* für die *zweite Analyseebene*, die der spezifischen ökonomischen Bedingungen von *Branchen* und *Märkten*, in denen die Unternehmung operiert oder die sie als Operationsfeld in Betracht zieht[83].

Analyse der globalen Umwelt

Was die Analyse der *globalen Umwelt* anbelangt, so sei die Vorgehensweise an einem repräsentativen Beispiel der Praxis, nämlich der General Electric (USA), dargestellt[84].

Das Modell gliedert sich in drei Stufen:

1. Sektorale Analyse und Prognose
2. Interaktionsanalyse
3. Projektion alternativer Szenarien mit unterschiedlichen Chancen und Risiken

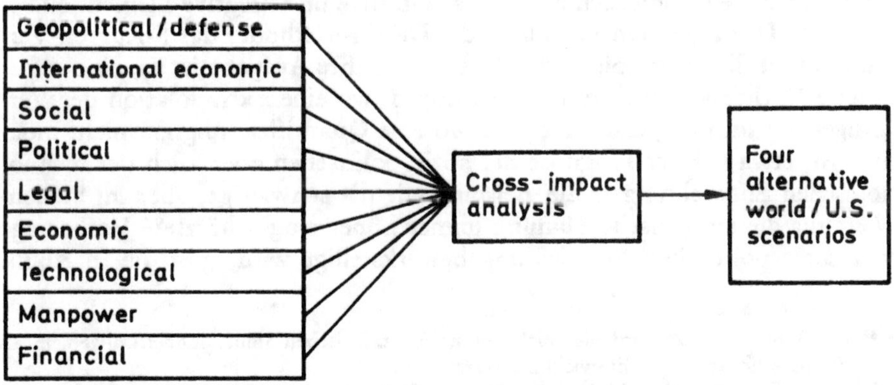

Abb. 14 Das 3-Stufen-Modell der Umweltanalyse von General Electric
Quelle: Wilson, George & Solomon (Planning), S. 70

[83] Vgl. hierzu Hinterhuber (Unternehmungsführung), S. 42f., Grant & King (Logic), S. 25ff.; häufig wird auch zwischen „genereller“ und „Aufgabenumwelt“ unterschieden, wobei erstere den allgemeinen kulturellen und gesellschaftlichen Rahmen bezeichnen soll, innerhalb dessen die Organisation ihre Aktivitäten entfalten muß. Die Aufgabenumwelt soll dagegen jene Teile der Umwelt kennzeichnen, die für die Zielsetzung und Zielerreichung unmittelbar relevant sind. Vgl. hierzu statt anderer Dill (Environment), Osborn & Hunt (Environment), sowie die zusammenfassende Diskussion bei Kubicek & Thom (Umsystem).

[84] Hier dargestellt im Anschluß an Leontiades (Strategy), S. 55ff.

Ad (1) Sektorale Analyse und Prognose

In der ersten Stufe wird eine Bestandsaufnahme in neun globalen Umweltsektoren durchgeführt mit dem Ziel, die wesentlichen Trends[85] zu identifizieren. Jeder Sektor wird nach folgenden Gesichtspunkten bearbeitet:

- kurzer *historischer* Abriß (einschließlich der gegenwärtigen Situation) der letzten 10 Jahre, um den Hintergrund auszuleuchten und die Eigenart der historischen Trends zu bestimmen;
- Prognose der wahrscheinlichsten *Trends* in den kommenden 10 Jahren (im Sinne einer „überraschungsfreien" Prognose);
- Identifikation potentieller *Diskontinuitäten*, d.h. möglicher „Um- und Durchbrüche" in den Prognosen;
- Auflistung der zentralen strategischen *Implikationen* dieser Trends für die Unternehmung.

Zur Bewerkstelligung dieser Aufgaben wird meist eine Unterstützung durch quantitative und qualitative Prognose-Methoden empfohlen[86]. Die quantitative Prognoserechnung umschließt Verfahren des Glättens, des adaptiven Filterns, der Regression und der Ökonometrie (z.B. Systemprognose)[87], wobei aufgrund der Prognosedistanz für die strategische Planung nur den beiden letztgenannten ein gewisser Stellenwert beigemessen wird[88]. Sehr viel mehr Bedeutung kommt in der *Umweltprognose* in der Regel den qualitativ-explorativen Methoden zu, die das intuitive und kreative Element einbeziehen[89]. Dazu gehören vor allem die Delphi-Methode, das S-Kurven-Verfahren und die morphologische Methode[90]. Ihre Aufgabe ist es, eine informierte Vorhersage auch dort zu erbringen, wo eine Extrapolation der Vergangenheit unsinnig erscheint oder wo eine Quantifizierung gar nicht möglich ist, etwa bei der Prognose der sozio-politischen oder auch der technologischen Entwicklung[91]. Ein Beispiel, wie die schwierige, aber im Stellenwert für die strategische Planung immer höher eingeschätzte[92] Vorhersage der sozio-politischen Entwicklung bewerkstelligt wird, gibt die in Abbil-

[85] Das Wort „Trend" wird hier nicht im streng statistischen Sinne, sondern allgemein als Eigentümlichkeit einer Entwicklung verstanden.

[86] Einen Überblick geben Makridakis, Reschke & Wheelwright (Prognosetechniken), Brockhoff (Prognoseverfahren).

[87] Klassenbildung nach Makridakis & Wheelwright (Forecasting), S. 54.

[88] Zu dem Problem der Auswahl geeigneter Prognoseverfahren vgl. Utterback (Forecasting), S. 136ff., Mertens & Backert (Vergleich).

[89] Einen Überblick über die in der Praxis bevorzugten Methoden geben Aguilar (Scanning), Brockhoff (Planung), S. 840f., Kreikebaum & Suffel (Entwicklungsprozeß), S. 203ff.

[90] Zu einem Überblick vgl. Makridakis, Reschke & Wheelwright (Prognosetechniken), S. 207ff., Albach (Prognosen), Pfeiffer & Staudt (Element).

[91] Zu den grundsätzlichen Problemen der technologischen Prognose als Grundlage der Planung vgl. Pfeiffer (Theorie), Brockhoff (Probleme).

[92] Vgl. hierzu Twiss (Forecasting).

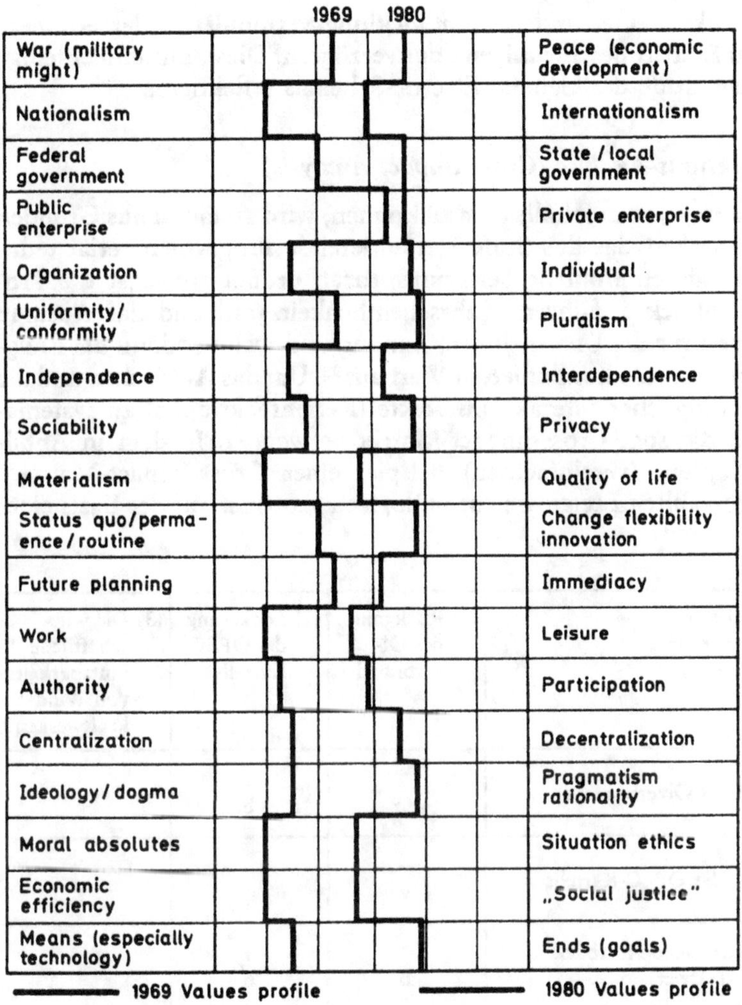

Abb. 15 Voraussage des Wertwandels 1969–1980 für die General Electric-Planung
Quelle: Grant & King (Logic), S. 138

dung 15 gezeigte, ebenfalls von General Electric entwickelte Wertprofil-Tafel. Das dort abgebildete Entwicklungsprofil wurde 1970 erstellt.

In vergleichbarer Weise soll dann für die anderen acht Sektoren (vgl. Abbildung 14) verfahren werden. Die mit den Sektoranalysen erbrachten Informationen (Trends, Diskontinuitäten, Ereignisse) sind jedoch mit dem Problem behaftet, daß sie durch ihre *Segmentierung* möglichen Interaktionen zwischen den Sektoren nicht Rechnung tragen und damit die Problemstellung zu sehr vereinfachen. Ein prognostiziertes Umweltereignis mag die

Wahrscheinlichkeit einer anderen Entwicklung vermindern oder erhöhen, den zeitlichen Eintritt beschleunigen oder verzögern. Diese Zusammenhänge soll die nächste Stufe des General Electric-Schemas reflektieren.

Ad (2) Interaktions-Analyse (Cross-Impact-Analysis)

Um solche Interaktionen lokalisieren zu können, wird zunächst aus Gründen der Handhabbarkeit das aus Stufe 1 resultierende Prognosematerial reduziert. Der hierfür empfohlene Selektionsprozeß ordnet zunächst die Prognosen im Hinblick auf ihren Wahrscheinlichkeitsgrad und das Ausmaß ihrer Bedeutung für die Unternehmensplanung und wählt sodann *die* Ereignisse mit dem höchsten kombinierten Wert aus[93]. Um das Aufdecken und die Abschätzung möglicher Interaktionseffekte (Kettenreaktionen) zu systematisieren, wird die sog. Cross-Impact-Matrix verwendet. In dem in Abbildung 16 gewählten (vereinfachten) Beispiel einer Cross-Impact-Matrix[94] sind die ausgewählten Ereignisse chronologisch geordnet auf der Basis einer

Wahrscheinliche unternehmensrelevante Ereignisse (1) – (3)	(1) Rückgang des Öl-verbrauchs	(2) Lockerung des OPEC-Kartells	(3) Die wirtschaftliche Nutzbarkeit von Wind-kraftwerken
(1) Rückgang des Ölverbrauchs		+ b	– v
(2) Lockerung des OPEC-Kartells	– v		– v
(3) Die wirtschaftliche Nutzbarkeit von Windkraftwerken	+ b	+ b	

Eintrittswahrscheinlichkeit:
+ = verstärkend; – = abschwächend; 0 = neutral

Eintrittszeitpunkt:
b = beschleunigend; v = verzögernd; n = neutral

Abb. 16: Beispiel einer Cross-Impact-Matrix

[93] Nach Leontiades (Strategy), S. 57.

[94] Das Beispiel orientiert sich grob an Welters (Horizontschließung), S. 75 ff. Ein weiteres Beispiel für eine Cross-Impact-Matrix geben Grant & King (Logic), S. 139 f. Zu einer Verwendung der Cross-Impact-Analyse für das „Technology Assessment" vgl. Enzer (Techniques).

Schätzung des *Zeitpunktes*, zu dem sie mit einer Wahrscheinlichkeit von 0,5 eintreten. Unter der Prämisse daß ein „späteres" Ereignis keinen Einfluß auf ein „früheres" nehmen kann, ist die Matrix wie folgt zu lesen: in den Feldern oberhalb der Diagonalen sind die Konsequenzen abgebildet, die sich ergeben, wenn das vorgelagerte „Zeilenereignis" eintritt; in den unteren Feldern sind die Folgen notiert, die sich ergeben, wenn das früher liegende „Spaltenereignis" nicht eintritt.

Ad (3) Projektion alternativer Szenarien mit unterschiedlichen Chancen und Risiken

Die gesammelten Informationen bilden schließlich in einem dritten Schritt die Grundlage für die Generierung von Szenarien[95], d.h. möglicher alternativer Zukunftsbilder. Für die Anzahl von Szenarien, die für die Strategieformulierung zu generieren sind, werden keine generellen Festlegungen getroffen. Sie soll der Zahl denkbarer Zukunftsentwicklungen gerecht werden, aber auch den Planungsaufwand in vertretbaren Grenzen halten. General Electric verwendet vier Szenarien, angefangen von der „überraschungsfreien" Zukunft bis hin zur „schlechtesten aller denkbaren Zukunftssituationen"[96]. Die Deutsche Shell AG, die ein ähnliches Umweltanalyse-Raster wie General Electric zugrunde legt, arbeitet mit zwei Szenarien, einem positiven Evolutions- und einem Disharmonien-Szenario, die in Abbildung 17 vergleichend gegenübergestellt sind.

Szenarien versuchen eine globale Zusammenschau unterschiedlicher Faktoren und Faktorenkonstellationen; sie grenzen damit nicht nur für die fortfolgenden Phasen der Strategieformulierung den Bereich der strategischen *Möglichkeiten* ein, sondern sie stellen auch ein Restfeld für alle zu formulierenden Handlungsalternativen dar. Die gleichzeitige Verwendung verschiedener Szenarien wird über weite Phasen des Planungsprozesses empfohlen. Letztlich ist jedoch, nachdem der Ressourceneinsatz nicht beliebig lange flexibel gehalten werden kann[97], eine endgültige Entscheidung zu treffen, auf welche Zukunftssituation hin die Strategie(n) ausgerichtet werden soll(en). Auch hierfür wurden wiederum Methoden entwickelt, die diesen letzten Auswahlprozeß rationalisieren helfen sollen. Zu nennen ist

[95] Die hier nicht im einzelnen zu beschreibende Szenario-Technik geht auf Kahn & Wiener (Voraussagen) zurück; zu Anwendungen in der strategischen Planung vgl. statt anderer Albach (Unternehmensplanung), S. 704, Linnemann & Klein (Use). In der Befragung von Fahey, King & Narayanan (Forecasting) waren sich jüngst Experten aus Industrie und Politik darin einig, daß das Schreiben von Szenarien die nützlichste Methode zur Zukunftsprojektion sei.

[96] Vgl. Leontiades (Strategy), S. 57.

[97] Könnte man den Ressourceneinsatz ohne Effizienzeinbuße maximal flexibel halten, wäre ja auch Planung überflüssig.

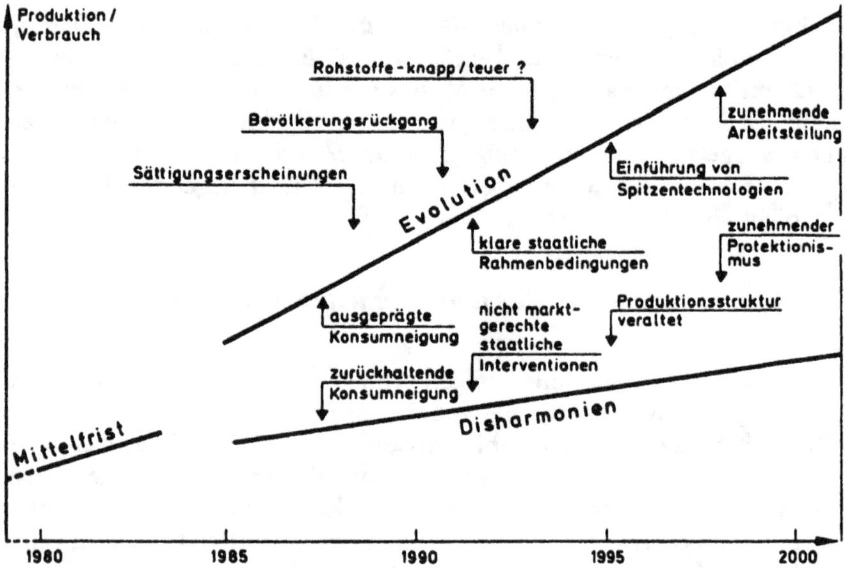

Abb. 17 Szenarien der Deutschen Shell AG
Quelle: Stümke (Planung), S. 340

hier u.a. die „Dialektische Methode“ (Prämissenkritik durch Formulierung gegensätzlicher Standpunkte)[98] oder die Meta-Spielanalyse, die den komplexen Interaktionsprozeß, der eine Zukunftssituation bewirkt, spielstrategisch nachvollzieht, um das stabilste Szenario herauszufinden, d.h. dasjenige, das am wenigsten Spieler veranlaßt, eine andere Situation aufzusuchen[99].

Grant und King[100] schlagen als Ergänzung zur globalen Umweltanalyse eine „claimant analysis“ vor, d.h. eine Identifikation und Analyse der Forderungen, die Interessenträger der Unternehmensumwelt in der Zukunft an das Unternehmen richten werden. Solche „Interessenträger“ sind etwa Lieferanten, Abnehmer, Gewerkschaften, Kreditgeber, Gesetzgeber, Kommune. Aufgabe der Planung ist es demnach, die Forderungen und ihre Träger zu identifizieren, ihre gegenseitige (Un-)Verträglichkeit zu eruieren[101] und schließlich zu prüfen, inwieweit diese Forderungen als Randbedingungen der Strategieformulierung betrachtet werden müssen oder aber besondere Bedrohungen für das Unternehmen erkennen lassen.

[98] Vgl. vor allem Mason (Approach), Mitroff, Emshoff & Kilmann (Analysis); die Dialektische Planung ist allerdings breiter, nicht nur für diesen Zweck konzipiert; vgl. auch unsere Diskussion S. 283f.

[99] Vgl. hierzu ausführlicher Grant & King (Logic), S. 145f.

[100] Vgl. ebenda, S. 119ff.

[101] Vgl. in diesem Zusammenhang die „Konfliktmatrizen“ bei Dlugos (Relationship), S. 658.

Die globale Umweltanalyse und -prognose fließt – der Idee nach – als *Prämisse* in den weiteren Entscheidungsprozeß ein als die Situation, die für die Strategieformulierung maßgeblich sein soll.

Markt- und Branchenanalyse

Vorschläge zur Analyse und Prognose der engeren ökonomischen Umwelt beinhalten in der Regel zumindest die folgenden Bereiche[102]:

1. Nachfrage (Absatzmarkt);
2. Faktormärkte und ihre Bedingungen (Inputfaktoren);
3. Wettbewerbsverhältnisse und typische Firmencharakteristika in der Branche.

Ad (1) Nachfrage (Absatzmarkt)

Hierzu gehört zunächst eine genaue Identifikation des Produktes. Welche Funktion erfüllt es, welche Probleme hilft es lösen? In welchem Marktsegment ist es angesiedelt? Handelt es sich um ein Luxusgut oder ist es (schon) ein Gebrauchsgut? Wie sieht der typische Konsument des Produktes aus? Ferner gehören hierzu die Bedingungen der Nachfrage, also etwa die (Kreuz-) Preiselastizität, die Konzentration der Abnehmer (Marktmacht), die Finanzkraft der Abnehmer usw. Diese Analysen sollen die Antwort auf die Kernfrage vorbereiten, nämlich wie sich der *Absatz* der im Produktionsprogramm befindlichen Produkte voraussichtlich *weiter entwickeln* wird, ob – auch gestützt auf Daten der Vergangenheit – mit einer kontinuierlichen Fortentwicklung des Absatzes oder ob mit Brüchen und Schwankungen gerechnet werden muß. Als wichtigstes methodisches Hilfsinstrument für die Beantwortung dieser Frage gilt das Konzept des *Produkt/Markt-Lebenszyklus*, das – bei Gültigkeit bestimmter Annahmen – eine Grobprognose der zukünftigen Absatzentwicklung erlaubt. Gerade für die strategische Planung empfehlen Pfeiffer und Bischof (vgl. Abb. 18), die klassische marktbezogene Lebenszyklus-Betrachtung (Marktzyklus) zu erweitern und die Beobachtungs- und Entstehungsphasen neuer Produkte miteinzubeziehen, weil nur so das Erfolgspotential und die Absatzentwicklung des gesamten zukünftigen Produktprogrammes beurteilbar sei.

Steiner[103] weist mit Nachdruck darauf hin, daß die Erstellung einer gültigen Absatzprognose voraussetzt, daß der *Einfluß* des Unternehmens *auf den Markt* mit einbezogen wird. Er schlägt deshalb vor, nach nicht-kontrollier-

[102] Vgl. statt anderer Newman & Logan (Strategy), S. 39 ff., Hofer & Schendel (Strategy), S. 117 ff., Porter (Strategy), S. 3 ff., Aurich & Schroeder (Unternehmensplanung), S. 39 ff.

[103] Vgl. (Planning), S. 211 f.

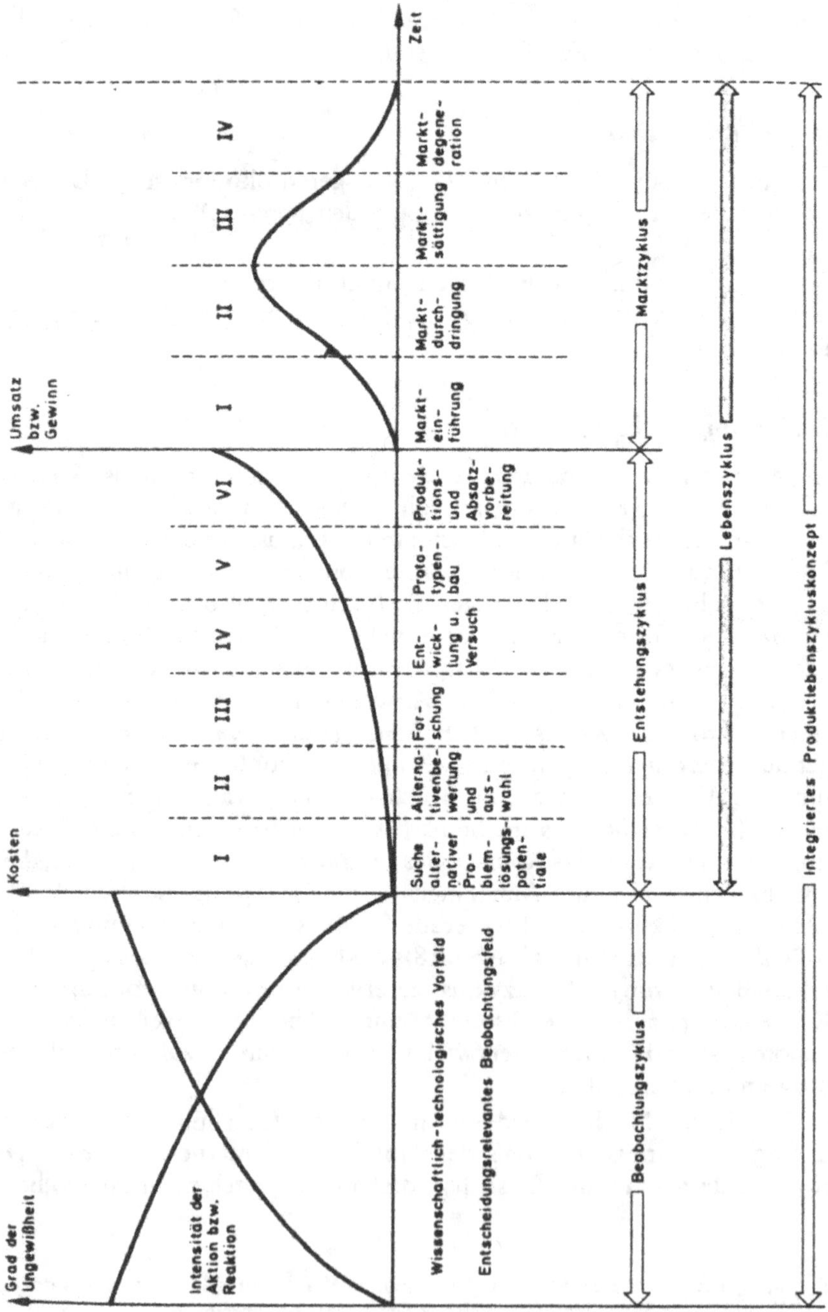

Abb. 18 Das Produktlebenszykluskonzept in erweiterter Form   Quelle: Pfeiffer & Bischof (Produktlebenszyklen), S. 136

baren, bedingt-kontrollierbaren und kontrollierbaren Bedingungsfaktoren zu unterscheiden (vgl. Abb. 19).

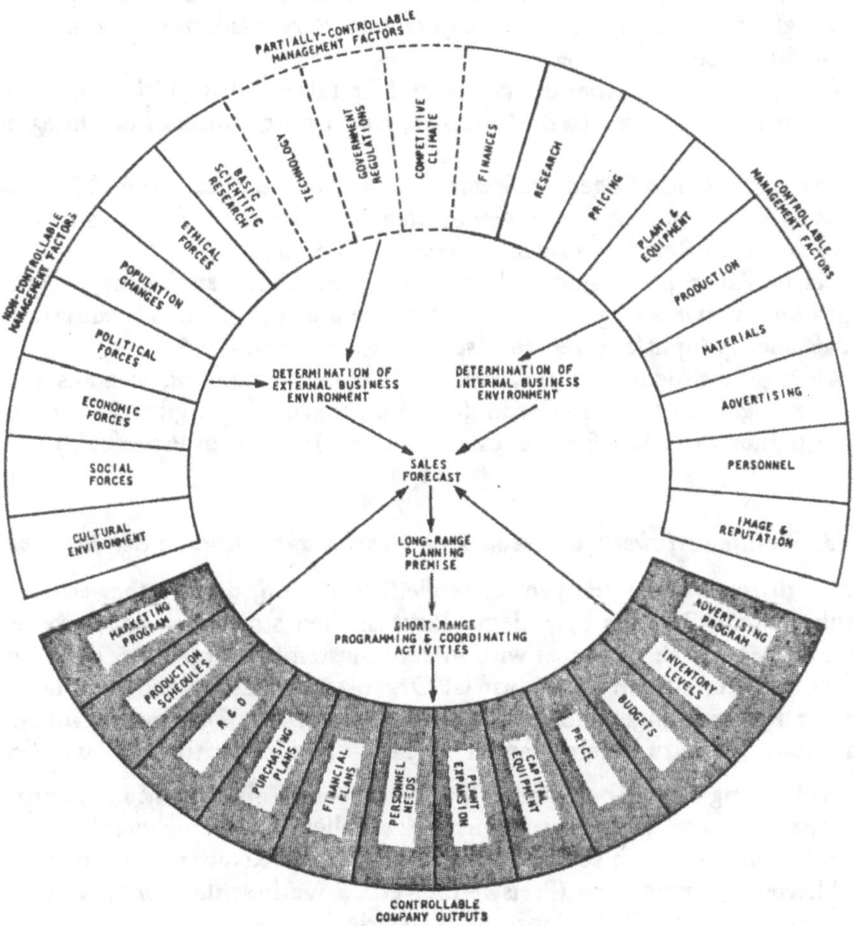

Abb. 19 Determinanten der Absatzprognose
Quelle: Steiner (Planning), S. 212

Ad (2) Faktormärkte und ihre Bedingungen (Inputfaktoren)

Der zweite Teil der Analyse richtet sich darauf, ob die Produkte der Unternehmung auch auf längere Sicht produzierbar, ob die Inputfaktoren in ausreichender Menge und zu akzeptablen Preisen verfügbar sein werden[104].

[104] Vgl. Newman & Logan (Strategy), S. 42.

Hofer und Schendel schlagen vor, diese Analyse mit Hilfe der folgenden Fragen zu strukturieren[105]:

- Hat die Firma im Hinblick auf Rohmaterialien, zugekaufte Halb- und Fertigfabrikate, Aufnahme von Kapital oder Personal jetzt oder zukünftig mit *Engpässen* zu rechnen?
- Was sind die Hauptcharakteristika und Trends auf den Märkten der einzelnen *Inputfaktoren* (z.B. Kapazität, Auslastung, Ausmaß der Integration)?
- Wer sind die derzeitigen *Lieferanten*? Was sind ihre Stärken und Schwächen? Was sind ihre derzeitigen Strategien und Pläne? Wie groß ist ihre Kapazität in Relation zu den Aufträgen der Firma?
- Welche *Alternativen* sind verfügbar (andere Lieferanten, Rückwärtsintegration, Verwendung von Substituten, Veränderungen der Produkte, so daß andere Inputfaktoren eingesetzt werden können)?[106]
- Wie wird sich jeder der aufgelisteten Faktoren *verändern*, wenn es Veränderungen im Design oder in der Produkttechnologie gibt? In der Ablaufplanung und der Fertigungstechnologie? In anderen Prozeßfaktoren?

Ad (3) Wettbewerbsverhältnisse und Firmencharakteristika in der Branche

In dem dritten Analyseteil geht es schließlich darum, die Wettbewerbsverhältnisse in der Branche bzw. dem Markt in einer strategisch bedeutsamen Weise zu beschreiben. Hierbei wird in der jüngsten Literatur unter dem Einfluß von Porter eng an die Industrial Organization-Schule und ihr Marktstruktur-Konzept angeschlossen[107]. Demnach soll der Wettbewerb anhand von fünf Strukturdeterminanten erfaßt und beschrieben werden:

(1) Bedrohung durch potentielle Wettbewerber (Höhe der Marktzutrittsschranken und Abwehrstrategien der etablierten Unternehmen);
(2) Konzentrationsrate sowie Ausmaß und Art der Rivalität unter den etablierten Unternehmen (Preiswettbewerb, „Werbeschlachten“, Kundendienstbetonung, Kollusionspraktiken, friedliche Koexistenz usw.);
(3) Bedrohung durch Substitutionsprodukte (Produkte, die dieselbe Funktion im weiteren Sinne erfüllen können);

[105] Vgl. Hofer & Schendel (Strategy), S. 141.

[106] Mit diesen Fragen soll u.a. auch die *Machtstellung* des Lieferanten ermittelt werden. Nach Thompson (Organizations, S. 30) varriiert diese proportional mit der Zahl der Ressourcen, die eine Unternehmung von einer anderen Umwelteinheit benötigt, und umgekehrt proportional mit der Zahl der Umwelteinheiten, die ebenfalls über diese Ressource verfügen.

[107] Vgl. Porter (Strategy), S. 3ff.; siehe auch die Darstellung dieses Ansatzes bei Hinterhuber (Wettbewerbsstrategie), S. 57ff.

(4) Verhandlungsmacht der Abnehmer;
(5) Verhandlungsmacht der Lieferanten.

Zusätzlich wird das Verhalten des Staates (Subventionen, Preisregulierung, Aufsicht, Zölle usw.) als wesentlicher Faktor angesehen, der als Rahmen in die Analyse einbezogen werden soll.

Im Hinblick auf potentiell interessierende Märkte schlagen Hofer und Schendel weiterhin vor, typische Firmenmerkmale zu erheben wie[108]:

- Kapitalintensität
- Alter der Firmen
- Umsatzgewinnrate/Profitabilität
- Preis/Kosten-Struktur
- Kapazität und Auslastungsgrad
- Wertschöpfungsrate usw.

Die *Beurteilung* der solchermaßen beschriebenen Umwelt nach günstigen strategischen Gelegenheiten und Risiken bildet gewöhnlich den *letzten Untersuchungsschritt.* Christensen, Bower und Andrews schlagen vor, diesen *Suchprozeß* nach den (empirisch-historischen) Phasen der Unternehmensentwicklung[109] zu organisieren. Eine Ein-Produkt-Unternehmung mit Wachstumszielen soll zunächst nach Gelegenheiten suchen, das Umsatzvolumen in dem bereits bedienten Markt zu erhöhen, sodann danach, die Produktlinie zu vergrößern, geographisch zu expandieren, vertikal zu integrieren und schließlich zu diversifizieren auf nationaler und internationaler Ebene[110].

3.4.1.3 Ressourcenanalyse: Stärken und Schwächen

Während die Umweltanalyse durch Ermittlung potentieller Risiken und Chancen den *Möglichkeitsraum* strategischen Handelns abstecken soll, ist es – wie erwähnt – Aufgabe der Ressourcenanalyse festzustellen, was die Unternehmung in Anbetracht ihrer gegenwärtigen und potentiellen Ressourcensituation (Stärken/Schwächen) strategisch *tun kann*[111]. Sie soll das Entscheidungsfeld weiter einengen, indem sie bestimmte Chancen, die sich aus der Umweltanalyse ergeben, ausscheidet, weil sie entweder den Rahmen überschreiten, den die Ressourcen abstecken, oder aber mit dem Ressourcenprofil der Unternehmung nicht kompatibel sind.

[108] Vgl. Hofer & Schendel (Strategy), S. 125 ff.

[109] Sie bauen dabei auf Untersuchungen von Chandler (Strategy) und Scott (State); vgl. hierzu auch unseren historischen Abriß oben S. 61 ff. dieser Arbeit.

[110] Vgl. Christensen, Andrews & Bower (Business Policy), S. 233 ff.

[111] Vgl. Hinterhuber (Unternehmungsführung), S. 46, Christensen, Andrews & Bower (Business Policy), S. 236 ff.

Hofer und Schendel – ihr Schema sei hier stellvertretend herausgegriffen – empfehlen die Ressourcenanalyse in folgendem Dreier-Schritt zu vollziehen[112]:

(1) Erstellung eines Ressourcenprofils;
(2) Ermittlung der Stärken und Schwächen;
(3) Identifikation spezifischer Kompetenzen.

Zunächst ist es also Aufgabe des Unternehmens, die vorhandenen Ressourcen zu erfassen und zu qualifizieren. In dem Hofer/Schendel-Schema werden die folgenden fünf Arten von Ressourcen unterschieden: *finanzielle* Ressourcen, (cash flow, Kreditwürdigkeit etc.), *physische* Ressourcen (Gebäude, Anlagen, Servicestationen usw.), *Human*ressourcen (Facharbeiter, Ingenieure, Führungskräfte usw.), *organisatorische* Ressourcen (Informationssysteme, Integrationsabteilungen usw.) und *technologische* Ressourcen (Qualitätsstandard, Markennamen, Forschungs-Know-How usw.)[113]. Die finanziellen Ressourcen werden als *Basisressourcen* betrachtet, weil sie in einer Privatwirtschaft Voraussetzung für den Einbezug der anderen Ressourcen sind und weil sie das Ende der Ressourcentransformation bilden. Während ihre Analyse nach den gängigen finanzwirtschaftlichen Kriterien (Eigenkapitalrentabilität, Kapitalumschlag, Cash-Flow, Verschuldungsgrad, Liquidität etc.)[114] allgemein erfolgen kann, wird – um dem meist recht hohen Differenzierungsgrad in den Unternehmungen Rechnung zu tragen – empfohlen, die anderen Ressourcen auf dem Hintergrund der betrieblichen Sach- und Führungsfunktionen zu analysieren. Als systematisierendes Hilfsmittel dient hierzu die in Abbildung 20 gezeigte Funktions/Ressourcen-Matrix. Ist in dem Unternehmen bereits eine Budgetplanung vorhanden, so sollen in Zeile 1 zur *Orientierung* die Budgets des Vorjahres mit aufgenommen werden.

In einem *zweiten Schritt* soll nun das ermittelte Ressourcenprofil den *Schlüsselanforderungen*, die den Erfolg in dem jeweiligen Markt bzw. dem entsprechenden Wettbewerbssegment bestimmen, gegenübergestellt werden mit dem Ziel, die *Hauptstärken* und synergetischen Effekte zu identifizieren, auf denen eine erfolgreiche Strategie aufgebaut werden kann, sowie die *Hauptschwächen,* die beseitigt werden müssen, um Mißerfolge zu vermeiden (Kompetenzprofil)[115].

In einem *dritten Schritt* schließlich soll die Unternehmung/Geschäftseinheit ihre *Stärken* und *Schwächen* mit denen der stärksten *Konkurrenten vergleichen*, um vor allem jene Bereiche zu identifizieren, in denen sie Wettbe-

[112] Vgl. Hofer & Schendel (Strategy), S. 144f.; zu anderen Vorgangsweisen vgl. z.B. Aurich & Schroeder (Unternehmensplanung), S. 107ff., S. 225ff., Stevenson (Strengths).

[113] Vgl. Hofer & Schendel (Strategy), S. 145.

[114] Vgl. hierzu im Detail Glueck (Business Policy), S. 178ff.

[115] Vgl. Hofer & Schendel (Strategy), S. 145, Hinterhuber (Unternehmungsführung), S. 46f.

Funktion / Ressourcen	Forschung und Entwicklung	Produktion	Marketing	Finanzwirtschaft	Management
Allokation der finanziellen Ressourcen (Vorjahres-budgets)	DM für Grundlagen-forschung DM für Entwicklung neuer Produkte DM für Produktverbesse-rungen DM für Prozeßverbesserung	DM für Werkshallen DM für Ausrüstung DM für Material DM für Arbeit	DM für Verkauf und Promotion DM für Distribution DM für Service DM für Marktforschung	DM für Cash Management DM für Kapital-beschaffung DM für Kapital-allokation DM für Betriebs-abrechnung	DM für Planungssystem DM für Management-Informationssystem DM für Personal-entwicklung DM für Organisations-entwicklung
Physische Ressourcen	Größe, Alter und Standort der Labors und Ausrüstungen	Zahl, Größe, Alter und Standort der Werke Grad der Automation Fertigungstyp	Zahl und Standort der Verkaufsbüros, der Verkaufsstellen, der Servicestellen	Zahl und Typen der Computer Sonstige Ausrüstung	Größe und Ausstattung der Zentralverwaltung
Human-Ressourcen	Zahl, Qualifikation, Fachrichtung der Wissen-schaftler und Ingenieure Fluktuationsrate	Zahl und Alter des Schlüsselpersonals Fluktuationsrate	Zahl, Qualifikation und Alter der Schlüssel-verkäufer und des Marketingstabes Fluktuationsrate	Zahl, Qualifikation und Alter des Schlüsselpersonals Fluktuationsrate	Zahl, Qualifikation und Alter d. Managements u. der zentralen Stabsleute, Führungsstil, Motivation Fluktuationsrate
Organisa-torische Ressourcen	System für Fortschritts-kontrollen und Entwick-lungsbeurteilung	Art u. Komplexitätsgrad d. Beschaffungssystems, d. Produktionsplanungs- u. -kontrollsystems, d. Lagerhaltungssystems	Art u. Komplexitätsgrad d. – Distributionssystems – Servicesystems – Preisbestimmungssyst. – Marktforschungssyst.	Art u. Komplexitätsgrad d. – Cash Management-Systems – Finanzplanungssystems – Rechnungswesens	Art d. Organisationskultur, des Führungsmodells, der Kommunikations- u. Informationssysteme
Techno-logische Ressourcen	Zahl der Patente und der neuen Produkte % des Umsatzes durch neue (höchstens 5 Jahre alte) Produkte	Verfügbarkeit der Roh-materialien; Produkti-vität, Kapazitätsaus-lastung, Produktions-kostenentwicklung	%-Anteil der Marketing-kosten an d. Stückkosten; Markenloyalität, Preis-setzungsmacht, Beeinfluß-barkeit der Nachfrage	Kreditwürdigkeit Cash Flow Kursentwicklung	Unternehmensimage, Be-ziehungen zu öffentlichen Instanzen; spezifisches Know-How (z. B. joint-ventures, Konsortialfüh-rung, Ost-West-Handel)

Abb. 20: Funktions/Ressourcen-Matrix Quelle: nach Hofer & Schendel (Strategy), S. 149 (modifiziert)

werbsvorteile (distinctive competences)[116] besitzt, auf die erfolgreiche Strategien in dem betrachteten Markt aufgebaut werden können[117, 118].

Darüberhinaus sollen mit Hilfe der Ressourcenanalyse die *spezifischen Stärken* einer Unternehmung/Geschäftseinheit daraufhin geprüft werden, ob sie auch in anderen Märkten erfolgreich eingesetzt werden könnten. Die Transferierbarkeit der Stärken kann also zugleich als Auswahlkriterium für potentiell interessante Diversifikations-Märkte dienen[119].

Hofer und Schendel weisen darauf hin, daß sich bei der praktischen Durchführung die einzelnen Analyseschritte überlappen können und daß es auch zu Rück- bzw. Vorgriffen kommen kann; dabei sei aber von zentraler Bedeutung, daß das Management nicht die *Vollständigkeit* der Analysen aus dem Auge verliere[120].

Sind die strategische Position der Unternehmung oder der Geschäftseinheit fixiert, ihre Schwächen und Stärken sowie ihre Wettbewerbsvorteile identifiziert, die Umweltentwicklung prognostiziert und auf Chancen und Bedrohungen neu analysiert, so soll im nächsten Schritt abgeschätzt werden, ob und inwieweit die gegenwärtige Strategie bzw. das Strategieprogramm zu verändern ist und welche Chancen zu ergreifen sind, um die Unternehmensziele erreichbar zu machen.

3.4.2 Strategische Wahl

3.4.2.1 Lückenanalyse und Alternativensuche auf Unternehmens- und Geschäftsfeldebene[121]

Für den weiteren Prozeß der Strategieformulierung ist zunächst das strategische Problem zu präzisieren, und zwar durch Gegenüberstellung der bishe-

[116] Christensen, Andrews & Bower (Business Policy, S. 237) schreiben hierzu prägnant „The 'distinctive competence' of an organization is more than what it can do, it is what it can do particularly well". Zu einer empirischen Untersuchung über die unterschiedliche Perzeption der „distinctive competence" von Seiten des Managements und mögliche Erklärungsfaktoren vgl. Snow & Hrebiniak (Strategy), S. 317ff.

[117] Vgl. Hofer & Schendel (Strategy), S. 145; detaillierter: Tourangeau (Management), S. 85ff., Grant & King (Logic), S. 40ff., Glueck (Business Policy), S. 154ff.

[118] An dieser Stelle wird noch einmal ganz deutlich, wie stark die strategische Planungsliteratur implizit von Oligopol-Märkten ausgeht und ihre Vorschläge auf große Oligopolunternehmen zuschneidet. Vgl. unsere Ausführungen oben S. 16f., 48ff.

[119] Vgl. Hofer & Schendel (Strategy), S. 145, S. 152 sowie Teece (Economies).

[120] Vgl. Hofer & Schendel (Strategy), S. 153; zu einer empirischen Untersuchung über die Stärken- und Schwächenanalyse, wie sie in der Praxis interpretiert und betrieben wird, vgl. Stevenson (Strengths).

[121] Der letzte Schritt der „strategischen Analyse" und der erste Schritt der „strategischen Wahl" (vgl. Abb. 7) werden hier aus darstellungstechnischen Gründen zusammengezogen.

rigen Strategie, der Ressourcensituation, der Umweltentwicklung einerseits und der Unternehmensziele andererseits, um vorhandene Lücken aufzudecken[122] und die zentralen strategischen Ansatzpunkte für die Zukunft zu bestimmen. Hierfür wird heute häufig als Grundlage einer der beschriebenen Portfolio-Ansätze empfohlen. Verfährt man in der Weise, so soll zunächst das Ist-Portfolio dem mittels Umwelt- und Ressourcenanalyse in die Zukunft *projizierten* Portfolio gegenübergestellt werden unter der Annahme, daß die Strategie *unverändert* bleibt. Für die Projektion ist vorab der Planungshorizont (zumeist 10 Jahre oder weniger) festzulegen[123].

Um nun das Ist- und Projektions-Portfolio einer diversifizierten Firma beurteilen zu können, wird ein Maßstab benötigt. Hierzu dient in der Regel ein *Idealportfolio*, das sich aus den festgelegten langfristigen *Unternehmenszielen ableitet.*

Unabhängig davon, welcher Portfolio-Ansatz zugrunde gelegt wird, gilt zumeist ein solches Portfolio als ideal, das möglichst viele seiner Geschäftseinheiten in dem Segment „hohes Marktwachstum(-attraktivität) und hoher Marktanteil (starke Wettbewerbsposition)" besitzt („Stars" in der BCG-Matrix). Daneben sollen genügend verheißungsvolle Nachwuchseinheiten vorhanden sein („Fragezeichen") und auch in hinreichender Zahl cashgenerierende Geschäftseinheiten („Cash-Kühe"), um den hohen Finanzierungsbedarf ersterer decken zu können. Diesem Ideal-Portfolio liegt eine klare Wachstumsorientierung zugrunde. Daneben sind aber, je nach *Zielsetzung*, auch gänzlich andere Ideal-Portfolios möglich, etwa solche, die die Profitabilität (sog. low growth/ high profit-Portfolios)[124] oder den Risikoausgleich in den Vordergrund rücken. Der Vergleich des Zustandes, der erreicht werden wird, wenn keinerlei strategische Änderungen erfolgen, mit dem Zielzustand zeigt dann, ob und in welchem Umfang strategische Lücken bestehen[125].

Die generellen Handlungsmöglichkeiten für ein (diversifiziertes) Unternehmen, identifizierte Lücken im Rahmen des Gesamtportfolios zu schließen, sind insbesondere[126]:

(1) Elimination von Geschäftseinheiten mit zu geringem Erfolgspotential (z.B. „Arme Hunde" oder „Fragezeichen" in der BCG-Matrix).

(2) Hinzufügung neuer Geschäftseinheiten durch Zukauf oder Eigenaufbau: Eine Hinzufügung neuer Geschäftseinheiten wird empfohlen, wenn (1)

[122] Die ursprüngliche Form der Lückenanalyse (Gap-Analyse) ermittelte als Differenz von Umsatzmomentum (Extrapolation) und Umsatzpotential die sog. Planungslücke, die es mit (Wachstums-)Strategien zu füllen galt. Einen Überblick gibt Kreikebaum (Potentialanalyse).

[123] Vgl. Hofer & Schendel (Strategy), S. 82.

[124] Vgl. ebenda, S. 82f.

[125] Vgl. Hinterhuber (Unternehmungsführung), S. 102.

[126] Im Anschluß an Hofer & Schendel (Strategy), S. 93ff.

die bestehenden Geschäftseinheiten einem Schrumpfungsprozeß unterliegen, (2) die Gewinnpotentiale der bestehenden Geschäftseinheiten in absehbarer Zeit aufgezehrt sind, (3) das Unternehmen über überschüssigen Cash-Flow verfügt, oder (4) die bisherige Risikoverteilung ungünstig erscheint[127]. Die Frage, welcher Art die neue Geschäftseinheit sein soll, ob mit bisherigen Produktlinien oder dem bisherigen Fertigungs-Know-How verwandt oder nicht, ob es also eine vertikale, horizontale oder laterale Diversifikationsaktivität sein soll, wird anhand zahlreicher Einzelkriterien (synergetische Effekte, Know-How) und geschäftspolitischer Richtlinien (z.B. „Die Firma betätigt sich grundsätzlich nur in konsumnahen Bereichen") entschieden[128].

(3) Änderungen der Wettbewerbsposition bestehender Geschäftseinheiten (die strategischen Optionen hierzu werden im Anschluß für die Geschäftsfeldebene diskutiert).

(4) Veränderung der Umwelt-(Markt-)Situation durch (offene oder verschwiegene) Kooperation mit Konkurrenten, durch Lobbyismus (etwa für die Einführung von Importzöllen) und andere Formen der Beeinflussung.

Als eine letzte Alternative wird die Veränderung der Ziele genannt, die das Problem der Lückenschließung auf einfache Art und Weise „löst".

Die Formulierung der *Unternehmensstrategie* ist mit den zu wählenden *Geschäftsstrategien* so eng verbunden, daß im allgemeinen nicht empfohlen wird, erstere sehr weit voranzutreiben, ohne mit der Formulierung der zweiten schon begonnen zu haben. Dennoch soll erstere den Rahmen für die Strategieformulierung der zweiteren zumindest grob abstecken.

Die Bestimmung der Geschäftsfeldstrategie soll ebenfalls damit beginnen, daß mit Hilfe der gewonnenen Daten die Weiterentwicklung des Geschäftsbereichs projiziert wird, zunächst unter der Annahme, daß keine strategischen Veränderungen vorgenommen werden. Ein Vergleich mit den Zukunftszielen der Unternehmung zeigt – analog zu oben – an, ob und inwieweit eine strategische *Lücke* auf Geschäftseinheitsebene vorhanden ist und fordert dazu auf, Handlungsalternativen zu eruieren, die geeignet sind, diese Lücke zu schließen.

Wird eine Portfolio-Analyse verwendet, so liegen die bereits geschilderten „Normstrategien" als Orientierungspunkte für die zu wählende strategische Stoßrichtung vor. Betrachtet man die verschiedenen Normstrategien zusammen und bezieht man auch die anderen geschilderten Strategietypen ein, so sind es im großen und ganzen sechs *generelle* strategische Handlungsalter-

[127] Vgl. Hinterhuber (Unternehmungsführung), S. 110.

[128] Zu den verschiedenen Diversifikationstypen, ihren Vor- und Nachteilen vgl. Wrigley (Autonomy), Rumelt (Strategy), Ansoff (Strategy), S. 132ff., sowie oben S. 65ff. dieser Arbeit.

nativen, die in der neueren Literatur vorrangig zur Lösung des strategischen Problems (auf Geschäftsfeldebene) genannt werden.

Im Hinblick auf die Investition stellt sich grundsätzlich die Frage, ob die Geschäftseinheit

(1) *wachsen* (also neuinvestiert),
(2) ihr Gewinn *abgeschöpft* und anderweitig investiert oder ob
(3) *liquidiert (desinvestiert)* werden soll.

Was die Wettbewerbsposition anbelangt, so werden hier ebenfalls drei grundsätzliche Alternativen unterschieden:

(1) Erhöhung,
(2) Erhaltung oder
(3) Verringerung des Marktanteils[129].

Hofer und Schendel kombinieren diese beiden Zentralaspekte (sowie die wesentlichen Gesichtspunkte der Umwelt- und Ressourcenanalyse) zu sechs allgemeinen Norm-Strategiealternativen, die den diesbezüglichen Stand der präskriptiven Literatur wohl repräsentativ illustrieren. Es sind dies[130]:

(1) Marktanteilserhöhende Strategien,
(2) Wachstumsstrategien,
(3) Gewinnstrategien,
(4) Marktspezialisierungsstrategien,
(5) Sanierungsstrategien,
(6) Liquidationsstrategien.

(1) *Marktanteilserhöhende Strategien*

Hauptziel hierbei ist, aufbauend auf der „Erfahrungskurve" den als zu gering erachteten Marktanteil in einem wachsenden Markt auf 50% und höher zu bringen, um die entsprechenden Kosten- und Preisgestaltungsvorteile realisieren zu können[131]. Der Finanzierungsbedarf ist hoch bis sehr hoch. Wenn nicht im Sinne synergetischer Effekte genügend Cash-Generatoren zur Verfügung stehen, muß für die Unternehmung im Rahmen der *Ressourcenanalyse* ein hohes Kapitalakquirierungspotential ermittelt worden sein, wenn die Strategie realisierbar sein soll. Des weiteren wird eine solche Strategie nur als sinnvoll angesehen, wenn sich im Rahmen der Ressourcenanalyse eindeutige Wettbewerbsvorteile (distinctive competences) gegenüber den Konkurrenten zeigten.

Auf die Frage, *wie* der Marktanteil erhöht werden kann, geben die beiden Ansoffschen Strategiealternativen – „Marktdurchdringung" und die „Ent-

129 Vgl. Hofer & Schendel (Strategy), S. 159f.
130 Vgl. im folgenden ebenda, S. 163ff.
131 In der BCG-Matrix bedeutet das, aus einem „Fragezeichen" einen „Star" zu machen.

wicklung neuer (differenzierter) Produkte für die bisherigen Märkte" – einen Orientierungsrahmen[132].

(2) *Wachstumsstrategien*

Sie stellen darauf ab, die erreichte Wettbewerbsposition in rasch expandierenden (jungen) Märkten zu halten. Dies bedeutet zum einen, daß das Unternehmen in der Lage sein muß, hinreichend viele Ressourcen zu akquirieren, um mit dem Marktwachstum Schritt halten zu können. Zum anderen sollte das Unternehmen für Zeiten abgeflachten Wachstums und der Stagnation der Nachfrage „Wettbewerbswaffen" in Reserve vorhalten[133]. Handelt es sich bei der Geschäftseinheit um ein Ein- oder Hauptprodukt-Unternehmen, so erstreckt sich die Perspektive der Wachstumsstrategie über *einen bestimmten Markt hinaus* (im Falle des Mehrprodukt-Unternehmens ist dies ja – wie gezeigt – ein Problem der übergeordneten „Unternehmensstrategie"). Im Rahmen der klassischen Ansoffschen Produkt/Markt-Matrix stellt sich zunächst die Frage der *Marktentwicklung*, ob also neue Märkte mit den alten Produkten erschlossen werden können (etwa durch Errichtung eines überregionalen Vertriebsnetzes oder durch Direktinvestitionen im Ausland). Wie Chandler gezeigt hat, markierte historisch gesehen diese Strategie, die erst nach Errichtung effizienter Kommunikations- und Transportsysteme möglich war, die Schwelle zum Großunternehmen des 20. Jahrhunderts[134]. Sind die Wachstumsziele nicht mehr innerhalb des durch die Produktlinie (vgl. marktanteilserhöhende Strategien) und/oder die Marktentwicklung abgesteckten Spektrums erreichbar, so stellt sich die *Diversifikation* als große strategische Alternative, d.h. das Operieren mit neuen Produkten auf neuen Märkten[135]. Die Frage, wie „neu" bzw. wie eng verwandt die Produkte und Märkte sein sollen oder dürfen, steckt das Spektrum der Möglichkeiten ab. Es reicht einerseits von neuen Produkten, die noch in relativ enger Verbindung zu den bisherigen Produkten und/oder Abnehmern stehen, bis hin zur konglomeraten (lateralen) Diversifikation, bei der kein Bezug mehr zur bisherigen Produktlinie und den bisherigen Abnehmern besteht. Die im Mittelbereich dieses Spektrums anzusiedelnde *„vertikale Diversifikation"* ist allerdings nur dann als Diversifikations-/Wachstumsstrategie anzusehen, wenn sie „vorwärts" integriert und damit neue Produkt-Märkte erschließt. Eine Rückwärtsintegration ist eher als Rationalisierungsmittel im Rahmen von

[132] Vgl. Ansoff (Strategy), S. 109 und Abb. 13.

[133] Vgl. Hofer & Schendel (Strategy), S. 165f.

[134] Vgl. (Hand) und oben S. 62f. dieser Arbeit.

[135] Zu weiteren Diversifikationsmotiven (Risikostreuung, Verwendung überschüssiger liquider Mittel etc.) vgl. Ansoff (Strategy), S. 129ff., Böhnke (Unternehmen), S. 42ff., Glueck (Business Policy), S. 211, Sutton (Economics), S. 52ff., Wittek (Unternehmensführung), S. 181ff.

„Gewinn-/Abschöpfungs-Strategien" (s.u.) und Strategien der „Kostenführerschaft" (im Sinne von Porter) zu interpretieren. Dies wird dann letztlich sehr stark eine Überlegung der optimalen Produktionstiefe, was systematisch gesehen zur Planung der Funktionsbereichspolitik gehört[136, 137].

Für die Diversifikation ergibt sich weiterhin die Frage, ob sie über *internes* oder *externes* Wachstum (Zukauf, Gemeinschaftsunternehmen, Fusion etc.) bewerkstelligt werden soll. Je weniger Bezüge zu den bisherigen Geschäftsfeldern vorhanden und je höher die Marktzutrittsbarrieren sind, um so eher wird eine externe Strategie nahegelegt[138]. Ferner ist zu prüfen, ob die Diversifikationsaktivität im Inland oder im Ausland entfaltet werden soll[139].

Vom Gesamten her gesehen, stellt die Diversifikation ein Unternehmen vor die Grundsatzentscheidung, ob es ein Schwerpunktunternehmen („dominant business") bleiben oder ein breitgefächertes Mehrprodukt-Unternehmen werden möchte, das mit keiner Produktlinie mehr einen dominierenden Teil des Umsatzes tätigt[140].

(3) *Gewinnstrategien*

Sie sind konzipiert für Situationen, in denen das Marktwachstum abnimmt (Sättigungsphase im Produkt/Markt-Lebenszyklus) und der Investitionsbedarf erheblich zurückgeht. In solchen Situationen wird empfohlen, die Profitabilität in den Vordergrund zu rücken („abschöpfen", „ernten"); von Investitionen, die über das laufende Geschäft und allfällige Rationalisierungsmaßnahmen hinausgehen, etwa zu dem Zwecke, von Konkurrenten Marktanteile zu erobern, wird wegen zu geringer Ertragsaussicht abgeraten[141]. Die Gewinnstrategie setzt die zuverlässige Bestimmbarkeit der Lebenszyklusphase „Sättigung" voraus[142].

136 Vgl. unten S. 124ff. dieser Arbeit.

137 Die „horizontale Diversifikation" stellt nur dann eine Diversifikationsstrategie im eigentlichen Sinne dar, wenn damit ein neues Produkt für einen neuen Markt hinzugewonnen wird. Die Ansoffsche Definition (Strategy, S. 132ff.), wonach die horizontale Diversifikation die Hereinnahme eines neuen Produktes für dieselben Konsumenten über die angestammten Distributionskanäle bedeutet, zielt so gesehen eigentlich mehr auf eine marktanteilserhöhende Strategie. Alles hängt natürlich von der Produkt- bzw. Marktdefinition ab.

138 Vgl. zu diesem „Make-or-buy"-Problem im einzelnen Salter & Wolf (Diversification), Yip (Entry), S. 344f. sowie Ansoff (Strategy), S. 196ff.

139 Vgl. Guth (Strategies), S. 269f.

140 Wrigley (Autonomy) zieht die diesbezügliche Grenze – nicht willkürfrei – bei 70% des Umsatzes.

141 Fruhan (Victories) warnt, daß solche Marktanteilsgewinne in stagnierenden Märkten durchgängig Pyrrhussiege sind, die nicht selten ein Unternehmen in eine Existenzkrise bringen.

142 Vgl. Hofer & Schendel (Strategy), S. 166f.; vgl. hierzu auch Glueck (Business Policy), S. 205f.

(4) *Marktspezialisierungsstrategie*

Eine *Einengung* des Produkt/Markt-Spektrums (Spezialisierung auf Marktsegmente) zusammen mit einer *Reduzierung* des eingesetzten *Kapitals* soll der Geschäftseinheit (wieder) einen profitablen Prospekt verschaffen. Diese Strategie wird z.B. von Hofer und Schendel für die Sättigungs- und Abschwungsphase im Produktlebenszyklus empfohlen, wenn die Firma keinen relevanten Marktanteil hält[143]. Porter zählt – wie erwähnt[144] – diese Alternative (Fokus-Strategie) jedoch zu den grundsätzlichen strategischen Optionen, die es immer als Möglichkeit in Betracht zu ziehen gilt. Dies insbesondere deshalb, weil er den Lektionen der „Erfahrungskurve" kein überragendes Gewicht für die Formulierung von Strategien beimißt. Grundsätzlich birgt diese Strategie das Risiko, daß das Schicksal der Geschäftseinheit/des Unternehmens von nur einem bestimmten Marktsegment und dessen Entwicklung abhängt[145].

(5) *Sanierungsstrategie („das Steuer herumreißen")*

Das Ziel dieser Strategie ist es, den *Abwärtstrend* einer Firma zu *stoppen* und einen positiven Prospekt aufzubauen. Diese Alternative soll nur dann in Betracht gezogen werden, wenn der langfristige Ertrag (abgezinst) größer ist als der Liquidationswert. Diese Strategie verlangt, daß zunächst alle Maßnahmen ergriffen werden, die *kurzfristig* den Cash-Flow erhöhen, um den Bestand der Firma sicherzustellen[146].

(6) *Liquidationsstrategie*

Die Liquidation wird überall dort empfohlen, wo weder der Markt attraktiv noch die Wettbewerbsposition bemerkenswert ist („Arme Hunde"), und die Strategien (4) und (5) nicht erfolgversprechend erscheinen. Der strategischen Planung obliegt es dann, den Zeitpunkt der Liquidation der Geschäftseinheit so frühzeitig zu legen, daß noch ein positiver Cash-Flow erzielt werden kann.

Solche Normstrategien werden zumeist nur als Orientierungsmuster verstanden, das Top-Management als Träger der Strategiefunktion wird immer auch aufgerufen, nach *neuen* strategischen Stoßrichtungen Ausschau zu halten. Manche Autoren, wie etwa Christensen, Andrews und Bower, geben der individualisierten Strategiefindung den Vorrang. Zu unterschiedlich seien im Einzelfall die Gegebenheiten, als daß so pauschal argumentiert und gehan-

[143] Vgl. Hofer & Schendel, S. 169ff.
[144] Vgl. oben S. 98f. dieser Arbeit.
[145] Vgl. Hinterhuber (Unternehmungsführung), S. 109.
[146] Vgl. hierzu jüngst Hambrick & Schecter (Strategies).

delt werden könnte. Sie betonen die *formale* Rationalität des Analyse- und Suchprozesses (Umwelt-, Ressourcen- und Wertsystemanalyse)[147], aus dem dann eine für das jeweilige Unternehmen genuine Strategie heraus zu formen ist: „In each company, the way in which distinctive competence, organizational resources, and organizational values are combined is unique. Differences among companies are as numerous as differences among individuals. The combinations of opportunity to which distinctive competences, resources, and values may be applied are equally extensive. Generalizing about how to make an effective match is less rewarding than working at it“[148].

Gleichgültig wie die Formulierung strategischer Alternativen im einzelnen nun vollzogen wird, sieht der Prozeß der strategischen Planung in einem nächsten Schritt immer die *Beurteilung* der generierten Alternativen und schließlich die *Auswahl der geeignetsten Strategie(n)* vor.

3.4.2.2 Alternativenbewertung und Auswahl der Strategie(n)

Die Beurteilung der generierten Alternativen und ihrer Wirkungen soll im Lichte der langfristigen Ziele bzw. hieraus abgeleiteter Kriterien erfolgen. Zur Vereinfachung des komplexen Auswahlprozesses wurde eine Reihe von Kriterienkatalogen entwickelt, die im Sinne einer Check-Liste eine Grobprüfung erlauben[149].

Die Kriterienkataloge beinhalten zumeist in der einen oder anderen Form die folgenden Fragen[150]:

(1) Welche Alternative nützt die Umweltchancen am besten?
(2) Welche Alternative schafft die (risikomäßig/ertraglich) beste Verbindung zwischen Umweltchancen und Unternehmensressourcen?
(3) Welche Alternative schafft den größten Wettbewerbsvorteil bzw. baut den bestehenden am besten aus?
(4) Welche Alternative ruft die bedrohlichsten Reaktionen der relevantesten Mitkonkurrenten hervor?
(5) Welche Alternative schafft die geringsten Nachfolgeprobleme?
(6) Welche Strategie läßt sich am einfachsten verwirklichen?

[147] Vgl. Abb. 6.

[148] Christensen, Andrews & Bower (Business Policy), S. 239.

[149] Zu solchen Evaluationskatalogen für Strategien vgl. u.a. Tilles (Strategy), Christensen, Andrews & Bower (Business Policy), S. 114ff., Rumelt (Evaluation), S. 196ff., Aurich & Schroeder (Unternehmensplanung), S. 259ff., Hinterhuber (Unternehmungsführung), S. 114ff.; einige dieser Kataloge sind jedoch weniger für diese Auswahlphase konzipiert, sondern mehr für die strategische Kontrolle im Sinne einer Gesamtbeurteilung des strategischen Konzeptes einer Unternehmung.

[150] In Anlehnung an Hinterhuber (Unternehmungsführung), S. 118 und Christensen, Andrews & Bower (Business Policy), S. 114ff.

Ferner im Hinblick auf das personale und gesellschaftliche Wertsystem:

(7) Welche Alternative widerspricht einer gesellschaftlich-verantwortlichen Unternehmensführung?

(8) Welche Alternative entspricht den personalen Werten und Wünschen der obersten Entscheidungsträger am meisten?

Von manchen Autoren wird empfohlen, diese Kriterien/Fragen zu einem *formalisierten Bewertungsverfahren* auszuformen[151]. Dabei werden folgende Schritte unterschieden[152]:

(1) Bestimmung der Bewertungskriterien
(Ableitung von Zielwirksamkeitskriterien aus den festgelegten langfristigen Zielen);

(2) Bestimmung der Kriteriengewichte
(sie leiten sich ebenfalls aus den langfristigen Zielen ab);

(3) Bestimmung der Maßstäbe und Skalenniveaus
(je nach Präzision der „Daten");

(4) Prognose der Kriterienwerte
(den Planalternativen und ihren Wirkungsprognosen wird für jedes Kriterium ein Wert zugeordnet);

(5) Wertsynthese zur Ermittlung der Gesamtbewertung
(Aggregation der Einzelbewertungen zu Gesamtwerten, die den Zielerreichungsgrad indizieren; Erstellung einer konsistenten Rangordnung aller Bewertungsobjekte in bezug auf Ziele und Kriterien);

(6) Konsistenzprüfung der Bewertung.

Eine gewisse Schwierigkeit in der Verwendung solcher Verfahren wird darin gesehen, daß häufig kein Einzelzielkriterium vorliegt, das die optimale Alternative leicht bestimmen ließe, sondern mehrere Zielkriterien benannt sind, die sich zueinander in einem problematischen Verhältnis bewegen; so z.B. Risiko und Gewinnchance, Innovation und Bewahrung, monetäre und nichtmonetäre Ziele. Die präskriptive Literatur empfiehlt hier in der Regel, die generierten Ziele und Beurteilungskriterien einer Kompatibilitäts- bzw. Konkurrenzanalyse zu unterwerfen[153]. Im Kompatibilitätsfalle wird das Problem durch *Hierarchisierung* gelöst, d.h. die Kriterien werden in Über- und Unterordnungsbeziehungen gebracht und zu einem hierarchischen System inte-

[151] So etwa Koch (Entscheidungskriterien), S. 4ff., Wild (Grundlagen), S. 100ff., Aurich & Schroeder (Unternehmensplanung), S. 259ff., Hahn (PuK), S. 40.

[152] Nach Wild (Grundlagen), S. 112ff.; allgemein vergleiche hierzu die „Nutzwertanalyse" Zangemeister (Werturteil).
Zu einem weniger streng formalisierten Beispiel speziell auf die strategische Planung bezogen vgl. Hinterhuber (Unternehmungsführung), S. 120f.

[153] Vgl. z.B. Bidlingmaier (Zielkonflikte), Berthel (Unternehmenssteuerung), Wild (Grundlagen), S. 52ff.

griert. Im Konkurrenz- oder Konfliktfalle ist entweder nach einem *Kompromiß* zu suchen, etwa dadurch, daß die Ziele auf eine gemeinsame (Nutzen-) Skala projiziert werden, die sie untereinander kompensationsfähig macht, oder aber der Konflikt ist durch Aufteilung in Ziel und Nebenbedingungen und/oder durch Ausscheiden einzelner Beurteilungskriterien zu beheben[154], so daß letztlich ein *kohärentes Ziel- bzw. Kriteriensystem* entsteht.

Anschließend wird diejenige Alternative ausgewählt, deren Zielerreichungsgrad im Vergleich zu dem aller anderen maximal ist.

Gelingt es aufgrund ungewisser Erwartungen hinsichtlich der Handlungskonsequenzen nicht, mit Hilfe des Bewertungsprozesses die Alternativen in eine eindeutige Rangordnung zu bringen, so sollen Entscheidungsregeln auf der Basis subjektiv-geschätzter Wahrscheinlichkeiten und gesetzter Risikopräferenzen oder – weniger exakt – sog. Proxy-Kriterien herangezogen werden, um die optimale Strategie-Alternative letztendlich zu bestimmen[155]. Eine so starke Formalisierung des Auswahlprozesses wie zuletzt beschrieben, findet sich nicht durchgängig. Vielfach wird der Prozeß als eine qualitative Abwägung aller relevanten Gesichtspunkte beschrieben.

Handelt es sich bei der Geschäftseinheit um ein Ein- oder Hauptproduktunternehmen, so ist mit der Auswahlentscheidung die (neue) Strategie festgelegt. Im Falle einer diversifizierten (Multiprodukt-)Unternehmung sind die für die Geschäftseinheiten ausgewählten Strategien noch einmal auf der Gesamtunternehmensebene auf Konsistenz und *synergetische Effekte* im Rahmen der Gesamtstrategie gegenzuprüfen[156]. Zu diesem Zweck kann als Hilfsmittel ein sog. Ziel-Portfolio angefertigt werden, in dem die Ist-Positionen und die geplanten strategischen Veränderungen gegenübergestellt sind. In Abbildung 21 ist ein Beispiel von Hinterhuber wiedergegeben, das auf der Wettbewerbspositions-/Marktattraktivitäts-Matrix aufbaut.

Eine mangelnde Übereinstimmung zwischen den Unternehmenszielen und den (konsolidierten) Geschäftseinheitsstrategien erfordert dann die Wiederholung von Planungsschritten, um die gewünschte Kompatibilität zu erreichen.

Ist schließlich eine Strategie gewählt und festgelegt, so soll dazu eine sog. *Kontingenz- oder Eventual-Strategie* bestimmt werden, die an die Stelle der gewählten tritt, wenn

– die Prämissen, auf denen die Strategie aufgebaut ist, sich ändern oder

[154] Vgl. Wild (Grundlagen), S. 64, Gaitanides (Planungsmethodologie), S. 81 ff., Dinkelbach (Entscheidungstheorie), Sp. 1297 f.

[155] Vgl. statt anderer Hanssmann (Unternehmensplanung), Arbeitskreis „Langfristige Unternehmensplanung" (Planung), S. 41.

[156] Vgl. hierzu insbesondere Lorange (Planning), Vancil (Formulation), Vancil & Lorange (Planning).

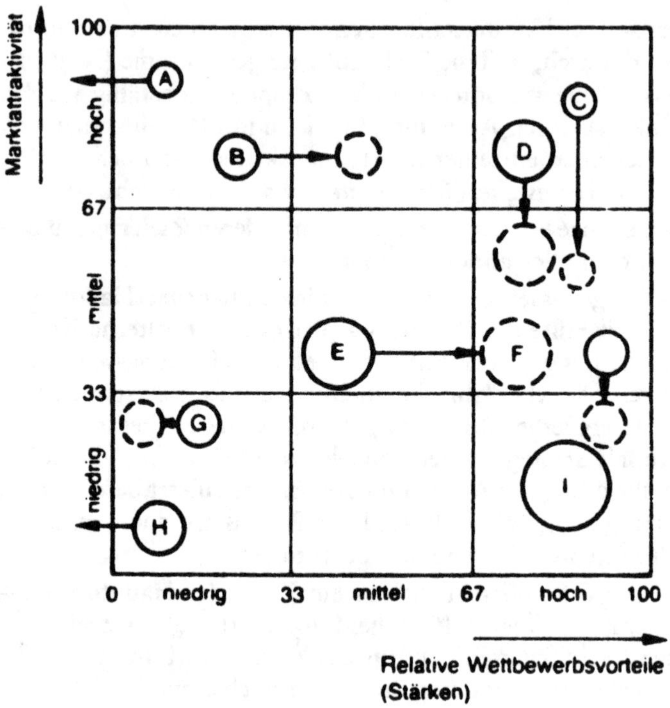

Abb. 21 Beispiel eines konsolidierten strategischen Zielportfolios
Quelle: Hinterhuber (Unternehmungsführung), S. 123

– absehbar wird, daß die gewählte Strategie nicht die erwarteten Wirkungen erzielen kann.

Die Erstellung eines Kontingenzplanes sollte auch die Festlegung von Ereignissen einschließen, die seine Auslösung bewirken sollen[157].

3.5 Strategieimplementation

3.5.1 Programmplanung für die Funktionsbereiche

Der nächste große Schritt in der strategischen Unternehmensführung ist die Umsetzung der gewählten Strategie in mittelfristige Programme (zumeist mit

[157] Zu dem Problem der strategischen Kontingenzplanung vgl. Leontiades (Strategy), S. 187f., Glueck (Business Policy), S. 288f., Grant & King (Logic), S. 135, Koch (Planung), Sp. 3009.

einem Planungshorizont von fünf Jahren)[158]. Es gilt, die Strategie(n) für die betrieblichen Funktionen durch die Zeit auf die Gegenwart hin *stufenweise zu konkretisieren* und zu *detaillieren*. Der Strategieplan wird gewissermaßen in funktionale Programmpläne mit kürzerem Planhorizont *zerlegt*. Die Programmpläne bestimmen die notwendigen *Teilphasen der Planerfüllung* (Produktentwicklung, Finanzierung, Personalbereitstellung usw.) und legen ihre Durchsetzung fest. Von den für alle Funktionsbereiche aufzustellenden Plänen wird gefordert, daß sie, dem Ziele einer *integrierten* Unternehmensplanung entsprechend, sowohl in *zeitlicher* als auch in *sachlicher* Hinsicht voll untereinander abgestimmt sind. Zusätzlich sollen für jedes Jahr die funktionalen Teilpläne zu Planbilanzen und Plangewinn- und -verlustrechnungen verdichtet werden.

3.5.2 Kurzfristige Aktionsplanung und Budgetierung

In einem letzten Schritt werden schließlich die mittelfristigen Programmpläne in *kurzfristige* (operative) *Aktionspläne* umgesetzt, die den strategischen Plan und die Programme auf die *Ebene der unmittelbaren Durchführung* herunterbrechen und auf der Basis von Wochen, Monaten, Quartalen usw. konkrete Angaben für die Planerfüllungsträger beinhalten (z.B. Zielvorgaben für die Verkäufer, Maschinenbelegungen für den Produktionsablauf, Lagerbestände). Wenn die mittelfristigen Programme für das erste Planungsjahr sehr detailliert ausgearbeitet sind, überlappen sich an dieser Stelle kurz- und mittelfristige Planung. Um der Interdependenz der Teilpläne Rechnung zu tragen, wird von der kurzfristigen ebenso wie von der Programmplanung gefordert, daß sie in *sachlicher* und *zeitlicher* Hinsicht vollständig koordiniert wird[159], so daß sich insgesamt ein *klar strukturierter, systematisch integrierter Unternehmensplan* ergibt, der von der langfristigen Strategiebestimmung bis zum Tagesgeschäft reicht. Um die Konsistenz aller Pläne sicherzustellen und ihre Interdependenz beherrschbar zu machen, wird bisweilen die Entwicklung eines Modells *totaler Simultanplanung* zur Ermittlung des Gesamtoptimums als Ideallösung anvisiert[160], z.T. auch auf Wertgrößen einge-

[158] Vgl. hierzu u.a. Koch (Planung), Wild (Grundlagen), S. 166ff., Hahn (PuK), Hinterhuber (Unternehmungsführung), S. 153ff.; nachfolgende Ausführungen orientieren sich primär an Steiner (Planning), S. 35.

[159] Zur Total-Interdependenz der Teilpläne und entsprechenden Lösungsansätzen vgl. z.B. Popp (Planung), S. 324ff.; im Überblick Steinmann, Böhm & Schreyögg (Grundlagen), S. 9ff.

[160] Vgl. z.B. Hanssmann (Einführung), S. 10, Popp (Planung), Meyhak (Gesamtplanung); zu Ansätzen einer computergestützten Unternehmensgesamtplanung vgl. die Beiträge in Plötzeneder (Unternehmensplanung) und Grochla & Szyperski (Unternehmensplanung).

schränkt, etwa in Form von Budgetierungsmodellen[161]. Sehr viel häufiger – und den vorangehenden Ausführungen implizit schon unterlegt – findet sich der weniger anspruchsvolle (weil zahlreiche Interdependenzen vernachlässigende) Vorschlag der *hierarchischen* Unternehmensplanung[162]. Demnach bestimmt die oberste Führung den global gefaßten strategischen Plan und legt damit den Gesamtablauf der Unternehmensaktivitäten in groben Zügen fest. Die nachgeordneten Instanzen setzen sodann sukzessive den Plan in immer konkretere und kurzfristigere Maßnahmenpläne (Programme und Aktionspläne) um. Die Hierarchisierung der Planung ist jedoch keineswegs

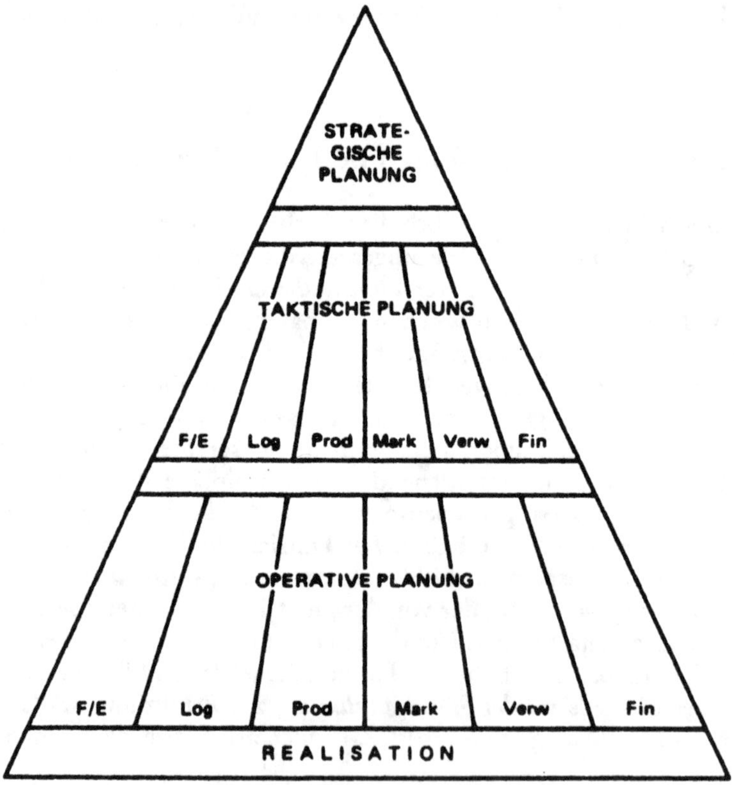

Abb. 22 Hierarchische Unternehmensplanung
Quelle: Wild (Grundlagen), S. 167

[161] Hahn & Steinmetz (Gesamtunternehmungsmodelle, S. 25) sprechen dann von „Partialmodellen" im Rahmen von „Gesamtunternehmungsmodellen". Zu Budgetierungsmodellen vgl. ebenda, S. 32ff., Mertens (Ansätze), S. 296ff. In der Praxis finden solche Modelle im Rahmen strategischer Planung kaum Anwendung, vgl. hierzu auch die skeptischen Anmerkungen von Ackoff (Use), S. 353ff., Koch (Aufbau), S. 34ff.

[162] Vgl. statt anderer Steiner (Planning), S. 34ff., Koch (Aufbau), S. 42ff.

notwendig mit dieser organisatorischen Arbeitsteilung verknüpft. Die einzelnen Planstufen drücken zunächst einmal nichts anderes aus als unterschiedliche Stufen der Spezifität[163]. Abbildung 22 bringt die Idee der hierarchischen Planung anschaulich zum Ausdruck.

Den horizontalen *und* vertikalen *Interdependenzen* soll dieser Planungsprozeß in der Art Rechnung tragen, daß zunächst der strategische Plan unter Berücksichtigung der horizontalen Interdependenzen erstellt wird. Die daraus resultierenden strategischen Rahmenrichtlinien werden dann in die mittelfristige und kurzfristige (operative) Planung hineingeschoben, so daß sich die horizontale Abstimmung des strategischen Plans auf die nachfolgenden Pläne „überträgt"[164]. Die sich im Rahmen des Disaggregationsprozesses (zusätzlich) ergebenden horizontalen Interdependenzen sollen dann je nach Möglichkeit durch simultane Teilplanung oder sukzessiv bewältigt werden[165].

Die *Grundlage* des Prinzips der hierarchischen Planung wird darin gesehen, daß „ein und dieselbe Unternehmensweise – hierunter wird die Gesamtheit der das Unternehmen kennzeichnenden Merkmale (...) verstanden – sich auf verschiedenen Ebenen der Spezifikation mal globaler, mal detaillierter ausdrücken (läßt)"[166]. Mit anderen Worten, der Detailplan soll sich im Sinne einer Spezifikationsbeziehung aus dem Globalplan *ableiten* lassen[167].

Zur Bedeutung der kurzfristigen Planung für die Strategieimplementation schreibt Steiner: „The cutting edge of corporate planning is the making of decisions for current actions"[168]. Um diese praktische Umsetzung zu erleichtern, sollen in einem letzten Schritt (oder simultan) die Pläne in *Budgets* übersetzt werden. Die Budgets als verdichteter formal-nominaler Niederschlag der Pläne[169] sind verbindliche operationalisierte Vorgaben für den Planerfüllungsträger, deren Einhaltung im Rahmen der Budgetkontrolle relativ einfach geprüft werden kann[170].

Nach Abschluß der Budgetierung und der endgültigen Verabschiedung der Planung durch das Top-Management sollen alle Planinhalte in einem Doku-

[163] Vgl. Hanssmann (Grundbegriffe), S. 398; der Autor geht davon aus, daß die Operativ-Pläne bereits als Handlungsanweisung zu dem mittleren und unteren Management kommen.

[164] Vgl. hierzu Hanssmann (Grundbegriffe), S. 400.

[165] Vgl. ebenda.

[166] Koch (Aufbau), S. 42.

[167] Vgl. ebenda, S. 43; Hanssmann (Grundbegriffe, S. 398) spricht präzisierend von einer „strukturellen und algebraischen" Disaggregation, beschreibt aber dann den Prozeß als auch „schöpferisch".

[168] Steiner (Planning), S. 286.

[169] Jerome definiert: „To freeze a plan and to put a dollar sign on it is the essence of budgeting". Zit. nach Steiner (Planning), S. 301.

[170] Zum Prozeß der Budgetierung vgl. Koch (Budgetierung), Hill (Unternehmensplanung), Amey (Budget Planning), Steiner (Planning), S. 294ff.

ment *verbindlich* niedergelegt werden[171]. Zur Steuerung des Planablaufs wird zumeist ein *Planungskalender* empfohlen, der die einzelnen Planungsaktivitäten im Jahresablauf (oder je nach Rhythmus) terminlich festlegt[172].

3.5.3 Errichtung eines strategiegerechten Organisations- und Führungssystems

Als weiterer wesentlicher Schritt zur Umsetzung der Strategie in die täglichen Handlungsvollzüge wird die Schaffung einer strategiegerechten Organisation angesehen. Es wird gefordert, die formalen Aufbaustrukturen, die Informationsprozesse, die Anreizsysteme usw. den Erfordernissen der formulierten Strategie anzupassen. Die Steuerungskraft der Organisation soll ganz auf die Erreichung der strategischen Ziele gebündelt werden[173] („structure follows strategy"). Christensen, Andrews und Bower heben nachdrücklich hervor: „the chief determinant of organizational structure and the processes by which tasks are assigned and performance motivated, rewarded, and controlled should be *the strategy of the firm*"[174]. In Abbildung 23 sind die zentralen Gestaltungsvariablen der Organisation zusammengefaßt und die unterstellte Wirkungskette verdeutlicht[175].

Die Frage, welche Organisationsstruktur zu welcher Strategie gehört, wann also – wie es heißt – ein *„Fit"* zwischen Strategie und Struktur vorliegt, wird bislang nur selten in einer generellen Weise beantwortet. Als Grund findet sich zumeist, daß die Organisationsform nicht generell, sondern je spezifisch, auf die jeweilige Strategie bezogen, herausgeformt werden muß. „Just as the selected strategy and its implementation policy are unique for each enterprise, so too is the organization design"[176].

[171] Davon zu unterscheiden ist das sog. *Planungshandbuch*, das die autorisierten Richtlinien zur Erstellung des Unternehmensplans enthält.

[172] Zu Beispielen vgl. Aurich & Schroeder (Unternehmensplanung), S. 375 oder Hekhuis (Commentary), S. 243.

[173] Vgl. hierzu statt anderer im Überblick: Christensen, Andrews & Bower (Business Policy), S. 673 ff., Galbraith & Nathanson (Role).

[174] (Business Policy), S. 675.

[175] Dabei sei nur am Rande erwähnt, daß der Grundsatz der präskriptiven Literatur „structure should follow strategy" in der jüngeren Diskussion von Organisationstheoretikern heftig angegriffen und in ein faktisches „strategy follows structure" gewendet wird. Das Hauptargument ist, daß die Organisationsstruktur durch Kanalisierung der Informations- und Kommunikationsprozesse die Strategieformulierung wesentlich vorprägt und es insofern falsch ist, die Organisation als bloßes Mittel der Strategieimplementation zu verstehen. Vgl. hierzu Burton & Kuhn (Strategy), Gabele (Unternehmensstrategie), Fouraker & Stopford (Structure), Hall & Saias (Contraintes), Miles & Snow (Strategy), S. 7 f., Schertler (Unternehmungsorganisation), S. 121 ff. sowie unten S. 257 f. dieser Arbeit.

[176] Newman & Logan (Strategy), S. 357.

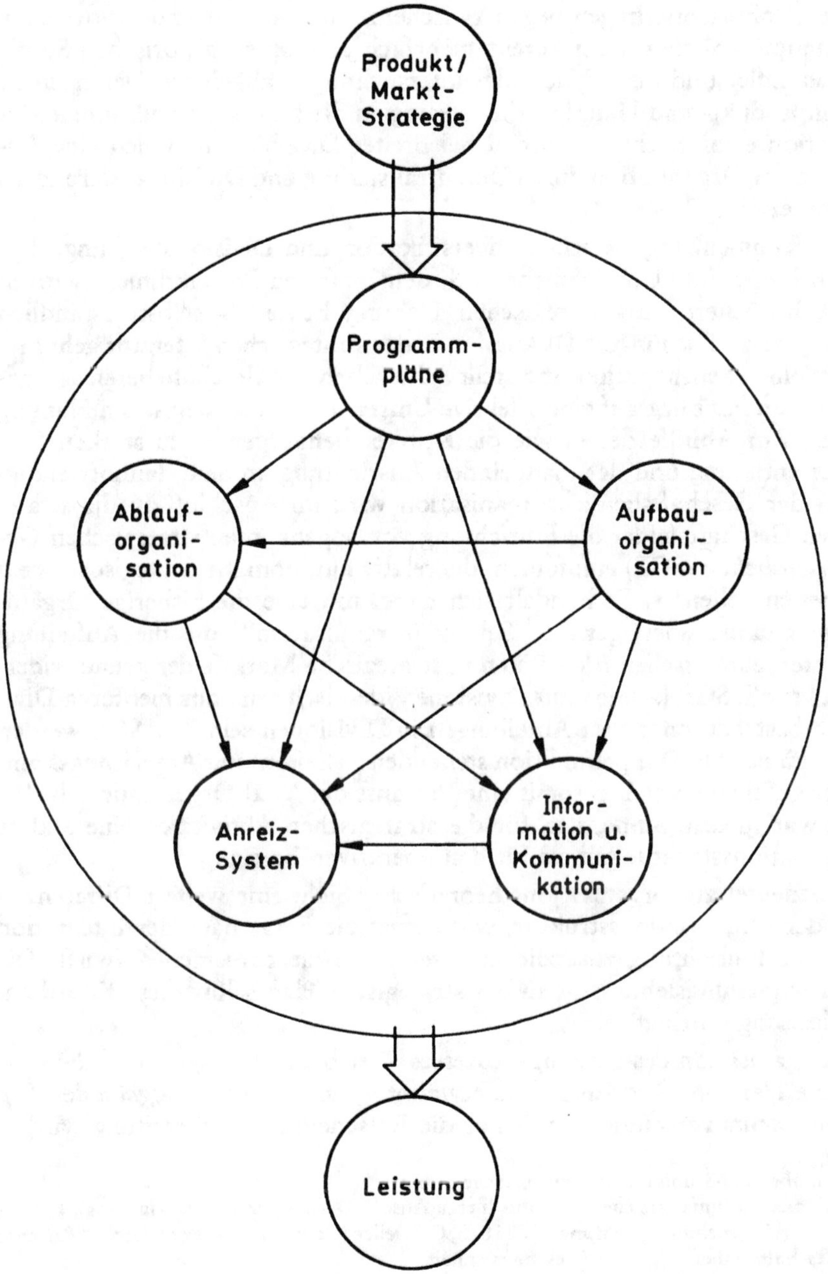

Abb. 23 Organisation als Mittel der Strategieimplementation
Quelle: Galbraith & Nathanson (Role), S. 2, modifiziert

Einige Groborientierungen liegen zwischenzeitlich aber dennoch vor; diese sind hauptsächlich aus der bereits mehrfach erwähnten historischen Studie von Chandler und ihren Nachfolgeuntersuchungen abgeleitet. Demnach ist bei Einprodukt- und Hauptproduktstrategien die klassische funktionale Organisation erfolgreicher, während bei breiter Diversifikation sich eine Anpassung der Organisation durch Dezentralisierung und Divisionalisierung als effektiv erwies[177].

Der Zusammenhang zwischen Diversifikation und Divisionalisierung, d.h. der Ordnung des Unternehmens nach den zentralen Produktlinien, wird in den Lehrbüchern zur strategischen Planung heute als selbstverständlich vorausgesetzt. Die jüngere Diskussion in der strategischen Literatur geht hier bereits einen Schritt weiter und stellt Schwächen der Geschäftsbereichsorganisation im Hinblick auf eine effektive Umsetzung der strategischen Planung heraus. Zur Abhilfe der – wie die Kritiker behaupten – zu starken Produktorientierung und der mangelnden Ausrichtung an den Plannotwendigkeiten der Geschäftsbereichsorganisation wird im Anschluß an die strategischen Geschäftsfelder die Einrichtung von sogenannten strategischen *Geschäftseinheiten* (SGE) empfohlen, die relativ autonom ihr strategisches Feld bearbeiten sollen[178]. Es handelt sich dabei um eine die bisherige Organisationsstruktur überlagernde „Sekundärorganisation", die die Aufteilung der unternehmerischen Aktivitäten in strategische Marktfelder genau widerspiegeln soll. SGE können mit Divisionen identisch sein, aus mehreren Divisionen bestehen oder aber Abteilungen in Divisionen sein. Die SGE werden von – zumeist in Doppelfunktion stehenden – Leitern mit Anweisungskompetenz geführt; sie stellen somit eine Variante der Dual-Organisation dar[179], und zwar in dem Sinne, daß für die strategischen Aktivitäten eine andere Organisationsstruktur gilt als für den operativen Bereich.

Dies bedeutet aus organisationstheoretischer Sicht eine weitere Differenzierung der Organisationsstruktur, was sofort die Frage nach der Integration bzw. der Einrichtung zusätzlicher Integrationsmechanismen aufwirft. Die Idee der Planungslehre ist, daß der strategische Plan selbst diese Koordinationsleistung erbringt[180].

Zur Organisation des Planungsprozesses[181] selbst ist zu sagen, daß die strategische Planung – wie mehrfach erwähnt – *essentiell* als *Aufgabe* des *Top Managements* verstanden wird. Für die Entscheidungsvorbereitung wird in

[177] Vgl. oben S. 68 und die dort angegebene Literatur.

[178] Vgl. aus der umfangreichen Literatur hierzu Ansoff, Declerck & Hayes (Planning), Hinterhuber (Unternehmungsführung), S. 218 ff., Gälweiler (Geschäftseinheiten), Gerl & Roventa (Geschäftseinheiten), Stalp (Geschäftseinheiten).

[179] Vgl. Szyperski & Winand (Organisation).

[180] Vgl. Albach (Geschäftseinheiten), S. 424.

[181] Vgl. hierzu im Überblick Steiner (Planning), S. 88 ff., Glueck (Business Policy), S. 44 ff., Kreikebaum (Unternehmensplanung), S. 83 ff.

der Regel ein qualifizierter Planungsstab und/oder ein Unternehmensberater empfohlen. Andere Organisationsmitglieder und Hierarchieebenen tragen soweit zum Planungsprozeß bei, als sie relevante *Informationen* für die Strategieformulierung und gegebenenfalls für die Evaluation möglicher Planalternativen liefern können[182]. Bisweilen wird aus Gründen der Motivation eine *Partizipation* des gesamten Managements am strategischen Planungsprozeß einschließlich der Entscheidung vorgeschlagen[183]; dies verträgt sich freilich nicht mit der voranstehenden Maxime, wonach die strategischen Entscheidungen zum Kern der Top Management-Aufgabe zu zählen sind.
Öfter ist lediglich für die Spezifizierung der Nachfolgepläne, also der strategischen Programme, der kurzfristigen Aktionspläne und der Budgets im Sinne der hierarchischen Planung ein Einbezug der mittleren und unteren Managementebenen vorgesehen.

3.5.4 Plankontrolle und strategische Kontrolle

Die Strategien und die funktionalen Politiken stecken den Rahmen der Unternehmensaktivitäten ab. Mit Hilfe hieraus abgeleiteter operativer Direktiven, Budgets und geeigneter organisatorischer Maßnahmen sollen diese gedanklichen Konstruktionen in die Tat umgesetzt und durchgeführt werden. Die letzte Phase dieses Steuerungsprozesses stellt schließlich die *Kontrolle* des Planfortschrittes und der erzielten Ergebnisse dar. Schon in dem strategischen Plan, in den Programmen für die Funktionsbereiche und in den Budgets sind die Meßgrößen und Standards verankert, an denen sich die Kontrolle der erreichten Ergebnisse auszurichten hat.
Die Kontrolle des strategischen Plans soll ferner aufgrund des weiten Planungshorizonts auf den internen und externen Plananahmen einen Kontrollschwerpunkt haben, d.h. es soll dafür Sorge getragen werden, daß ihre Revidierungsnotwendigkeit frühzeitig erkannt („Frühwarnsystem")[184] und daß entsprechende Umsteuerungsmaßnahmen – gegebenenfalls die Einspeisung des Kontingenzplanes – in die Wege geleitet werden[185].

182 Als typisch darf hier die Aussage von Koch (Aufbau) gelten: „Die *strategische Unternehmensplanung* wird verantwortlich von der obersten Exekutive getragen, erfolgt aber unter informatorischer und beratender Mitwirkung der wichtigsten Unterinstanzen". (S. 49).

183 Vgl. hierzu z.B. den jüngsten konzeptionellen Entwurf von Ackoff (Creating), S. 65ff. sowie den Überblick und die empirische Untersuchung von Dyson & Foster (Relationship) und Dyson (Participation).

184 Vgl. im Überblick Hahn (Frühwarnsysteme).

185 Zum Problem der strategischen Kontrolle allgemein, vgl. Gälweiler (Kontrolle), S. 384f., Horovitz (Control), Köhler (Kontrolle), Picot (Strukturwandel), S. 566f., Ruefli & Sarrazin (Control).

Die strategische Kontrolle stellt also über die klassische Ex post-Kontrolle hinausgehend[186] auf die fortlaufende Überprüfung der Realisierbarkeit des strategischen Plans ab bzw. auf die frühzeitige *Identifikation* von Störgrößen, die eine *Veränderung* der Plananannahmen und damit der Strategie erforderlich machen (feedforward-Kontrolle)[187]. Sie wird deshalb auch als Top-Management-Aufgabe definiert[188]. Daneben wird in der Literatur der strategischen Kontrolle auch eine *formale* Aufgabe zugewiesen, nämlich die Prüfung strategischer Pläne auf *Vollständigkeit* und formale und materielle *Konsistenz*[189].

Stellt die strategische Kontrolle keine Notwendigkeit zur grundsätzlichen Planrevision fest, so gilt das Prinzip der *rollenden Planung*, d.h. die Fortschreibung und Konkretisierung der Pläne am Ende der auslaufenden Stufe[190]. Die Grobplanung wird sukzessive, jeweils am Ende einer Planungsperiode

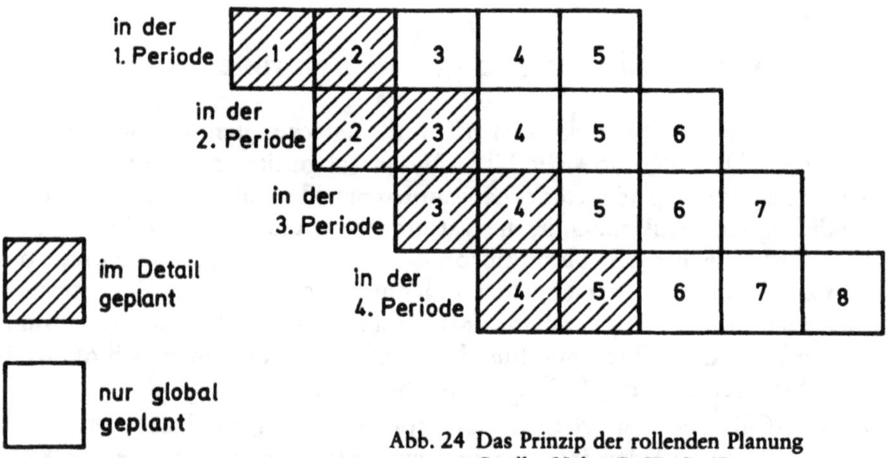

Abb. 24 Das Prinzip der rollenden Planung
Quelle: Hahn (PuK), S. 47

[186] Herkömmliche Management-Kontroll-Systeme decken in der Regel nur die kurzfristigen Aspekte der Langfristpläne, also die bereits erzielten Ergebnisse, ab. Vgl. Ruefli & Sarrazin (Control), S. 1161.

[187] Die jüngsten Vorschläge von Ansoff (Bewältigung), ders. (Management) zur permanenten Umweltüberwachung und der Einrichtung organisatorischer Vorkehrungen zur Entschlüsselung „schwacher Signale" sowie die Idee der „strategischen Reaktionsbereitschaft" werden hier bewußt nicht unter die „strategische Kontrolle" subsumiert. U.E. sind dies Vorschläge, die von ihrer inhärenten Argumentationslogik als auch von ihrer prospektiven Wirkung sehr viel weiter greifen und zudem einen Bruch mit der Tradition strategischer Planung darstellen. Die Tatsache, daß Ansoff selbst seine Vorschläge als Additiva begreift, darf darüber nicht hinwegtäuschen. Vgl. dazu ausführlicher unten S. 260ff. dieser Arbeit.

[188] Vgl. Horovitz (Control).

[189] Vgl. Gälweiler (Kontrolle), S. 386ff., Glueck (Business Policy), S. 348ff.

[190] Vgl. Wild (Grundlagen), S. 178, Agthe (Unternehmensplanung), S. 116f., ders. (Strategie), S. 50, Rühli (Unternehmungsführung), S. 99.

auf der Basis eines aktualisierten Informationsstandes durch eine detaillierte Feinplanung konkretisiert und um eine weitere Periode fortgeschrieben. Abbildung 24 verdeutlicht das Prinzip.

3.6 Zum Rationalitätsbegriff des präskriptiven Ansatzes

Im Hinblick auf die spätere Analyse und die Gegenüberstellung mit deskriptiven Ansätzen erscheint es zweckmäßig, in einem abschließenden Verdichtungsprozeß die zentralen Charakteristika des geschilderten präskriptiven Ansatzes der strategischen Planung zusammenzufassen und – um Wiederholungen zu vermeiden – sogleich die zugrundeliegende Planungslogik zu verdeutlichen.

Als *wesentliche Charakteristika* des strategischen Planungsansatzes dürfen gelten:

(1) Die Strategieformulierung ist ein systematischer Prozeß, der sich nach einer geordneten Schrittfolge entfaltet:
- Am Anfang steht die Spezifikation und die Bestimmung der langfristigen Unternehmensziele. Die Entwicklung der Unternehmensstrategie und die ihr nachgeordneten Pläne sollen angeben, wie diese Ziele verwirklicht werden können, d.h. sie sind die Mittel der Zielerreichung.
- Nach einer umfassenden Bestandsaufnahme des bisherigen strategischen Konzepts, der Unternehmensressourcen (Stärken/Schwächen) und der Prognose der Umweltentwicklung (Chancen/Risiken) wird durch Gegenüberstellung des IST-Konzeptes mit den langfristigen Zielen und den strategischen Möglichkeiten das strategische Problem (Lücke) definiert.
- Zur Problemlösung werden alle relevanten Strategiealternativen eruiert und in ihren Wirkungen umfassend analysiert.
- Die Bewertung strategischer Alternativen erfolgt anhand von Kriterien, die sich aus den festgelegten Zielen ableiten.
- Diejenige Strategie wird gewählt, die die Zielkriterien am besten erfüllen kann.
- Erweist sich im Rahmen der Kontrolle diese Strategiealternative als schwer realisierbar oder eine andere Alternative im Lichte zusätzlicher Kontrollinformationen als erfolgversprechender, so wird der strategische Plan entsprechend revidiert.

(2) Der strategische Plan bildet die Grundlage für die hierarchisch-integrierte Erstellung der detaillierten Programme, Kurzfristpläne und

Budgets, die das Handeln der Unternehmensmitglieder *unmittelbar* im Sinne der *planerischen Gesamtkonzeption* steuern.

(3) Die Organisation und das Führungssystem werden ganz auf die Strategie und ihre Implementationserfordernisse zugeschnitten.

(4) Der strategische Plan und die daraus abgeleiteten Maßnahmenpläne sind *umfassend*, d.h. es sind alle als wichtig erkannten Faktoren in die Planung einbezogen und alle Aktionsfelder der Unternehmung zu einem *kohärenten Handlungssystem* verknüpft.

(5) Strategische Entscheidungen betreffen die Unternehmung als Ganzes und stellen deshalb eine originäre, nicht-delegierbare Aufgabe der *Unternehmensspitze* dar (Top-Management-Planung).

Es sind dies im wesentlichen die Merkmale, die gemeinhin die sogenannte synoptische Planungsrationalität kennzeichnen. Diese Zuordnung sei im folgenden kurz erläutert und gegen (potentielle) Einwendungen verteidigt. Orientieren wir uns an Popper[191], Mannheim[192] und Lindblom[193], auf die diese Konzeptbildung (dort: bezogen auf Gesellschaftsplanung) ja im wesentlichen zurückgeht, so zeichnet sich diese Form der Planungsrationalität – orientiert an der Theorie der rationalen Wahl[194] – durch folgende Merkmale aus:

1. *Holistische* Perspektive; „soziale Ganzheiten" sollen analysiert, „in den Griff bekommen" und zielgerecht aufgebaut werden[195].
2. Die schöpferische Projektierung zukünftiger Gesamtzustände des Systems und Planung ihrer Verwirklichung *(Sozialtechnologie)*[196].
3. Die zukunftsgerichtete *Überwachung* der Umwelt, um neu auftauchende Möglichkeiten rechtzeitig wahrzunehmen.
4. *Zentrale Koordination* der interdependenten Einzelentscheidungen durch Erstellung eines umfassenden Gesamtplans[197].
5. Entscheidungsfindung verläuft *systematisch* in Form der Zweck-Mittel-Analyse: erst werden die Zwecke bestimmt, sodann die Mittel zu ihrer Erfüllung gesucht.
6. Es wird die Handlungsalternative ausgewählt, die den gesetzten Zweck *am besten* zu erfüllen vermag.
7. Die Analyse zieht *alle* relevanten Handlungsalternativen in Betracht und prüft ihre Wirkungen so genau als möglich im Hinblick auf die Zielerreichung.

191 Vgl. (Elend).
192 Vgl. (Mensch).
193 Vgl. (Science), ders. (Intelligence), Braybrooke & Lindblom (Strategy).
194 Vgl. hierzu statt anderer Gäfgen (Theorie), insbes. S. 100 ff.
195 Vgl. Popper (Elend), S. 63.
196 Popper spricht hier von der „utopischen Sozialtechnik", weil der Entwurf eines Totalmodells einer (gefährlichen) Utopie gleichzusetzen sei. Vgl. (Gesellschaft), S. 215 ff.
197 Die Punkte (2) – (4) nach Mannheim (Mensch) passim.

8. Der Entscheidungsprozeß wird – soweit verfügbar – mit *wissenschaftlichen* Methoden und Anwendungen von Forschungsergebnissen unterstützt[198].

Die Subsumierbarkeit des Modells strategischer Unternehmensplanung unter das Konzept der synoptischen Planungsrationalität ist augenscheinlich. Die „*holistische* Perspektive" ist explizites Programm der strategischen Planung, sie findet ja darin ihr Selbstverständnis. Die gesamte Unternehmung und die relevante Umwelt sollen analysiert und die Entwicklung der Ganzheit „Unternehmung" soll in die Hand genommen werden. Die Strategien bestimmen nicht nur die Handlungsrichtung des Systems, sondern auch seinen Aufbau (strategiegerechte Ausgestaltung des Organisations- und Führungssystems). Die „schöpferische *Projektierung* zukünftiger Gesamtzustände des Systems" (erinnert sei an die Szenario-Technik) ist ebenso wie die *zukunftsgerichtete Überwachung* der Umwelt (fortlaufende „Umweltanalyse") Bestandteil jedes präskriptiven Entwurfs strategischer Unternehmensplanung. Merkmal 4, die Erstellung eines *Gesamtplans* zur strategiebezogenen Koordination der Einzelentscheidungen, spiegelt sich in der integrierten Plankette: Unternehmensstrategie – Geschäftsfeldstrategie – Funktionsprogramme – Aktionspläne – Budgets wider. Diese Kette ist zugleich eine *Zweck-Mittel-Kette.* Durchgängig werden Strategien als Mittel zur Erreichung der langfristigen (fundamentalen) Unternehmensziele verstanden, wobei diese Ziele vorab gebildet werden sollen, um die Strategiesuche anzuleiten. Diejenige Strategie ist auszuwählen, die im Sinne eines kalkulierbaren Risikos die *Ziele* am besten erfüllt. Die nachfolgende Spezifikation der Ziele (die ja erst nach Festlegung der Strategien möglich ist) ist als Vorgabe für die Programmplanung im Rahmen der zu bildenden Zweck-Mittel-Ketten zu verstehen (Merkmal 5 und 6). Alle Methoden und Verfahrensvorschläge der strategischen Planungslehre stellen darauf ab, die Entscheidung(en) möglichst *umfassend* vorzubereiten. Erinnert sei an die der Möglichkeit nach *erschöpfende* Ressourcenanalyse oder an die Umweltanalyse, die bis hin zu den Interaktionen zwischen den mutmaßlichen Umweltereignissen (Cross-Impact-Analyse) das gesamte Wirkungsfeld zu erfassen trachtet.

Sicherlich werden auch eine Reihe von „Abkürzungsregeln" vorgeschlagen, wie etwa die Portfolio-Analyse und die aus ihnen heraus definierten Normstrategien oder die Strategienraster von Ansoff und Porter, dennoch wird damit nicht die Idee aufgegeben, alle wichtigen Faktoren in die Entscheidungsfindung einzubeziehen (Merkmal 7). Die ganze präskriptive Literatur empfiehlt, überall, wo sich die Möglichkeit bietet, sich nicht auf bloße Mutmaßung oder Erfahrung, sondern auf *wissenschaftliche Methoden* und Ergebnisse der Forschung zu stützen (Merkmal 8). Unsere abrißhafte Darstellung der strategischen Planungslehre hat wiederholt solche Verwendungs-

[198] Die Punkte (5) – (8) nach Lindblom (Science), S. 44f.

weisen verdeutlicht, z.B. Prognose-Methoden, die „Erfahrungskurve" oder die Lebenszyklus-Kurve.

Im wesentlichen treffen also alle acht Merkmale zu. Gewiß gibt es, wenn man die Konzepte einzelner Autoren herausgreift, Abweichungen, im Grunde aber ist die Stoßrichtung so eindeutig, daß es eigentlich keinen Zweifel an dieser Zuordnung geben dürfte. Dennoch finden sich gänzlich andere Einschätzungen. Um diese zu diskutieren, ist es erforderlich, einen kleinen Vorgriff zu machen und das später noch ausführlich zu besprechende Konzept der „inkrementalen Planung" kurz zu skizzieren, weil das Konzept der strategischen Planung – oder jedenfalls einige relevante Modelle – bisweilen diesem konträren Planungsverfahren zugeordnet wird[199].

Häufig wird der synoptischen Rationalität als Gegenpol der inkrementale Planungsansatz gegenübergestellt, wonach sich der Planungsprozeß in der folgenden Weise vollzieht[200]: es werden nur kleine, risikovermeidende Schritte ohne Gesamtziel unternommen, die Orientierung liegt auf kurzfristigen dringlichen Problemen, die Lösung wird immer in der Nachbarschaft des Vertrauten gesucht, Ziele und Mittel fließen ineinander über, die Zahl der betrachteten Alternativen wird von Anfang an drastisch eingeschränkt, emotionale und „politische" Aspekte beeinflussen den Prozeß. Lindlbom wählt hierfür den Ausdruck des „Sich-Durchwurstelns", Popper spricht von „Piecemeal-Engineering".

Wenn auch der vorgestellte strategische Planungssatz an einigen Stellen mit Vereinfachungsmethoden arbeitet, etwa zur Beschleunigung der Informations- und Alternativensuche, so zeigt sich doch, daß der Sinn strategischer Planung zwingend „antiinkremental" ist. Eine neue Strategie wählen bedeutet immer *gesamthafte* Umorientierung, in jedem Falle mehr als nur einen kleinen Schritt zu tun. Es macht daher Schwierigkeiten zu verstehen, weshalb Wheelwright[201] und im Anschluß an ihn Zahn[202] und Picot und Lange[203] relevante Konzeptionen der strategischen Planung – z.B. die Ansätze von Christensen, Andrews und Bower[204] und von Hinterhuber[205] – der inkrementalen Planungslogik zurechnen. Als „inkremental" begreifen diese Autoren einen strategischen Ansatz, der nach dem folgenden Raster aufgebaut ist:

(1) Identifikation der gegenwärtigen Strategie.
(2) Bestimmung der Stärken und Schwächen (Ressourcenanalysen).

[199] So z.B. bei Wheelwright (Analysis), Zahn (Planung), S. 119, Picot & Lange (Gestaltung), S. 569ff.
[200] Vgl. ausführlich unten S. 221ff. dieser Arbeit.
[201] Vgl. (Analysis).
[202] Vgl. (Planung), S. 119.
[203] Vgl. (Gestaltung), S. 569ff.
[204] Vgl. (Business Policy).
[205] Vgl. (Unternehmungsführung).

(3) Bestimmung der Chancen und Bedrohungen aus der Umwelt (Umweltanalyse).
(4) Formulierung und Spezifikation einer Unternehmensstrategie.

Es ist dies die typische Schrittfolge, wie sie heute für die strategische Unternehmensplanung empfohlen wird.

Dieses Raster wird einem synoptisch-strategischen Planungsmuster gegenübergestellt mit den Schritten:

(1) Festlegung der langfristigen Unternehmensziele.
(2) Generierung von alternativen Strategien.
(3) Bewertung der Alternativen im Hinblick auf (1).
(4) Auswahl der geeignetsten Strategien.

Abgesehen davon, daß sich der Inkrementalismus in diesem Raster kaum wiedererkennen läßt[206], vermag die Ausschließlichkeit der beiden Schrittfolgen nicht einzuleuchten. Handelt es sich bei letzterer doch nur um die allgemeinere Darstellung dessen, was erstere auch intendiert. Aus der Gegenüberstellung von Umwelt- und Ressourcenanalyse erschließt sich der Raum möglicher Alternativen, aus denen schließlich auszuwählen ist. Auch Schema 1 kommt nicht ohne langfristige Ziele aus, auf die hin die (bestgeeigneten) Mittel auszuwählen sind[207].

Ein Unterschied zwischen den beiden Rastern ergibt sich nur dann, wenn man zweiteres so *extrem* ausformuliert, daß ein Planungsansatz, der ein so komplexes Problem wie die Unternehmensstrategie zum Gegenstand hat, gar nicht darunter fallen kann. Auf diese Weise definiert z.B. Milling[208] die gesamte strategische Planungslehre aus dem Bereich synoptischer Planungslogik hinaus. Er umreißt den Begriff synoptischer Planung wie folgt:

(1) Es existiert eine Zielfunktion.
(2) Alle Handlungsalternativen sind bekannt.
(3) Die mit jeder Alternative verbundenen Konsequenzen sind mit Sicherheit oder mit objektiver, zumindest aber subjektiver Wahrscheinlichkeit gegeben.
(4) Es existiert eine umfassende, kardinal definierte Nutzenfunktion aller möglichen Handlungs-Ergebnis-Folgen.
(5) Durch Algorithmen wird diejenige Parameterkonstellation ermittelt, die die vorgegebene Zielfunktion optimiert.

Nachdem die Kenntnis *aller* Handlungsalternativen – um nur einen Punkt herauszugreifen – vollkommene Information voraussetzt, niemand aber

[206] Vgl. dazu die Darstellung des inkrementalen Ansatzes nach Lindblom unten S. 222ff. dieser Arbeit.

[207] Das zeigt sich dementsprechend bei der experimentellen Anordnung von Picot & Lange (Gestaltung, S. 582), bei der auch für den inkrementalen Prozeß die Maximierung des ROI (Return on Investment) als Unternehmensziel vorgegeben wurde.

[208] Vgl. (Grundlagen), S. 61ff.

schon nicht in der Gegenwart, so erst recht nicht in der Zukunft über unternehmensstrategische Alternativen vollständig informiert sein kann, läßt sich strategische Planung grundsätzlich nicht unter die Rubrik synoptische Planungsrationalität fassen. Diese (argumentationsentlastende!) Ausklammerung geht indes an der Sache vorbei. Diskutiert man die Planungsrationalität, so hat man eine *Grundhaltung*, ein *basales Konzept* des Herangehens an Planungsaufgaben vor Augen und nicht spezielle Merkmale, die Problemen auferlegt werden müssen, um sie infinitesimalen oder sonstigen optimierenden Kalkülen zugänglich zu machen. Der synoptischen Planungslogik liegt u.a. als *Denkfigur* das Paradigma der rationalen Wahl zugrunde, d.h. salopp ausgedrückt: man muß wissen, was man will, prüfen, welche Handlungsmöglichkeiten dafür in Frage kommen und die bestgeeignete auswählen. Braybrooke und Lindblom resümieren: „In every respect, what we call ‚synoptic analysis' appears to correspond to good sense, fundamental notions of rationality, and scientific procedure"[209]. Wie exakt im mathematischen Sinne dieser Prozeß gemacht werden kann, ist kein essentieller Bestandteil dieser Denkfigur, obgleich ihr durchaus eine Quantifizierungsdynamik zu eigen ist. Wie wir oben gezeigt haben, umschließt aber der Kontext der synoptischen Planung gewöhnlich noch mehr, nämlich den Anspruch, Systeme *gesamthaft* zu planen[210].

Weitere Eigenarten des synoptisch-rationalen Planungsstils werden sich herausschälen lassen, wenn deskriptive Ansätze der strategischen Planung dargestellt sind. Ihr Hintergrund wird weitere, bislang nicht thematisierte Voraussetzungen sichtbar werden lassen.

[209] Braybrooke & Lindblom (Strategy), S. 41.

[210] In diesem Sinne bleibt das Modell unternehmenspolitischer Planung von Milling (Grundlagen, S. 15ff., 76ff.) fest in dem Boden des synoptischen Denkschemas verankert. Dasselbe gilt für den wesentlichen Teil der Lösungsskizze von Zahn (Entwicklungstendenzen), S. 176ff., ders. (Planung), S. 230ff.

4 Deskriptive Theorie unternehmensstrategischen Handelns

4.1 Ausgangspunkt und theoretische Wurzeln

Die rekonstruierende Darstellung der präskriptiven Lehre unternehmensstrategischen Planens, der das vorhergehende Kapitel gewidmet war, mußte mit Achtsamkeit und Zurückhaltung zu Werke gehen. Die jüngeren Entwicklungen auf dem Gebiet der Strategieforschung legen es allzu nahe, die Kritik und anpassende Reaktionen auf diese Kritik in die Darstellung einzubeziehen. In einem gewissen Umfange freilich ist dies unvermeidlich. Denn einmal gewonnene kritische Distanz läßt sich nicht mehr ohne weiteres *rückgängig* machen und in vielen Fällen ist es erst diese kritische Distanz, die es möglich macht, Konturen *klar* herauszuschälen. Und nur auf der Basis klarer Konturen läßt sich eine theoretische Auseinandersetzung sinnvoll führen.

Der „klassisch" präskriptive Ansatz in der eben dargelegten Form ist heute Gegenstand intensiver Reflexion und Problematisierung. Ein erster kritischer Impuls ging von „state of the art"-Studien aus, die den Entwicklungsstand der formalisierten strategischen Planung in der Praxis beschreiben wollten. Die Ergebnisse der (seit Ende der 60er Jahre häufig wiederholten) Erhebungen waren regelmäßig enttäuschend. So zieht Ringbakk nach seiner Befragung der größten amerikanischen Unternehmen im Jahre 1967 folgendes Resümee: „Organized corporate long range planning is neither as well accepted nor as well practiced as suggested by the literature on the subject"[1].

Über diese Gegenüberstellung von Planungsideal und Planungswirklichkeit hinaus ist aber grundlegend die Frage der Methodik zum Problem geworden. Präskriptive Modellentwürfe werden nun zunehmend als theoretisch unbefriedigend oder jedenfalls als nicht hinreichend empfunden. Immer häufiger wird eine *empirische Fundierung* verlangt, d.h. eine *deskriptive* Theorie[2]

[1] Ringbakk (Planning), S. 46.

[2] Der Terminus „deskriptiv" stellt auf die Form bzw. den methodischen Status der Aussagen ab: deskriptive im Unterschied zu präskriptiven Aussagen. Eine Unterscheidung zwischen Beschreibung und Erklärung, etwa in dem Sinne, wie in der „Unternehmensforschung" lange Zeit zwischen Beschreibungs- und Erklärungsmodellen differenziert wurde, ist hier nicht angestrebt und im übrigen methodisch auch schwer begründbar. Deskriptive Forschung umfaßt dann alle Arten von Forschungsrichtungen, angefangen von der naturwissenschaftlich-orientierten Kausalforschung über Fallanalysen bis zu Deutungsansätzen, sofern deskriptive Aussagen zugrunde liegen.

strategischer Planung[3]. Henry Mintzberg, als einer der Exponenten deskriptiver Strategieforschung, faßt das Unbehagen prägnant zusammen:

„There has been a tendency to prescribe prematurely in Management Policy – to tell how it should be done without studying how it is done and why."[4]

Und ähnlich beklagen Anshen und Guth früher schon in einem Überblicksaufsatz das theoretische Defizit der Disziplin und fordern Abhilfe durch eine systematische empirische Forschung auf breiter Basis[5].

Deskriptive Strategieforschung findet aber nicht erst seit diesem Umbruch im engeren Gebiet der Business Policy statt. Seit langem gibt es die *empirisch-ökonomische Entscheidungsforschung*, die mit Simon und seiner Auseinandersetzung mit den Prämissen des mikroökonomischen Gleichgewichtsmodells (homo oeconomicus) ihren Anfang nahm und im Fortlauf wesentlich durch James March geprägt wurde. Desweiteren gibt es seit vielen Jahren in der *Politikwissenschaft* eine Strömung, die strategische Entscheidungen von Regierungen rekonstruiert und die Logik ihrer Genesis kritisch reflektiert[6]. Diese Arbeiten haben die jüngere unternehmenspolitische Literatur nachhaltig beeinflußt. Im engeren Umkreis der Unternehmenspolitik war es die schon mehrfach angesprochene wirtschaftshistorische Forschung von Alfred Chandler, die den konkretesten Impuls für deskriptive Strategiestudien gab[7].

[3] Ihren deutlichen Ausdruck findet diese Umbruchsituation in dem von Schendel und Hofer herausgegebenen und viel beachteten Sammelband „Strategic Management", der das Resultat einer 1977 in Pittsburgh abgehaltenen Tagung ist, die die meisten der bekannten angloamerikanischen Forscher auf dem Gebiet der strategischen Planung zur Erstellung einer „Standortbestimmung" zusammenführte. Typisch für die Tendenz ist der Vermerk der Herausgeber, daß aus Zeitgründen von den ursprünglich 20 Sachgebieten 6 herausgenommen werden mußten: „In making this reduction, a principal criterion was whether sufficient empirical research had been done on the topic to warrant giving it major attention at the present time." Schendel & Hofer (Preface), S. VIII. Diesen Trend bestätigt die Studie von Saunders & Thompson (Survey).

[4] Mintzberg (Policy), S. 91.

[5] Vgl. Anshen & Guth (Strategies), S. 499.
Die Forderung, Strategieforschung deskriptiv zu betreiben, ist auf fruchtbaren Boden gefallen. Saunders & Thompson (Survey) resümieren die Auswertung der eingereichten Papiere zu der 1979er Tagung der Business Policy and Planning Division in der Academy of Management wie folgt: „there is reason to believe from the cross-section observed that the hopes ... for more rigour in research are being met in increasing numbers of instances", (S. 129). Am Rande sei auf die hier wie selbstverständlich vorgenommene Gleichsetzung von „rigour" und Empirie hingewiesen.

[6] Vgl. stellvertretend das viel beachtete Werk von Allison (Essence) über die Kuba-Krise in der Kennedy-Ära. Ferner die einflußreichen Arbeiten von Lindblom (Science).

[7] Vgl. Chandler (Strategy), sowie oben S. 58ff. dieser Arbeit.

4.2 Überblick über die deskriptive Strategieforschung

Eine nähere Betrachtung der zwischenzeitlich in großer Zahl vorliegenden deskriptiven Studien[8] zu strategischen Entscheidungen und zur Praxis der langfristigen Unternehmensplanung zeigt eine geradezu verwirrende *Vielfalt* unterschiedlicher Stoßrichtungen und theoretischer Absichten. Eine Darstellung der deskriptiven Forschung verlangt daher vorab eine *Ordnungsleistung*. Es stellt sich die Frage, nach welchen Gesichtspunkten die einzelnen Studien zu sinnvollen, d.h. das Feld in informativer Weise strukturierenden Klassen zusammengefaßt werden können. Das Ergebnis unserer Überlegungen zeigt Abbildung 25 im Überblick.

Den Kern der deskriptiven Strategieforschung bilden zweifellos – meist fallstudienartig angelegte – *Prozeßanalysen*, die die faktischen Bedingungen der Strategieformulierung und -implementation beschreiben und durch den Aufweis von Bestimmungsgründen erklären. Oder wie Bourgeois es ausdrückt: „The *descriptive* literature (. . .) has tended to rely on case analyses to explain how strategy is ‚really' formed"[9]. Wir wollen diese „klassische" Ansatzweise im Fortlauf als „*Deskriptive Strategieanalyse*" bezeichnen.

Daneben findet sich – verstärkt in *jüngerer Zeit* – eine ganze Reihe anders gearteter deskriptiver Studien zur strategischen Planung. Eine nähere Durchsicht zeigt, daß sie konzeptionell enger am referierten präskriptiven Modell der strategischen Planung orientiert sind und in der Tendenz auf eine *empirisch-fundierte, technologische* Verbesserung der Gestaltungsempfehlungen abstellen. Zum Teil gehen die Ansprüche weiter – hin auf eine empirische (Kausal-)Theorie der Unternehmensstrategie; manche Studien verstehen sich dagegen als reine Bestandsaufnahmen. Dennoch scheint uns die generelle Stoßrichtung richtig interpretiert, sie ergibt sich zumeist aus dem *Kontext*, in den diese Untersuchungen gestellt sind. Wir wollen alle diese Studien unter dem lockeren Band „*Empirische Planungsforschung*" zusammenfassen.

Als Vorläufer der deskriptiven Strategieforschung sind zweifellos die vielen Fallstudien anzusehen, die an praktischen Beispielen recherchiert für den Hochschulunterricht zu Demonstrationszwecken erarbeitet wurden.

Deskriptive Strategieanalysen liegen in weit verstreuter Form vor. Ihre Stoßrichtungen sind uneinheitlich, ihre Implikationen umstritten. Der sinnvollste Weg, sie zu ordnen, erschien uns, nach dem theoretischen Hintergrund zu fragen, der der Beschreibung des strategischen Prozesses Orientierung verleiht und dessen Eigentümlickeit begründen soll. Die Frage also, auf welche Weise das Problem der Beschreibung angegangen, welche Analysekategorien

[8] Siehe dazu auch Blum, Müller-Böling & Schmidt (Bibliographie).

[9] Bourgeois (Strategy), S. 26.

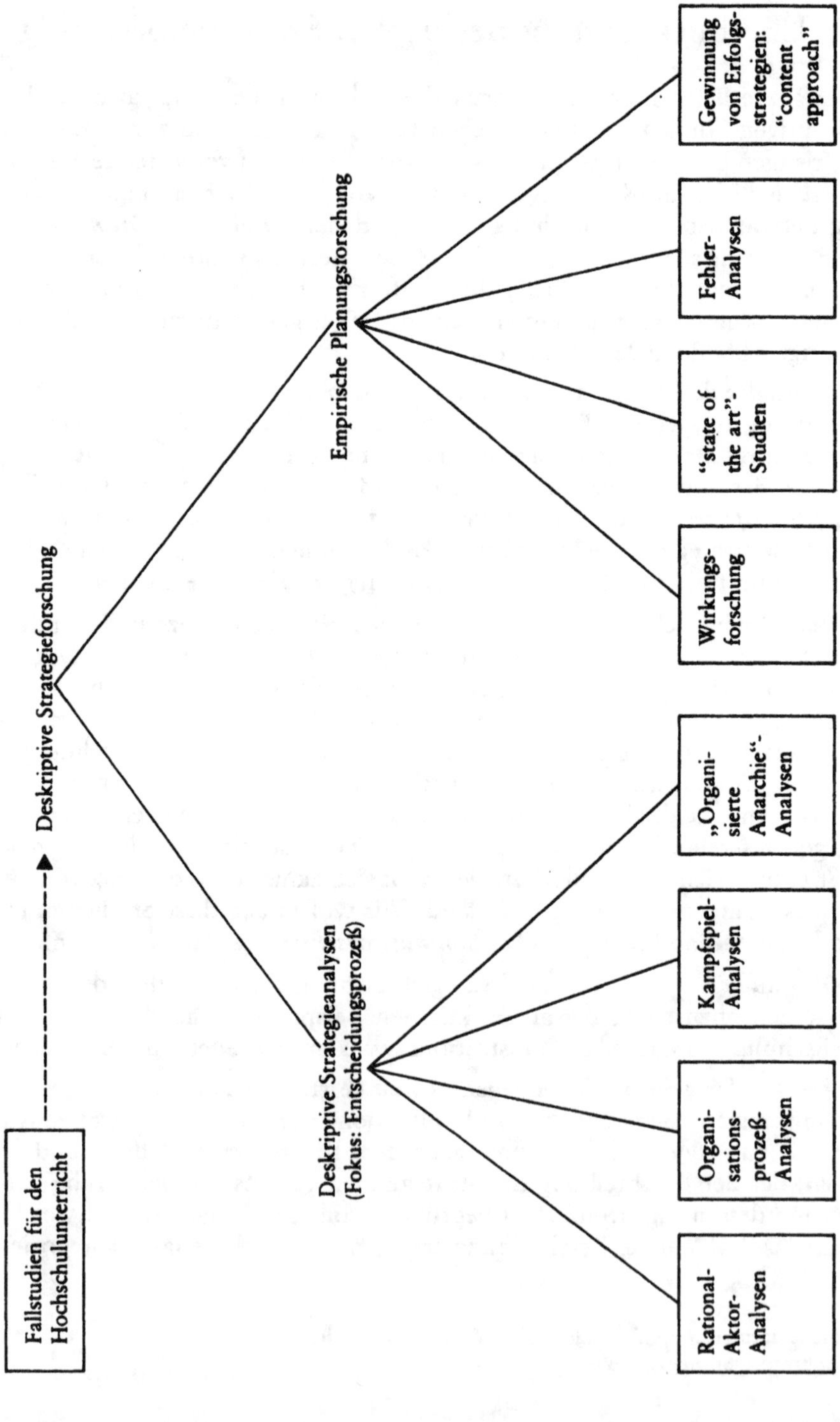

Abb. 25: Deskriptive Strategieforschung im Überblick

zugrundegelegt, welche Prozeßabschnitte ausgewählt und wie die Logik der Prozeßfolge zu verdeutlichen versucht werden.

Eine nähere Durchsicht ergab, daß sich im wesentlichen *vier Analysemuster* unterscheiden lassen, die wir pointierend als Paradigmen[10] auslegen wollen; sie sind nachstehend in fallender Folge hinsichtlich ihrer Nähe zum präskriptiven Modell gereiht[11]:

(1) *Das Paradigma des rationalen Aktors (bzw. Strategen)*
Die Strategiewahl wird erklärt, indem strategische Ziele angegeben werden, die diese Handlung zweckmäßig (optimal) erscheinen lassen.

(2) *Das Organisationsprozeß-Paradigma*
Strategische Entscheidungen sind das Resultat des vielfältigen Zusammenwirkens organisatorischer Subsysteme, von denen jedes bestimmte, den Entscheidungsprozeß prägende Ziele, Entscheidungsprogramme und Routinen hat.

(3) *Das Kampfspiel-Paradigma*
Unternehmensstrategien sind das Ergebnis interner politischer Prozesse, die von einer Vielzahl einzelner „Spieler" mit unterschiedlichen Interessen und Vorstellungen getragen werden.

(4) *Das Paradigma der „organisierten Anarchie"*
Strategische Entscheidungen sind nicht das Ergebnis eines Problemlösungsprozesses, sondern vielmehr das Resultat mehr oder weniger zu-

[10] „Paradigma" wird hier natürlich nicht im Sinne von Kuhn (Struktur) verstanden. Universelle Paradigmen, wie sie Kuhn für die Naturwissenschaften beschreibt, kann es in den Sozialwissenschaften nicht geben; vgl. zur Begründung von Wright (Erklären), S. 176f., Gabriel (Begriffsbildung), S. 445ff. Wir wollen hier mit „Paradigma" vielmehr Grundmuster oder Denkfiguren bezeichnen, die als Grundlage von theoretischen Erklärungen, aber auch entscheidungslogischen Modellen verwendet werden. Es sind also allgemeine Vororientierungen, die dann zu spezielleren Theorien und Modellen Veranlassung geben; sie lenken die Aufmerksamkeit auf bestimmte Aspekte und stellen spezifische Zusammenhänge her (z.B. strategische Wahl als politischer Prozeß). Die Wahl eines solchen Paradigmas ist keine Frage der Beliebigkeit, sondern unterliegt ebenso der Begründungspflicht wie andere theoretische Sätze auch, nur ist diese aufgrund des Sonderstatus der Sätze besonders schwer einzulösen.

[11] Die Bildung der ersten drei Kategorien lehnt sich an Allison (Essence), ders. (Modelle) an. Obwohl für einen anderen Zweck gedacht, nämlich den, die Entscheidungsprozesse in der amerikanischen Regierung während der sog. Kuba-Krise anhand von drei alternativen Modellen zu beschreiben, erwiesen sie sich für unser Vorhaben als sehr gut geeignet. Die vierte Kategorie, das Modell der „organisierten Anarchie", erschien eine zwingende Ergänzung zu sein; die Arbeiten vor allem von March & Olsen (Ambiguity) sind einerseits hinreichend originell und haben andererseits eine so breite Anerkennung und Verwendung gefunden, daß die Kennzeichnung eines gesonderten Paradigmas geboten erschien. Die meisten dieser Arbeiten sind erst nach Allisons Veröffentlichung erschienen. Die vier Kategorien sind nicht ganz überschneidungsfrei, unterscheiden sich aber doch hinreichend markant, so daß eine Zuordnung möglich wird.

fälliger Ereignisse, die sich erklären aus dem Zusammentreffen von aktuell verfügbaren Entscheidungsgelegenheiten, aus dem Strom artikulierter Probleme, aus Lösungen, die nach Problemen suchen, aus den fluktuierenden Teilnehmern und schließlich aus externen Ansprüchen an die Unternehmung.

Nicht jede Studie läßt sich eindeutig einer dieser Kategorien zuordnen; manche verwenden mehrere dieser Paradigmen nebeneinander, um die Firmen des Samples und ihr strategisches Handeln zu kennzeichnen.

Die deskriptiven Strategieanalysen bilden in ihren Beschreibungen strategischer Prozesse – mit Ausnahme von Kategorie (1) – einen markanten Kontrapunkt zu den Präskriptionen der Strategielehre.

Die Studien der *„Empirischen Planungsforschung"*, unsere zweite große Klasse der deskriptiven Ansätze (vgl. Abb. 25), lassen sich nicht so sinnfällig zueinander in Beziehung setzen. Sie gruppieren sich lose um folgende thematischen Schwerpunkte:

(1) *„state of the art"-Studien*

Sie prüfen, inwieweit die Praxis den Geboten der Strategielehre Folge leistet. Untersucht wird dabei zumeist, in welchem Umfang geplant wird, wieweit der Planungsprozeß formalisiert ist, welche Prognose- und sonstigen Planungs-Methoden Anwendung finden, in welcher Form die strategische Planung organisatorisch verankert ist, in welchem Umfange das Top-Management an der Strategieformulierung beteiligt ist, inwieweit kurz-, mittel- und langfristige Planung verknüpft sind usw.[12].

Wie schon erwähnt, sind die Ergebnisse dieser Befragungen für die Vertreter des präskriptiven Ansatzes durchgängig enttäuschend, die Abweichungen zwischen Ideal und Wirklichkeit erheblich. Die Anschlußüberlegungen beschäftigen sich vielfach mit der Frage, wie die Akzeptanz der Verfahrensvorschläge und Methoden erhöht werden kann. In den neueren Untersuchungen werden dann auch häufig zusätzliche Deskriptoren erhoben, die die geringe oder die stark differierende Akzeptanz erhellen sollen (z.B. Größe des Unternehmens, Branche, Planungsmentalität des Führungskaders)[13].

[12] Vgl. für die Bundesrepublik Strigel (Planning), Brockhoff (Planung), Töpfer (Entwicklungsstand), Keppler, Bamberger & Gabele (Organisation), Kreikebaum & Grimm (Unternehmensplanung) u. a. m., für Frankreich Schöllhammer (Planning), für Großbritannien Taylor & Irving (Planning), Bazzaz & Grinyer (Planning), für die Niederlande Keuning et al. (Practice), für die USA Ringbakk (Planning), Lorange (Role), jüngst: Boulton, Lindsay & Rue (Companies); im Hinblick auf die Verwendung integrierter Simulationsmodelle der strategischen Planung in USA, Kanada und Europa vgl. Naylor & Schauland (Experience).

[13] Vgl. z.B. Keppler, Bamberger & Gabele (Planung).

(2) *Fehleranalysen*

Ein anderer Strang von Studien sucht *typische Fehler* zu identifizieren, die das normative Modell strategischer Planung nicht oder nur in Teilen zur Geltung kommen lassen[14]. Als Gründe für das Scheitern werden an vorderster Stelle immer wieder genannt:

- Unternehmensleitung delegiert die Planungsfunktion an Planungsstäbe und beteiligt sich selbst zu wenig (geringer Stellenwert);
- es werden keine hinreichend klaren langfristigen Unternehmensziele als Grundlage für die strategische Planung bestimmt;
- der Langfristplan bleibt ein Fremdkörper im Führungsprozeß;
- operative und strategische Planung laufen parallel, es findet keine Planintegration statt;
- als besonderes Problem wird immer wieder die mangelnde Verknüpfung von Investitionsplanung und strategischer Planung hervorgehoben[15].

(3) *Wirkungsforschung*

Eine weitere Reihe von Studien stellt darauf ab, empirisch zu prüfen, ob die Einführung eines formalisierten strategischen Planungssystems die in Aussicht gestellten *Wirkungen* zeigt; ob also Firmen, die ein solches Planungssystem haben, erfolgreicher sind als „planungslose" Firmen[16]. Die Studien kommen zu keinem eindeutigen Ergebnis; vermutlich läßt sich auch auf dieser allgemeinen Ebene (Zurechnungsproblematik, Vergleichbarkeit etc.) keine Antwort finden.

(4) *Gewinnung von Erfolgsstrategien*

Eine weitere, noch sehr junge Strömung empirischer Strategieforschung, die ebenfalls an das präskriptive Modell und die ihm zugrunde liegende Planungsrationalität anschließt, sucht nach empirischen Regelmäßigkeiten in den Bedingungen strategischen Erfolgs. Zumeist wird hier von *„inhaltlicher Strategieforschung"* (content approach) im Unterschied zum Prozeßansatz (deskriptive Strategieanalyse) gesprochen[17].

Ziel dieser Studien ist es, Erfolgsstrategien („Normstrategien") durch *gesetzesmäßige Beziehungen* zu generieren und/oder empirisch zu untermau-

[14] Vgl. insbesondere Steiner (Pitfalls), Ringbakk (Planung).

[15] So erst jüngst wieder Steiner (United States): „It would seem logical, both in theory and practice, for capital allocations to be linked tightly with decisions made in the planning process. This, however, is not the case in many companies" (S. 16).

[16] Vgl. z.B. Ansoff et al. (Planning), Rue & Fulmer (Planning), Kudla (Effects); weitere Studien referiert Hofer (Research), S. 262ff.

[17] Vgl. Bourgeois (Strategy), S. 29, Hofer (Research), S. 272.

ern. Ein typischer Ansatz dieser Richtung ist die „Kontingenztheorie der Unternehmensstrategie" von Hofer[18], die aus unterschiedlichen Vorlagen einen Satz testbarer Hypothesen herausdestilliert. Eine der so gefundenen Basishypothesen lautet z.B.:

„Die fundamentalste Variable zur Bestimmung einer geeigneten Geschäftsfeldstrategie ist die Phase im Produktlebenszyklus"[19].

Die Formulierung dieser Hypothese zeigt bereits – wie alle anderen dort postulierten auch – die Nähe zum präskriptiven Ansatz und die Schwierigkeit, überhaupt deskriptive Hypothesen mit der anvisierten Zielrichtung aufzustellen[20].

Weitere bekannte Beispiele sind etwa Kitchings Akquisitionsstudien[21]; eine seiner Hypothesen lautet: „Als Methode, um den europäischen Markt für U.S.-amerikanische Firmen zu erschließen, ist die Akquisition weniger profitabel als der Aufbau einer eigenen Tochtergesellschaft"; oder etwa die Studie von Rumelt[22], die u.a. zu dem Ergebnis kommt, daß konglomerate Diversifikation weniger erfolgsträchtig ist als eine Diversifikation in verwandte Produkt-Märkte[23]. Ebenfalls zu diesem Bereich lassen sich die Ansätze der *„quantitativen Strategieforschung"*[24] zählen sowie allgemein fundierende empirische Studien, die etwa Marktanteil und Rentabilität in Beziehung setzen[25].

Derartige Bemühungen, Normstrategien als empirische Quasi-Gesetzmäßigkeiten zu generieren, sind jedoch nicht nur in methodischer Hinsicht mit Skepsis zu betrachten. Hatten, Schendel & Cooper[26] als Exponenten der *„quantitativen* Strategieforschung" können in ihrer Untersuchung innerhalb der amerikanischen Brauindustrie zwar „strategische Gruppen" (Firmen mit ähnlicher strategischer Orientierung[27]) identifizieren, kommen dann aber doch zu dem – gemessen an der theoretischen Absicht – resignierenden Resümee: „this initial effort in modeling business strategy supports the hypothesis, and policy's tradition, that no industry is homogeneous: Different

[18] Vgl. (Theory), siehe auch die Fortführung bei Jauch, Osborn & Glueck (Success).

[19] Hofer (Theory), S. 798 (Übers. d. d. Verf.).

[20] Obige Hypothese ist ganz offenkundig ein Mixtum aus deskriptiven und präskriptiven Elementen, das streng genommen in der vorliegenden Form gar nicht empirisch testbar ist.

[21] Vgl. Kitching (Mergers), ders. (Winning).

[22] Vgl. (Strategy), S. 123ff.

[23] Zu zahlreichen weiteren Untersuchungen vgl. das Sammelreferat von Hofer (Research), S. 272, sowie Hatten & Schendel (Role), Bourgeois (Strategy), S. 28ff.

[24] Eine ausführliche Darstellung dieser speziellen, zumeist mit multivariaten Methoden arbeitenden Richtung geben Hatten & Schendel (Role), Hatten (Methods).

[25] Vgl. hierzu stellvertretend die PIMS-Studie: Buzzell, Gale & Sultan (Market Share), Schoeffler, Buzzell & Heany (Impact), sowie oben S. 93.

[26] Vgl. (Model).

[27] Vgl. oben S. 53f. dieser Arbeit.

strategies are required for different firms with their different resources"[28]. Schon rein logisch stehen ja auch strategische Originalität und „normierte" Strategien in einem Spannungsverhältnis zueinander. Inwieweit diese Schlußfolgerungen die ganzen Bemühungen, Normstrategien zu modellieren, in Frage stellen und also letztlich dem LCAG-Ansatz mit seiner Betonung der je spezifischen strategischen Entscheidungssituation[29] – auf Umwegen – Recht geben, bedarf einer gesonderten Prüfung, die außerhalb unserer Thematik liegt. Was aber – später – noch einmal ausführlicher aufgegriffen werden muß, ist die Frage, ob das von dieser Strömung anvisierte Forschungsziel mit dem Prinzip standardisierter Replizierbarkeit als methodisches Grundgerüst für eine Theorie der Unternehmensstrategie dienen kann. Das Problem, das sich hier nämlich sofort ergibt, ist, daß unternehmensstrategische Analyse – wie im ersten Kapitel ausführlich demonstriert – logisch zwingend einen Handlungsspielraum zur Voraussetzung hat und daß dieser Freiraum folglich auch in einer Theorie der Unternehmensstrategie seinen Niederschlag finden müßte.

Nachdem sich diese zweite Klasse deskriptiver Studien, die hier natürlich nur holzschnittartig umrissen wurde, von der präskriptiven Strategielehre nur in methodischer Hinsicht unterscheidet, nicht aber in der grundsätzlichen Orientierung – das Rationalitäts-Paradigma der Planungslehre wird beibehalten –, erscheint es nicht notwendig, sie hier breiter darzustellen[30]. Einzelne Ergebnisse dieser Studien sollen jedoch – wie bisher auch schon geschehen – überall dort, wo es erhellend erscheint, in die Diskussion eingeflochten werden. Das insbesondere von der „Content"-Forschung aufgeworfene *Grundlagenproblem* der methodischen Basis unternehmenspolitischer Aussagen wird in Kapitel 6 noch einmal aufgegriffen.

In der Behandlung des deskriptiven Teils wollen wir uns im Fortlauf ganz auf die theoretisch kontrastierende deskriptive Strategieanalyse konzentrieren.

4.3 Der Strategiebegriff in der deskriptiven Strategieanalyse

Das Bemühen, die *Herausbildung* von Strategien zu *beschreiben*, führte rasch zu der Notwendigkeit, den Strategiebegriff in anderer Weise zu fassen als

[28] Hatten, Schendel & Cooper (Model), S. 608.

[29] Vgl. hierzu oben S. 120f. dieser Arbeit; ferner die Anmerkungen Bourgeois (Strategy), S. 28f.

[30] Relativ umfassende Darstellungen finden sich bei Hofer (Research), S. 264ff., Zahn (Planung), S. 52ff.

dies in der präskriptiven Literatur der Fall war. Insbesondere wollte man auch dort strategische Entscheidungen studieren, wo kein formelles Planungssystem installiert war oder aber – komplizierter – wo die faktisch verfolgte Strategie nicht mit der offiziell geplanten übereinstimmte. Strategie in diesem Sinne ist ein Beschreibungs-Terminus, der bestimmten Mustern von Entscheidungen in Organisationen zuerkannt wird, unabhängig davon, ob die Akteure selbst diese als strategische Entscheidungen interpretieren und behandeln[31]. Quinn schreibt hierzu: „Yet often the existence of a strategy (or strategy change) may be clear to an objective observer, although it is not yet apparent to the executives making critical decisions“[32].

Strategie ist damit zunächst einmal ein *retrospektives Konstrukt*, ein ordnendes Instrument des Beobachters. Damit ist jedoch nur etwas über die Vorgehensweise bei der Analyse gesagt. Ob die Entscheidungsträger Strategien auch retrospektiv begreifen – wie manche Autoren behaupten[33] –, kann nur die Analyse selbst beantworten.

Mintzberg hat in seiner Forschung den Versuch unternommen, den häufig nur latent gebliebenen deskriptiven Strategiebegriff zu präzisieren und seine Spannweite aufzuzeigen. Er unterscheidet zwei Strategie-Dimensionen[34]:

(1) intendiert – emergent (nicht-intendiert)
(2) realisiert – nicht realisiert.

Kombiniert man beide Dimensionen in dieser dichotomen Ausprägung, so ergeben sich (vgl. Abb. 26) drei relevante Grundtypen von Strategien:

- Emergente Strategien,
- nicht-realisierte Strategien und
- bewußt-formulierte Strategien.

nicht realisiert	realisiert	
intendierte, aber nicht realisierte Strategien: "*Unrealized* Strategy"	intendierte und realisierte Strategien: "*Deliberate* Strategy"	intendiert
(nicht realisiert/ nicht intendiert)	realisierte, aber nicht intendierte Strategien: "*Emergent* Strategy"	emergent

Abb. 26: Klassifikationsschema für Unternehmensstrategien nach Mintzberg

[31] Vgl. Hedberg & Jönsson (Process), S. 90.
[32] Quinn (Strategies), S. 9.
[33] Z.B. Hedberg & Jönsson (Process), S. 90, Weick (Social Psychology, 1st ed.), S. 101ff.
[34] Vgl. Mintzberg (Patterns), S. 945.

Der vierte Grundtyp „nicht realisiert/nicht intendiert" ist zwar logisch möglich, praktisch aber nicht vorstellbar. *Dynamisch* betrachtet können ferner die Grundtypen ihre Gestalt wechseln: Intendierte Strategien geraten im Laufe ihrer Realisierung zu emergenten oder emergente Strategien werden formalisiert und zu intendierten (deliberate) erklärt[35]. Diese Klassifikation beschreibt u.E. – obwohl von Mintzberg gar nicht zu diesem Zweck entworfen – recht gut das Spektrum analysierter Strategien in deskriptiven Studien. In Fallanalysen werden besonders häufig „emergente" Strategien beschrieben.

Was aber wird über diese formale Klassifikation hinaus in diesen Ansätzen unter Strategie verstanden oder, anders gesagt, wodurch zeichnen sich dort strategische Entscheidungen im Unterschied zu anderen Entscheidungen aus? Auf diese Frage läßt sich nur schwer eine generelle Antwort geben, weil die deskriptiven Ansätze hier sehr weit differieren, was nicht zuletzt auf die verschiedenen zugrunde gelegten Paradigmen zurückzuführen ist. Die Palette reicht von eng an den präskriptiven Ansatz angelehnten Definitionen bis hin zur bloßen Bestimmung der Entscheidungsstruktur. Den Auftakt für deskriptive Strategieanalysen gab Chandler mit seinen Forschungen, er definierte Strategie ganz im Einklang mit der präskriptiven (Harvard-)Schule: „the determination of the basic long-term goals and objectives of an enterprise, and the adoption of courses of action and the allocation of resources necessary for carrying out these goals"[36].

Sehr viel abstrakter setzen Jauch und Osborn ihren Strategiebegriff an, wenn sie Strategie definieren als „the combination (profile) of environmental, contextual, and structural elements affecting an organization at any one time"[37].

Von den meisten jüngeren Studien wird allerdings ein noch abstrakterer Strategiebegriff bevorzugt. Mintzberg hat hier mit seinem Konzept zweifellos

[35] Vgl. Mintzberg (Patterns), S. 946.

[36] Chandler (Strategy), S. 13. Historisch gesehen war dies nicht bloß die Herausformung einer Strategiedefinition für deskriptive Zwecke, sondern Chandler hat damit auch einen wichtigen Anstoß für die präskriptive Literatur gegeben, den Strategiebegriff zu präzisieren. Seine Definition wird heute immer noch auf weiten Strecken als maßgeblich betrachtet. Ganz in diesem Sinne begreift z. B. Mazzolini (Decisions) in seiner jüngst publizierten Studie strategische Entscheidungen: „Strategic decisions are defined as the commitments to action and the resource allocations which determine the field of activity of the firm – what endeavors it pursues ... Strategic decisions also refer to how such endeavors are pursued in terms of the way key corporate resources are raised and allocated." (S. 85).

[37] Jauch & Osborn (Theory), S. 492 (im Original z.T. gesperrt); die Autoren wollen mit dieser Definition zugleich darauf aufmerksam machen, daß ihre Analyse an dem Zusammenpassen (Fit) verschiedener Konstellationen ansetzt und nicht an die präskriptive Schrittfolge der Strategieformulierung anschließt.

einen Marktstein gesetzt; er definiert Strategie schlicht als „ a pattern in a stream of decisions"[38]. Er erläutert die Logik dieser Begriffsbildung anhand eines Beispiels aus der Politik: Richard Nixon traf am Anfang seiner Amtszeit mehrere Entscheidungen, die den südlichen Bundesländern Vorteile brachten. Die Presse sprach daraufhin von der „Südstrategie" und analysierte diese im Hinblick auf die Gewinnung zukünftiger Wählerschaften.

Definitionen dieser Art sind allerdings so weit von den Entscheidungsinhalten losgelöst, daß man sich fragen muß, ob – wenn von deskriptiver *Strategieforschung* die Rede ist – überhaupt noch ein Bezug zur präskriptiven Literatur hergestellt werden kann. Müßte man nach dieser Definition nicht Routineentscheidungen eines Vorarbeiters, etwa zur Arbeitsverteilung, auch als Strategie bezeichnen, stellen sie doch durch ihre Wiederkehr ein Muster in einem Strom von Entscheidungen dar?

Ein Blick in die vorgelegten Strategieanalysen zeigt jedoch, daß die Definitionen unvollständig sind, daß regelmäßig nur ***bestimmte Entscheidungsinhalte*** mit dem Wort „Strategie" verknüpft werden[39]. So handelt es sich durchgängig um ***komplexe*** Entscheidungen, die für die Organisation von ***besonderer Bedeutung*** sind[40]. Die analysierten Entscheidungen beziehen sich auf die Bestimmung der „Domäne" (Produkte/Märkte einschließlich Akquisition und Gründung neuer Unternehmensbereiche), die Festlegung und Koordination des Ressourceneinsatzes (Budgetierung, Anschaffung neuer Technologien), weitreichende Innovationen oder die Handhabung tiefgreifender

[38] Mintzberg (Patterns), S. 935, vgl. ähnlich auch Snow & Hambrick (Measuring), S. 528 und die dort vorgelegten Argumente für eine solche Konzeptualisierung. Häufig wird das innovative Element in die Definition mit eingeholt; Narayanan & Fahey (Micro-Politics) seien hierfür stellvertretend angeführt: „*Strategic* refers to those decisions that have not been encountered before in quite the same form, for which no predetermined and explicit set of ordered responses exists in the organization, and which are important in terms of the resources committed or the precedents set" (S. 25). Einschränkender ist das Konzept von van Cauwenbergh & Robaeys (Functioning), wenn sie Strategie definieren als „reasoned reactions in new situations" (S. 20). Dieses Konzept ist zwar einerseits sehr breit, grenzt aber auf der anderen Seite Emergenz-Phänomene aus, die Mintzberg mit guten Gründen auch der Strategieanalyse zugänglich machen möchte.

[39] Zu demselben Ergebnis kommen auch Snow & Hambrick (Measuring), S. 528.

[40] So ausdrücklich auch Mintzberg und Mitarbeiter anläßlich einer Analyse 25 strategischer Entscheidungsprozesse; dort heißt es: „strategic simply means important, in terms of the actions taken, the resources committed, or the precedents set". Mintzberg, Raisinghani & Théorêt (Structure), S. 246. Eine nahtlose Übereinstimmung ergibt sich hier mit den Attributen strategischer Entscheidungen bei Hanssmann (Rolle, S. 32): Irreversibilität, langfristige Wirkung, hoher Ressourceneinsatz, große Wirkungsbreite, Unsicherheit der Begleitumstände. Auch die Nähe zu Gutenbergs „echten Führungsentscheidungen" ist evident; sie zeichnen sich ja dadurch aus, daß sie eine hohe Bedeutung für die Vermögens- und Ertragslage besitzen, auf das Ganze des Unternehmens gerichtet, und nicht delegierbar sind. Vgl. Gutenberg (Unternehmensführung), S. 59f.

Krisen[41]. Die Betrachtungsebene – ob Geschäftsfeld oder Gesamtunternehmen – variiert[42].

4.4 Grundmuster deskriptiver Strategieanalyse

Die Darstellung der deskriptiven Strategieanalysen erfolgt anhand der vier gezeigten Paradigmen. Dabei werden nur eigenständige Analysen berücksichtigt, d.h. nur solche Ansätze, die *systematisch* Gründe dafür angeben, warum der strategische Planungs- und Entscheidungsprozeß in der geschilderten und nicht auf andere Weise verlief.

4.4.1 Das Paradigma des rationalen Aktors[43]

Die geläufigste Form der Analyse unternehmensstrategischer Aktionen betrachtet die Unternehmung als rationalen Aktor. Eine bestimmte strategische Aktion, etwa der Kauf einer anderen Unternehmung oder die Ausdehnung der Produktpalette, wird als das Ergebnis eines Entscheidungsprozesses interpretiert, an dessen Ende die Wahl eines optimalen Mittels (Kauf/Ausdehnung) zur Erreichung eines strategischen Zieles stand. Zumeist werden zusätzliche Strategiealternativen mit erhoben oder aber – über eine Situationsanalyse – fingierend in die Analyse einbezogen. Denn erst durch den Vergleich der Konsequenzen, die den einzelnen Alternativen zum Entscheidungszeitpunkt zuzuschreiben waren, kann die beobachtete Aktion als Resultat einer optimalen Mittelwahl beschrieben werden. Ist das strategische Ziel nicht bekannt oder mißtraut man der Triftigkeit des vom Aktor selbst benannten Zieles, so wird von der ergriffenen Handlung bzw. der erzielten Wirkung auf das (latente) Ziel geschlossen. Die Herbeiführung einer bestimmten Situation ist dann das Handlungsziel, das bei strategischen Analysen gegebenenfalls wieder auf ein allgemeineres, eben strategisches Ziel zurückgeführt wird. Zu erinnern ist hier insbesondere an die Mintzbergsche Strategiekonzeption, die nicht bei *einer* Handlung ansetzt, sondern dazu auffordert, ein *Muster* in einem Strom von Entscheidungen zu lokalisieren und

[41] Snow & Hambrick (Measuring) gehen davon aus, daß strategische Entscheidungen in Strategieanalysen typischerweise gerichtet sind auf: „(1) maintaining the organization's alignment with its environment and (2) managing its major internal interdependencies" (S. 528). Obwohl hier zweifellos die Akzente etwas anders gesetzt sind, ergibt sich kein Widerspruch zu unserem Resümee.

[42] Vgl. die Zuordnung bekannterer deskriptiver Studien zu diesen beiden Ebenen bei Bourgeois (Strategy), S. 30.

[43] Die folgende Darstellung ist angelehnt an Allison (Essence), S. 10ff., insbes. S. 29ff.

erst dieses Muster, d.h. also immer wiederkehrende oder miteinander in Beziehung stehende Entscheidungen einschließlich ihrer Wirkungen, durch zugrundeliegende strategische Ziele zu deuten. Häufiger jedoch wird eine Einzelentscheidung (z.B. der Erwerb eines anderen Unternehmens zum Zwecke der Diversifikation) betrachtet, die die strategische Position einer Firma grundlegend geändert hat. Es erweist sich letztlich als eine Frage der Wahl der Aggregationsebene, an der mit der Deutung begonnen wird (Funktionalbereichs-, Geschäftsfeld-, Unternehmensebene), und in welchem Umfang die vorgelagerten (Teil-)Entscheidungen der Strategieformation mit einbezogen werden.

Das Vorgehen in den Rational-Aktor-Studien ist von der Methodik her nichts anderes als das klassische Verfahren der *Deutung individueller Handlungen*[44]. Durch die – z.T. fingierende – Rekonstruktion der Entscheidungssituation wird die gewählte Handlung oder – wie das bei Strategien zumeist der Fall ist – das Gerüst von Handlungen als *Strategie* verstehbar und beurteilbar.

Diese Art der Analyse ist insbesondere bei der Beschreibung *erfolgreichen* unternehmerischen Handelns anzutreffen. Sie findet sich in Tageszeitungen ebenso wie in der Wirtschaftspresse, in betriebswirtschaftlichen Abhandlungen (etwa über unternehmerische Pionierleistungen) ebenso wie in wirtschaftshistorischen Analysen. Die wissenschaftlich wohl einflußreichsten Analysen dieser Art hat Chandler mit der Analyse der Strategien von General Motors, Sears, Roebuck and Company, Du Pont und Standard Oil vorgelegt[45].

Die Analysen strategischer Entscheidungen nach dem Muster des Rationalaktors arbeiten mit zwei zentralen Prämissen[46]:

(1) Die Unternehmung handelt wie ein rationaler *Individualaktor*. Nicht selten wird die Unternehmung mit dem Unternehmer oder dem Top-Manager in eins gesetzt. Die Unternehmung handelt als *monolithische Einheit*; Beschlüsse der Unternehmensspitze werden friktionsfrei in Handlungen umgesetzt.

(2) Die Unternehmung hat *klar geschnittene Ziele*, die ihre Handlungen eindeutig bestimmen, und es werden diejenigen Handlungen ergriffen, die sich am geeignetsten erweisen, die gewünschten (Ziel-)Zustände zu erreichen.

[44] Zur Methode der Deutung bzw. zur Problematik des Sinnverstehens vgl. Schwemmer (Theorie), Habermas (Logik), S. 184ff.

[45] Vgl. Chandler (Strategy); es sei hier nicht verschwiegen, daß Chandler zu kleinen Teilen auch von anderen Paradigmen (insbesondere Paradigma 3) Gebrauch macht. Die große Linie der Handlungsdeutung folgt aber ganz zweifellos dem Rationalmodell. Zu anderen Analysen von Chandler nach dem Rationalmodell vgl. ders. (Hand), ders. (Enterprise).

[46] Vgl. neben Allison (Essence), S. 32ff., auch Mazzolini (Decisions), S. 85f.

Diese zwei Prämissen lassen schon hinreichend deutlich werden, daß in Rational-Aktor-Studien wesentliche Elemente des präskriptiven Modells eine *deskriptive Verwendung* finden. Gerade diese Verwendbarkeit für deskriptive Zwecke stellen aber Studien, die mit den Paradigmen 2 bis 4 arbeiten, grundsätzlich in Frage. Die Vertreter dieser Ansätze bescheinigen dem präskriptiven Modell nicht nur einen fundamentalen Mangel an deskriptiver Gültigkeit, sondern leiten daraus zugleich grundsätzliche Zweifel an dessen präskriptiver Fruchtbarkeit ab[47]. Diese Perspektiven gilt es im folgenden zu entfalten.

4.4.2 Das Organisationsprozeß-Paradigma

4.4.2.1 Basischarakteristika[48]

Ein zentraler, wenn nicht sogar *der* zentrale Angriffspunkt aller folgenden deskriptiven Ansätze wendet sich gegen die Vorstellung des Rational-Modells, die Unternehmung könne quasi monolithisch als rational entscheidender Aktor betrachtet werden. Stattdessen wird darauf verwiesen, daß Unternehmen und insbesondere Großunternehmen komplexe Gebilde darstellen mit einer Vielzahl im Zuge der Arbeitsteilung gebildeter Abteilungen, einem breit gefächerten Netz von Koordinationsmechanismen, differenzierten Informationsaufnahme- und -verarbeitungsstellen usw., kurz: „Organization is bias"[49]. Alle diese Subsysteme und Mechanismen entfalten eine nicht unbeträchtliche *Eigendynamik* sowohl was ihre Interessen als auch was ihr Verhältnis zueinander anbelangt. Dies läßt das Gesamtsystem wiederum komplexer werden. Die Unternehmensspitze wird nicht als der autonom kalkulierende Kopf der Entscheidungshierarchie betrachtet, sondern als in ihren Entscheidungen wesentlich durch die *Organisation* bzw. die ihr nachgelagerten Subsysteme bestimmt. Faktisch sind es diese Subsysteme, die die Probleme identifizieren, die Informationen aufnehmen und verarbeiten; und sie tun dies in der Regel – infolge der Kompetenzaufteilung – *unabhängig* voneinander. Strategische Entscheidungen sind daher in dieser Sicht der nur in Teilen von der Unternehmensspitze koordinierte und kontrollierte Output verschiedener Subsysteme, das Ergebnis *organisierter Prozesse*. Um das Zustandekommen strategischer Entscheidungen erklären zu können, braucht

[47] Stellvertretend sei hier Murray (Choice) zitiert: „Conventional concepts which portray corporate strategy formulation as a rational comprehensive decision-making activity are not descriptively accurate and perhaps not even as prescriptively useful as they might be" (S. 960).

[48] Die folgende Darstellung orientiert sich an Allison (Essence), S. 67f.

[49] Wildavsky (Information), S. 29.

man demzufolge genauere Aussagen über die Unternehmung, die sie konstituierenden Teilorganisationen und deren Beziehungen zueinander.

Diese Teilorganisationen, die sie konstituierenden Gruppen und deren Mitglieder stehen nun in der Regel – so die zentrale Annahme – in einem ***konfliktären*** Verhältnis zueinander, sie verfolgen unterschiedliche, nicht gleichzeitig befriedigbare Ziele *in* und *mit* der Organisation; wobei die Stärke des Konflikts davon abhängt, wie konträr die Ziele und Interessen, wie hoch die Ansprüche und wie knapp die verfügbaren Ressourcen sind[50]. Mit der Konstatierung dieses organisationsinternen Konfliktpotentials und unter der Annahme, daß die faktische Macht zwischen den Gruppierungen nicht total asymmetrisch verteilt ist, wird die Idee eines einheitlichen Zielsystems bzw. einer konsistenten Präferenzfunktion des Unternehmens fragwürdig[51]. Die *Zielbildung* ist dann als kontinuierlicher Verhandlungsprozeß zu beschreiben und ein solcher Prozeß erbringt nur in Ausnahmefällen ein System stabiler, präziser und konsistenter Ziele[52], wie es das präskriptive Modell der Strategieformulierung verlangt, sondern zumeist ein Konglomerat sich teils widersprechender Ziele.

Das Problem kompliziert sich ferner dadurch, daß nicht nur nicht die Unternehmung als Quasi-Aktor mit klarer Präferenzfunktion beschreibbar ist, sondern daß auch der Individualaktor (auch für den Fall, daß man die Organisation hilfsweise einmal als einen solchen begreift) in seinem faktischen Entscheidungsverhalten erheblich vom Modell des rationalen Entscheids abweicht. Das menschliche Entscheidungsverhalten ist weniger durch die Logik des Rationalmodells als durch eine *„Psycho-Logik"* geprägt[53], die verschiedensten Gesichtspunkten, wie etwa begrenzter Informationsverarbeitungskapazität oder der Angst vor mangelnder Strukturiertheit, Rechnung trägt. Der Entscheidungsträger versucht nicht, in einem umfassenden Suchprozeß die Maximallösung zu finden, sondern er tastet sich dieser Vorstellung nach sequentiell und in den Ansprüchen flexibel an eine befriedigende Lösung heran[54].

[50] Vgl. March (Decisions), S. 215.

[51] Diese Problematik der Unternehmenszielfrage wurde bereits bei der Diskussion der Gewinnmaximierungsprämisse, oben S. 35f. angeschnitten. Dort wurde eine Reihe der eben angeschnittenen Punkte als ***empirisches Argument*** gegen die Gültigkeit der Gewinnmaximierung als umfassendes Unternehmensziel gewendet.

[52] Vgl. Cyert & March (Theory), S. 27f., March (Decisions), S. 215.

[53] Vgl. Reber (Mensch), S. 29, Kirsch (Handhabung), S. 6, S. 41ff.

[54] An dieser Stelle wird bereits deutlich, daß für die Deutung der Handlungsweise des einzelnen das Zweck-/Mittel-Schema benötigt wird. Überhaupt richtet sich – das wird manchmal mißverstanden, und auch einige Ausführungen von Allison (Essence) unterstützen dieses Mißverständnis – die Kritik an dem Rationalmodell bzw. an dem dieses leitende Zweck/Mittel-Prinzip nicht auf dessen Verwendbarkeit zur Deutung personaler Handlungen, sondern zum Verstehen des „Handelns" komplexer Systeme.

Um ein genaueres Bild der Begründung und damit auch der Begründbarkeit des Organisationsprozeß-Paradigmas zu erhalten, ist es notwendig, die theoretischen Grundlagen, auf denen dieses Interpretationsmuster fußt, näher zu beleuchten.

4.4.2.2 Theoretische Grundlagen

Theorien der Individualentscheidung

Den Ausgangspunkt für eine deskriptive Theorie organisatorischer Entscheidungsprozesse bildeten die Studien zur Individualentscheidung von Simon, die als Kritik am Modell der Rationalentscheidung („homo oeconomicus") entwickelt wurden. Simon[55] setzt – wie heute hinlänglich bekannt – an der *begrenzten Informations-Verarbeitungskapazität* („bounded rationality") des Menschen an, die zu den Anforderungen des klassischen Rationalmodells scharf kontrastiert[56]. Der Mensch könne nur in sehr begrenztem Umfange Alternativen generieren, Informationen über ihre Wirkungen sammeln und verarbeiten, transitive Ordnungen herbeiführen usw.[57]. Er entwickle eine Reihe von Mechanismen, um dennoch komplexe Entscheidungssituationen bewältigen zu können, und zwar – wie Simon es sieht – in einer durchaus nicht irrationalen, aber eben nicht „optimierenden" Weise. Diese Mechanismen sind vereinfacht gesagt[58]:

(1) Im Unterschied zum maximierenden „homo oeconomicus" sucht der Mensch in Wirklichkeit nur nach *befriedigenden* oder *brauchbaren* Lösungen – nach Handlungsalternativen, die gut genug sind. Die Kriterien, die bestimmen, wann eine Entscheidung als gut genug gelten kann, sind Ausfluß eines sich kontinuierlich anpassenden, zeitweise aber doch stabilen Anspruchsniveaus. Beispiele für solche Kriterien sind befriedigender Gewinn oder angemessener Marktanteil.

(2) Im Unterschied zum „homo oeconomicus" versucht der „reale" Mensch nicht die Entscheidungssituation in ihrer gesamten *Komplexität* abzubilden. Er behilft sich mit einer grob vereinfachten, viele Wirkungsbezüge bewußt ignorierenden Darstellung der Entscheidungssituation. Kurz gesagt, er schafft sich eine Welt gut bewältigbarer Entscheidungen.

[55] insbes. (Models).

[56] Simon (Models) schreibt wörtlich, diese Anforderungen seien „powers of prescience and capacities for computation resembling those we usually attribute to God" (S. 3).

[57] Wobei nach Driver & Streufert (Complexity, S. 274ff.) noch einmal sehr deutlich *zwischen* Individuen zu unterscheiden ist, die Komplexität der „conceptual structure" variiert in empirischen Untersuchungen erheblich; vgl. Schroder, Driver & Streufert (Processing).

[58] Vgl. hierzu die Zusammenfassung, die Simon der 3. Auflage seines Werkes „Administrative Behavior" voranstellt (Entscheidungsverhalten), S. 30f.

Für diesen Vereinfachungsprozeß spielt das Bestreben, Unsicherheit zu meiden, eine bedeutsame Rolle[59].

Simon zieht aus diesen Merkmalen menschlichen Verhaltens den Schluß, daß bei „realen" Entscheidungsprozessen die Suche nach der geeigneten Lösung sequentiell verläuft und dann sogleich *abgebrochen* wird, wenn eine befriedigende Lösung gefunden ist[60]. Bei der Suche nach Alternativen wird zunächst in der *Nachbarschaft des Herkömmlichen* gesucht und nur bei unbefriedigendem Ergebnis Ausschau nach „neueren" Alternativen gehalten.

Nachdem also der Entscheidungsträger nur eine begrenzte Zahl von Aspekten des komplexen Entscheidungsfeldes überschauen kann, wird die „Beachtung" zur zentralen knappen Ressource. March interpretiert daher die Theorie der „begrenzten Rationalität" als Theorie der „Allokation von Beachtung"[61].

Die Frage, die sich unmittelbar an die Überlegungen von Simon anschließt, ist die nach den *Bedingungen*, unter welchen eine Entscheidung als befriedigend angesehen wird und unter welchen ein *Anspruchsniveau* relativ *stabil* bleibt oder *verändert* wird[62]. Es ist dies letztlich die Frage nach dem Kontext, nach der Nahtstelle von Individuum und Umwelt. Wendet man die Theorie auf die Organisation als Entscheider an, was sehr häufig getan wird, so gilt diese Frage den innerorganisatorischen und externen Faktoren, die den Rahmen für diese Entscheidung setzen. Diese Überlegungen spielten auch in der theoretischen Fortentwicklung eine große Rolle[63].

Theorien zur Individualentscheidung liegen zwischenzeitlich in großer Zahl vor[64]. Der thematische Bogen ist breit gespannt, er reicht von Anspruchsniveau- und Konsistenztheorien über Theorien intraindividueller Konflikte und den daraus folgenden Problemlösungsprozessen bis hin zu gehirnphysiologischen Ansätzen, die die Art der Handhabung von Planungsprozessen z. B. auf die Dominanz der linken oder rechten Gehirnhälfte zurückgeführt sehen wollen[65]. Die Tendenz geht immer stärker hin zu Theorien *kognitiver* Problemlösungsprozesse. Angesichts der Vielfalt der vorliegenden Ansätze kann

[59] Vgl. hierzu Simon (Models), S. 204, 219 ff.

[60] Diese These ist nicht unbestritten geblieben. Soelberg (Decision Making) fand in seinen Untersuchungen einen „parallelen" Prozeß, d. h. mehrere brauchbare Alternativen werden erwogen. Am Ende der Informationssuche steht zwar bereits meist die bevorzugte Lösung fest, es wird dennoch meist ein Alternativenvergleich durchgeführt, primär zur Selbstbestärkung.

[61] Vgl. March (Decisions), S. 212.

[62] Vgl. Luhmann (Zweckbegriff), S. 117 f.

[63] Vgl. hierzu auch die kritische Diskussion bei Reber (Individuum), S. 85 ff.

[64] Zu einem Überblick vgl. March (Decisions), Kirsch (Entscheidungsprozesse), ders. (Handhabung), Reber (Verhalten), ders. (Mensch).

[65] Letztgenannter Ansatz wird von Mintzberg (Managing) in schnellem Durchgriff zu einer Planungstechnologie umgesetzt.

hier nur resümierend auf einige Grundkonzepte eingegangen werden, die für das Verständnis faktischer Strategiebildungsprozesse von besonderer Bedeutung erscheinen:

(1) *Phasen-Theorem:* Entscheidungsprozesse verlaufen *nicht* in der linearen Abfolge des Rationalmodells: Feststellung des Problems, Informationssuche, Alternativengenerierung, Alternativenbewertung, Entschluß, Durchsetzung und Kontrolle[66]; alle Phasen werden mehr oder weniger intensiv in ungeordneter Folge (überspringend, vorgreifend, retrograd) durchlaufen[67].

(2) *Problemdefinition:* Der Entscheider ist sich am Anfang eines komplexen Entscheidungsprozesses zumeist gar nicht über das zu lösende Problem im klaren; er sieht es nur in vagen Umrissen. Das Problem konkretisiert sich erst im Laufe des Entscheidungsprozesses. Gefundene Konkretisierungen werden während des Prozesses wiederum laufend verändert und an die bislang favorisierten Problemlösungsmöglichkeiten angepaßt. Die letztlich gewählte Alternative ist zumeist nur in Umrissen – wenn überhaupt – eine Lösung für das ursprüngliche Anliegen[68].

(3) *Informationsverhalten:* Entscheider suchen nach erheblich weniger Informationen als „rationalerweise" zu erwarten wäre; dies auch dann, wenn Informationen bereits gesammelt und aufbereitet zur Verfügung stehen und nur abgerufen werden müßten. Die Gründe für den zurückhaltenden Informationsgebrauch werden nicht nur in der begrenzten Verarbeitungskapazität der Entscheider, sondern auch bei solchen Faktoren gesucht wie verfügbare Zeit („Beachtungsallokation"), subjektive Verengung des Entscheidungsfeldes oder Einwirkungsmöglichkeiten auf die Entscheidungsumwelt[69].

(4) *Suche nach Lösungsmöglichkeiten:* Neben der bereits erwähnten Neigung, Lösungen nur in der Nachbarschaft des Vertrauten zu suchen, begrenzt der Entscheider die Suche weiterhin drastisch durch die Verwendung von Daumenregeln und „Tricks", um rasch zu einer brauchbaren Lösung vorzustoßen[70].

(5) *Unsicherheit:* Entscheider versuchen gewöhnlich, Unsicherheit zu meiden, nicht aber sie durch vermehrte Informationsnachfrage zu reduzieren oder durch Abschätzung ihres Ausmaßes zu „bearbeiten". Hohe Unsicher-

[66] Zu verschiedenen in der Literatur verwendeten Phasenschemata vgl. Pfohl & Braun (Entscheidungstheorie), S. 106ff.

[67] Vgl. Witte (Phasen-Theorem); trotz völlig ungeordneter Prozeßfolge ließen sich gleichwohl „Phasen" lokalisieren. Vgl. hierzu auch Mintzberg, Raisinghani & Théorêt (Structure), die – in ähnlicher Weise wie Witte – strategische Entscheidungsabläufe rekonstruierten und auf ebenfalls äußerst komplexe Prozeßfolgen stießen. Zu einem psychologisch erweiterten Phasenschema vgl. auch Pfohl & Braun (Entscheidungstheorie), S. 118ff.

[68] Vgl. Kirsch (Handhabung), S. 12, 16, S. 29ff.

[69] Vgl. Witte (Informationsverhalten), Kirsch (Handhabung), S. 14f.

[70] Vgl. Cyert & March (Theory), S. 12f., 102, 120ff.; (präskriptiv gewendete) Vorschläge finden sich z.B. bei Kepner & Tregoe (Manager).

heit – essentielles Merkmal jeder strategischen Planung – macht Angst. Viele Entscheider ignorieren oder verdrängen daher schlicht die unsicheren Teile ihrer Entscheidungsumwelt. Eine weitere häufig zu beobachtende Reaktion auf Unsicherheit ist die Umdeutung in Sicherheit; man geht z.B. davon aus, daß sich der Konkurrent in Zukunft genau so verhalten wird, wie in der Vergangenheit, obwohl deutliche Anzeichen eigentlich ein anderes Verhalten erwarten lassen. Eine wieder andere Verhaltensweise ist, die Entscheidung (unbewußt) hinauszuzögern, um mit dem Unsicherheitsproblem nicht umgehen zu müssen[71].

(6) *Perzeptionstendenzen im Entscheidungsprozeß:* Auf einer allgemeineren Ebene lassen sich die eben beschriebenen Verhaltensweisen wenigstens teilweise als *Perzeptionsabwehr* (perceptual defense) verstehen. In der Literatur werden drei zentrale Prozesse der Perzeptionsabwehr benannt:

(1) Emotional unangenehme oder beängstigende Stimuli haben eine höhere Wahrnehmungsschwelle als neutrale Stimuli;
(2) kritische Stimuli rufen häufig Substitut-Perzeptionen hervor, um vor der Wahrnehmung der kritischen Inhalte zu schützen;
(3) kritische Stimuli rufen emotionale Reaktionen hervor, obwohl sie nicht bewußt wahrgenommen werden[72].

Weitergehend ist die These von Starbuck[73]: Entscheidungsträger organisieren ihre Beobachtung und Wahrnehmung hauptsächlich mit Hilfe von *Alltagstheorien* und *A-priori-Annahmen*. Das Ausmaß, in dem nun etwa die Umwelt als sicher oder unsicher wahrgenommen wird, hängt dann vornehmlich davon ab, mit welchen Prämissen der Entscheider in den Prozeß hineingeht. Er sucht, was er vermutet; widersprechende Informationen werden als „zufällige“ Abweichungen neutralisiert[74].

Generell läßt sich der Perzeptionsprozeß in drei Phasen denken[75]:

1. Selektion (Auswahl von Informationen zur weiteren Bearbeitung),
2. Schließung (Zusammenfügung der Informationsstücke zu einem sinnhaften Ganzen) und
3. Interpretation (Beurteilung der Information im Lichte der früher erworbenen Sinngehalte).

Jede dieser Phasen ist offen für Vororientierungen (Bias) des Perzeptors. Die Perzeptionsabwehr ist demnach also ein Selektionsbias; der von Starbuck geschilderte Bias umgreift alle drei Phasen. Zahlreiche weitere Studien belegen

[71] Vgl. MacCrimmon & Taylor (Decision Making), S. 1403f.
[72] Vgl. Secord & Backman (Social Psychology), S. 26f.
[73] Vgl. (Organizations), S. 1080ff.
[74] Zu weiteren Thesen über die Perzeption der Umweltunsicherheit vgl. Huber, O'Connell & Cummings (Uncertainty), Downey, Hellriegel & Slocum (Uncertainty).
[75] Vgl. Harrison (Process), S. 159.

den Einfluß, den Perzeptionstendenzen auf strategische Entscheidungen haben[76].

(7) *Rechtfertigende Verhaltensweisen im Entscheidungsprozeß:* Ein zunehmend beachteter Zweig der jüngeren Entscheidungs- und Strategieforschung stellt die Tendenz von Entscheidern heraus, sich in Entscheidungsprozessen „rechtfertigend" zu verhalten, d.h. nachträglich rationalisierend und nicht prospektiv rational, wie der präskriptive Ansatz es verlangt[77].

Dieser Ansatz entfernt sich sehr viel weiter von dem klassischen Rationalmodell als dies etwa bei Simon der Fall ist. Psychologisch wird diese Verhaltenstendenz hauptsächlich auf Abwehrmechanismen und das Verlangen nach kognitiver Konsistenz zurückgeführt[78]. Im Hinblick auf das Verhalten in Entscheidungsprozessen wirkt sich diese Tendenz u.a. in der folgenden Weise aus: Der Entscheider rechtfertigt seine früheren Entscheidungen so lange als möglich und leugnet das Entstehen von Nachfolgeproblemen oder Verbesserungsnotwendigkeiten. Im Laufe dieses Prozesses betreibt der Entscheider gegebenenfalls durchaus eine aktive Suche nach Informationen, allerdings nicht, um das Problem besser erkennen, sondern um die alte Position untermauern zu können[79]. Und ähnlich im Verlauf eines Entscheidungsprozesses: Eine Entscheidung besteht nicht aus *einem* Entscheidungsakt, sondern aus zahlreichen Zwischenentscheidungen. Hat der Entscheider einige solcher Zwischenentscheidungen getroffen, so entsteht ein Prozeß des „creeping commitment", d.h. einmal getroffene (und möglicherweise wenig zweckmäßige) Entscheidungen werden im Fortlauf aus internen und externen Motiven heraus als *Selbstverpflichtung* empfunden und nicht mehr für Revision und Kritik offen gehalten. Der Entscheider legt sich selbst Zug um Zug immer mehr fest. Er tut dies um so mehr, je mehr er für die Zwischenentscheidungen die *„Verantwortung"* zu tragen hat[80]. Der Entscheider ist wie in einer Falle gefangen („trapped administrator")[81]. Dieser Effekt ist es auch, der in manchen Fällen zu einer Eskalation führt („escalating commitment"): Eine einmal getroffene Entscheidung erbringt nicht die Resultate, die man sich erhofft hatte. Durch immer neue Ressourcenzuteilungen versucht

[76] Vgl. im Überblick Anderson & Paine (Perceptions), S. 813ff. sowie z.B. die Studie von Richards (Study), S. 43f.

[77] Vgl. Staw (Rationality), S. 57f.; an dieser Stelle sei, um Mißverständnissen vorzubeugen, angemerkt, daß der negative Beigeschmack, den das Wort „Rechtfertigung" in diesen Ansätzen erhält, nicht verabsolutiert werden darf. Rechtfertigung im Sinne eines Aufweises von guten Gründen für eine Wahl ist natürlich eine der zentralsten Notwendigkeiten zwischenmenschlicher Verständigung und Konfliktbewältigung, die als Prinzip außerhalb jeder Debatte steht, weil sie die Möglichkeit des sozialen Dialogs erst begründet.

[78] Vgl. im einzelnen Staw (Rationality), S. 54ff.

[79] Vgl. hierzu die Darstellung bei Kirsch (Handhabung), S. 11.

[80] Vgl. Staw (Rationality), S. 58, S. 73.

[81] Vgl. Campbell (Reforms).

der Entscheider nun, die ursprüngliche Entscheidung doch noch als rational erscheinen zu lassen. Zeigen die unterstützenden Entscheidungen wieder nicht den gewünschten Erfolg, setzt sich der Prozeß fort[82]. Die strategischen Entscheidungen der Johnson-Regierung im Vietnam-Krieg werden in den „Pentagon Papieren" als ein solcher Fall beschrieben[83]. In einer Befragung von Aharoni zum Entscheidungsverhalten bei Auslandsinvestitionen drückt ein Manager den Sachverhalt sehr plastisch aus: „When negotiations become complicated, you get in deeper and deeper. You want to protect your initial investment, so you continue. ... By that time you are stick and have to go on. You have spent $ 10.000 to continue the negotiations, and then you are in even deeper ...[84].

Theorien der Gruppenentscheidung

Strategische Entscheidungen werden heute, ob so vorgesehen oder nicht, gewöhnlich in Gruppen getroffen. Aus der Gruppenforschung ist bekannt, daß sich daraus Einflüsse besonderer Art ergeben. Neben das Individuum tritt daher die Gruppe als weitere Variable, die – wie zu zeigen sein wird – auf Entscheidungsprozesse in einer Weise prägend wirkt, die dem präskriptiven Modell strikt zuwider läuft. Janis geht in seiner Analyse strategischer Entscheidungen so weit zu behaupten, daß in vielen Fällen die *Gruppendynamik* als *ausschlaggebender Faktor* für die Bestimmung von strategischen Entscheidungen betrachtet werden muß[85]. Zu den Einflüssen von Kleingruppen auf Individuen liegen zahllose Untersuchungsberichte und Theorien vor, die, auch nur im Überblick, hier weder referiert werden können noch sollen[86]. Im Hinblick auf die eigentümliche Prägung *komplexer* Entscheidungsprozesse durch Gruppen erscheint es jedoch nützlich, die hier zentralen Faktoren kurz hervorzuheben:

(1) Gruppen sind in der Lage, für ihre Mitglieder verbindliche Normen zu definieren und ihre Einhaltung zu kontrollieren. Dies gilt um so mehr, je *kohäsiver* die Gruppe ist[87]. Dieser Konformitätsdruck begrenzt die Bereitschaft, neue Problemlösungsalternativen zu bedenken oder bisherige Verfahrensweisen kritisch in Frage zu stellen. Dieser Effekt wird dadurch verstärkt, daß

[82] Vgl. Staw (Rationality), S. 72f., Staw & Ross (Commitment), S. 40.

[83] Vgl. Sheehan (Pentagon Papers); Staw (Muddy) hat dieses Eskalationsverhalten in einem Experiment erfolgreich simuliert.

[84] Aharoni (Investment), S. 132.

[85] Vgl. Janis (Victims); der Autor belegt seine – negativ gemeinte – These anhand einiger großer Fehlentscheidungen (Fiaskos) aus der amerikanischen Politik (u.a. Schweinebucht-Invasion in Kuba, Koreakrieg, Pearl Harbor).

[86] Einen breiten Überblick geben Cartwright & Zander (Group Dynamics), Shaw (Group Dynamics), Hackman (Individuals).

[87] Vgl. Tannenbaum (Social Psychology), S. 58f.

(2) Gruppen eine *uniformisierende* Wirkung auf die Wahrnehmung, die Erwartungen und die Meinungen ihrer Mitglieder haben. In vielen Fällen wendet sich das Mitglied an die Gruppe, um seine Wahrnehmung oder Problemsicht zu validieren, um eine soziale Definition der Situation zu erhalten[88]. Zahlreiche Experimente belegen, daß Gruppenmitglieder dazu neigen, die Gruppenmeinung über die eigene zu stellen, auch wenn die Gruppenmeinung unschwer als falsch zu erkennen ist. Gründe hierfür sind: (1) die Gruppenmeinung verzerrt die eigene Wahrnehmung, (2) Gruppenmitglieder vertrauen der eigenen Wahrnehmung nicht mehr angesichts einer anderslautenden Gruppenmeinung, (3) Gruppenmitglieder schließen sich bewußt der als falsch erkannten Gruppenmeinung an, weil sie nicht Außenseiter sein wollen[89].

Abweichende Meinungen werden ja auch von der Gruppe soweit als möglich zu unterbinden getrachtet und im Ernstfall mit dem Ausschluß bestraft. Man möchte eine angenehme, einander bestätigende und keine widerspruchsvolle Gruppenatmosphäre[90].

Die Strategieanalysen von Janis fokussieren auf einen solchen Effekt, nämlich daß das Streben nach einmütiger Gruppenmeinung die Motivation, eine anderslautende, eventuell als unangenehm empfundene Alternative ins Gespräch zu bringen, dominiert; er nennt dies *„Gruppendenken"* (groupthink). Er demonstriert diesen Effekt sehr anschaulich an der mißratenen „Schweinebucht"-Entscheidung der Gruppe um Präsident Kennedy. Auf einer Einladung nahm – um ein Beispiel herauszugreifen – Robert Kennedy den Präsidentenberater Arthur Schlesinger beiseite und meinte zu dessen kritischer Einschätzung der Gruppenmeinung: „You may be right or you may be wrong, but the President has his mind made up. Don't push it any further. Now is the time for everyone to help him all they can"[91]. Später machte sich Schlesinger Vorwürfe, daß er seine zutreffende Einschätzung der Situation hinter die der Gruppenmeinung zurücktreten ließ.

Gegenbeispiele von Janis zeigen, daß „Gruppendenken" eine mögliche, nicht aber in jedem Fall notwendig auftretende Folge des Entscheidens in Gruppen ist[92].

[88] Vgl. Hackman (Individuals), S. 1476.

[89] Vgl. Asch (Effects), S. 178 f.

[90] Vgl. Janis (Victims), S. 9, vgl. hierzu auch Steiner & Miner (Strategy), S. 192 ff.

[91] Janis (Victims), S. 42; der Autor beschreibt die Rolle Robert Kennedys sehr plastisch als „mindguard".

[92] Als Gegenbeispiel wird u. a. die Bewältigung der „Kuba-Krise" angeführt. Janis erklärt die unterschiedliche Verhaltensweise letztlich damit, daß die Gruppe in der „Schweinebucht"-Entscheidung im Gegensatz zur „Kuba-Krise" vor einem moralischen Dilemma stand; die favorisierte Alternative widersprach moralischen Werten. In solchen Situationen suchten Individuen besonders stark die Einbindung in die Gruppe und die gegenseitige Bestätigung der persönlichen Integrität. Vgl. Janis (Victims), S. 165, 197 ff., S. 206.

(3) Ein ähnliches Gruppenentscheidungsphänomen ist der sogenannte *Risikoschub* (risky shift), wonach im Durchschnitt die Risikobereitschaft von Gruppen höher liegt als bei den Individuen. Zur Erklärung hierfür wird u. a. auf die Verantwortungsentlastung durch die Gruppe und auf die Aktualisierung der gesellschaftlich erwünschten Norm der Risikobereitschaft durch die soziale Interaktion in der Gruppe verwiesen[93]. Im Einklang mit dem Risikoschubphänomen steht die These, daß Gruppen geradliniger und *weniger ambivalent* sind in ihren Entscheidungen[94]. Für die Frage, wie stark sich diese Tendenzen ausprägen, spielen die Präferenzen der Person oder besser der Personen, die die *Führungsfunktionen* in der Gruppe wahrnehmen, eine gewichtige Rolle.

(4) Die Gruppenforschung wirft ferner ein Licht auf die *Entscheidungsprozesse zwischen Gruppen*, die ebenfalls eine eigentümliche Dynamik entfalten[95]. Dabei werden insbesondere Inter-Gruppen-Konflikte diskutiert. Konkurrierende Gruppen neigen dazu, gegeneinander feindselige Gefühlshaltungen aufzubauen, die durch die Tendenz bestärkt werden, einander die Kompetenz streitig zu machen, Stereotype der Eigen- und Fremdwahrnehmung herauszubilden und die Interaktionen zu reduzieren. Komplexe übergreifende Entscheidungsprozesse sind nicht selten der Ort, an dem sich diese rivalisierende Dynamik manifestiert (Informationsverzerrung, Fehldeutung von Informationen, Informationszurückhaltung, faktische Verzögerung, Problemleugnung usw.)[96].

Unabhängig von dieser rivalisierenden Dynamik gilt es aber als grundlegenderes Problem für organisationale Entscheidungen (an denen mehrere Gruppen beteiligt sind) zu sehen, daß Gruppen in der Regel *eigene Kulturen*, Sprachspiele, Argumentationsmuster usw. aufbauen und daß diese „Kulturen" nicht ohne weiteres kommunikationsfähig sind, d.h. es bedarf oft erst schwieriger *Übersetzungsleistungen* und auch der Motivation, die andere „Kultur" und die aus ihr fließenden Beiträge zur Problemlösung verstehen zu wollen[97].

[93] Vgl. zusammenfassend Ebert & Mitchell (Processes), S. 175 ff.; natürlich ist hier – wie überall bei sozialwissenschaftlichen Befunden – eine unbesehene Generalisierung problematisch, vgl. hierzu auch Staehle (Management), S. 283. Wer – wie z. B. Elschen (Betriebswirtschaftslehre) – von solchen Ergebnissen „Sicherheit" erwartet oder nur „sichere Befunde" anderer kulturwissenschaftlicher Disziplinen in die eigenen Überlegungen einbeziehen möchte, mißversteht die Eigenart kulturwissenschaftlicher Forschung. Es kann immer nur um eine kritische Aneignung, niemals um eine naive Reifikation von Konstrukten und Befunden gehen.

[94] Vgl. Weick (Social Psychology, 1st ed.), S. 11 f.

[95] Vgl. zu dieser Forschung insbesondere Sherif (Group Conflict) sowie jüngst Zander (Making), S. 86 ff.

[96] Das Auftauchen eines gemeinsamen dritten Feindes oder die Notwendigkeit für ein gemeinsam geteiltes Ziel zusammenzuarbeiten, sind geeignet, diese Dynamik abzumildern. Vgl. im Überblick Zander (Making), S. 96 ff.

[97] Vgl. Kirsch (Handhabung), S. 109 ff., S. 138 f.

Diese abrißhafte Darstellung von individuellen Verhaltenstendenzen und gruppendynamischen Mustern im Entscheidungsprozeß läßt den Widerspruch zu den vom präskriptiven Ansatz strategischer Planung normierten Verhaltensweisen deutlich zutage treten.

Die oben dargestellten Theorien werden sowohl zur Beschreibung des Verhaltens von Individuen bzw. Gruppen als auch im Analogieschluß für Organisationen im ganzen verwendet. Letzteres abstrahiert jedoch – zumal bei komplexen Problemen wie sie strategische Entscheidungen darstellen – zu sehr von dem, was das *Organisationsprozeß*-Paradigma *zentral* interessiert: die aus der Funktionsweise und den Strukturen komplexer Organisationen resultierende Prägung von Entscheidungsprozessen[98]. Wir hatten aber bei den Simonschen Befunden schon angemerkt, daß eine Theorie individuellen Entscheidens in Organisationen eine Organisationstheorie benötigt, um die (nicht ihrerseits wieder auf das Individuum rückführbaren) Bedingungen des Verhaltens, die innerorganisatorische Umwelt, zu erklären. Dasselbe gilt für die Theorien der Gruppenentscheidung, wollen sie die Gruppe nicht als „geschlossenes" System modellieren. Beides, die Erklärung organisationalen Entscheidens und die Einbeziehung von Individual- und Gruppenverhaltensweisen, versucht der auf Simon aufbauende und heute breit akzeptierte Ansatz von Cyert und March[99] als Pionierarbeit (makro-)organisationstheoretischer Entscheidungsforschung.

Theorien organisationaler Entscheidungsprozesse

Auf dem Boden der Theorie brauchbaren Entscheidens analysieren Cyert und March organisationale Entscheidungen in der modernen Firma als *Problemlösungsverfahren* anhand der Variablen, die die organisatorischen *Ziele, Erwartungen* und *Entschlüsse* bestimmen.

Im Anschluß an das Anreiz-Beitrags-Konzept betrachten Cyert und March die Firma als eine *Koalition* von Organisationsmitgliedern und -gruppen mit *unterschiedlichen Interessen* (z.B. Manager, Arbeiter, Kapitaleigner), wobei manche mehr, manche weniger den Ziel-Entscheidungen der Firma Beachtung schenken[100]. Essentielles Element der Firma und ihres Verhaltens sind

[98] Schon aus der Fragestellung geht hervor, daß es hier um die faktische Funktionsweise von Organisationen geht, nicht um ihre geplante Ordnung. Letztere sieht ja den primären Zweck organisatorischer Strukturgestaltung in der Sicherstellung individueller Handlungsrationalität. Die hier interessierenden Ansätze interessieren sich gerade für den Abweichungsfall oder zumindest für die Dynamik von Rationalität und „Irrationalität" in organisationalen Prozessen.

[99] Vgl. (Theory).

[100] Als Koalitionsteilnehmer gelten auch Individuen oder Gruppen, die man üblicherweise nicht zu den Organisationsmitgliedern zählt, z.B. Lieferanten, Kunden, Steuerbeamte. Teilnehmerkriterium ist der Leistungsaustausch; vgl. ebenda, S. 27. Zu dem Problem, daß

demzufolge *„Koalitionsverhandlungen"*, wobei Cyert und March im Grundsatz an *symmetrische* Verhandlungsbedingungen denken[101]. Den Kern der Theorie bilden vier Konzepte, die die Verbindung von organisatorischen Variablen mit den Kategorien Ziel, Erwartung und Wahl herstellen und den Unterschied zum präskriptiven Strategiemodell markieren:

(1) *Quasi-Konfliktlösung:* Die Koalitionsteilnehmer haben unterschiedliche Präferenzordnungen, es besteht zu jeder Zeit ein latenter interner Zielkonflikt. Die Koalitionsverhandlungen erbringen keine endgültige Konfliktlösung im Sinne einer gemeinsamen Präferenzordnung. Statt eines konsistenten Zielsystems kommt es vielmehr zu mehreren Kompromißformeln, die im Wechsel der Umstände geändert werden. Die Kompromisse sind in Form von akzeptablen Anspruchsniveaus definiert, die – um den Konflikthorizont zu verengen – dezentralisiert in relativ autonomen Subeinheiten (z.B. in Produktion oder Verkauf) und in sequentieller Form gewonnen werden. Auftauchende Inkonsistenzen werden ferner teilweise durch Verteilung überschüssiger Ressourcen („organizational slack") und Ausgleichszahlungen „befriedigt"[102].

(2) *Unsicherheitsvermeidung:* Organisationen neigen mehr dazu, Unsicherheit zu vermeiden, als sich damit durch Bildung von Erwartungswerten auseinanderzusetzen. Sie reagieren unmittelbar auf operationales Feedback, indem sie fortlaufend die aktuell drückenden Probleme lösen, und lassen langfristig-strategische Entscheidungen weitgehend unbeachtet[103]. Ferner wird versucht, die interne und externe Umweltunsicherheit durch (Quasi-)Verhandlungsprozesse zu reduzieren. So ist das *Budget* gewöhnlich ein solches Verhandlungsergebnis, das die interne Umwelt für den Budgetierungszeitraum stabilisiert. Externe Umweltunsicherheit wird reduziert, indem man

mit einer solch lockeren Mitgliedschaftsbestimmung die Grenze zwischen System und Umwelt verschwimmt, siehe Luhmann (Zweckbegriff), S. 137. Cyert & March (S. 30) gehen allerdings davon aus, daß nur ein Teil der Koalitionsteilnehmer aktiv ist, während der passive Teil im allgemeinen über monetäre „Seitenzahlungen" befriedigt werden könne.

101 Vgl. Cyert & March (Theory), S. 30.

102 Vgl. Cyert & March (Theory), S. 29ff.; es sei am Rande angemerkt, daß diese Zustandsbeschreibung unter normativen Gesichtspunkten erhebliche Probleme aufwirft. Es irritiert nicht nur die Symmetrie-Annahme, sondern vor allem auch die mögliche Schlußfolgerung, daß jemand, der der Koalition angehört, immer auch schon akzeptable Beteiligungsverhältnisse im Sinne eines fairen Interessenausgleichs vorgefunden hat. Vgl. zu dieser Problematik Kappler (Interessen), S. 75ff.

103 Ansoffs (Strategy, S. 20) Vorwurf, der Ansatz von Cyert & March behandele nur die operative Ebene und sei damit nicht auf strategische Entscheidungen anwendbar, geht somit offenkundig ins Leere. Die Autoren versuchen ja gerade zu erklären, weshalb es zu „strategischen" Entscheidungen, wie sie Ansoff vorschweben, nicht kommt. Auch Änderungen der Strategie sind in diesem Konzept das kumulierte Ergebnis von aktuellen ad hoc-Entscheidungen. Vgl. hierzu auch die Argumentation von Mazzolini (Decisions, S. 87), der in dem Modell von Cyert & March das Fundament für eine prozeß-orientierte Erklärung strategischer Entscheidungen erblickt.

sich z.B. an herkömmliche Branchenpraktiken anpaßt oder sie auf kollusivem Wege außer Kraft setzt[104].

(3) *Problemlösungssuche (problemistic search)*[105]*:* Entscheidungsprozesse sind Suchprozesse; sie werden von einem auftauchenden Problem stimuliert und sind von dem Ziel der Problemlösung motiviert. Die Suche folgt einfachen standardisierten Regeln etwa derart, daß die „Ursache" in der Nähe der „Wirkung" zu finden ist oder daß die neue Lösung sich in der Nachbarschaft des Bekannten findet. Die Suche ist durch zahlreiche Faktoren eingeschränkt: Erfahrung, Hauspraktiken, Organisationskultur usw. und ferner durch Selektivitätstendenzen, wie sie in den Theorien der Individual- und Gruppenentscheidung ihren Ausdruck gefunden haben.

(4) *Organisationales Lernen:* Das Verhalten von Organisationen ist (nicht zuletzt durch die Organisationsstruktur) relativ stabil, dennoch verändert es sich über die Zeit als Ergebnis von Erfahrungen. Ziele, Wahrnehmungs- und Suchprozeduren werden langfristig im Sinne eines adaptiven Lernprozesses modifiziert[106].

In allen vier Konzepten taucht die Verwendung standardisierter Handhabungsregeln („standard operating procedures") als zentrales Mittel der *Steuerung* und der Komplexitätsreduktion auf. Diese Regeln verdanken sich in erster Linie der Organisationsplanung, aber auch emergenten Prozessen oder externen Einflüssen[107].

Bezieht man nun diese relationalen Konzepte wieder auf den organisationalen Entscheidungsprozeß mit seinen drei Basiskategorien Ziele, Erwartungen und Entschlüsse, so läßt sich feststellen[108]:

- Organisationale Entscheidungen fußen auf *Informationen,* Einschätzungen und Erwartungen, die ihrerseits sehr stark geprägt sind von *Merkmalen der Organisation, Perzeptionsmustern* und den verwendeten *Verfahrensweisen.*
- Organisationen betrachten lediglich eine *begrenzte Anzahl* von Lösungsalternativen. Welche Alternativen in Betracht gezogen werden, hängt neben den gebräuchlichen Verfahrensweisen wesentlich mit ab von der *Organisationsstruktur* (horizontale und vertikale Arbeitsteilung, Art der Abteilungsbildung usw.) und dem *„Ort" der Alternativensuche.* Diese Abhängigkeit macht sich besonders bei Planungsprozessen, wie es etwa die Budgetierung darstellt, bemerkbar (Abteilungsinteressen, hierarchische Bewilligungsprozesse etc.).

104 Vgl. Cyert & March (Theory), S. 118 ff.; vgl. hierzu unsere Ausführungen zu den Oligopoltheorien, oben S. 14 ff.

105 Vgl. Cyert & March (Theory), S. 120 ff.

106 Vgl. ebenda, S. 123 ff.

107 Vgl. ebenda, S. 101 ff.

108 Vgl. ebenda, S. 29 ff., S. 83 f., 112 ff.

- Als *Entschlußregel* gilt, daß die ausgewählte Alternative für die Koalition akzeptabel sein muß. Die erste befriedigende Alternative wird gewählt.
- In Firmen bilden sich in der Regel fünf operationale Ziele heraus: Gewinn-, Marktanteils-, Produktions-, Absatz- und Absatzlagerziel. Aufgrund ihrer sequentiellen Entwicklung und Fortentwicklung sind sie zumeist nicht voll kompatibel und als Anspruchsniveaus formuliert[109].
- Die organisatorische Teilung der Entscheidungsprozesse, die sequentielle Beachtung von Zielen und die Abpufferungsmaßnahmen über den „slack" erlauben es der Firma, Entscheidungen trotz inkonsistenter Ziele zu treffen.

Dieser Ansatz ist in der Fortfolge verfeinert worden[110], ohne allerdings seinen *zentralen Standort* in dieser Forschungstradition zu verlieren. Relativ häufig wurde insbesondere die Zielfrage diskutiert. Die Vorstellung von Cyert & March, daß sich im Laufe der „Koalitionsverhandlungen" trotz allem einige relativ klare Unternehmensziele bzw. Anspruchsniveaus herauskristallisieren[111], wird in neueren Untersuchungen bezweifelt. *Zum einen* erbringen Befunde der empirischen Zielforschung immer wieder ein hohes Maß an unklaren und diffusen Zielen[112]. Sieht man einmal von technischen Erklärungen ab (z.B. das Entscheidungsproblem selbst verbietet eine Präzisierung), so wird vornehmlich in konflikt- und konsenstheoretischen Überlegungen die Begründung gesucht. Über abstrakte, symbolische oder unklar gelassene Ziele läßt sich eher Einigkeit erzielen, sie lassen für die Zukunft Optionen offen und bewahren damit Verhandlungen vor dem frühzeitigen Scheitern[113]. *Zum anderen* wird in Untersuchungen zu Entscheidungsprozessen zunehmend herausgestellt, daß Ziel- und Mittelentscheidungen zeitlich gleichlaufen[114], ja daß man sich über die Ziele gar nicht wirklich verständige und zu verständigen brauche, sofern nur über *konkrete Aktionspläne* Übereinstimmung erreichbar sei[115]. Dies gelte zumindest für komplexe Entscheidungsprobleme[116].

[109] Ortmann (Unternehmensziele, S. 55) moniert zu Recht, daß die Autoren keine Begründung zur Genesis dieser fünf Ziele angeben, daß diese somit willkürlich gegriffen erscheinen; dies um so mehr, wenn man bedenkt, daß die Beschreibung der Koalitionsverhandlungen rein formal bleibt.

[110] Vgl. hierzu den Überblick von Bass (Decision Making), S. 53ff.

[111] Vgl. hierzu auch die machtpolitische Erweiterung durch Kirsch (Entscheidungsprozesse III), S. 121ff.

[112] Vgl. insbesondere Hauschildt (Entscheidungsziele), S. 43ff., sowie ders. („Ziel-Klarheit"), S. 308.

[113] Vgl. Hauschildt („Ziel-Klarheit"), S. 314, Luhmann (Zweckbegriff), S. 133f.

[114] Vgl. Hamel (Zieländerungen).

[115] Vgl. Braybrooke & Lindblom (Strategy); dort heißt es: „policy-makers need not agree on values; the most that is required is that they agree on policies . . . Finally policy-makers do not always need to agree even on policies" (S. 137f.), vgl. auch unten S. 227f. dieser Arbeit.

[116] Vgl. Grün (Zielbildung), Sp. 4726; Grün weist darauf hin, daß bei programmierten Ent-

Strategische Organisationsprozeß-Analysen beziehen schließlich einen weiteren Aspekt immer häufiger in ihre Erklärungen ein oder geben ihm sogar den Vorrang, nämlich den der *Beziehungen zwischen Organisationen* und ihrem Einfluß auf den organisatorischen Planungsprozeß[117]. Damit sind weniger die Konkurrenzbeziehungen zwischen Firmen in den Märkten gemeint – ihr Einfluß wurde ja bereits im 1. Kapitel behandelt –, sondern vielmehr die mannigfaltigen (gewollten oder ungewollten) Bezüge zwischen Firmen, Behörden, Verbänden und sonstigen Organisationen des öffentlichen Lebens, wie sie für hochentwickelte Marktwirtschaften („organisierter Kapitalismus") typisch sind[118]. Für die Beziehungen gilt, daß sie zumeist *Interdependenz*-Beziehungen sind und somit nicht schlicht als „constraints" des Planungsprozesses behandelt werden können. Bezogen auf den intraorganisatorischen Entscheidungsprozeß bedeuten solche Bezüge nicht nur eine Komplizierung in dem Sinne, daß ein oder mehrere zusätzliche Entscheidungsteilnehmer hinzutreten – man denke etwa an die Zusammenarbeit in einem internationalen Konsortium – und damit eine Verstärkung der von Cyert & March so anschaulich beschriebenen Organisationsprozeß-Tendenzen[119] bewirken, sondern es kommen gravierende Momente hinzu, die den Entscheidungsprozeß unkalkulierbarer machen. Die externen Interaktionssysteme – man müßte sie bei einer genaueren Betrachtung natürlich feiner differenzieren, etwa nach Macht und Kontaktintensität[120] – tragen an die Unternehmung andere, zumeist konkurrierende Verfahrensweisen und Standards heran (z.B. Kalkulationsvorschriften für Bundesaufträge). Murray illustriert die damit einhergehenden Probleme sehr anschaulich an dem Fall eines strategischen Planungsprozesses in einem Energieversorgungsunternehmen, der durch die unterschiedlichen Anforderungen, die aus den interorganisationalen Beziehungen flossen, fortlaufend Veränderungen erfuhr: „the company found itself enmeshed in a complex network of standards, procedures, and externally administered regulations. Moreover, the viewpoints of the different regulatory bodies were so fluid as to preclude

scheidungen natürlich die Zielbildung vor dem Start des Entscheidungsvorganges fixiert sein muß.

117 Zu dem Problemkomplex der interorganisationalen Beziehungen vgl. die Überblicksarbeiten von Aldrich (Organization), Pfeffer & Salancik (Control). Diese Perspektive vervollständigt dann die in diesem Kapitel beleuchteten Ebenen: Individual-, Gruppen-, Intergruppen-, Organisations- und Interorganisationsebene.

118 Vgl. Benson (Network), Child (Commentary), S. 175, sowie die Zusammenschau der wichtigsten Strömungen bei Provan, Beyer & Kruytbosch (Linkages), S. 200ff.

119 Es sei jedoch darauf hingewiesen, daß die Koalitionstheorie (Cyert & March) sehr große Schwierigkeiten hat, diesen interorganisationalen Bezug überhaupt zu thematisieren; weil sie die Mitgliedschaft so extrem weit faßt, gerät ihr jeder *inter*organisationale Bezug zum *intra*organisationalen.

120 Vgl. Thompson (Organizations), S. 32ff.; sowie den Operationalisierungsversuch von Provan, Beyer & Kruytbosch (Linkages).

not only a management-dominated 'formulation' of corporate strategy, but even an adaptive 'fitting' of corporate strategy to given constraints. Logical options often were preempted by external parties so that management ended up actively negotiating certain plans and actions of strategic significance"[121].

Murray postuliert entsprechend: je weniger Einfluß das Management über die externen Interaktionspartner hat und je mehr diese mit ihren Interventionen den Entscheidungsprozeß fragmentieren, um so mehr gerät die Planung zum bloßen Verhandlungsprozeß, Stategie zum „negotiated outcome"[122].

Die am häufigsten zitierte Praktik, die aus interorganisationalen Beziehungen fließende *Unsicherheit* zu absorbieren, ist die Kooptation, d.h. die Hereinnahme von Personen aus problemhaften Umsystemen in das eigene System („interlocking directorates")[123].

Pfeffer und Salancik[124] weisen ferner, gerade was den Entscheidungsprozeß anbelangt, auf eine relevante Dynamik hin, die eine verstärkte *interorganisationale* Interaktion mit sich bringt. Durch die Interaktion – man denke etwa an ein behördliches Genehmigungsverfahren – werden Aktivitäten, zumeist Entscheidungsteile *„sichtbar"* bzw. öffentlich und dies kann dazu führen, daß im Fortlauf an der Entscheidung trotz besserer Alternativen festgehalten wird, um nach außen die Konsistenz zu wahren, oder zumindest, daß Barrieren entstehen, einen anderen als den ursprünglichen Weg einzuschlagen.

Zahlreiche weitere Aspekte wären zu nennen; etwa die Kommunikationsstruktur oder die Technologie als prägende Faktoren von Entscheidungsprozessen. Um den Hintergrund des Organisationsprozeß-Paradigmas auszuleuchten, reichen jedoch die bisherigen Darstellungen hin.

Fassen wir die wesentlichen Aspekte noch einmal kurz zusammen:

– Die moderne Firma steht kontinuierlich einer Vielzahl von konfligierenden Ansprüchen und Anforderungen gegenüber, die Individuen, Interessengruppen und andere Organisationen an sie richten. Strategische Entscheidungen sind daher wesentlich durch Verhandlungen, Kompro-

[121] Murray (Choice), S. 968; vgl. ähnlich auch die jüngst publizierte Analyse externer Anspruchsgruppen auf die strategische Planung von Elektrizitätsversorgungsunternehmungen von Pfohl & Wübbenhorst (Einflüsse), S. 566ff.

[122] Vgl. Murray (Choice), S. 963, S. 970f.

[123] Vgl. hierzu das interessante Fallbeispiel von Selznick (TVA); einen guten Überblick über den Stand der Diskussion geben Pfeffer & Salancik (Control), S. 152ff. Die Kooptation wird in der Literatur zu den kooperativen „Strategien" der Bewältigung externer Beziehungen im Unterschied zu kompetitiven „Strategien" (z.B. Erringung der Dominanz) gezählt. Vgl. Tushman (Approach), S. 208.

[124] Vgl. (Control), S. 104; dort allerdings diskutiert unter dem Aspekt, daß „sichtbares" Verhalten leichter beeinflußbar ist.

misse u. a. und nicht durch Optimierung (im Sinne der Planungslehre) geprägt.

- Unternehmen sind keine Monolithen, die wie ein einzelner Aktor handeln könnten, sondern setzen sich aus zahlreichen halbautonomen Suborganisationen zusammen, denen Partialprobleme im (arbeits-)geteilten Entscheidungsprozeß zur Bearbeitung zugewiesen sind. Diese Suborganisationen lassen sich nur noch unvollständig wieder zusammenführen; sie entwickeln eigene, teils rivalisierende Problemperspektiven und Zielvorstellungen. Komplexe Entscheidungsprobleme werden daher seriell abgearbeitet und nicht in einem großen Zuge gelöst. Es bleiben immer Inkonsistenzen und Widersprüche bestehen. Die relative Abkoppelung der Subsysteme und Subprobleme ermöglicht eine gleichzeitige Befriedigung konfligierender Interessen.
- Die Erwartungen und Problemlösungsaktivitäten der Entscheidungsträger sind wesentlich geprägt durch ihre begrenzte Informationsverarbeitungsfähigkeit, Perzeptionsmuster, retrospektive Rationalitätssuche, die Dynamik der Gruppe, der sie angehören und Regelungen und Verfahrensweisen, die von der Organisation vorgegeben sind oder als Erfahrungsschatz weitergereicht wurden. Die Suche nach einer Problemlösung wird abgebrochen, wenn eine akzeptable Lösung gefunden ist.

Im nachfolgenden soll am Beispiel einiger Untersuchungen – zumeist sind es Fallstudien – zusammenfassend die empirische Virulenz des Organisationsprozeßschemas für *strategische Entscheidungsprozesse* gezeigt werden.

4.4.2.3 Empirische Studien

Die Auslandsinvestitions-Entscheidung (Aharoni-Studie)[125]

Aharoni untersuchte in 38 U.S.-amerikanischen Unternehmen retrospektiv den Entscheidungsprozeß, ob internationalisiert, d.h. im Ausland investiert (einschließlich der Errichtung einer Produktionsstätte) werden soll oder nicht. In 11 der betrachteten Unternehmen kam es schließlich zu keiner Investition.

Aharoni teilt den Entscheidungsprozeß zu Studienzwecken in eine Phasenfolge ein, obschon die beobachteten Prozesse eine solche Abfolge – ähnlich wie bei Witte – in keiner Weise zeigten; die Phasen liefen gleichzeitig, überlagerten sich, die Abfolge wurde unterbrochen und setzte an anderer Stelle wieder ein etc. Ja, selbst die Lokalisierung eines abgeschlossenen Entscheidungsprozesses war nur willkürlich zu bewerkstelligen; Aharoni ver-

[125] Vgl. im fortfolgenden Aharoni (Investment).

gleicht das Unterfangen mit: „cutting a stream of events at two quite arbitrary points in a multidimensional space“ [126]. Besondere Schwierigkeiten bereitete es, den *Anfang* der Entscheidung zu identifizieren. Die Investitionsentscheidung erwies sich als ein multipersonaler und multilokaler Prozeß von zu unterschiedlichen Zeitpunkten getroffenen (Sub-)Entscheidungen, in der der Beschluß (nicht) zu investieren nur einen kleinen Schritt darstellt, der noch nicht einmal am Ende stehen muß[127].

Am Anfang der untersuchten Entscheidungsprozesse stand nicht ein konkretes Problem, sondern eine „Gelegenheit“. Es bedurfte der Entscheidung, diese Gelegenheit zu verfolgen und näher zu prüfen („deciding to decide“ [128]). Aharoni nennt dementsprechend die *erste Phase* auch „die Entscheidung, sich im Ausland umzusehen“ [129]. Um diese Entscheidung (erstmalig) in Gang zu setzen, bedurfte es jeweils eines massiven Impulses, um das hierfür benötigte Heraustreten aus den eingespielten Routinen zu bewerkstelligen. In vielen Fällen kam dieser Impuls aus persönlichen Motiven von Vorstandsmitgliedern. In anderen Fällen waren es Berater, drohende Importrestriktionen, die Suche nach Know-How-Verwertungsmöglichkeiten oder auch die Imitation anderer Unternehmen, die den Anlaß gaben, sich umzusehen.

Als *zweite Phase* beschreibt Aharoni die Exploration (investigation process), d.h. die Sammlung von Informationen für eine mögliche Auslandsinvestition. In einigen Fällen war der „Impulsgeber“ so durchschlagend, daß die Entscheidung zu investieren schon vor der Explorationsphase gefallen war. Letztere diente dann nur noch der „Rechtfertigung“. Die Exploration konzentrierte sich in der Regel auf *ein* Projekt in *einem* spezifischen Land. Der sonstige Alternativenraum wurde wenig bis gar nicht erkundet. An der Exploration wirkten *viele Personen* an unterschiedlichen Stellen mit. Diejenigen, die die Bedingungen erkundeten, deckten sich gewöhnlich nicht mit denen, die nach außen für die Entscheidung verantwortlich zeichnen mußten. Die Beziehungen zwischen den Entscheidungsteilnehmern erwiesen sich als äußerst bedeutsam. Dies schlug sich insbesondere in den *Abschlußberichten* der Exploration nieder. Im allgemeinen wurden zwei Berichte erstellt, einer für den unmittelbaren Vorgesetzten des Explorators und einer für die höheren Hierarchieebenen. Die Berichte ähnelten mehr einem Verkaufsprospekt als einer ehrlichen Wiedergabe des Untersuchungsprozesses. So umschloß der Explorationsprozeß in der Regel keine Rentabilitätsberechnung (Investitionsrechnung), diese wurde erst nachträglich (meist in Form der Kapitalbarwertmethode) für den an die oberen Ebenen gerichteten Bericht in den Fällen erstellt, in denen eine Vorliebe für Quantitatives bestand oder

[126] Aharoni (Investment), S. 32.
[127] Vgl. ebenda, S. 35.
[128] Beyer (Ideologies), S. 180.
[129] Wörtlich „decision to look abroad“, S. 53.

Rentabilitätsberechnungen von einem soliden Bericht erwartet wurden[130]. Die Berichte enthielten darüber hinaus häufig Informationen, die dem Explorator, als er seinen Entschluß fällte, gar nicht zur Verfügung standen. Er sammelte sie *nachträglich*, um seinen Entschluß möglichst rational und überzeugend erscheinen zu lassen. Die Berichte waren alle deutlich von den Erfahrungen, Werten und den persönlichen Interessen der Exploratoren beeinflußt; dies war schon deshalb unumgänglich, weil aufgrund der zumeist schwachen Informationsbasis (Kosten der Informationsbeschaffung als Hauptrestriktion) mit vielen Annahmen gearbeitet werden mußte, die ihrerseits nur schwach begründbar waren. Dieses Vorgehen war um so weniger kenntlich gemacht, je weiter nach oben der Bericht gereicht werden sollte[131]. Welche Entscheidung getroffen wurde, hing also sehr stark davon ab, wer an der Entscheidung beteiligt war.

Die *dritte Phase*, die endgültige Entscheidung, ob investiert werden sollte oder nicht, erwies sich als besonders schwierig zu beschreiben. Zwar ließ sich überall ein Zeitpunkt finden, an dem die Geschäftsleitung die Investition genehmigte. Dies war aber in vielen Fällen ein letztlich *belangloser* formeller Akt; die Entscheidung war manchmal bereits durch einen mächtigen Impuls determiniert, in den meisten Fällen erwies sie sich jedoch als das Ergebnis zahlreicher Einzelentscheidungen verschiedener Personen, als kumulativer Prozeß individueller und organisatorischer Festlegung („creeping commitment"). Häufig setzte der Explorationsprozeß bereits solche Zwänge in Gang, die eine Umkehr als fast nicht mehr möglich erscheinen ließen. Durchgängig zeigte sich kaum Bereitschaft, bereits eingesetzte Mittel als „sunk costs" zu betrachten.

Bevor eine endgültige Entscheidung getroffen wurde, durchlief das Projekt jeweils mehrere Prüfstellen unterschiedlicher Hierarchiestufen mit unterschiedlichen Orientierungen und Interessen. Neben dem initiierenden Impulsgeber waren es im allgemeinen fünf Prüfstellen: (1) Die „Grobprüfer" (höheres Management), (2) die Exploratoren, (3) die Abteilung, die den Bericht der Exploratoren prüft und ihn gegebenenfalls an die Geschäftsleitung weiterreicht, (4) die Finanzabteilung (Finanzierbarkeit/finanzielles Gleichgewicht) und (5) die entscheidungsbefugte Instanz für den Entschluß. Die unterschiedlichen Prüfstellen bildeten ein komplexes *Beziehungsnetz*. Untere Stellen prüften und berichteten im Hinblick auf die *vermuteten* Perzeptionen und Vorstellungen der oberen Stellen, letztere wiederum – an dem Prozeß

130 Dies deckt sich im übrigen mit den Ergebnissen der Studie von Perlitz (Internationalisierungsstrategien) zu Auslandsinvestitionen deutscher Großunternehmen. Der Investitionsrechnung wurde von den Befragten kein hoher Stellenwert für die Entscheidung beigemessen. 81% der befragten Unternehmen (n = 30) gewichteten die qualitativen Faktoren höher als die Ergebnisse der Rechnung, die in vielen Fällen nur Alibi-Funktion hatte; vgl. ebenda, S. 283ff.

131 Vgl. Aharoni (Investment), S. 80ff.

häufig nur wenig beteiligt – trafen ihre Entscheidung auch im Hinblick darauf, von wem die Anregung kam und ob eine Ablehnung nicht zu hohe „soziale Kosten" (Entmutigung, Kündigung etc.) in der Organisation verursachen würde[132]. In einigen Fällen war es eine unspezifizierte oder nur auf Hörensagen beruhende Angst vor dem zu großen Risiko, die das Vorhaben letztlich doch zu Fall brachte. Aharoni resümiert: „a foreign investment decision process is a very complicated social process, involving an intricate structure of attitudes and opinions, social relationships both in and outside the firm and the way such attitudes, opinions, and social relations are changing. It contains various elements of individual and organizational behavior, influenced by the past and the perception of the future as well as by the present"[133].

Der Autor reklamiert, daß dieser auf den ersten Blick hoffnungslos irrationale Prozeß bei näherem Hinsehen durchaus eine eigene Logik entfaltet, nämlich eine dem Menschen und seinen begrenzten Ressourcen (Beachtungsumfang, Informationsverarbeitung, Zeit, Emotionen etc.) angemessene[134].

Studien zu Ressourcenallokations- und strategischen Planungsprozessen

Relativ viele deskriptive Studien befassen sich auf dem Hintergrund des Organisationsprozeß-Paradigmas mit den Kapitalallokationsprozessen in

[132] Vgl. Aharoni (Investment), S. 142ff.; der Autor (S. 148) zitiert in diesem Zusammenhang auch Alfred P. Sloan jr., der sich dem Bestreben des Managements, die Austin Comp. zu kaufen, nicht in den Weg stellen wollte, obwohl er von der Zweckmäßigkeit dieses Engagements keineswegs überzeugt war: „The answer, essentially, is that I always tried to run General Motors by a policy of conciliation rather than coercion ... The top officers of General Motors who were involved in this situation were men of unusual talents and strong convictions, and as president I felt I should respect their judgements."

[133] Aharoni (Investment), S. 45 f.

[134] Vgl. ebenda, S. 46; auf diesem Hintergrund muß es sehr überraschen, wenn Stevens (Determinants, S. 62–64) zu der Feststellung kommt, daß Aharonis Befund im Grunde mit dem neoklassischen Modell der Gewinnmaximierung unter Unsicherheit (Ertragswertmaximierung) im Einklang steht. Wenn die (risikorelativierten) erwarteten Erträge der Informationssuche unter den Aufwendungen liegen, dann lohne es sich auch nicht, in die Suche zu investieren. Die Suchkosten seien zumal für kleinere und mittlere Firmen relativ hoch, weil ihnen kein Informationsapparat zur Verfügung stünde, wie es bei Großunternehmen der Fall ist. Es sei daher sehr rational, auch im neoklassischen Sinne, die Suche nach einer Auslandsinvestition zu unterlassen, ausgenommen es biete sich zufällig ein kostenloses Informationsangebot, wie das eines erfahrenen Freundes. Dieses Argument vermag nun allerdings nicht zu überzeugen. Abgesehen davon, daß es – wie Stevens selbst einräumt – nur einen kleinen Teil Aharonis Argumentation abdeckt, wird der Unternehmer der kleineren Firma auch die „kostenlose" Information nicht unbesehen übernehmen wollen und wohl kaum wird sie so vollständig sein, daß sich alles weitere Suchen und jede nähere Prüfung erübrigt; dies zumindest dann nicht, wenn man – wie Stevens – die empirische Gültigkeit des Rationalmodells behauptet. Eine Auslandsinvestition eines kleineren Betriebes wäre ja dann demnach gar nicht mehr denkbar: eine offensichtliche Sackgasse.

Firmen und zwar sowohl was die Kapitalzuteilung auf konkurrierende Investitionsvorhaben als auch was den kurzfristigeren Budgetierungsprozeß anbelangt[135]. Herausragend ist hier die instruktive Studie von *Bower*, die nachfolgend als weiteres Beispiel kurz referiert werden soll[136].

Bower untersuchte den Kapitalallokationsprozeß in einem großen diversifizierten Industrieunternehmen über zwei Jahre hinweg; er bezog in seine Exploration vier Hierarchieebenen ein (business, division, group, corporate level) und untersuchte die Prozesse anhand von vier großen Investitionsprojekten, die aus vier unterschiedlichen Divisionen kamen[137]. Die Unternehmung hatte ein formalisiertes System strategischer Planung, dem allgemein hohe Bedeutung beigemessen wurde. Einige der wichtigsten Beobachtungen waren:

(1) Die strategische Planung lief als periodisch wiederkehrender Prozeß („Gegenstromverfahren") *separat* neben der Investitionsplanung (Auswahl von konkreten Projekten und ihre Bewilligung durch das Top-Management). Eine zwingende Verbindung zwischen den Plänen und den verwirklichten Investitionen existierte nicht. Der Anstoß für ein neues Investitionsprojekt kam – im Gegensatz zur Idee strategischer Führung – regelmäßig von *unten* (Betriebs- oder Werksebene) und zwar aus Diskrepanzen heraus, die sich zwischen den „von oben" vorgegebenen Leistungskriterien (Menge, Qualität, Kosten) und der Leistungsfähigkeit der momentanen Aggregate und der Marktgängigkeit der Güter ergaben[138]. Die „Definition" des Investitionsprojektes in technischer und ökonomischer Hinsicht war damit wesentlich beeinflußt durch die Entscheidungsregeln, die der jeweilige Werks- oder Abteilungsleiter verwendete. Und diese waren ihrerseits zu weiten Teilen die (unbeabsichtigte) Folge seiner Aufgabenbeschreibung und der – zumeist kurzfristigen – Kriterien seiner Leistungsbeurteilung. Der „Definitionshorizont" war folglich indirekt begrenzt[139]. Die Definition des Investitionsprojektes geschah somit völlig unabhängig von denjenigen, die für die Investitionsentscheidung verantwortlich zeichneten. Die wichtigste Entscheidung trafen letztlich die „Product-Area"-Manager unterhalb der Divisionsebene nach der für sie maßgeblichen, von ihrer hierarchischen Stellung wesentlich beeinflußten Logik.

(2) Inwieweit ein vorgeschlagenes Projekt Unterstützung (*Impetus*) auf dem Weg nach oben durch die Instanzen erfuhr, erwies sich als abhängig davon, wie kompetent der Initiator *eingeschätzt* wurde und ob das Projekt dem

[135] Zu einem jüngst erschienenen Überblick vgl. Carter (Allocation), siehe auch die nach Phasen gegliederte Zusammenschau von Budde (Organisationsstruktur), S. 22ff.

[136] Vgl. Bower (Managing), ders. (Planning).

[137] Zu einer genaueren Beschreibung des Forschungsdesigns vgl. Bower (Managing), S. 26ff.

[138] Vgl. ebenda, S. 40ff., S. 50ff.; ders. (Planning), S. 190.

[139] Vgl. Bower (Managing), S. 50ff.

(durch formelle und informelle Kriterien definierten[140]) Leistungsbild der Prüfinstanz selbst dienlich war. Als die *wichtigste* Prüfinstanz erwies sich der Divisions-Manager; was er genehmigt hatte, wurde zumeist von der Divisions-Gruppen-Leitung[141] genehmigt, und dies fand dann nahezu immer auch die Zustimmung des Top-Managements[142]. Die „strategische" Bezugsebene des Initiators war dementsprechend die Divisions-Leitung.

Ob ein Plan oder ein Projekt gefördert wurde, hing also wesentlich davon ab, ob die Prüfinstanz unterstellte, daß ein Beurteilungsprozeß in der gewünschten Weise zugrunde liegt und daß es ihrer Erfolgsbilanz förderlich ist.

(3) In Fällen, in denen das (Sub-)Divisionsmanagement eine Ablehnung seiner Vorhaben befürchtete, zeigte sich, daß es zahlreiche Wege gibt, die Genehmigungsvorschriften zu *unterlaufen* und das angestrebte Projekt aus dem laufenden Budget heraus zu finanzieren. Eine solche Taktik des Unterlaufens ist die *Stückelung* des Projektes dergestalt, daß die Einzelsummen unter der Genehmigungsgrenze bleiben. Dieses Vorgehen illustriert plastisch der Bericht eines Controllers: „I received for editing a capital request from the division for a large chimney. I couldn't see what anyone could do with just a chimney, so I flew out for a visit. They have built and equipped a whole plant on plant expense orders. The chimney is the only indivisible item that exceeded the $ 50.000 limit we put on the expense orders. Apparently they learned informally that a new plant wouldn't be favorably received, and since they thought the business needed it, and the return would justify it, they built the damn thing"[143].

Zusammenfassend läßt sich feststellen, daß die Kapitalallokation völlig konträr zum Modell strategischer Planung verlief: Die Entscheidungsinitiative ging von der operativen Ebene aus; die mittlere Ebene – die Divisionsleitung – wirkte als Vermittler, Sponsor und Grobkoordinator und die oberste Ebene betrieb im Grunde eine Art Metamanagement, sie legte formal den Prozeßrahmen in Form von Rationalitäts- und Beurteilungskriterien und Standardverfahrensweisen fest[144]. Ihr Einfluß war entgegen den formellen Entscheidungskompetenzen primär *indirekter* Art[145]. Wie effektiv dieser in-

[140] Gemeint sind damit Promotionskriterien: Wonach bemißt sich die Einschätzung eines Divisionsmanagers? Wird kühnes Innovationsstreben belohnt oder steht Kontinuität und Zuverlässigkeit an vorderster Stelle der Erwartungen? ROI usw.

[141] In dem untersuchten Unternehmen waren die Divisionen noch einmal zu Gruppen zusammengefaßt.

[142] Zu demselben Ergebnis kommt Budde (Organisationsstruktur, S. 58 f.) in seiner Erhebung; Investitionsprojekte, die bis zur Entschlußphase vordringen, sind praktisch auch genehmigt.

[143] Zitat aus Bower (Managing), S. 15 f.

[144] Das Top Management war weiterhin wesentlich damit befaßt, Kapital zu beschaffen, Verhandlungen mit externen Gruppen (Regierung, Lieferanten etc.) und den Gewerkschaften zu führen. Vgl. Bower (Planning), S. 190.

[145] Vgl. hierzu auch die anregende „strategische Analyse" der Bowerschen Fallstudie von Crozier & Friedberg (Macht), S. 210; die Autoren vertreten die Auffassung, daß ein dezen-

direkte Einfluß de facto war, ist der Bowerschen Analyse nicht zu entnehmen, zumal auch – wie immer – die erlassenen Regeln partiell unterlaufen wurden.

Zu ganz ähnlichen Ergebnissen war *Berg* in einer früheren Studie über die strategische Planung in diversifizierten und divisionalisierten Großunternehmen gelangt[146]. Auch er stellte essentiell auf die Konsequenzen ab, die die (notwendige) *organisatorische Teilung* des Entscheidungsprozesses für die strategische Planung mit sich bringt. Im Mittelpunkt dieser Beschreibung stehen divergierende Orientierungen und Interessen der Divisions- und der Unternehmensebene, die ihrerseits in organisatorischen Regelungen, dem internen Aufstiegs- und Bewertungssystem[147], aber auch in unterschiedlichen Umwelten ihren Grund finden. Die (Geschäftsfeld-)Strategien und die entsprechenden Investitionsvorhaben wurden auf Divisionsebene und meist noch darunter konzipiert, die Unternehmungsleitung entschied formal über die Bewilligung. Die für das Bewilligungsverfahren notwendigen Detailinformationen können – sofern überhaupt noch geprüft wird[148] – nur wieder von den Divisions selbst kommen mit all den durch die Zieldivergenzen beladenen Ungenauigkeiten[149].

Die Planungsaktivitäten auf den einzelnen Ebenen erwiesen sich nicht als integraler Teil einer Gesamtheit, sondern jedes Subsystem brachte in seine Teilaktivität seine spezifische Problemsicht, die wesentlich auch durch die Interaktion mit der je spezifischen Aufgabenumwelt geprägt war, und seine spezifischen Interessen ein. Ökonomische und nicht-ökonomische Ziele vermischten sich im Planbeitrag auf unentwirrbare Weise[150].

Eine weitere Bekräftigung erfuhr die Organisationsprozeß-Perspektive als Erklärungsansatz für strategische Planungsprozesse in der viel beachteten Studie von *Carter*[151]. Gegenstand der Fallanalyse waren sechs strategische

trales Entscheidungssystem bei Kontrolle der Rationalitätskriterien durch die Spitze von den nachgeordneten Führungskräften ein viel rigoroseres und ökonomisch-rationaleres Verhalten erzwingt als ein zentralistisches System. Vgl. dazu unsere Diskussion in Abschnitt 5.

146 Vgl. Berg (Planning).

147 Diese Divergenzen sind ja in der Literatur hinreichend oft beschrieben worden. Zu erinnern ist wieder an die Probleme der ROI-Kontrolle; vgl. hierzu unsere Ausführungen oben S. 47f. dieser Arbeit.

148 Wie formal das Bewilligungsverfahren ist und wie wenig de facto geprüft wird, zeigt sich daran, daß in der Praxis vielfach sämtliche Vorhaben, nicht selten mehrere Hundert Einzelprojekte, in einer Vorlage zusammengefaßt und en bloc verabschiedet werden. Vgl. Budde (Organisationsstruktur), S. 58.

149 Vgl. hierzu auch die Problemanalyse von Drumm (Geschäftsbereichsorganisation), S. 90f. und die dort herausgearbeiteten Widersprüche zwischen divisionaler Organisation und der Idee strategischer Unternehmensplanung.

150 Vgl. Berg (Planning), S. 91f.

151 Vgl. (Theory).

Entscheidungen einer kleineren Computerfirma, drei Akquisitionsentscheidungen (zur Ausdehnung und Abrundung des Produkt- und Leistungsprogramms) und drei Investitionsentscheidungen (Wachstum). Zu den wichtigeren Beobachtungen zählen[152]:

(1) daß die Planungsprozesse verschiedene Personen auf verschiedenen Hierarchieebenen einbezogen und von daher – schon organisatorisch bedingt – unterschiedliche Interessen, Erwartungen, Werte etc. Eingang fanden. Es wurden von „unten" nur solche Projekte präsentiert, von denen man annahm, daß sie „oben" Zustimmung finden werden.

(2) daß für die Projektevaluierung und -genehmigung jeweils mehrere inkonsistente Ziele Verwendung fanden und zwar um so mehr, je höher das Maß an Unsicherheit in den Erwartungen war.

(3) daß die Informations- und Projektsuche nicht nur durch die Identifikation eines Problems (Lücke) ausgelöst wurde, sondern z.B. auch durch spontane Einfälle, persönliche Vorlieben, günstige Gelegenheiten usw.

(4) daß Alternativen sehr rasch als gut oder schlecht kategorisiert wurden.

(5) daß in dem Moment, in dem die Entscheidung fiel, die vorgehend festgestellte Unsicherheit ignoriert oder schlicht in Sicherheit uminterpretiert wurde (Pollyanna-Nietzsche-Effekt).

In einer ähnlichen Analyse von strategischen Entscheidungsprozessen in zwei komplexen U.S.-amerikanischen Großunternehmen kommt *Trevelyan*[153] zu dem Ergebnis, daß die Strategiewahl nicht eine große Entscheidung zu einem bestimmten Zeitpunkt darstellt, sondern eine *diskrete Serie von kleinen Subentscheidungen* und *Commitment-Prozessen*, die sich über einen längeren Zeitraum hinweg erstrecken, sich gegenseitig verstärken und in manchen Fällen mehr zufällig in eine Neuorientierung hineinführen.

Hinzuweisen ist schließlich auch auf eine interessante Studie von *Sarrazin*[154], der den Prozeß strategischer Entscheidungen in einem *französischen* – diversifizierten und divisionalisierten – Großunternehmen anhand von zwei Strategiewahlen analysiert. Ausgangspunkt der Analyse ist die Beobachtung, daß – ähnlich wie bei Bower – die Schlüsselentscheidungen *außerhalb* des formalisierten Systems strategischer Planung[155] getroffen wurden. Strategien entwickelten sich vielmehr aus „Einzelstudien" zu konkreten Problemen, die aus der Divisionsebene oder Ebenen darunter kamen. Das Top-Management entschied *fortlaufend*, ob die in den „Studien" vorgeschlagenen Projekte verwirklicht werden sollten oder nicht; die globale Planerstellung lief *daneben*. Es zeigte sich,

152 Vgl. Carter (Theory), S. 421 ff.

153 Vgl. (Process), hier referiert nach Hofer (Research), S. 272.

154 Vgl. (Planning).

155 Das institutionalisierte Planungssystem entsprach in etwa dem in Kapitel 3 dargestellten präskriptiven Modell.

- daß der *faktische* Planungsprozeß schon allein aufgrund der unterschiedlichen Umwelten, mit denen die Subsysteme umzugehen hatten, im wesentlichen *dezentral* lief;
- daß die Strategiewahl ein Resultat zahlreicher Einzelentscheidungen war[156], an denen viele Personen und Subsysteme aus unterschiedlichen Hierarchieebenen beteiligt waren, die in schwer erfaßbarer Weise divergierende Sichtweisen in den Prozeß hineintrugen und ihn in ihrem Interesse zu lenken trachteten;
- daß die Finalentscheidung des Top-Managements im Vergleich zu den anderen Entscheidungsbeiträgen von geringer Bedeutung war; die Entscheidungs*inhalte* wurden *dezentral* bestimmt;
- daß die Frage der Projektgenehmigung sehr stark eine Frage der „Präsentation" und ihrer Techniken war[157].

Das Festhalten der Unternehmensleitung an dem formalisierten System strategischer Planung interpretiert der Autor dennoch funktional, nämlich als den Versuch, die verlorene Kontrolle über den strategischen Entscheidungsprozeß wiederzugewinnen und ein Minimum an Kohärenz sicherzustellen[158].

4.4.3 Das Kampfspiel-Paradigma

4.4.3.1 Basischarakteristika[159]

Was z.T. schon bei dem Organisationsprozeß-Paradigma angeklungen ist, wird von dem dritten Paradigma in das Zentrum der Analyse gerückt: die Erklärung strategischer Entscheidungen als Ergebnis *politischer Prozesse.* Die Trennung von Organisations- und politischem Prozeß, wie sie hier durch die Modellierung zweier unterschiedlicher Paradigmen zum Ausdruck kommt, wird bisweilen kritisiert, weil in Wirklichkeit beide Prozesse immer gemischt aufträten[160]. Gewiß ist es richtig, daß diese Trennung im wesentlichen eine analytische ist; indes, uns geht es darum, den *Schwerpunkt* in strategischen Erklärungsansätzen herauszuarbeiten und eine Durchsicht der

156 Dabei waren diese Einzelentscheidungen keineswegs „strategische Entscheidungen" im eigentlichen Sinne; sie waren auch nicht Teil einer sorgfältig aufgespaltenen strategischen Gesamtentscheidung. Sie wurden zumeist durch Routine-Prozesse ausgelöst („standard operating procedures") und dann – gegebenenfalls – im Fortlauf zu „strategischen Studien" ausstilisiert und zusammengefaßt.

157 Vgl. Sarrazin (Planning), S. 45 ff.

158 Vgl. ebenda, S. 56.

159 Die einleitende Darstellung orientiert sich in den Grundzügen wiederum an Allison (Essence), S. 140–184; es werden jedoch stärker als es bei den zwei vorhergehenden Paradigmen der Fall war, erläuternde und vertiefende Elemente aus organisationstheoretischen Beiträgen hinzugenommen. Allison nennt das Paradigma „governmental politics".

160 So vor allem Crozier & Friedberg (Macht), S. 207.

Analysen zeigt, daß sich doch eine gewisse Polarisierung im Sinne dieser zwei Paradigmen feststellen läßt. Aus diesem Grunde haben wir an Allison angeschlossen. Damit soll keineswegs ausgeschlossen werden, daß eine Fallanalyse beide Perspektiven integrieren kann[161].

Das Kampfspiel-Paradigma interpretiert strategische Entscheidungen nicht als das Ergebnis einer rationalen Wahl (auch nicht primär als Output des Organisationsprozesses), sondern als Resultat äußerst verwickelter, auf mehreren Ebenen ausgetragener politischer „Spiele", an denen einflußreiche Personen und Gruppen aus der gesamten Hierarchie wie auch aus dem Umsystem beteiligt sind. Häufig lassen die Verhandlungen ein Ergebnis entstehen, das von keinem der Beteiligten als solches angestrebt worden war; die Strategiewahl der Unternehmung setzt also keine diesbezügliche Intention voraus[162], sie läßt sich nur verstehen, wenn man den Prozeß kennt, der zu ihrer Formation geführt hat.

Die Organisationsstruktur mit ihrer Zuweisung von (Teil-)Aufgaben, Entscheidungskompetenzen, Rechten und Pflichten bildet den Rahmen für die Auseinandersetzungen und sie definiert mit den Spitzenpositionen den Kern der potentiellen Mitstreiter. Allison wählt für die Kennzeichnung dieser Auseinandersetzungen um die Bestimmung strategischer Entscheidungen den Terminus: (Kampf-)Spiel[163]. Es kommt ihm dabei – wie ja in der Spieltheorie auch – keinesfalls auf die Konnotation „spielerisch" im Sinne von „unernst" an; weder soll damit einem Problem noch den Beteiligten die Ernsthaftigkeit abgesprochen werden. Er will damit vielmehr das *Denkmuster* zum Ausdruck bringen, das hinter dieser Art von Analyse steht. Politische Aushandlungsprozesse setzen nämlich einen *Akteur* voraus, der einen gewissen *Handlungsspielraum* hat, um seine Durchsetzungsstrategie wählen zu können; die Prozesse sind aber andererseits *regelbestimmt* und legen insofern dem Akteur – z.T. sehr enge, aber durch die Akteure selbst wieder veränderbare – Grenzen auf. Diese dynamische Konstellation von Handlungszwang und freier Wahlhandlung[164] soll der Begriff „Spiel" kennzeichnen. Er steht damit im Gegensatz zu solchen Begriffen wie Organisations-

[161] Es sei noch einmal daran erinnert, daß Allison die Paradigmen zu einem ganz anderen Zweck modelliert hat als zu dem wir sie hier benutzen. Er verwendet sie – wie erwähnt – hintereinander als drei mögliche Interpretationsmuster für ein und denselben Vorgang. Er gewinnt auf diese Weise drei gänzlich unterschiedliche „Realitäten" der Entscheidungsprozesse in der Kuba-Krise.

[162] Dies gilt jedenfalls als Regel; in Ausnahmefällen ist die Strategiewahl Ausdruck des vollständigen Triumphes einer Gruppe oder einer Person über alle anderen. In solchen Fällen kann dann klassisch die Entscheidungshandlung von der Intention dieser Gruppe oder Person her verstanden werden.

[163] Vgl. Allison (Essence), S. 162.

[164] Es sei daran erinnert, daß wir in Kapitel 1 den Terminus „Unternehmensstrategie" in analoger Weise festgemacht haben, nämlich in dem Spannungsfeld von Marktzwängen und unternehmerischer Autonomie.

struktur oder Rolle, die nur auf Anpassung abstellen und einen Handlungsspielraum im Grundsatz ausschließen (wollen). Crozier und Friedberg bringen diese Intention des Spielbegriffs in prägnanter Weise zum Ausdruck: „Das Spiel ist das Instrument, das die Menschen entwickelt haben, um ihre Zusammenarbeit zu regeln. Es ist das wesentliche Instrument organisierten Handelns. Es vereint Freiheit und Zwang. Der Spieler bleibt frei, muß aber, wenn er gewinnen will, eine rationale Strategie verfolgen, die der Beschaffenheit des Spiels entspricht und muß dessen Regeln beachten“[165].

Strategische Probleme eignen sich aufgrund ihrer Struktur in besonderem Maße als *Arena* für politische Kampfspiele. Die problemtypische Ungewißheit läßt gewöhnlich keine der entwickelten Lösungsalternativen als eindeutig überlegen erscheinen, ja in vielen Fällen bereitet die Problemdefinition selbst große Schwierigkeiten[166], d.h. auch bei rein objektiver Betrachtung können fundamentale Meinungsverschiedenheiten darüber bestehen bleiben, welche Handlungsweise am zweckmäßigsten ergriffen werden soll. Die Entscheidung selbst aber ist für die Firma von *großer Bedeutung*, eine falsche Wahl kann irreparable Schäden anrichten. Bei den *Mitstreitern* findet die Strategiewahl schon deshalb große Beachtung, weil damit entweder eine grundlegende Neuorientierung der Firma und damit eine Veränderung der bisherigen Kräfteverhältnisse einhergeht oder aber die bisherigen Verhältnisse werden für längere Zeit perpetuiert; unter den Gesichtspunkten von Verteidigung und Zugewinn an Ressourcen ist beides gleichermaßen brisant. Schließlich machen strategische Probleme aufgrund ihrer breit gefächerten Informationserfordernisse eine Teilung des Planungs- und Entscheidungsprozesses (Organisationsprozeß!) notwendig – und das bedeutet zugleich, daß die Spieler einen nicht unbeträchtlichen Handlungsspielraum und Beeinflussungsmöglichkeiten im Vorfeld der Auseinandersetzung erobern können[167].

Gerade letztgenannter Punkt verstärkt sich – nach Allison – noch dadurch, daß strategische Probleme sich selten planmäßig in einem bestimmten Zyklus stellen, sondern in vielen Fällen sich in schwer vorhersehbarer Weise erst zu solchen Problemen herausformen.

Strategiewahlen stellen sich letztendlich als „Collagen“ dar[168], sie setzen sich zusammen aus *Einzelentscheidungen* eines Spielers (z.B. einen Hinweis nicht weiter zu verfolgen), *Ergebnissen peripherer Spiele* (z.B. Handlungsvorschläge aus der operativen Ebene), *Ergebnissen zentraler Spiele* (z.B. Pro-

[165] Crozier & Friedberg (Macht), S. 68.

[166] Vgl. hierzu die theoretische und empirische Analyse der Definition strategischer Probleme von Lyles (Formulating), sowie die empirische Untersuchung strategischer Ziel- und Problembildung bei Firmen der Energiewirtschaft von Fahey (Decision Process), S. 53f.

[167] Vgl. Allison (Essence), S. 144f.

[168] Vgl. ebenda, S. 145.

jektgenehmigung) und *Fehltritten* (z.B. Mißverständnisse, Übersehen von Problemen usw.). Um eine Strategiewahl erklären zu können, reicht es also nicht hin, das „Final-Spiel" nachzuvollziehen, sondern es muß die ganze „Collage" rekonstruiert werden.

Die „Spiele" werden überformt durch einen Satz formeller wie auch informeller *Regeln* (Entscheidungskompetenzen, Festlegung von Bearbeitungsfolgen, Erfolgskriterien, Aufstiegswege usw.); sie müssen eingehalten werden, wenn Einfluß gewonnen werden soll[169]. Sie sind es diesem Ansatz nach auch, die die Varianz der Ergebnisse in Grenzen und die Organisation leistungsfähig halten.

Zusammenfassend ist festzuhalten, daß aus der politischen Perspektive strategische Entscheidungen nicht im Sinne der präskriptiven Theorie getroffen werden, sondern das Ergebnis komplizierter Aushandlungsprozesse, Kompromisse und Taktiken sind.

Was die *soziale Akzeptanz* anbelangt, so steht das Kampfspiel-Paradigma vor einer merkwürdigen Ambivalenz. Einerseits ist dieses Deutungsmuster vielen Menschen geläufig und findet auch im Alltagsbereich vielfältige Verwendung[170] – man denke etwa an die rivalisierenden Überlegungen, die das Streben nach einem innerbetrieblichen Aufstieg begleiten. Auf der anderen Seite jedoch müssen mit diesem Schema erstellte Deutungen in gewisser Weise das Licht der Öffentlichkeit scheuen. Niemand möchte in der Öffentlichkeit eine solche Deutung auf sich angewandt wissen und auch keine Organisation möchte in den Ruch kommen, Entscheidungen „politisch" zu treffen. Allenfalls ist es in der öffentlichen Meinung akzeptiert, Niederlagen, Mißerfolge und illegale Akte politisch zu deuten (wovon die Wirtschaftspresse auch ausgiebig Gebrauch macht); zu sehr lastet auf dem „Politischen" der Geruch des Schmutzigen und des Niederträchtigen[171]. Diese Diskrepanz gilt auch für die organisationsinterne Öffentlichkeit. Es gehört aber auch zu einer wichtigen Spielregel, politische (Fremd-)Deutungen des eigenen Handelns strikt zurückzuweisen und stattdessen die Verpflichtung auf das Gesamtziel herauszustellen, selbst aber – zumindest gelegentlich – politische Deutungen des Gegnerverhaltens in das Spiel hineinzutragen. Diese teils unbeabsichtigten, teils „strategischen" *Fehldeutungen* der Teilnehmer sind es auch, die die Rekonstruktion politischer Prozesse, etwa in Form einer Fallstudie, und die Validierung der Rekonstruktionsergebnisse erheblich er-

[169] Crozier & Friedberg (Macht, S. 69) erblicken daher konsequenterweise in dem Willen, an dem Spiel teilzunehmen, und der dafür notwendigen Akzeptierung der Basisregeln den eigentlichen Grund für die Integration der Verhaltensweise der Akteure.

[170] Dies bestätigt sich auch in Befragungen. Stagner (Decision Making) berichtet z.B., daß ein Großteil (schriftlich) befragter Top-Manager von 109 Unternehmen der Auffassung war, Entscheidungen würden häufig von Machtüberlegungen bestimmt.

[171] Vgl. hierzu auch Zaleznik (Power), S. 48, Burns (Micropolitics), S. 260.

schweren. Dies gilt in gesteigertem Maße dann, wenn der zu untersuchende politische Prozeß von den Teilnehmern als noch nicht abgeschlossen betrachtet wird; jede Analyse eines Dritten wird dann (ungewollt) selbst Bestandteil des Prozesses mit einer eigenen Dynamik.

Generell gilt es noch anzumerken, daß die wissenschaftlichen Vertreter des Kampfspiel-Paradigmas politische Prozesse nicht – jedenfalls in der Regel nicht – negativieren, sondern sie als selbstverständlichen Bestandteil jeder sozialen Organisation betrachten.

4.4.3.2 Theoretische Grundlagen

Zum Begriff des „Politischen" als Grundlage von Strategieanalysen

In der vorhergehenden Kurzbeschreibung war an zentraler Stelle immer wieder auf „politische Verhaltensweisen" oder „politische Prozesse" in Organisationen verwiesen worden. Zwar kann man dabei gewiß in einem begrenzten Umfang auf ein einvernehmliches Vorverständnis vertrauen – Aspekte wie Macht, Eigeninteresse, Konflikte, Taktieren und Finassieren werden wohl durchgängig assoziiert –, dennoch ist für ein tieferes Verständnis des Kampfspiel-Paradigmas eine präzisere Beschreibung dessen, was das Prädikat „politisch" meint, angezeigt[172]. Worin besteht der Kern des „Politik"-Konzepts als Grundlage von Strategieanalysen?

Essentieller Bestandteil des Begriffs ist das *Ressourcensystem* der Organisation und der Kampf um dessen Verteilung. In diesem Sinne definiert etwa Pettigrew: „Political behavior is defined as behavior by individuals, or, in collective terms, by sub-units, within an organization that makes a claim against the resource-sharing system of the organization"[173]. Ressourcensystem und -allokation werden dabei sehr weit verstanden, Elemente wie Information, Aufstieg, Repräsentation, Verantwortung u.a. umgreifend[174]. Der *politische Prozeßablauf* wird dann beschrieben als Anspruchsgenerierung und als Mobilisierung von Unterstützung für die erhobenen Ansprüche[175]. Unterstellt wird dabei, daß es um die Verteilung knapper Ressourcen geht und daß erhobene Ansprüche somit miteinander in *Konflikt* stehen[176].

[172] Was hier versucht werden soll, ist eine Rekonstruktion dessen, was in planungs- und organisationstheoretischen Studien unter dem Begriff des „Politischen" gefaßt wird, nicht aber eine Gesamtdiskussion dieses Terminus, wie er in der politologischen Literatur Verwendung findet. Zu einer knappen zusammenfassenden Betrachtung vgl. Luhmann (Politikbegriffe), S. 211 f.; siehe auch Dorow (Unternehmungspolitik), S. 25 f.

[173] Pettigrew (Politics), S. 17; aufbauend auf Burns (Micropolitics).

[174] Vgl. Pettigrew (Politics), S. 273.

[175] Vgl. ebenda, S. 17.

[176] Vgl. Dlugos (Relationship), S. 651 ff.

Diese Begriffsfassung bringt zwar einen zentralen Gesichtspunkt „politischer" Analysen auf den Punkt, ist aber *so* zuwenig diskriminierend. Nicht *jeder* Anspruch auf einen Ressourcen(neu)anteil wird „politisch" genannt. Die reguläre Bitte einer Sekretärin, einen ergonomisch zweckmäßigen Stuhl zu erhalten, wird gewöhnlich nicht als politisches Verhalten bezeichnet, wohl aber ihre Androhung, keine außerdienstlichen Geschäfte mehr zu erledigen, wenn sie einen solchen nicht erhält[177].

Zur weiteren Diskriminierung politischen Verhaltens muß der organisatorische Kontext näher bezeichnet werden.

Ein bedeutsames Kontextmerkmal ist auf jeden Fall die *Entscheidung*, in deren Rahmen sich der politische Prozeß entfaltet. Politische Prozesse können sich nur innerhalb von Entscheidungen entfalten, die einen entsprechenden *Spielraum* enthalten. Hierzu sind einige erläuternde und ausgrenzende Bemerkungen notwendig.

Manche Autoren stellen direkt auf diesen Punkt ab, wenn sie den politischen Prozeß in Organisationen definieren als das (durch Konflikt und Macht bestimmte) Aushandeln der *zentralen Entscheidungen* (Ziele, Strategien, Budgets)[178]. Im Hintergrund steht dabei die Vorstellung einer klaren Hierarchie der Entscheidungen (politische, administrative und operative Entscheidungen), wobei die politischen Entscheidungen im Sinne der hierarchischen Planung den *festen Rahmen* bilden, in den sich die anderen Entscheidungen fügen müssen. Diese enge Fassung der politischen Arena deckt sich jedoch nicht mit dem Verständnis des Kampfspiel-Paradigmas, denn dort wird die Zielbestimmung und der strategische Entscheidungsprozeß gerade nicht als hierarchisch eng umschrieben und klar abgegrenzt begriffen, sondern als ein weithin diffundierter, fließender Prozeß, der sich aus Einzelstücken zu einer Collage zusammenfügt. Das Argument ist ja, daß der Einzelne zu Anfang oft gar nicht weiß, ja wissen kann, ob er an einem „strategischen" oder „operativen" Entscheidungsprozeß teilnimmt – man denke etwa an die Aufnahme einer Information über die Konkurrenz und die Entscheidung, ob und wohin diese weitergegeben werden soll. Der strategische Charakter eines lokalisierten Problems kristallisiert sich nach dieser Auffassung dann erst im Laufe des Prozesses heraus. Damit verwischen sich die Unterschiede zwischen den Ent-

[177] Vgl. Mayes & Allen (Definition), S. 673; es sei hier kurz angemerkt, daß – wie sich noch zeigen wird – Pettigrew (Politics) diesen Kontext in seine exzellente Fallanalyse voll einbezieht; er findet nur eben in seiner Definition keinen Niederschlag. Es geht uns hier auch gar nicht darum, für die Vorziehenswürdigkeit der einen oder anderen Definition zu argumentieren, sondern wir nehmen diese Konzepte nur zum Anlaß, die Elemente herauszuarbeiten, die für ein Verständnis des Kampfspiel-Paradigmas konstitutiv sind.

[178] Vgl. u.a. Wamsley & Zald (Economy), S. 18, Heinen (Einführung), S. 99ff., Kirsch (Entscheidungsprozesse III), S. 121ff.; Kirsch dehnt allerdings in späteren Schriften den Bereich politischer Entscheidungen auf alle komplexen Probleme aus, vgl. ders. (Handhabung), S. 102ff.

scheidungsebenen. Die Ebene der Entschlußfassung allein bestimmt nicht über den ganzen Charakter des Entscheidungsprozesses.

Desweiteren werden administrative und operative Entscheidungen grundsätzlich auch als „politische“ betrachtet[179], weil ein *strenger Ableitungszusammenhang* zwischen den oberen und unteren Entscheidungen und eine vollständige Determinierung durch hierarchische Prämissen bestritten wird[180].

Das Fehlen exakter Ableitungszusammenhänge und deterministischer Handlungsprämissen wird nicht als zufälliges Phänomen oder Ergebnis mangelnder Sorgfalt verstanden, sondern als *systematischer* Ausdruck der Gegebenheiten komplexer Systeme[181]. Im Zuge einer weit verzweigten Aufgabenteilung und Spezialisierung entstehen tiefgreifende Koordinations- und Kontrollprobleme (Organisationsprozeß!), die von den folgenden drei „Gesetzen“ des Kontrollverlustes knapp umrissen werden[182]: (1) Gesetz der unvollkommenen Kontrolle, d.h. niemand kann das Verhalten in großen Organisationen vollständig kontrollieren; (2) Gesetz der abnehmenden Kontrolle, d.h. je größer eine Organisation, um so schwieriger wird es für die Spitze, die Kontrolle zu behalten; (3) Gesetz der abnehmenden Koordination, d.h. je größer und differenzierter die Organisation, um so eher treten Verselbständigungstendenzen auf, um so schwächer ist die hierarchische Koordination[183].

Freiraum entsteht aber auch, wenn aufgrund häufig wechselnder Bedingungen (dynamische Umwelt) oder aufgrund der Komplexität der Aufgabe (unklare Technologien der Aufgabenbewältigung)[184] eine klare Vorgabe von Zielen und Entscheidungsprämissen sinnvollerweise gar nicht möglich ist („schlecht strukturierte Probleme“). Salancik und Pfeffer betonen: „When organizational participants derive different meanings from the same set of details, *no* bureaucratic decision procedures will *unambiguously* decide the issue“[185].

Wenn aber aufgrund von Unsicherheit eindeutige Lösungen kaum herstellbar sind, das Eintreten von Handlungskonsequenzen nur grob geschätzt werden

179 Vgl. hierzu auch Meyes & Allen (Definition), S. 673, Dorow (Unternehmungspolitik), S. 27.

180 Vgl. hierzu auch Kappler (Betriebswirtschaften), S. 92.

181 Dieser Punkt wird unten S. 245ff. noch einmal ausführlich aufgegriffen, wenn es um die Diskussion der Planungsrationalität geht.

182 Vgl. Downs (Bureaucracy), S. 143.

183 Zu letztem Punkt vgl. Lawrence & Lorsch (Organization), S. 230ff.; die Autoren weisen freilich darauf hin, daß in Organisationen zahlreiche Zusatzmechanismen entwickelt werden, um diese Koordinationslücke zu füllen. Die meisten davon zielen jedoch auf eine horizontale Selbstabstimmung, was per se Raum für politische Elemente läßt.

184 Vgl. z.B. Perrow (Framework), S. 195ff.

185 Salancik & Pfeffer (Bases), S. 454; meine Hervorhebung.

kann, wenn über das Problem selbst noch nicht einmal hinreichende Klarheit besteht, so öffnet sich der Raum für politische Prozesse[186].

Damit ist neben dem konfliktträchtigen Anspruch auf Organisations-Ressourcen mit der Eingrenzung auf Spielraum gewährende (Sub-)Entscheidungen ein *zweites* zentrales Element politischer Prozesse benannt.

Ein weiterer Kern-Bestandteil des „Politischen" ist der *Machtaspekt*, genauer die Möglichkeit, den eigenen Anliegen in politischen Prozessen Gehör zu verschaffen und Nachdruck zu verleihen[187]. Ohne Macht oder bei total asymmetrischer Machtverteilung besteht kein Manövrierraum, um Prozesse politisch werden zu lassen. Zu denken ist dabei nicht oder jedenfalls nicht in erster Linie an die formal-legitime Autorität in Unternehmen (Direktionsbefugnis) – sie soll ja *eigentlich* in der Lage sein, politische Prozesse zu unterbinden –, sondern an *inoffizielle* (nicht bürokratisch legitimierte) Macht; wobei für politische Entscheidungen *horizontalen* Machtbeziehungen zwischen Subsystemen (z.B. zwischen Stab und Linie oder zwischen Produktion und Vertrieb) eine Schlüsselrolle zukommt[188]. Unter Macht wird dabei zumeist – bei aller Unterschiedlichkeit im Detail – im Anschluß an Max Weber die Möglichkeit verstanden, in den Handlungsraum anderer, auch gegen deren Widerstreben, zum eigenen Vorteil einzugreifen; oder negativ ausgedrückt: die Möglichkeit, das Ansinnen (die Weisungen) anderer, das Handeln an ihren Interessen auszurichten, zurückzuweisen[189].

Politisches Verhalten umgreift die gezielte *Mobilisierung* und den kalkulierten Einsatz von (Verhandlungs-)Macht zur Durchsetzung eigener Präferenzen. Die potentielle *Durchsetzbarkeit* von Ansprüchen in politischen Prozessen gründet sich auf verschiedene Machtquellen (Expertenmacht, Informationskontrolle, Beziehungen etc.), die formale Positionsmacht spielt dabei nicht die allein-entscheidende Rolle.

Ein vierter zentraler Aspekt politischer Prozesse ist die *„Legitimität"*, verstanden als diffuse und frei bewegliche Ressource[190]. Für die Fragen, welches Problem überhaupt zu einem relevanten Entscheidungsproblem wird und ob eine Problemlösung grundsätzlich als tragbar gelten kann, spielt die zugeordnete oder zuordenbare Legitimität eine nicht unerhebliche Rolle. Politische Prozesse stellen daher auch darauf ab, *Legitimität* für bestimmte

[186] Vgl. Thompson & Tuden (Strategies), Abell (Organizations), S. 12, Bauer (Study), S. 14f.

[187] Vgl. Salancik & Pfeffer (Bases), S. 453f., Pettigrew (Politics), S. 17, Bourgeois (Strategy), S. 31, sowie den informativen Überblick von Miles (Behavior), S. 164ff.

[188] Vgl. Pfeffer & Salancik (Decision Making), S. 136.

[189] Vgl. zu dieser handlungstheoretischen Auslegung des Machtbegriffs Luhmann (Macht), S. 8f., Crozier & Friedberg (Macht), S. 41. Abell (Organizations, S. 15f.) macht eine aufschlußreiche Unterscheidung zwischen Einfluß und Macht. Während sich eine Einflußbeziehung dadurch auszeichnet, daß der Beeinflußte seine Prämissen verändert, behält der Machtunterworfene seine bei, kann sie aber nicht durchsetzen.

[190] Vgl. Pettigrew (Strategy), S. 85.

Ideen, Werte und Lösungen *zu schaffen*. Die Spieler versuchen, durch Konstruktion von Symbolen und Interpretation von Werten die eigenen Anliegen mit Legitimität zu versorgen und die Anliegen der Opponenten zu „*delegitimieren*“[191]. Von wesentlicher Bedeutung für diesen Prozeß ist die Frage, wie das vorgetragene Anliegen von den anderen Mitspielern *wahrgenommen* und *empfunden* und wie die Anliegen und ihre Kritik *präsentiert* werden. Obgleich für das Legitimationsverständnis in Organisationen das Normensystem der Umwelt das Gerüst abgibt, entwickeln sich doch innerhalb der Organisationen und dort wieder innerhalb spezifischer Subsysteme eigene Interpretations- und Wertesysteme[192].

Der Rekurs auf diese spezifischen intraorganisatorischen Konzepte, sei es durch den Ausweis, daß das eigene Anliegen in Übereinstimmung damit steht oder sei es, daß das Anliegen des Opponenten in die Zone der Wertverletzung gezogen wird, ist Bestandteil politischer Verhandlungen. Pettigrew nennt dieses Element des politischen Prozesses daher „the management of meaning“[193].

Mit der „Legitimität“ ist neben den konfliktären Ansprüchen an das Ressourcensystem, dem Spielraum und der Macht das vierte wesentliche Element politischer Prozesse beschrieben. Auf diesem Hintergrund soll nun der Charakter von Machtkampfspielen näher beleuchtet werden.

Zur Struktur von Kampfspielen[194]

Entscheidungen in Organisationen – zumal so komplexe wie die Bestimmung von Strategien – sind, wie gezeigt wurde, typischerweise *kollektive Entscheidungen*. Mehrere Personen, teils über verschiedene Hierarchieebenen hinweg, haben an dem Fällen zentraler Entscheidungen teil. Für die Analyse strategischer Entscheidungen nach dem Muster des Kampfspiels stellt sich daher zunächst die Frage nach dem Teilnehmerkreis oder – wie Abell diesen Kreis treffend bezeichnet – der „bargaining zone“[195].

(1) *Wer sind die Mitspieler?*

Spieler sind zunächst einmal *Stelleninhaber*: Personen, denen *offiziell* die Kompetenz für die fragliche Entscheidung zugeordnet ist, einschließlich Vertreter von Interessen, die ein Recht auf Entscheidungsteilhabe besitzen, Personen die nach *inoffiziellen* Regelungen zu der Entscheidung gehört werden

191 Vgl. ebenda.

192 Vgl. im Überblick Beyer (Ideologies); siehe hierzu auch unsere Ausführungen unten S. 206 dieser Arbeit.

193 Vgl. Pettigrew (Strategy), S. 84ff.

194 Die folgende Darstellung ist nach Fragen gegliedert, wie sie ähnlich von Allison (Essence, S. 164ff.) und z.T. auch von Mazzolini (View) verwendet werden.

195 Dazu Abell (Organizations), S. 16.

(Vertraute, informelle Vertreter von internen Interessengruppen, Assistenten usw.) und Personen, die mit der *Entscheidungsvorbereitung* betraut sind oder die relevante Vorentscheidungen treffen (z.B. Stäbe, Mitarbeiter unterer Rangstufen, Informanten).

Zu den genannten treten in den meisten Fällen noch weitere *externe Spieler* (ad hoc-Spieler) hinzu, also Personen, die keine formale Mitgliedschaftsrolle in dem fraglichen Unternehmen bekleiden. Dies sind z.B. Vertreter von Interessengruppen, von Banken, von relevanten Zulieferern, von Abnehmern, von Kooperationspartnern. Andere Externe (Konkurrenten, Presse, Staat, kritische Öffentlichkeit) bilden konzentrische Kreise um die Spielarena und markieren die „Umweltbegrenzungen", innerhalb derer das Spiel entfaltet wird[196].

Wer an einem bestimmten Spiel teilnehmen wird, kann im voraus nicht genau bestimmt werden. Weder Auszeichnungen durch die Organisationsstruktur noch die Zugehörigkeit zur Machtelite (dominant coalition)[197] lassen eine abschließende Bestimmung zu, es treten immer noch problemspezifische Akteure mit hinzu[198].

(2) *Was sind die Bestimmungsgründe des Standorts der Spieler?*

Wodurch sind die Meinungen und Haltungen geprägt, die Spieler in den Entscheidungen vertreten? Wie kommt es zu Disparitäten? Hier ist zunächst einmal die *Position* (Stelle) von Bedeutung, die der Spieler in der Hierarchie innehat. Sie legt – mehr oder weniger formalisiert – die Erwartungen, Verpflichtungen und Verantwortlichkeiten fest, die einen Rahmen um die wählbaren Spielziele und „Strategien" ziehen[199]. Die Position bringt aber daneben noch eine Reihe anderer Festlegungen mit sich. Positionen entstehen im Zuge der Arbeitsteilung und Spezialisierung; die einer Position zugewiesenen Teilaufgaben *zentrieren* die Aufmerksamkeit auf bestimmte Probleme, Informationen, Umweltausschnitte usw. Die Wahrnehmung wird zunehmend selektiv; aus vielerlei Gründen tritt die *Subzielidentifikation* vor die Gesamtzielorientierung[200]. Das Subsystem, zu dem die Position gehört, entwickelt in der Regel eine eigene Kultur und eigene Gruppenzwänge[201]. Alles dies bringt (differente) Vororientierungen, Rigiditäten und Prioritäten mit sich, die das Verhalten der Spieler (mit) prägen. Der Marketingleiter z.B. sieht das Ent-

[196] Vgl. Allison (Essence), S. 164f.

[197] Vgl. zu diesem Konzept der Machtelite Thompson (Organizations) S. 128ff., 138f.; es stellt eine machttheoretische Erweiterung des Koalitionsmodells von Cyert & March (Theory) dar. Vgl. hierzu auch die Anmerkungen von Child (Choice), S. 13f.

[198] Vgl. Bauer (Study), S. 15, Kelley (Seducing), S. 67ff.

[199] Vgl. Allison (Essence), S. 166f., Mazzolini (Decisions), S. 5.

[200] Vgl. z.B. Dearborn & Simon (Perception), Miles (Behavior), S. 158.

[201] Zur Differenzierung von Teilsystemen in Industrieunternehmen vgl. Lawrence & Lorsch (Organization), S. 30ff., sowie unsere Ausführungen zur Gruppenentscheidung oben S. 160ff. dieser Arbeit.

scheidungsproblem auf dem Hintergrund seiner Absatzprobleme und ist gehalten, das Absatzdenken in dem Entscheidungsprozeß zu verankern, er entwickelt seine Vorstellung von der Ausrichtung des Unternehmens, die sich in der Regel von der anderer Funktionsspezialisten unterscheidet (bei Lindblom: „partisan")[202]. Als weitere Bestimmungsgründe gelten die persönlichen Interessen und die *Persönlichkeit* des Spielers; sein Vorwärtsstreben (Karriere)[203], aber auch seine Erfahrungen, sein Wissen, sein familiärer Hintergrund und seine Zugehörigkeit zu anderen Kontexten färben seine Perzeption und seine Spielzüge[204].

Schließlich sind auch persönliche Rivalitäten, die z.T. in zurückliegenden Entscheidungsprozessen ihren Ursprung haben, von gewichtiger Bedeutung für Spielintentionen. Dementsprechende Haltungen wie „wenn er dafür ist, bin ich dagegen" oder „haust Du meinen Mann, hau ich Deinen" bilden häufig den Ansporn zur Entfaltung politischer Energie[205].

Spiele werden gespielt, um Ergebnisse zu erreichen bzw. Handlungen festzulegen. Die Ergebnisse befördern oder behindern die Vorstellungen der Akteure über die Unternehmensentwicklung und sind in unterschiedlichem Maße instrumentell für die persönlichen Ziele des Akteurs, für das Wohlergehen seiner Freunde und die Interessen der Gruppe(n), der (denen) er angehört. Im Lichte dieser überlappenden Interessen und ihrer Relation zu potentiellen Entscheidungsergebnissen macht der Akteur seinen Standort im Spiel fest[206].

(3) *Welche Spieler bestimmen das Entscheidungsergebnis?*

Die Möglichkeit, den eigenen Standpunkt und die eigene Sichtweise des Problems nachhaltig im Entscheidungsprozeß zur Geltung zu bringen, ist neben objektiven situationalen Komponenten (Zeitdruck, Art des Problems, Marktzwänge etc.) eine Frage des Beeinflussungsvermögens und damit haupt-

[202] Vgl. Lindblom (Intelligence), S. 29.

[203] Vgl. Miles (Behavior), S. 157f.

[204] Vgl. Mazzolini (Decisions), S. 5f.

[205] Vgl. Pettigrew (Strategy), S. 83.

[206] Vgl. Allison (Essence), S. 167f.; Bauer (Study, S. 15) merkt an, daß es irreführend sei, von *dem* Eigeninteresse des Individuums oder der Gruppe zu sprechen, denn dies impliziere, daß das Individuum (oder die Gruppe) ein fest umrissenes Ziel im Hinblick auf seinen Entscheidungstatbestand habe und daß es (sie) sich dieses Ziels bewußt sei. In Wirklichkeit verfolgten Individuen und Gruppen – ähnlich wie das für Organisationen festgestellt wurde – ein diffus-komplexes Konglomerat von Zielen und Interessen. Tenbruck (Kritik, S. 77ff.) geht noch einen Schritt weiter, wenn er bezweifelt, daß der Mensch seine Bedürfnisse so gültig ermitteln kann, daß sie zu hinreichend operationalen Zielen werden, mittels derer er sein Glück absichtsvoll verwirklichen kann. Denn: „Bedürfnisse bilden eben ein System, das der Handelnde aufgrund der Konstruktionsart der Bedürfnisse nicht hinreichend durchschauen kann" (S. 84).

sächlich eine Frage der *Macht*[207]. Welche Faktoren sind es über das Autoritätssystem hinaus, die das Kräfteverhältnis der Spieler bestimmen? In der Literatur finden sich zahllose Kataloge von potentiellen Machtquellen; erinnert sei hier nur an den fast schon klassisch zu nennenden Katalog von French & Raven, der Macht durch Belohnung, Zwang, Persönlichkeitswirkung, Wissen und Legitimation unterscheidet[208]. In der jüngeren Literatur wird überwiegend die Entstehung von *horizontaler* Macht – unter dem Einfluß von Crozier[209] – aus dem Vermögen erklärt, relevante *Unsicherheitsquellen*, die innerhalb oder außerhalb der Organisation ihren Ursprung haben, zu kontrollieren[210].

Hickson et al. präzisieren diese Überlegungen dahingehend, daß die (horizontale) Macht organisatorischer Subeinheiten sich bestimmt nach der

a) Fähigkeit, organisatorischer Unsicherheit zu begegnen,
b) Substituierbarkeit der Subeinheit und ihrem Vermögen der Unsicherheit zu begegnen,
c) Zentralität, die die jeweilige Subeinheit bzw. das jeweilige Unsicherheitsproblem für den Leistungsprozeß besitzt[211].

Für die Bewältigung der Unsicherheit sind so unterschiedliche Faktoren von Bedeutung wie:

- Besitz spezialisierter Fähigkeiten (Expertenwissen)[212],
- Zugang zu spezifischen Informationsquellen,
- Kontrolle über Informationsflüsse (Gate keeper),
- Fähigkeit, kritische Ressourcen zu akquirieren[213].

Dabei gilt es zu sehen, daß das Ausmaß und die Zone der Unsicherheit von den Spielern selbst beeinflußt werden kann[214]. Die Schaffung eigener Autonomiezonen (z.B. eigener Stab, der unabhängig macht vom Zentralressort)

[207] Die Variante der diskursiven Überzeugung, die wohl Einfluß, nicht aber Macht gleichkommt, spielt im Paradigma des politischen Prozesses nach Voraussetzung keine Rolle. Jede Überzeugung wird mit Überredung oder Manipulation gleichgesetzt; vgl. stellvertretend Kirsch (Entscheidungsprozesse III), S. 184ff.

[208] Vgl. French & Raven (Bases).

[209] Vgl. (Phénomène).

[210] Von dieser theoretischen Grundidee gehen u.a. aus Perrow (Power), Hickson et al. (Theory), Salancik & Pfeffer (Bases), Crozier & Friedberg (Macht), S. 35ff.

[211] Vgl. Hickson et al. (Theory), S. 221.

[212] Vgl. hierzu das Beispiel von Crozier (Phénomène, S. 79ff.), in dem Instandhaltungsarbeiter in einer französischen Firma die Stellung der tatsächlichen Chefs in den Werkstätten gegenüber Produktionsarbeitern und Gruppenleitern erobert hatten, weil sie durch ihre – jedenfalls kurzfristig nicht ersetzbare – Kompetenz für die Wartung und Reparatur der Fertigungsanlagen Häufigkeit und Dauer der (von Leitung und Arbeitern gleichermaßen unerwünschten) Störungen bestimmen konnten.

[213] Vgl. Pettigrew (Politics), S. 23ff., Crozier & Friedberg (Macht), S. 50ff., Salancik & Pfeffer (Bases), S. 455.

[214] Vgl. Perrow (Power), S. 67.

spielt hierbei eine große Rolle[215]. Die Macht des Spielers hängt zusätzlich auch von Persönlichkeitsfaktoren ab, wie Prestige, rhetorisches Geschick, der Fähigkeit, Koalitionen mit anderen mächtigen Gruppen zu schließen, kluger Einsatz der Machtmittel und ihre erfolgreiche Konservierung[216].

In jedem Fall gilt, daß das Machtpotential von den Mitspielern als solches erkannt werden muß, wenn es seine Wirkung entfalten soll.

(4) *Wie läuft das Spiel ab?*

Spiele laufen nicht völlig willkürlich und zufallsbestimmt ab. Sie unterliegen *Regeln*. Neben die Organisationsstruktur als wichtigstem Regelspender tritt eine Reihe informeller Regelungen (Konventionen, Organisationskultur etc.), die mehr oder weniger interpretationsbedürftig sind. Nicht selten gelten für unterschiedliche Teilnehmer unterschiedliche Spielvorschriften und -bereiche, so differenziert etwa Allison zwischen „Häuptlingen" und „einfachen Kriegern"[217]. Die Machtelite („Häuptlinge") greift häufig erst spät in den Entscheidungsprozeß ein. Ihr werden die Probleme, Alternativen und Lösungsvorschläge von den Beratern, Spezialisten und sonstigen Untergebenen („einfachen Kriegern") vorgeschlagen. Die „Entscheidungsvorbereiter" müssen das Vertrauen und die Unterstützung der Elite oder des Chefs für ihre Lösungen gewinnen[218].

Zur Frage, wie das Spiel am besten geführt werden muß, so daß die endgültige Entscheidung möglichst viele Elemente der eigenen Vorstellungen und Ziele beinhaltet, liegen zumeist – häufig von Organisation zu Organisation differente – Prinzipien oder Gewinnregeln vor, z.B. „wer zögert, vergibt seine Chance" oder „wer sich seiner Sache nicht sicher ist, wird von den anderen ausgestochen, die sich sicher sind"[219].

Verhandlungsstrategien sind Gegenstand eines breit ausgebauten und z.T. hoch formalisierten Forschungszweiges, nämlich der „Verhandlungsforschung". Sie ist in wesentlichen Teilen mit der klassischen Entscheidungs- und Spieltheorie verbunden[220]. Untersucht werden vor allem dyadische Pro-

[215] Vgl. Tushman (Approach), S. 209f. Diesen Sachverhalt illustriert Maccoby (Chefs) in seiner empirischen Studie über den „Spieler" an mehreren Beispielen in aufschlußreicher Weise. Ein Marketingmanager äußerte etwa: „Man braucht einen sehr großen Kunden, der ständig in Schwierigkeiten ist und vom Unternehmen Veränderungen verlangt .... Dadurch hat man automatisch Macht im Unternehmen und auch beim Kunden. Ich halte mir die Optionen gern offen" (S. 91).

[216] Maccoby (Chefs) differenziert auf plastische Weise zwischen verschiedenen Spielertypen, z.B. „Dschungelkämpfer", „Fachmann", „Spielmacher".

[217] Vgl. Allison (Essence), S. 176ff.

[218] Vgl. Kelley (Seducing), S. 67.

[219] Vgl. Allison (Essence), S. 171.

[220] Zu einem Überblick vgl. Kirsch (Entscheidungsprozesse III), S. 224ff., Crott, Kutschker & Lamm (Verhandlungen I, II), Karass (Game).

zesse und die Entscheidung von (informellen) Koalitionen, d.h. die Bildung von Untergruppen (Gewinngemeinschaften) innerhalb der Gesamtgruppe[221].

Daneben finden sich (mehr oder weniger formalisierte) Beschreibungen der bekannten Verhandlungstaktiken, wie etwa[222]: *Bluff* (z.B. Rekurs auf eine fiktive anderweitige Option, vorgetäuschte Rigidität, Spielen um Zeit), *Drohung* (negative Sanktionen werden angedroht für den Fall, daß der Opponent nicht das gewünschte Verhalten zeigt), *Versprechungen* (die Einwilligung oder das gewünschte Verhalten wird mit der Aussicht auf positive Sanktionen herbeizuführen versucht), *Politik der vollendeten Tatsachen, Rekurs auf Reziprozität* (Einforderung oder Inaussichtstellung von Gegenleistungen).

Die formalen Theoreme der Verhandlungsforschung finden in Kampfspielanalysen faktischer strategischer Entscheidungen nur in sehr geringem Umfange Anwendung. Dies liegt vor allem daran, daß wesentliche Teile dieser Forschung mit den klassischen Rationalitätsprämissen arbeiten, die den Anliegen und Grundvorstellungen deskriptiver Strategieanalyse widersprechen.

Für das Paradigma des politischen Prozesses ist die Lindblomsche Charakterisierung des Verhandlungsprozesses als „partisan mutual adjustment" sehr viel typischer. Parteiliche Gegenspieler versuchen sich gegenseitig zu beeinflussen. Ohne den eigenen Standpunkt aufzugeben, kommen die Spieler doch in einem Prozeß der gegenseitigen Anpassung zu (Teil-)Lösungen[223].

Obgleich das Ergebnis dieses Prozesses zumeist Kompromißlösungen sind, gibt es gewöhnlich doch Gewinner(-koalitionen) und Verlierer(-koalitionen). Die Spielregeln garantieren gewöhnlich, daß eine Niederlage nicht so verheerend empfunden wird, daß sie zum Auszug der Verlierer aus der Spielarena führen muß. Neue Probleme tauchen auf, der oder die Verlierer können sich sammeln, nach neuen Koalitionspartnern Ausschau halten, um die nächste Runde für sich zu entscheiden. Gewinnen und Verlieren sind temporäre Zustände. Ferner werden in der Regel mehrere Spiele gleichzeitig gespielt, wer hier gewinnt, mag dort verlieren. Dieser überdauernde Prospekt wird als einer der Hauptgründe angesehen, weshalb sich der Konflikt und die „Spielleidenschaft" in Grenzen halten und die Organisation leistungsfähig bleibt[224].

Für die Erklärung von Spielverläufen sind schließlich nicht nur *intra*organisationale, sondern auch *inter*organisationale Prozesse und Verhandlungen

[221] Vgl. Crott (Modelle), S. 211.

[222] Vgl. Schelling (Strategy), MacMillan (Strategy), S. 29ff., Kirsch (Entscheidungsprozesse III), S. 217ff.

[223] Lindblom (Intelligence, S. 32ff.) unterscheidet noch einmal zwischen „manipulated adjustments" (es wird auch auf eine aktive Beeinflussung der Gegenparteien abgestellt) und „adaptive adjustments" (Entscheidungen werden nur im Bereich des Kompatiblen gesucht).

[224] Vgl. Kelley (Seducing), S. 67.

relevant[225]. Die Einwirkung externer Parteien, sei es in Form einer Beratungsgesellschaft, einer regulierenden Behörde oder einer Partnerschaft (z.B. Gemeinschaftsunternehmen), trägt durch das Aufeinandertreffen zweier unterschiedlicher Systeme mit anderer Vergangenheit, anderen Werten, anderen Standardprozeduren usw. eine gesonderte Dynamik in die Verhandlungen hinein. Bei einem Mißlingen oder bei dem Auftauchen gravierender Probleme kann es zu Anklängen an eine Art kollektive Psychose kommen, etwa in der Form, daß die Wahrnehmung, die Kritikfähigkeit usw. systematisch verzerrt werden, sich die internen Spieler zu einer „großen Koalition" zusammenschließen und dem externen Mitspieler alle Schuld an den aufgetretenen Problemen und Mißlichkeiten zuweisen[226].

Die Strategieformulierung als politischer Prozeß

Statt einer Zusammenfassung sei im folgenden die Strategieformulierung kurz umrissen, wie sie sich aus dem Kampfspiel-Paradigma und den dargelegten theoretischen Grundlagen ergibt[227]:

- Die Herausbildung von Strategien ist ein kontinuierlicher Prozeß. Er ist immer wieder durchsetzt von diskreten Entscheidungsepisoden und/oder Finalentschlüssen, diese sind jedoch eingebettet in einen Fluß *fortlaufender Entscheidungen*. Individuen und Subeinheiten verschiedenster Ebenen tragen zu dem Prozeß der Einschätzung der Umwelt und der eigenen Organisation und dem Entwurf von Handlungen bei.
- Strategien sind auf die Lösung von Problemen (Dilemmas) gerichtet. Sie erwachsen aus Entscheidungsprozessen darüber, welche Dilemmas bearbeitet und welche Lösungen gewählt werden sollen. In diesen Prozessen des Herantragens neuer Probleme an die Organisation oder des Festhaltens und Beharrens auf traditionellen Problemdefinitionen spielen *differente* Interessen und Vorstellungen von unterschiedlichen Organisationseinheiten eine bedeutsame Rolle. Auf sie richtet die „politische" Analyse ihr Erklärungsinteresse.
- Strategische Entscheidungen bringen in der Regel eine *Neuverteilung* der organisatorischen *Ressourcen* mit sich. Dadurch sind persönliche Interessen (Karriere, Status usw.) und Gruppeninteressen (Zentralität, Auflösung, Dominanz etc.) ebenso vital betroffen, wie die Vorstellungen der Entscheidungsteilhaber über die Entwicklung des Gesamtunternehmens.

225 Vgl. im Überblick Gottfredson & White (Agreements), Kutschker & Kirsch (Verhandlungen); speziell bezogen auf die Kooperation von Unternehmen und Regierung, Chatov (Cooperation).

226 Vgl. Chatov (Cooperation), S. 497f.

227 Wir orientieren uns dabei an Pettigrew (Strategy).

Neue Strategien stellen für die einen eine Möglichkeit dar, ihre Ziele und Forderungen besser zu verwirklichen, mehr Ressourcen für sich zu gewinnen, für andere sind sie eine Bedrohung des erreichten status quo. Beides setzt „politische Energien" frei.

- Die politischen Bestrebungen konzentrieren sich zunächst darauf, *welche Probleme* zu strategischen Problemen und welche (nach Möglichkeit) ignoriert, unterdrückt oder geleugnet werden sollen. Hat ein Problem in der Firma die Anerkennung als Problem gefunden, ist es also – sofern nicht objektive Zwänge dies ohnehin unumgänglich machten – einer Gruppe oder einem Einzelkämpfer gelungen, genügend Kräfte zu mobilisieren, dehnt sich der politische Prozeß, das Kampfspiel, auf die jeweiligen (Teil-)Lösungsentscheidungen aus. Das Ausmaß politischer Anteile an dem Entscheidungsprozeß bestimmt sich nach dem Umfang an *Disparitäten* und damit des Konflikts zwischen den Beteiligten. Diese werden um so stärker sein, je *differenzierter* die Entscheidungseinheit ist (unterschiedliche Perzeptionsmuster), je *komplexer* das Entscheidungsproblem und je *ungewisser* die Folgen der Alternativen sind, je *mehr Personen* am Entscheidungsprozeß beteiligt sind und je unterschiedlicher deren Persönlichkeit ist, je *bedeutsamer* die Entscheidung aus der Sicht der Interessenträger ist und je mehr historisch gewachsene oder spontan entstandene *Antipathien* zwischen Teilnehmern bestehen.
- Eine Forderung ist durchsetzbar, wenn genügend *Macht* und Unterstützung mobilisiert werden kann. Neben der Position spielt insbesondere die Kontrolle über Ungewißheiten eine zentrale Rolle für die Bestimmung der Macht des Spielers. Unterstützung wird auch durch die Bildung von Koalitionen mobilisiert, allerdings mit dem Nachteil, daß der „Gewinn" geteilt werden muß.

4.4.3.3 Ausgewählte empirische Studien

Abschließend sei nun wiederum die Analyse unternehmensstrategischer Verhaltensweisen im Sinne politischer Prozesse anhand eines breiter dargestellten Fall-Beispiels und einiger Kurzdarstellungen demonstriert. Wir haben bereits darauf hingewiesen, daß Organisationsprozeß- und Kampfspiel-Paradigma enge Verbindungslinien aufweisen; es ist deshalb auch nicht verwunderlich, wenn in den nachfolgenden Beispielen auch (ohne allerdings im Vordergrund zu stehen) Themen der Organisationsprozeßperspektive mit auftauchen.

Die wohl fundierteste und konsequenteste Beschreibung einer unternehmenspolitischen Entscheidung als politischer Prozeß kommt von Pettigrew, der als „teilnehmender Beobachter" eine unternehmenspolitische Entscheidung begleitet hat[228]. Die Entscheidung, der Kauf eines neuen Computers[229], ist im strengen Sinne keine strategische, gleichwohl wurde in der betreffenden Firma und von ihrer Leitung dieser Entscheidung ein sehr hohes Gewicht beigemessen (Investitionssumme, Auswirkungen auf den gesamten Administrationsprozeß), so daß es dennoch möglich erscheint, diese Fallstudie hier als Beispiel zu verwenden.

Der Fall „Brian Michaels"[230]

Der beobachtete Entscheidungsprozeß fand in einer großen englischen Handelskette (Brian Michaels) statt, die sich auf Bekleidungshäuser und Möbelgeschäfte spezialisiert hatte. Die Verwaltung war auf mehrere Orte verteilt. Aufgrund raschen Wachstums, einer komplexeren Administration im Zuge der Diversifikation (Möbelgeschäfte) sowie geplanter neuer Anwendungen wurde ein neuer Rechner benötigt, der vierte seit 1956. Den dritten Rechner hatte die Firma 1964 bei einem amerikanischen Hersteller, Newton, gekauft, der in England noch kaum Fuß gefaßt hatte; es war der erste Rechner dieser Art, der in England gekauft worden war. Jim Kenny, der Leiter der EDV-Abteilung zum Zeitpunkt der Untersuchung (1966–1968), hatte – obwohl damals in einer anderen Position – diese Entscheidung wesentlich mit beeinflußt. Seine unterstellten Mitarbeiter befürchteten von Anfang an, daß er bei dieser neuerlichen Kaufentscheidung wieder diesen Hersteller favorisieren wird, obwohl sich die Umstände (insbesondere von den Anwendungen her) ganz anders darstellten als beim dritten Kauf. Ein Mitarbeiter äußerte: „Wir alle wußten, daß Jim für Newton plädieren wird. Die einzige Frage war nur noch, wie nachdrücklich er es tun wird"[231].

Die EDV-Abteilung unterstand direkt dem Vorstand (Board), und war in drei Unterabteilungen gegliedert (vgl. Abb. 27).

Formal lag der endgültige Kaufentscheid beim Vorstand, der EDV-Leiter sollte zusammen mit den Abteilungsleitern der Systemanalyse und der Programmierung Informationen sammeln und einen endgültigen Vorschlag abgeben, welchem von den sechs Herstellern, die ein Angebot eingereicht

[228] Vgl. Pettigrew (Politics), S. 56ff.

[229] Zur Analyse einer Computer-Kaufentscheidung aus der Sicht des Organisationsprozeß-Paradigmas vgl. Cyert, Dill & March (Role), S. 333ff., Witte (Phasen-Theorem).

[230] Vgl. zur nachfolgenden Darstellung Pettigrew (Politics), S. 32ff., sowie ders. (Decision); in zweitgenannter Quelle verwendet der Autor andere Pseudonyme für die Firma und die Computerhersteller als in erstgenannter; in unserer Darstellung verwenden wir die der erstgenannten Quelle. Um der Art des Falles gerecht zu werden, schien es uns geboten, auch wörtliche Zitate zu übersetzen. Ferner wird der Erzähl-Duktus der Originalstudie beibehalten, weil sich damit der politische Charakter des Prozesses am besten vermitteln läßt.

[231] Pettigrew (Politics), S. 208.

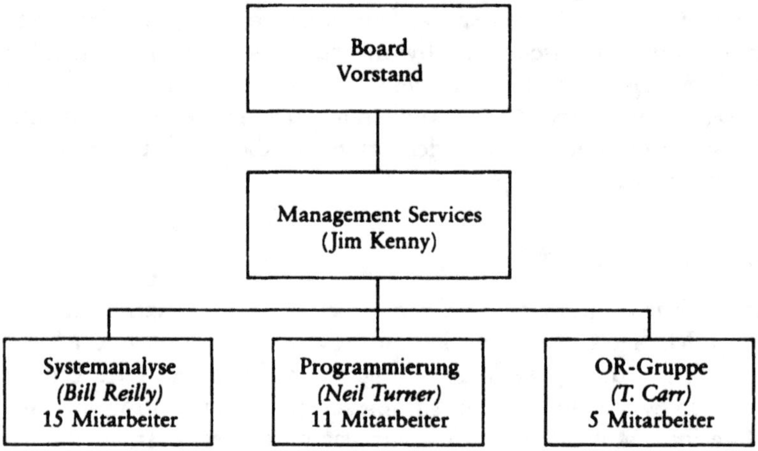

Abb. 27: Organisationsstruktur der EDV-Abteilung bei Brian Michaels
Quelle: Pettigrew (Decision), S. 3, ders. (Politics), S. 41

hatten, der Zuschlag (Hardware und Software) gegeben werden sollte. Der Entscheidungsprozeß wird von Pettigrew in drei Phasen untergliedert:

(1) Angebotsprüfung und Vorauswahl (August 1966 – Januar 1967)
(2) Veränderung der Präferenzen (Februar – August 1967)
(3) Ausdehnung des Auftrages und Schlußentscheid (September 1967 – April 1968)

Phase 1

Die EDV-Abteilung prüfte getrennt – die Systemanalytiker, die Programmierer und der EDV-Leiter – die eingegangenen Angebote. Dies nahm eine erhebliche Zeit (4 Wochen) mit vielen Überstunden in Anspruch. Die Abteilungsleitung beauftragte zusätzlich, um eine absolut unvoreingenommene Wahl sicherzustellen, eine auswärtige Beratungsgesellschaft, ein Gutachten über die Angebote zu erstellen. Noch bevor dieses eintraf, einigten sich die Systemanalytiker zusammen mit ihrem Vorgesetzten auf eine Rangliste:

1. Wilson und BCD, 2. Alpha, 3. Newton, 4. NTL und AE.

Zu einer ähnlichen Rangliste kamen *unabhängig* davon die Programmierer:

1. Wilson und BCD, 2. Newton etc.

Als die Systemanalytiker gerade ihre Liste berieten und dies per Band protokollierten, kam überraschend Kenny (EDV-Leiter) kurz herein. Die Befürchtungen drückte Reilly (Abteilungsleiter) nach seinem Weggang wie folgt aus: „Er hat das Band gesehen. Wir sollten es besser gleich vernichten; sonst kommt er morgen ganz früh herein und hört es ab. Er soll keinerlei Vorinformationen über unsere Argumente für Wilson Electric bekommen. Nächste Woche ist das große Treffen mit ihm und Neil (Leiter der Programmierung)"[232].

Reilly versprach bei der Sitzung, die gemeinsam getroffene Entscheidung nachhaltig zu vertreten. Neil Turner begründete die Entscheidung der Programmierer bei dem Treffen nur kurz und schwieg dann beharrlich. Er war sich jedoch mit Reilly einig, daß – schon aus Kostengründen – nur zwei Angebote in die engere Wahl gezogen werden sollen (nämlich Wilson und BCD). Kenny insistierte jedoch darauf, daß auch Newton weiterhin geprüft werde, hauptsächlich deshalb, weil die Firma mit der jetzigen Newton so gute Erfahrungen gemacht und soviel wichtiges Know-How- angesammelt hätte. Er gab jedoch zu, daß nur die zwei anderen Hersteller Belegleser mit anbieten konnten, was auch in der Zielprojektion enthalten war.

Kurze Zeit später fand ein Gespräch mit dem Vorstand statt, an dem außer Kenny auch Reilly und Turner teilnahmen. Die Direktoren legten nachdrücklich Wert auf eine Belegleser-Lösung, um die Automatisierung der Verwaltung voranzutreiben und äußerten sich wohlwollend über das relativ preiswerte Wilson-Angebot. Dennoch blieb Newton weiter im Wahlprozeß; Newton-kompatible Belegleser sollten gesucht werden. „Das alles nur, weil Jim Kenny emotional an Newton gebunden ist", kommentierte Reilly verärgert diesen Beschluß[233]. Kenny seinerseits verdächtigte die Systemanalytiker, gar nicht richtig zu prüfen, ihre ablehnende Haltung gegenüber Newton war seines Erachtens ein bloßes Vorurteil. Das BCD-Angebot wurde von den Direktoren ausgeschieden, obwohl es technisch den ursprünglichen Anforderungen am besten entsprach. Kenny interpretierte dies zu gewissen Teilen als Ausdruck eines „Anti-BCD-Feelings" in der Firma. Er prüfte zu dieser Zeit die Möglichkeit einer CRT-Lösung[234], er verwarf sie jedoch trotz bestechender Vorteile[235] aufgrund ihres hohen Preises.

Phase 2

Im Fortlauf disqualifizierten Turner und Kenny zunehmend die Wilson-Option; der Vertriebsbeauftragte eines anderen Herstellers hatte der Firma anvertraut, die System-Software für den neuen Wilson-Rechner sei so gut wie noch gar nicht erstellt. Kenny war verunsichert und setzte nun vollends auf Newton, weil er bei dieser Firma auch „vertrauensvolle Beziehungen" kaufen konnte. Turner machte einen kleineren Hersteller (Larco) ausfindig, der Newton mit einem brauchbaren Belegleser beliefern könnte. Reilly wollte

[232] Pettigrew (Politics), S. 172.
[233] Vgl. ebenda, S. 175.
[234] CRT = Cathode Ray Tube. Datenferneingabe über Bildschirm.
[235] Gerade für eine dezentrale Verwaltungsorganisation erschien diese Lösung sehr attraktiv.

davon nichts wissen; der Wilson-Leser war seines Erachtens wesentlich besser. In dieser Zeit kamen Zweifel auf, ob die Geschäftsleitung überhaupt weiterhin eine neue EDV-Anlage mit wesentlich erweiterten Anwendungen wollte.

Die Systemanalytiker, die die Wilson-Anlage mit großem Einsatz testeten, begannen sich zu versteifen; für den Fall, daß Newton statt Wilson genommen werde, drohten sie ihre Kündigung an. Turner betrachtete das Engagement von Reilly für Wilson als Ausdruck dessen, daß er keine Beziehungen zu den Newton-Leuten hatte, wohl aber zu denen von Wilson. Reilly handelte seines Erachtens nach dem Motto: „Wenn ich in eine Sache nicht involviert bin, ist sie nicht gut"[236]. Turner begann nun damit, die BCD doch wieder in das Gespräch zu bringen, es sei technisch die bei weitem beste Lösung, auch biete diese Firma die ausgereifteste Software. Kenny betrachtete Turners neuerliches Engagement als bloß emotional und macht in Turners Verbindungen zum BCD-Management den eigentlichen Grund für sein Handeln aus.

Die Gerüchte über Wilsons fehlende Software hatten ein wenig an Reillys fester Überzeugung für diese Lösung genagt; sein „Senior-Analytiker" bemerkte dies und versuchte gegenzusteuern.

Im April kam eine plötzliche Wende. Dem Vertriebsbeauftragten von Newton gelang es, Turner und später auch Kenny davon zu überzeugen, daß Belegleser keine Zukunft hätten, daß die zukunftsträchtigste Lösung des Eingabeproblems die dezentrale Datenfernübertragung (teletype input) sei. Reilly war von dieser Entwicklung völlig abgeschnitten. Erst einen Tag vor seinem Urlaub (Mai 1967) wurde er informiert. Er reagierte nervös und skeptisch; dies hauptsächlich deshalb – wie Turner vermutete –, weil es nicht seine Idee war. In der Zeit seiner Abwesenheit kam der Vertriebsbeauftragte von Newton ungewöhnlich oft in die Firma, hauptsächlich zu den Programmierern. Der „Senior-Programmierer" kam sogar – was ganz gegen den Usus der traditionell stark rivalisierenden Abteilungen war – in die Systemanalyseabteilung und berichtete über die Teletype-Lösung.

Die Systemanalytiker waren konsterniert über diese Entwicklung, alle ihre mühevollen Tests der verschiedenen Leser schienen umsonst, nur wegen eines geschickten Wendemanövers der Newton-Leute. Turner teilte nun Kennys Auffassung, daß die Datenfernübertragung von Newton die bessere Wahl sei. Diese Unterstützung Turners veranlaßte Kenny, rasch ein Treffen mit drei Vorstandsmitgliedern zu arrangieren. Das Vorhaben, eine schnelle Entscheidung zugunsten von Newton herbeizuführen, scheiterte; ein weiterhin bedächtiges Vorgehen wurde gewünscht. Die Belegleserlösung wurde wieder aktuell. Dies war auch der Zeitpunkt, an dem BCD, der bereits aus-

[236] Pettigrew (Politics), S. 216.

gesonderte Hersteller, ein Comeback versuchte. Einladungen zu Freizeitveranstaltungen ergingen an Kenny und Reilly. Mit Verzögerung trafen die von Turner vorgeschlagenen Larco-Belegleser ein und ihre Prüfung durch die Systemanalytiker fiel sehr positiv aus. Reilly lenkte ein, er unterstützte von nun an die Newton-Larco-Lösung. Einen entsprechend abgefaßten Bericht reichte Kenny an den Vorstand weiter. Die Systemanalytiker hatten die erste Schlacht verloren; sie rüsteten sich nach eigenem Bekunden bereits für die nächste.

Phase 3

Die Geschäftsleitung zeigte sich – angeregt durch eine Ausstellung – plötzlich sehr interessiert an einer CRT-Lösung für die Dateneingabe, obwohl sie im Vergleich zu den anderen Alternativen sehr teuer war. Ferner sollte nun eine noch weitergehendere Lösung („total job") angestrebt werden, die alle automatisierbaren Verwaltungsoperationen einschloß. Die Ausweitung der Aufgabe sowie die Option auf neueste Input-Technologie veranlaßte Turner, erneut BCD ins Gespräch zu bringen; bei einem Treffen von Kenny, Turner und einem Direktor wurde Turner – zur Verärgerung von Kenny – gebeten, die Vorzüge der BCD-Lösung aufzulisten. BCD lud schließlich zu einem Seminar für die Geschäftsleitung, zu dem extra Experten aus Übersee eingeflogen wurden; lediglich ein Direktor war jedoch dann anwesend. Kurz danach traf sich die Geschäftsleitung, um die endgültige Entscheidung zu treffen. Man wurde sich indessen nicht schlüssig; mehr Information sollte die EDV-Abteilung noch beibringen, insbesondere wollte man wissen, ob Newton auch eine CRT-Ausstattung liefern konnte. Dies war der Fall.

Leute von Turner berichteten, sie hätten bei einem Besuch bei Newton einen Computer stehen sehen, der bereits mit „Brian Michaels" beschriftet war.

Ein neuerliches Treffen zwischen der Geschäftsleitung und Kenny fand statt; Turners Bericht über BCD blieb unbeachtet. Die integrierte Lösung war nun zum Ziel geworden. Alle außer dem Vorsitzenden votierten für die moderne CRT-Lösung; der Verkaufsdirektor von Newton sollte noch einmal die Gründe für diese wesentlich teurere Lösung vortragen. Das war das erste Mal, daß die Geschäftsleitung einen Top-Manager eines Herstellers zum Gespräch bat. Reilly äußerte: „Wenn das Management keine Belegleser kauft, so betrachte ich dies als Mißtrauensbeweis mir und meiner Abteilung gegenüber"[237].

Die Firma BCD verstärkte nun ihre Bemühungen und machte nachdrücklich auf die technische Überlegenheit ihrer Lösung aufmerksam. Turner unterstützte ihre Bemühungen, Reilly schloß sich halbherzig an, nachdem seine Belegleser-Lösung kaum noch Aussichten hatte.

[237] Pettigrew (Politics), S. 191.

Am 1. März 1968 traf die Geschäftsleitung die endgültige Entscheidung zugunsten der CRT-Lösung; die Wahl des Herstellers blieb offen. Nachdem Kenny ein letztes Mal – vergeblich – versucht hatte, Turner und Reilly für die Newton-Lösung zu gewinnen, konnte er schließlich den zuständigen Direktor dazu bewegen, den Vertrag mit Newton zu unterzeichnen.

Der Newton-Vertriebsbeauftragte äußerte später, daß die Zeichen für ihn schon von Anfang an gut gestanden hätten, weil Newton gute Beziehungen zu einem Board-Mitglied hatte, was allen anderen jedoch unbekannt war: „So waren wir nicht vollständig abhängig von Kenny“[238].

Der hier stark gerafft wiedergegebene Fall zeigt alle Facetten politischer Entscheidungsprozesse; er bietet ein breites Feld zur Illustration der im theoretischen Teil aufgezeigten Konzepte. So belegt etwa Pettigrew, daß Kenny sich intensiv als „Gatekeeper“ zur Mobilisierung von Macht betätigt hat[239]. Er kontrollierte zwei Kommunikationskanäle, den

- zwischen seinen unterstellten Mitarbeitern und dem Board und den
- zwischen den Herstellern und dem Board.

In beiden Fällen konnte er ein Umgehen seiner Person erfolgreich verhindern. Sowohl die Mitarbeiter als auch die Hersteller hatten große Schwierigkeiten, direkten Kontakt mit dem Board aufzunehmen. An den insgesamt 12 Besprechungen mit dem Board nahmen Turner zweimal und Reilly nur einmal teil. Bei Besprechungen mit dem zuständigen Boardmitglied war immer nur Kenny anwesend. Turner äußerte die Vermutung, wenn er direkt zu den Direktoren gegangen wäre und ihnen die Vorteilhaftigkeit der BCD-Lösung erläutert hätte, diese BCD den Zuschlag gegeben hätten. Diese Sache wäre aber so wichtig nicht gewesen, einen solchen Schritt zu tun. Kenny setzte darauf, daß er den Instanzenweg einhalten werde. Die Hersteller beklagten offen ihre Kontaktschwierigkeiten. BCD berichtete z.B., Kenny hätte zu verstehen gegeben, daß ein direkter Kontakt zum Board unerwünscht sei.

Eine Analyse der Korrespondenz ergab, daß Kenny 35% des gesamten Briefwechsels mit *Newton* führte, während auf Wilson und BCD *zusammen* nur 29% entfielen. Ferner zeigte sich, daß Kenny die Korrespondenz mit Newton durchgängig mit höheren Funktionsträgern führte als bei den anderen Herstellern. Eine Inhaltsanalyse der Berichte und Tischvorlagen, die Kenny dem Board zuleitete, erbrachte, daß darin der Name Newton doppelt so häufig auftrat als der irgend eines anderen Herstellers, davon waren 71% der Stellungnahmen positiv, 20% neutral und 8% negativ[240]. Über die drei Phasen hinweg nahmen die positiven Stellungnahmen systematisch *zu* (60%, 73%,

[238] Pettigrew (Politics), S. 264.
[239] Vgl. im folgenden Pettigrew (Decision), S. 10ff.
[240] Vgl. ebenda, S. 13f.

75%), die negativen *ab* (20%, 7%, 4%); im Vergleich dazu BCD (positiv: 50%, 12,5%, 0%; negativ: 33%, 50%, 100%)[241].

Der Grund, weshalb Reilly und Turner sich nicht stärker gegen Kenny verbündet haben, ist – um einen weiteren vertiefenden Aspekt herauszugreifen[242] – zum einen darin zu sehen, daß zwischen den Abteilungen ein traditioneller Kompetenz-Konflikt bestand, der durch die – relativ zu den Systemanalytikern – sinkenden Qualifikationsanforderungen an die Position des Programmierers verhärtet wurde und zu Rivalitäten zwischen den Leitern führte. Zum anderen aber haben die Verkaufsstrategien der Hersteller die Disparitäten zwischen den „Spielern" verstärkt, jeder setzte auf einen anderen Mann. Turner zog in den entscheidenden Momenten eine Koalition mit Kenny einer Koalition mit Reilly vor. Er war an seinem Vorschlag nicht so stark interessiert, daß er die traditionellen Barrieren und Kampfpraktiken (z.B. Informationsverweigerung) zugunsten einer Allianz mit Reilly zurückgestellt hätte.

Weitere Studien

Mit einem sehr viel mehr quantitativ ausgerichteten Untersuchungsansatz versuchten *Pfeffer und Salancik*[243] anhand der Ressourcenallokation (Budgetierung) in einer amerikanischen Universität den machtpolitischen Charakter organisatorisch-strategischer Entscheidungsprozesse zu demonstrieren. Budgets werden im Anschluß an Wildavsky[244] als Ergebnis des Kampfes um die finanziellen Ressourcen einer Organisation gedeutet. Pfeffer und Salanciks *These* ist nun, daß die relative *Größe des (Sub-)Budgets* eine Folge der *Macht* ist, die das einzelne Subsystem besitzt.

Untersucht wurde die „University of Illinois" in den Jahren 1958–1970; zuletzt hatte die Universität 34.000 Studenten, davon 8.000 im Graduierten-Programm, dem die besondere Aufmerksamkeit der Universitätsleitung galt. Danach gefragt, wonach ihres Erachtens die Ressourcen verteilt werden *sollen*, stellten die befragten 29 Fachbereichsleiter (Department Heads) die Zahl der Graduierten-Studenten an die erste Stelle und das landesweite Prestige des Fachbereichs an die dritte Stelle.

Die Macht der einzelnen Fachbereiche wurde über die Perzeption der Fachbereichsleiter gemessen; sie sollten angeben, wieviel Einfluß die einzelnen Fachbereiche auf den Ressourcenallokationsprozeß haben. Ferner wurde die Mitgliedschaft in Ausschüssen, die auf den Allokationsprozeß indirekt ein-

241 Vgl. ebenda, S. 15.
242 Vgl. Pettigrew (Politics), S 128ff.
243 Vgl. (Decision Making).
244 Vgl. (Budgeting), S. 193.

wirken können, als Machtindikator verwendet. Als rationales Vergleichskriterium für die Ressourcenzuweisung wurde die Lehrbelastung (Zahl der Studenten × Semesterwochenstunden) pro Fachbereich genommen.

Die Ergebnisse zeigen, daß die Mitgliedschaft im Forschungsausschuß (Machtindikator) der bedeutsamste Faktor für die Ressourcenzuteilung war, obgleich dieser Ausschuß keine Allokationskompetenz besaß. Als zweitwichtigster Faktor rangierte die Arbeitsbelastung, als drittwichtigster die perzipierte Macht[245]. Mit einer partiellen Korrelation konnte gezeigt werden, daß die Subsystemgröße die Beziehung nicht überlagerte, ihr Effekt also relativ gering war[246]. Die ebenfalls geprüfte Vermutung, daß das landesweite Prestige des Fachbereichs eigentlich die Ressourcenverteilung bestimme, erwies sich als nicht stichhaltig[247]. Die Mitgliedschaft eines Fachbereichs im Forschungsausschuß muß selbst wieder – nach Erkundung der Autoren – als Ergebnis einer beträchtlichen Machtstellung gedeutet werden, so daß insgesamt von einer *politischen Überlagerung* des Budgetierungsprozesses gesprochen werden kann[248].

In einer jüngeren Studie ging Mazzolini[249] der Frage nach, weshalb Unternehmen in Staatsbesitz in geringerem Maße internationalisieren als solche in Privatbesitz. Seine Kernthese ist, daß in staatlich kontrollierten Unternehmen gewöhnlich die Disparitäten zwischen den „Spielern" durch die Beteiligung der staatlichen Stellen an den Entscheidungsprozessen erheblich höher liegen (unterschiedliche Organisationskulturen, außenpolitische und/oder innenpolitische Rücksichten, finanzpolitische Erwägungen usw.) und daß dadurch – auch in Anbetracht der relativ hohen Ungewißheit einer Auslandsinvestition – häufig Kompromisse ausgehandelt werden, die eher eine Investitionstätigkeit im Inland befördern.

Wie bereits angesprochen, findet das Kampfspiel-Paradigma in der Wirtschaftspresse (und erst recht in der Politik-Berichterstattung[250]) breite Anwendung, wenngleich auch bevorzugt bei Mißerfolgen. Erfolge werden zumeist mit Hilfe des Rationalaktor-Paradigmas erklärt.

Eine Durchsicht einiger Jahrgänge der Zeitschrift „Manager Magazin" kann diese Behauptung bestätigen. Die Beiträge, die dort regelmäßig unter der Rubrik „Mismanagement" erscheinen, stellen strategische (Fehl-)Entscheidun-

245 Zu den Details der Auswertung vgl. Pfeffer & Salancik (Decision Making), S. 143ff.

246 Vgl. ebenda, S. 145f.

247 Vgl. ebenda, S. 146f.

248 Vgl. hierzu auch die Replikationsstudie von Pfeffer & Moore (Power), die die starke „politische" Überlagerung des Budgetierungsprozesses nur in Situationen deutlicher Ressourcenknappheit bestätigt fand. Dies ist nach den theoretischen Voraussetzungen des Kampfspiel-Paradigma nicht weiter verwunderlich.

249 Vgl. (Strategy).

250 Vgl. z.B. die glänzenden Analysen strategischer Entscheidungsfindung in der amerikanischen Politik von Halberstam (Elite).

gen nicht selten als Ergebnis „reinrassiger" politischer Prozesse dar. So wird etwa in einem kürzlich erschienenen Beitrag[251] die 1973 getroffene Entscheidung der Howaldtswerke-Deutsche Werft, ein Baudock für Riesentanker bis zu 700.000 tdw zu errichten, das Beharren auf dieser Entscheidung, trotz der kurz danach auftretenden Ölkrise und die nachfolgende ungünstige Entwicklung des Unternehmens als Ergebnis eben solcher Prozesse ausgewiesen: Machtkämpfe zwischen Vorstandsmitgliedern, Koalitionen mit dem Betriebsratschef und stellvertretendem Aufsichtsratsvorsitzenden, Ausschaltung von Gegnern, Informationszurückhaltungen, Unterdrücken mißliebiger Meinungen etc.[252].

4.4.4 Das Paradigma der „organisierten Anarchie"

Am weitesten vom präskriptiven Modell strategischer Planung, ja von jeder herkömmlichen Rationalitätsvorstellung überhaupt entfernt ist zweifellos das vierte und jüngste Paradigma, das sich rasch einen festen Platz in der entscheidungstheoretischen Literatur erobert hat.

4.4.4.1 Basischarakteristika und ihre theoretischen Grundlagen

Der wichtigste Unterschied zu den vorhergehenden Paradigmen des Organisationsprozesses und des Kampfspiels (wie natürlich auch des Rationalaktors) ist darin zu sehen, daß das ganze herkömmliche Konzept des Entscheidungsprozesses verlassen wird. Ereignisse werden nicht mehr (notwendig) als Wirkung einer wie auch immer gefundenen Entscheidung und der daraus fließenden Maßnahme begriffen, sondern als Produkt von Prozessen eigener organisatorischer Dynamik[253]. Zwar wird auch bei den Koalitionstheorien und dem Paradigma des politischen Prozesses davon ausgegangen, daß am Ende eines Entscheidungsprozesses nicht selten Ergebnisse stehen, die zunächst von gar niemand intendiert waren. Man unterstellt dabei aber, daß die Teilnehmer mit bestimmten Intentionen in den Entscheidungsprozeß hineingehen und diesen den eigenen Vorstellungen gemäß steuern wollen. Um die angestrebten Ziele zumindest partiell erreichen zu können, sind dann Macht, manipulative Techniken oder eben Kompromisse notwendig.

Anders im Konzept der „organisierten Anarchie": Entscheidungen werden nicht „produziert"; wenn bestimmte Ereignisfolgen später als „Entscheidun-

[251] Vgl. Hoffman (Zeit); andere Beispiele, die hier aufgeführt werden könnten, sind Morner (Kredit) oder Oppermann & Raithel (Gefangen).
[252] Hoffmann (Zeit), S. 46.
[253] Vgl. Olsen (Choice), S. 83.

gen" gekennzeichnet und als solche systematisch rekonstruiert werden, so sage dies mehr über die Fähigkeit des Menschen, post factum-Theorien über das eigene Handeln zu bilden, als über seine Fähigkeit, zielorientierte Entscheidungen in und durch Strukturen und Prozesse zu treffen[254]. Der *Zusammenhang zwischen Problem und Problemlösung wird durchtrennt.* Eine Entscheidungssituation ist in diesem Konzept ein Treffpunkt für Probleme, die eine Gelegenheit suchen, nach „oben" getragen zu werden, für Streitfragen, die nach Klärung suchen, für Problemlösungen, die nach einem passenden Problem suchen und für Teilnehmer, die nach Problemen oder nach dem Vergnügen, an Entscheidungen teilzuhaben, Ausschau halten. Mit anderen Worten, den Entscheidungsprozessen fehlt das Merkmal der Gerichtetheit, es besteht *kein Konsens* unter den am Entscheidungsprozeß Beteiligten über das zu lösende Problem. Die *Organisation* ebenso wie das *Individuum* operieren auf der Basis einer Vielzahl von inkonsistenten und vage definierten Präferenzen, die man besser als lose Sammlung von Ideen, Wünschen und Vorstellungen denn als kohärentes System bezeichnen kann.

Häufig werden Präferenzen erst im Laufe des Prozesses durch Handeln „entdeckt", d.h. als solche für sich und die Organisation erkannt[255]. Die Teilnehmerschaft an einem Entscheidungsprozeß ist unstet und fließend, Teilnehmer kommen und gehen, ihr Interesse variiert. Ein Studium mehrerer strategischer Entscheidungsprozesse in Organisationen läßt die Autoren zu der Feststellung kommen: „Choices are fundamentally ambigous"[256]. Unscharf und mehrdeutig in diesem Sinne sind[257]

- die Ziele der Individuen und der Organisation;
- die Kausalrelationen der organisatorischen Leistungsprozesse (die Umwelt ist schwer zu entschlüsseln; selten kommt aus der Umwelt eindeutiges Feedback auf Handlungen; die Technologien sind häufig nur erprobt, nicht aber verstanden; die Zurückführung von Ereignissen auf ergriffene Maßnahmen ist nur schwer, manchmal gar nicht möglich);

[254] Vgl. Olsen (Choice), S. 83; ähnlich auch Weick (Social Psychology, 1st. ed.), S. 37.

[255] Cohen, March & Olsen (People), S. 25, March & Olsen (Choice), S. 15; an dieser Stelle ist der deutliche Einfluß der phänomenologischen Schule um Alfred Schütz (Aufbau) zu merken, wonach der Sinn einer Handlung immer nur ex post erschließbar und verleihbar ist. Um Sinn zu gewinnen und „verstehen" zu können, ist es demnach notwendig, aus dem Kontext fließender Handlungen und Erfahrungen herauszutreten und – retrospektiv – eine Erfahrung oder Handlung zu reflektieren. Planendes Handeln kann nur dadurch seinen Sinn erhalten, daß mit der Fiktion operiert wird, die (geplante) Handlung sei schon ergriffen worden, insoweit ist Planung dann paradoxerweise retrospektiv. Vgl. hierzu die Zusammenfassung und die Umsetzung für die Organisationstheorie bei Weick (Social Psychology, 1st. ed.), insbes. S. 63 ff. Weick orientiert sich sehr viel enger an dieser Schule als Cohen, March & Olsen dies tun.

[256] Cohen, March & Olsen (People), S. 25.

[257] Vgl. March & Olsen (Choice), S. 12.

– die Geschichte der Organisation (wie kam es zu diesem oder jenem Ereignis?);
– die Organisation und die faktische Ausprägung ihrer Struktur.

Die Ergebnisse von Entscheidungsprozessen sind daher das Produkt eines komplexen Geflechts vielfach ineinander fließender Prozesse der Interpretation und Interaktion, Einwirkungen von „außen", spontaner Aktionen, wobei in nicht wenigen Fällen *Zufälle* für den Ausgang des Prozesses ausschlaggebend sind („organisierte Anarchie").

Demnach ist es also irreführend, (komplexe) Entscheidungen als Ergebnis eines rationalen Kalküls zu beschreiben; es ist aber auch nicht möglich, sie als Ausdruck eines adaptiven Resultats im Rahmen von Organisationsprozessen oder gezielter politischer Interventionen auf der Basis strukturierter Spiele zu begreifen[258]. Die Autoren verdichten ihre Vorstellungen in einem alternativen Konzept organisationaler Entscheidungsprozesse, das in Organisationen beobachtbare Entscheidungsverläufe sehr viel zutreffender beschreiben soll. Demnach ist eine Entscheidungssituation einem *„Mülleimer"* vergleichbar, in den die Teilnehmer unregelmäßig Probleme und Lösungen werfen („garbage can decision process"). Was sich in einem „Mülleimer" alles findet, hängt nun davon ab, welches *Etikett* dieser und welches die anderen in dem Zeitraum aufgestellten Eimer trugen, welcher *„Müll"* gerade aktuell war und *wie lange* der Eimer stand[259].

Eine „Mülleimer"-Entscheidung resultiert aus dem Zusammentreffen von vier relativ unabhängig voneinander „fließenden *Strömen*"; diese sind[260]:

(1) *Ein Strom von Problemen.* Probleme werden von Personen innerhalb und außerhalb der Organisation aufgeworfen; sie beziehen sich auf unterschiedlichste Sachverhalte des organisationalen Geschehens: Karrieren, Zukunftsängste, Dividenden, Verluste, neue Bilanzrichtlinien usw. Probleme „fließen" unabhängig von Entscheidungen; treffen sie auf Entscheidungen, so müssen sie dadurch nicht gelöst werden.

(2) *Ein Strom von Lösungen.* In einer Organisation werden fortlaufend Ideen, Technologien, Verfahrensweisen usw. produziert oder gekauft, die nach einer Anwendungsmöglichkeit bzw. einem Problem suchen. So ist etwa ein Computer nicht lediglich ein Hilfsmittel zur Lösung der Probleme, für die er angeschafft wurde, sondern er stellt eine „Lösungspotenz" dar, die nach (neuen) Problemen sucht. OR-Abteilungen – um ein weiteres Beispiel zu

[258] Vgl. hierzu auch die Gegenüberstellung bei Kieser (Organisation), S. 30 ff.

[259] Vgl. Cohen, March & Olsen (Model), S. 2; die Ausdrücke „Mülleimer" und „Müll" sind grob irreführend insoweit, als sie geeignet sind, negative Konnotation wie Wertloses, Verdorbenes, Überflüssiges hervorzurufen, die das Modell aber in keiner Weise beabsichtigt. Der Ausdruck „Sammelbecken" trifft wohl eher das, was eigentlich gemeint ist.

[260] Vgl. Cohen, March & Olsen (Model), S. 2 f.

nennen – sammeln Lösungsverfahren und suchen nach geeigneten Problemen.

(3) *Ein Strom von Teilnehmern.* In der Regel müssen Teilnehmer aufgrund ihres beschränkten Zeitbudgets zwischen verschiedenen sich bietenden Entscheidungsarenen wählen („attention allocation")[261]; der Eintritt in eine Arena bedeutet zumeist den Austritt aus einer anderen. Unterschiedliche Gründe wie Zeit, formale Mitgliedschaft, Interesse, Bedeutung der Entscheidung bestimmen die Ein- und Austritte.

(4) *Ein Strom von „Entscheidungsarenen"*[262]. In Organisationen finden sich fortlaufend Gelegenheiten, die es erlauben oder erfordern, eine Entscheidung zu treffen. Solche Gelegenheiten können regelmäßig auftreten oder aber auch ad hoc geschaffen werden: Es müssen Ressourcen verteilt, Verträge abgeschlossen, neue Mitarbeiter eingestellt werden usw.

Das *Zusammentreffen der Ströme* ist stark situationsabhängig und läßt sich kaum vorhersagen. Die *Organisationsstruktur* kanalisiert jedoch in gewissem Umfange den Lauf der Ströme. Sie weist Entscheidungskompetenzen zu (bestimmt also z.B., wer auf jeden Fall Zutritt zu einer bestimmten Entscheidungsarena hat), legt Verknüpfungen zwischen den Strömen fest, bestimmt periodisch wiederkehrende Entscheidungsarenen (z.B. Jahresbudget) usw. Diese Kanalisierung ist jedoch keineswegs eindeutig (Ambiguitäts-These); sie wird außerdem von emergenten Strukturen überformt und ergänzt (*organisierte* Anarchie!)[263].

Wie kommt es trotz dieser Bedingungen dennoch zu Entschlüssen? In dem Modell werden drei Wege genannt (ohne daß damit gesagt ist, daß es gewöhnlich zu Entschlüssen kommen muß)[264]:

(1) *Durch Übersehen.* Wenn der Entschluß zu einem Zeitpunkt aktiviert wird, bei dem die Probleme gerade von einer anderen Arena angezogen sind und genügend Energie verfügbar ist, kann er schnell gefällt werden, *ohne* allerdings die bestehenden Probleme zu lösen.

(2) *Durch Abwanderung.* Probleme lagern sich längere Zeit – erfolglos – bei einer Entscheidung an, werden dann abgezogen und zu erfolgversprechenderen Entscheidungen verlagert. Der Entschluß kann nach der Ab-

[261] March & Olsen (Attention) schreiben dazu: „It is almost impossible for an administrator to make a rational calculation of how he should allocate attention; when he does, he probably underestimates the ambiguity of self-interest; even when he doesn't, there is no reason to assume that a calculation of a rational allocation of attention is systematically better from a general social point of view than is simply following traditional conceptions of administrative role", (S. 53).

[262] Wir übernehmen hier die von Kirsch (Handhabung, S. 100) vorgeschlagene freie Übersetzung von „choice opportunity".

[263] Vgl. hierzu genauer Cohen, March & Olsen (People), S. 27ff.

[264] Vgl. ebenda, S. 33f.

wanderung gefällt werden, läßt aber – wie unter (1) – die Probleme eigentlich ungelöst.

(3) *Durch Problemlösung*. Der Entschluß löst die mit angelagerten Probleme.

Empirische Erhebungen lassen die Autoren zu der Auffassung kommen, daß „Mülleimer"-Entscheidungen meist durch (1) oder (2), selten aber durch (3) „gelöst" werden; dies gilt um so mehr, je *wichtiger* das zu behandelnde Problem ist[265].

Die in dem „Mülleimer-Modell" angelegte *Trennung* von Problemen und Problemlösungen führt Starbuck in seiner Analyse noch ein Stück weiter[266]. Er hebt – den phänomenologischen Grundlagen dieser Denkrichtung ganz entsprechend – die vorrangige Bedeutung der Aktion hervor. Demnach ergreifen Organisationsmitglieder eine Aktivität und suchen sodann nach Problemen, die diese Aktion rechtfertigen können. Diese Problemsuche sei ein von „außen" auferlegtes Gebot, ein Insistieren darauf, daß organisationale Aktivitäten *Probleme zu lösen* haben; in Wirklichkeit könnten Organisationen jedoch glücklich *ohne Probleme* leben[267]. Demnach entwerfen z.B. Firmen eine neue Werbekampagne nicht, weil sie ein Problem identifiziert haben, das sich mit speziell dieser Kampagne am besten lösen läßt, sondern weil sie eine Werbeabteilung und Werbefachkräfte haben, deren Aufgabe in der Produktion von Werbung besteht[268]. Organisationen sind in erster Linie Handlungsgeneratoren und nicht Problemlöser. Probleme sind das Ergebnis von Bemühungen, ergriffene Aktivitäten rational erscheinen zu lassen. Rational sind aber, wie gesellschaftliche Wertvorstellungen sagen, organisationale Aktionen nur dann, wenn sie Probleme lösen. So kristallisieren die Aktoren aus ihren Tätigkeiten Probleme heraus und entwickeln „Quasi-Theorien", die einen kausalen Nexus zwischen Aktionen und Problemlösen herstellen. Häufig wird ein Problem für mehrere Aktionen verwendet[269].

Wenn „organisierte Anarchien" den Teilnehmern und Interaktionspartnern dennoch nicht so chaotisch und willkürlich erscheinen, wie es das Theorem nahelegt, so liegt das – wie Starbuck erklärt – zum einen an den eben be-

[265] Es ist nicht das Ziel dieser Arbeit, die einzelnen Paradigmen im Detail zu kritisieren. Es sei jedoch angemerkt, daß das „Mülleimer-Modell" trotz gewisser Plausibilität im Unterschied zu den zwei vorhergehenden Konzeptionen die Basisfrage offen, ja ins Unbegreifbare verschwimmen läßt, wie Organisationen dennoch in der Lage sind, relativ zuverlässig Leistungen zu erbringen.

[266] Vgl. Starbuck (Congealing), S. 3ff.; vgl. hierzu auch die Diskussion bei Kieser (Organisation), S. 40ff.

[267] Vgl. Starbuck (Congealing), S. 16.

[268] An dieser Stelle findet die Starbuck-These an das Organisationsprozeß-Paradigma Anschluß, bei dem ja Standardprozeduren und Organisationsstrukturen ebenfalls einen eigendynamischen Effekt auf das Entscheidungsgeschehen entfalten.

[269] Vgl. Starbuck (Congealing), S. 19.

schriebenen Legitimierungsbemühungen und zum anderen (miß-)deuten die Mitglieder selbst ihre Handlungen als Problemlösungsverfahren, als logische Schritte zur Lösung eines Problems. Dies sei Ausdruck einer gemeinsamen Werthaltung („Ideologie"), die in bestimmtem Umfange vorgeordnete gesellschaftliche „Ideologien" widerspiegele. Diese gemeinsam geteilte „Ideologie" (Organisationskultur, Orientierungsmuster, Mythen) enthält nicht nur Ideen darüber, wie die Dinge beschaffen sind, sondern auch, wie sie beschaffen sein sollten und weshalb dies so ist[270]. Mit anderen Worten, es ist ein Satz von Konzepten, den die Organisation verwendet, um vergangene und gegenwärtige Situationen zu strukturieren und zu interpretieren[271]. In der Regel beherbergt eine solche „Ideologie" auch ein Netz von Abwehrmechanismen zur Immunisierung gegen störende Informationen[272], so daß dadurch insgesamt gesehen ein gewisses Maß an Konsistenz in den Legitimationsverfahren und den Aktionsweisen entsteht.

Der Vollständigkeit halber sei darauf hingewiesen, daß bisweilen Vertreter dieses Paradigmas seinen Anwendungsbereich auf komplexe (schlecht-strukturierte, mehrdeutige) Entscheidungssituationen eingeschränkt wissen wollen. Olsen geht sogar soweit, für andere Situationen (wenig Teilnehmer, wenig Ambiguität) dem Rational-Aktor-Modell *deskriptive Gültigkeit* zu attestieren[273]. Es dürfte indes klar sein, daß eine solche Position nur auf Kosten schwerer Argumentationsbrüche bezogen werden kann. Wenn es richtig sein soll – um nur eine Basisbehauptung herauszugreifen –, daß Individuen den Sinn oder das Ziel einer Handlung erst ex post „entdecken", dann *kann* das Rational-Modell keine validen Beschreibungen liefern. Im Vordergrund stand hier wohl doch das Bestreben, das Paradigma vor möglicherweise gefährdenden Gegenbeispielen zu schützen, d.h. es zu immunisieren. Unabhängig davon aber erfüllen strategische Entscheidungen ohnehin die Merkmale komplexer Entscheidungen, so daß sich eine Vertiefung der Problematik an dieser Stelle erübrigt.

4.4.4.2 Planung und Strategiebildung in „organisierten Anarchien"

Nachdem in diesem Ansatz grundsätzlich davon ausgegangen wird, daß Handeln nicht zielgeleitet, sondern zielinterpretiert ist[274], kann hier der Planung, zumal der strategischen Planung, nicht *die* Funktion zukommen, die von ihren Proponenten geltend gemacht wird. Planung wird primär als

[270] Vgl. Brunsson (Irrationality), S. 38, zu „Ideologien" als Erklärungskonstrukt vgl. im Überblick Beyer (Ideologies).

[271] Vgl. Hedberg & Jönsson (Process), S. 90ff.

[272] Vgl. Jönsson & Lundin (Myths), S. 164.

[273] Vgl. Olsen (Choice), S. 85.

[274] Vgl. Weick (Social Psychology, 2nd ed.), S. 195.

rückwärtsgewandter Prozeß der *Interpretation* und Legitimation und nicht als Bildung von Leitlinien für zukünftiges Handeln interpretiert. March begreift die (periodische) *strategische Planung* als Versuch, die in der jüngeren Vergangenheit ergriffenen Handlungen zu „sammeln", zu deuten und mit dem bisherigen Selbstverständnis zusammenzuführen, um daraus ggf. ein neues Bild zu erstellen[275]. Die Qualität der strategischen Planung erweist sich dann darin, wie gut sie sich eignet, dem Aktor einen Komplex von Handlungserfahrungen klar werden zu lassen[276].

Cooper, Hayes und Wolf[277] kommen in ihrem Überblicksreferat zu dem Ergebnis, daß Budgetplanung (vor allem das integrierte PPBS)[278] und andere Methoden der rationalen Wahl (z.B. Kosten-Nutzen-Analyse) primär dafür verwendet wurden, bereits getroffene Entscheidungen rational und damit legitim erscheinen zu lassen[279]. Die Autoren interpretieren Budgetierungs- und Planungssysteme als „Zeremonien", die es zu „zelebrieren" gilt, um die relevanten Interaktionspartner (Banken, Presse, Kunden etc.) von der Rationalität und der Effektivität des Führungsprozesses zu überzeugen. Sie signalisieren, daß die Unternehmung „fit" ist[280]. Unternehmen ohne solche Systeme liefen Gefahr, in den Ruch des Irrationalen, Altmodischen oder Nachlässigen zu kommen. Dies sei auch für innerorganisatorische Beziehungen, etwa zwischen dem Divisionsmanagement und dem Top-Management, in Großunternehmen gültig[281]. Eine weitere interne Funktion von Planungssystemen glaubt Wildavsky ausmachen zu können, wenn er sarkastisch bemerkt: „Formal planning can also be a way of buying off the apostles of rationality by involving them in tasks that take them away from the real decisions"[282]. Meyer und Rowan weisen in ihrer Analyse darauf hin, daß unabhängig davon, ob sie jemand versteht, allein die Tatsache der Verwendung wissenschaftlicher Methoden (dort insbesondere ökonometrische Analysen) hilft, Pläne in den Augen der Außenwelt und z.T. auch der Entscheidungsträger als solide und fundiert auszuweisen. Solche „Symbole" bieten auch

275 Vgl. March (Technology), S. 80.

276 Vgl. Weick (Social Psychology, 1st ed.), S. 102.

277 Vgl. (Accounting).

278 PPBS = Planning Programming Budgeting System, ein von der Rand Corporation entwickeltes mehrjähriges integriertes Budgetplanungsmodell, das 1965 vom amerikanischen Verteidigungsministerium eingeführt und später dann auf die gesamte Ministerialbürokratie ausgedehnt wurde; einen Überblick gibt Böhret (Entscheidungshilfe). Die Ergebnisse waren so wenig befriedigend, daß mit Amtsantritt Nixons das gesamte Modell fallen gelassen wurde. Zu einer kritischen Analyse vgl. Wildavsky (Rescuing).

279 Vgl. Cooper, Hayes & Wolf (Accounting), S. 181, 194; siehe dazu auch Horváth (Controlling), S. 256.

280 Vgl. Meyer & Rowan (Organizations), S. 351.

281 Vgl. Cooper, Hayes & Wolf (Accounting), S. 184; Meyer & Rowan (Organizations), S. 351.

282 Wildavsky (Planning), S. 152.

einen gewissen Schutz; im Falle des Mißerfolges können die Entscheidungsträger den (potentiellen) Kritikern zeigen, daß man so rational wie möglich vorgegangen war, sogar wissenschaftliche Analysen verwandt habe[283].

Der strategische Unternehmensplan wird ferner als ein Mittel interpretiert, die Realitätssicht der Unternehmung zu spezifizieren und hierzu eine *gemeinsame Sprache* zu schaffen. Die periodische Wiederkehr der Planerstellung/-revision wird als „*Ritual*" gedeutet, mit der Funktion, bestimmte Sichtweisen einzuschleifen, Verhaltenserwartungen in Erinnerung zu rufen und ein Zusammengehörigkeitsgefühl zu wecken[284].

Cohen und March kommen in ihrer Studie der *Langfristplanung* in 42 amerikanischen Universitäten[285] zu der Feststellung, daß dort, wo solche Pläne existieren, sie fast nie implementiert wurden, obwohl die Beteiligten von der Bedeutung einer solchen Planung in der Regel überzeugt waren; letzteres galt auch für diejenigen, die noch gar kein Planungssystem eingerichtet hatten. Die Langfristpläne waren für die Ausrichtung der Verwaltungsentscheidungen faktisch völlig bedeutungslos. Bedeutung erlangten sie jedoch als

- *Symbole:* Durch Ankündigung zukünftiger Aktivitäten in Form konkreter Pläne konnte über den derzeitigen Mißerfolg hinweggetäuscht oder das Prestige erhöht werden[286].
- *Aushängeschild:* Pläne dienten als Instrument zur Anlockung von Investoren.
- *Spiele:* Die Bereitwilligkeit, Pläne zu erstellen, diente Präsidenten als Test, wie ernsthaft ein vorgetragenes Begehren war.
- *Anlässe für Interaktion:* Die Planerstellung diente als willkommener Anlaß, über dieses und jenes sich auszutauschen und verschüttete Kontakte wieder zu beleben.

Hedberg und Jönssen[287] schließlich interpretieren Unternehmensstrategien als Mittel, „Mythen" zu operationalisieren und so die Brücke zu schlagen zwischen „Firmen-Mythos" und Einzelhandlung. „Mythen" werden dabei verstanden als organisationsspezifische Sichtweisen der Welt, die Widerspüchliches und scheinbar Unerklärliches „erklären" und auf diese Weise die Organisationsmitglieder mit einem Identität stiftenden Orientierungsmuster (Organisationskultur) versorgen. Indem Strategien den Mythos übersetzen,

[283] Vgl. Meyer & Rowan (Organizations), S. 350.

[284] Vgl. Cooper, Hayes & Wolf (Accounting), S. 183, Pettigrew (Studying), S. 576; zum rituellen Charakter von Plänen vgl. auch die Berichte von McCaskey (Management), S. 42.

[285] Vgl. Cohen & March (Decisions), S. 195 f.

[286] Ein bissiges Zitat von Wildavsky (Planning, S. 152) macht deutlich, was hier gemeint ist: „The end of despair, they tell their people, is within sight. The leaders, too, are overwhelmed by the gap between the future they promise and the present they cannot change. ... By allying themselves with the forces of reasons, by embracing the plan a visible sign of salvation they hope to overcome the past".

[287] Vgl. (Process).

stabilisieren sie und vereinheitlichen sie – so die Annahme – das Handeln in der Firma.

Eine ältere Untersuchung von Cyert, Dill und March[288], in der die faktische Rolle von „Erwartungen" in Entscheidungsprozessen analysiert werden sollte, läßt sich als Beispiel für einen „Mülleimer-Entscheidungsprozeß" interpretieren[289].

In einer der insgesamt vier Fallstudien[290] geht es in einer amerikanischen Konstruktionsfirma um die Frage, ob für einen der Geschäftsbereiche, nämlich „Hausspezialgeräte" (home specialities), eine neue Werks- und Lagerhalle für eine erweiterte Produktion errichtet werden solle. Auf eine diesbezügliche Entscheidung drängte der Geschäftsbereichsleiter seit mindestens zwei Jahren. Der Geschäftsbereich hatte Probleme. Zum einen lagen seine Lohnkosten über denen der Konkurrenten, so daß – wie vermutet wurde – bei vielen Projekten nicht wirklich konkurriert werden konnte, zum anderen verringerte sich der Marktanteil des Geschäftsbereichs. Absolut gesehen expandierte der Bereich jedoch. Das Top-Management nahm an, daß die Umsätze in absehbarer Zeit rückläufig sein würden. Eine Entscheidung über den zukünftigen Weg dieses Bereiches stand seit mindestens zwei Jahren an.

Der Geschäftsbereich war innerhalb der Firma, insbesondere beim mittleren Management unbeliebt, vor allem weil sein Leiter – historisch gewachsen – einen Gewinnbeteiligungsvertrag hatte, der ihm ein überdurchschnittliches Gehalt einbrachte. Ferner spekulierten andere expandierende Bereiche auf den Raum, den „Home Specialities" beanspruchte. Der Geschäftsbereichsleiter votierte energisch für eine neue Werksanlage außerhalb des bisherigen Firmengeländes, um dem Konflikt mit den anderen Bereichen zu entgehen. Der Präsident, der eine Vorliebe für zentralisierte Strukturen hatte, wollte dagegen allenfalls eine Erweiterung der bisherigen Anlagen; er befürchtete die *Kontrolle* könnte ihm sonst entgleiten. Andere Vorstandsmitglieder wollten diesen Geschäftsbereich ganz fallenlassen zugunsten zukunftsträchtigerer Bereiche.

Als sich in der Nähe des Firmengeländes eine günstige Gelegenheit bot, zeigte der Präsident dennoch Interesse; er entschied, daß aktiv nach einem neuen Gelände gesucht werden sollte. Er verknüpfte damit die Hoffnung, daß er dem Bereichsleiter mit dem Angebot einer neuen Werksanlage das Zugeständnis abhandeln kann, seinen Arbeitsvertrag abzuwandeln und nur noch eine geringere Gewinnbeteiligungsquote vorzusehen. Ferner meinte er, könne

[288] Vgl. (Role).

[289] Von den Autoren sind die Fälle natürlich eher als Demonstration der Gültigkeit des Organisationsprozeß-Paradigmas gedacht.

[290] Vgl. im folgenden Cyert, Dill & March (Role), S. 320 ff.; der Titel der Fallstudie lautet: „A problem of new working quarters for a department with doubtful future".

man sich durch die Ausgliederung, sollte es erforderlich sein, leichter von diesem Geschäftsbereich trennen.

In einer Konferenz wurden die Anforderungen an ein neues Werksgelände aufgestellt. Man orientierte sich eng an den bisherigen Gegebenheiten, auf die Dauer gesehen erwartete man einen verminderten Raumbedarf. Die Diskussion konzentrierte sich auf technische Fragen, etwa welche Anlagen dem Geschäftsbereich bisher zur Verfügung standen. Die Bedeutung und Flexibilität der aufgestellten Kriterien blieb unerörtert. An diese Konferenz schloß sich eine intensive Suche nach einer geeigneten Werksanlage an. 18 Angebote wurden ausgeschieden, weil sie zumindest in einem Punkt den aufgestellten Kriterien widersprachen; 4 Angebote wurden näher geprüft. Als Hauptkriterien galten nun: Höhe der Pacht, Raum und Nähe zum bisherigen Firmengelände. Für drei Alternativen wurden schließlich Angebote erstellt. Über zwei davon konnte mit den Agenten keine Einigung erzielt werden, über das dritte wurde gar nicht verhandelt, es schien dem Präsidenten zu teuer. Damit endete die Suche.

Die wesentlichen Gründe, weshalb keine weiteren Alternativen in Betracht gezogen wurden, lagen darin, daß (1) der Präsident zwischenzeitlich bei anderer Gelegenheit den gewünschten neuen Arbeitsvertrag mit dem Bereichsleiter „Home Specialities" schon aushandeln konnte, (2) die Umsätze dieses Bereiches wider Erwarten kontinuierlich anstiegen (im Gegensatz zur Konkurrenz) und eine Ausgliederung somit dem Präsidenten nicht mehr besonders attraktiv erschien (Kontrollverlust), (3) schließlich meinte man, „das Feld abgegrast zu haben", ohne allerdings die ursprünglichen Angebote im Lichte der während des Prozesses geänderten Kriterien erneut geprüft oder aber die ursprünglich aufgestellten Kriterien erneut bedacht zu haben.

Die Entscheidung, den Geschäftsbereich „Home Specialities" auszulagern als auch die, den Prozeß abzubrechen, waren beide mehr oder weniger *Zufallsprodukte*. Die strategische Frage, welche Bedeutung diesem Bereich in Zukunft beigemessen werden soll und welche Schritte infolge davon zu ergreifen sind, spielte so gut wie keine Rolle. Den Anstoß für beide Entscheidungen haben Ereignisse und Probleme mit ausgesprochen kurzfristigem Horizont gegeben. Die längerfristigen Konsequenzen beider Schritte, d.h. die Erwartungen bezüglich der Handlungsfolgen, waren nicht offener Gegenstand der Beratungen (die Erwägungen waren – soweit erkennbar – primär durch sachfremde Motive geprägt).

Im Sinne des „Mülleimer-Modells" flottierte in der Firma ein ganzer Satz von Problemen, die Gehaltsdisparität, der Platzmangel, hohe Lohnkosten, Antipathien, Angst vor Kontrollverlust usw. Die Probleme lagerten sich vorübergehend bei der Arena Standortentscheidung an. Im Fortlauf floß ein Teil der Probleme zu einer anderen Entscheidungsarena („Abwanderung") und wurde dort entschieden; damit verlor die Auslagerungsentscheidung das notwendige Aufmerksamkeitspotential, die Teilnehmer wandten sich anderen Arenen zu. Die Auslagerungsfrage kehrte sozusagen in den Strom der Probleme und/oder der potentiellen Arenen zurück.

In einem anderen Fall, den die drei Autoren schildern[291], streben Werksleitung und Arbeiter ein neues, magnetisches Leitsystem für den Kran in der Werkhalle an, das ihnen aus vielerlei Gründen (z.B. moderner, angenehmer, präziser steuerbar) attraktiver schien als das alte. Ein solches System sollte jedoch erst dann eingeführt werden, wenn das alte verschlissen war. Da ereignete sich ein tödlicher Unfall, ein Sicherheitsproblem wurde definiert. Die Problemlösung „magnetisches Leitsystem" fand nun ein Problem, das es lösen konnte. Das neue Leitwerk wurde schließlich gekauft, obwohl keineswegs bewiesen war, daß in dem alten System der eigentliche Grund für den Unfall gesucht werden muß[292].

Zwischenbilanz

Die deskriptive Strategieanalyse in Form der Paradigmen (2)–(4) und die ihnen zugrundeliegenden Theorien halten dem präskriptiven Modell strategischer Unternehmensführung ein scharf kontrastierendes Bild „realer" Planungsprozesse entgegen. Die Idee einer umfassenden langfristigen Unternehmensplanung, die sich einem rationalen Such- und Entwicklungsprozeß verdankt und in logisch-kohärenten Schritten umzusetzen ist, steht einem Geflecht von individuellen Entscheidungstendenzen, gruppendynamischen Prozessen, der Eigendynamik organisationaler Leistungsvollzüge, politischen Spielzügen und schließlich dem Befund gegenüber, daß Probleme und Problemlösungen erst retrospektiv zusammengeführt werden, ja daß Handlungen in und von Organisationen gar nicht in Bahnen entstehen, die das Konstrukt „Entscheidungs-(Planungs-)-Prozeß" entwirft und unterlegt.

Damit ist die Theorie strategischer Unternehmensführung an einem kritischen Punkt, mehr noch, an dem wohl zentralsten Grundlagenproblem angelangt: der Frage nämlich, wie sich die beiden Theoriekomplexe zueinander verhalten. Bringt die deskriptive Strategieanalyse das „Aus" für die präskriptive Planungslehre? Soll diese umstandslos zugunsten eines deskriptiv valideren Ansatzes fallengelassen werden? Oder aber werden hier vorschnell zwei „Logiken" gegeneinander gesetzt, die gar nicht so ohne weiteres miteinander in Verbindung gebracht werden können? Muß nach einem Mittelweg gesucht werden, der die beiden Ansätze versöhnt?

[291] Vgl. Cyert, Dill & March (Role), S. 312ff.; der Hinweis, diesen Fall als „Mülleimer"-Beispiel zu deuten, kommt von Beyer (Ideologies), S. 181.

[292] Weitere Beispiele finden sich bei March & Olsen (Ambiguity); ferner die Fallstudie von Pressman & Wildavsky (Implementation) sowie die sehr aufschlußreiche Beschreibung eines Entwicklungs-Projektes in einem Luftfahrtunternehmen von McCaskey (Management).

Dies sind Fragen, denen sich jede Theorie strategischer Planung heute stellen muß. Es ist letztlich die Frage nach dem Konzept der *Planungsrationalität*. Ohne hier Klarheit geschaffen zu haben, kann sinnvoll keine betriebswirtschaftliche Theorie strategischer Unternehmensführung betrieben werden. Wir betrachten die Beantwortung dieser Frage daher als zentrales Grundproblem einer Theorie strategischer Unternehmensführung.

Das Rationalitätskonzept, das den deskriptiven Analysen zugrunde liegt, läßt sich – wenn überhaupt – nicht ohne weitere Argumentationsschritte erschließen. Nachdem es sich dabei ja gewissermaßen um „Anti-Theorien" handelt, bietet es sich an, diese Erschließung in direkter Auseinandersetzung mit dem präskriptiven Ansatz zu versuchen, also nicht in Form eines explikativen Resümees wie beim präskriptiven Ansatz.

5 Zum Verhältnis von Deskriptivem und Präskriptivem Ansatz

Wenn es darum geht, das Verhältnis von der deskriptiven Strategieforschung zu dem präskriptiven Modellansatz auszuloten, so wird dies in der Planungsliteratur häufig auf eine Gegenüberstellung von *„synoptischer"* (umfassend-systematischer) und *„inkrementaler"* (sich „durchwurstelnder") Planungsrationalität zusammengedrängt. Diese Ausrichtung der Debatte geht auf einen Aufsatz von Lindblom[1] zurück, in dem der sog. Inkrementalismus als mehr oder weniger zwingende *Konsequenz* deskriptiver Theorien der Planung herausgearbeitet und der synoptisch-rationalen Logik als Antithese und als überlegenes Problemlösungsverfahren gegenübergestellt wird[2].

Diese dichotomisierende Problemsicht hat die Rationalitäts-Diskussion in der Planungstheorie lange Zeit etwas erstarren lassen. Zum einen wurde im Gefolge davon häufig übersehen, daß der Inkrementalismus in keiner Weise notwendiger Ausfluß deskriptiver Planungsforschung ist, es handelt sich dabei vielmehr nur um eine mögliche normative Wendung des Beschreibungswissens[3]; daneben sind eine ganze Reihe anderer „Verwendungen" dieses Wissens möglich. Ferner ist das Verhältnis von deskriptiver[4] und präskriptiver Planungstheorie sehr viel komplexer und nuancenreicher als es in dieser polaren Gegenüberstellung zum Ausdruck kommt. Zur Belebung der Debatte haben hier zweifellos jüngere Ansätze beigetragen, die eine Integration beider Ansatzweisen versuchen. Insgesamt gesehen lassen sich *drei Perspektiven* unterscheiden, unter denen das Verhältnis von deskriptivem und präskriptivem Ansatz (explizit oder implizit) in der strategischen Literatur heute verhandelt wird:

[1] Vgl. (Science).

[2] Schon früher allerdings ohne Bezug zu speziellen verhaltenswissenschaftlichen Forschungsbefunden hat Popper (Elend, S. 61 ff.) eine ähnliche Position vertreten.

[3] Milling (Grundlagen, S. 66 FN 19) bezweifelt, daß aus Lindbloms Arbeiten eine solche normative Wende herausgelesen werden kann. Gewiß ist richtig, daß in den Ausführungen von Lindblom Deskription und Präskription in einer eigentümlichen Art und Weise verschwimmen, dennoch läßt sich aus dem Argumentationskontext eindeutig eine affirmative Haltung zu dem inkrementalen Problemlösungsverfahren und eine strikte Ablehnung synoptischer Planung entnehmen. In späteren Studien wird ersteres ja sogar als Garant der Pluralistischen Demokratie gepriesen, vgl. (Intelligence, S. 227 ff.). Wir betrachten daher den Lindblom-Ansatz als präskriptiv, wie es in der Literatur ja auch gewöhnlich geschieht, vgl. z. B. Klages (Planungspolitik), S. 28 f., Frese (Entscheidungsstrategien), S. 287.

[4] Es sei noch einmal ausdrücklich darauf hingewiesen, daß wir im Fortlauf mit „deskriptiven Ansätzen" oder dem „deskriptiven Ansatz" (nur) die im vorhergehenden Kapitel beschriebenen Paradigmen (2) – (4) einschließlich ihrer theoretischen Grundlagen bezeichnen wollen.

(1) Konfliktäre Perspektive,
(2) Kontingenztheoretische Perspektive,
(3) Integrative Perspektive.

Wir wollen eine *vierte Perspektive* hinzufügen, die allerdings nicht unmittelbar die Gegenüberstellung der beiden Forschungstraditionen zum Gegenstand hat, sondern zu dieser Debatte aus dem übergreifenden Konzept der *Systemrationalität* Stellung bezieht.

5.1 Vorbemerkung

Bevor wir die einzelnen Perspektiven diskutieren, erscheint es zweckmäßig, vorab den Rationalitätsbegriff etwas näher zu umreißen. Wir benötigen an dieser Stelle keine exakte Definition; dies ließe auch für die nachfolgende Diskussion zu wenig Raum und würde eine (Vor-)Entscheidung abverlangen, die erst das Ergebnis der Diskussion sein kann. Was wir aber brauchen, ist eine Groborientierung, eine Festlegung allgemeiner Grundbedingungen, um zumindest *ausgrenzend* argumentieren zu können.

Rationalität und Planung sind eng verwandte Begriffe, wird doch Planung im allgemeinen als der Versuch angesehen, eine rationalere Bestimmung der Lebensvollzüge zu ermöglichen. Indem Planung Ereignisse gedanklich vorwegnimmt, entlastet sie das Handeln von der Notwendigkeit spontanen Reagierens und schafft damit Distanz für eine systematische Durchdringung der Sachverhalte und eine wohlüberlegte Handlungswahl[5]. Es verbindet sich damit die Überzeugung, daß hierdurch eine bessere Zielerreichung und Zielbestimmung möglich wird.

Von hier aus läßt sich leicht eine Brücke zu den Basismerkmalen des Rationalitätsbegriffs schlagen. Wie unterschiedlich die einzelnen Begriffsbestimmungen auch sein mögen[6], immer geht Rationalität über das bloß Faktische oder Zufällige hinaus. Rationalität muß hergestellt bzw. erworben werden[7], zumindest aber ist das Vorgefundene bzw. Überkommene (Handlungsweisen, Problemlösungen, Institutionen usw.) auf seine Rationalität hin

[5] Wir schließen hier ohne vertiefende Diskussion an die in der Mehrzahl der Planungsdefinitionen auftauchenden Merkmale an; zu einer diesbezüglichen Zusammenschau vgl. insbes. Wild (Grundlagen), S. 13f., sowie Rieger (Begriff), Lenk (Prolegomena), S. 72ff.

[6] Zu einer Diskussion unterschiedlicher Rationalitätskonzepte vgl. Simon (Rationality), Diesing (Reason), Gäfgen (Theorie), S. 18ff.

[7] So z.B. Mellerowicz (Unternehmenspolitik, S. 250): „Die betriebliche Planung vor allem ist imstande, die Betriebsführung aus dem Bereich des Zufalls in den rationaler Gestaltung zu rücken.“ Und an anderer Stelle (Betriebswirtschaftslehre, S. 158): „... nicht das Sichtreibenlassen, sondern die eigene vorbedachte Gestaltung“ sei die Idee der Planung.

zu ***beurteilen***. Ihm kann nicht per se, nicht ohne nähere Prüfung das Prädikat rational zugesprochen werden. Rationalität setzt also zumindest Beurteilung voraus. Beurteilt kann in verschiedener, nicht aber in beliebiger Weise werden[8]. Die Beurteilung ist selbst wieder Rational-Kriterien zu unterwerfen. Rational ist eine Beurteilung – und damit auch die betreffenden Handlungsweisen, Problemlösungen etc. – dann, wenn für sie gute Gründe bestehen[9]. Daraus leitet sich als *Mindestanforderung* für Rationalität: *Nachprüfbarkeit* und *Kritikzugänglichkeit* ab[10]. Kritisierbarkeit impliziert Offenheit für Verbesserungen, so daß sich als weiteres Grundmerkmal für Rationalität die *Lernfähigkeit* ergibt[11] (was den Kreis zur Planung wieder schließt!). Kritisierbarkeit impliziert aber auch, daß Rationalität ein *objektives* Konzept ist, d.h. sie muß von außen erschließbar sein[12]. Eine bloß subjektive Rationalität, eine Rationalität also, die nur der Handelnde selbst kennt und nur aus seiner Weltsicht verstehbar ist, entspricht diesen Anforderungen nicht[13].

Diese Festlegungen sollen genügen als Hintergrund für die nachfolgende Diskussion.

5.2 Konfliktäre Perspektive

Die im vorhergehenden Kapitel dargestellten deskriptiven Ansätze (Paradigmen 2–4) stellen zunächst einmal nur einen offensichtlichen Kontrast dar zu dem synoptischen Modell strategischer Unternehmensplanung. Sie zeigen auf – wie ja bei den einzelnen Paradigmen schon im Detail dargelegt –, daß das faktische Verhalten von Personen, Gruppen und Organisationen erheblich andere, „irrationalere" Formen annimmt, als dies das Planungsmodell vorschreibt. Im Rahmen der einzelnen Paradigmen werden *Gründe* dargelegt, weshalb es zu dieser Andersartigkeit der Handlungsweisen kommt. Die dargelegten Gründe sind unterschiedlicher Art: Es wird verwiesen u.a. auf die Eigentümlichkeiten menschlicher Denk- und Verhaltensweisen und grup-

[8] Vgl. Mittelstraß (Dingler-Komplex), S. 87f.
[9] Vgl. Habermas (Theorie I), S. 44.
[10] Vgl. Kambartel (Philosophie), Mittelstraß (Entdeckung) S. 31ff.
[11] Vgl. Habermas (Theorie I), S. 38.
[12] Vgl. hierzu auch Shackle (Time), S. 290.
[13] Vgl. Gäfgen (Theorie), S. 33f.; der Autor nimmt allerdings für den Fall, daß der Beobachter den Wissensstand und die Wertpräferenzen des Aktors genau kennt, „subjektive Rationalität" in das Konzept der Rationalität auf; z.B. subjektive Wahrscheinlichkeitsschätzungen als Basis entscheidungslogischer Kalküle. Die Wahrscheinlichkeitsschätzung muß dabei jedoch als unbegründbare (a-rationale) subjektive Prämisse hingenommen werden. Vgl. zu der Problematik subjektiver und objektiver Handlungsrationalität auch die Diskussion bei Schwemmer (Verstehen), S. 44ff.

pendynamischer Prozesse, auf die Logik kooperativen Zusammenwirkens in großen Organisationen, auf die politische Dynamik zwischen Personen und Gruppen in Form von Rivalitäten, Machtausübung, Koalitionsbildungen, reziproken Verhandlungen und schließlich darauf, daß das ganze Konzept der Entscheidung als Problemlösungsprozeß mehr ein Mythos über das Handeln in Organisationen ist, denn eine diesen Handlungen eigene Grammatik. So unterschiedlich diese Argumente im einzelnen sind und so wenig sie untereinander in einem vollständig verträglichen Verhältnisse stehen (insbesondere das letztgenannte Argument nimmt hier natürlich einen Sonderstatus ein), so lassen sie sich doch einheitlich als eine Phalanx begreifen, die dem präskriptiven Modell der Strategiebildung den Realitätsbezug streitig macht.

Es ist diese Diskrepanz von Modell und Wirklichkeit, die nun von vielen Autoren zum Anlaß genommen wird, die Ergebnisse deskriptiver Entscheidungs- und Strategieanalyse als (vollständige oder partielle) „Falsifikation" des präskriptiven Ansatzes oder als Beleg seiner Untauglichkeit zu interpretieren und seine Ersetzung durch ein *realistischeres* Konzept zu fordern[14]. Stellvertretend für viele andere Autoren sei hier Jemison zitiert, der die Bedeutung verhaltenswissenschaftlicher Forschung für die Strategielehre in der folgenden Weise zusammenfaßt: „The rational-comprehensive view of strategy formulation is now all but obsolete as an accurate representation of reality"[15]. Eine Handlungsanweisung aber auf der Basis deskriptiv invalider Annahmen könne – so wird häufig weiter geschlossen – keine oder zumindest keine ausreichende praktische Relevanz entfalten. Es wird zumeist empfohlen, den an der klassischen Theorie rationaler Wahl orientierten synoptischen Ansatz strategischer Planung zugunsten einer empirisch fundierten – also realitätsgerechten Perspektive zu überwinden, wie sie z.B. die Theorie des brauchbaren Entscheidens repräsentiert. Wie ist diese Argumentation einzuschätzen?

Auf diese Frage läßt sich sinnvoll nur eine Antwort finden, wenn wir zwei Dinge *separieren*. Das eine ist die deskriptive Gültigkeit. Hier wird man schwerlich bestreiten können, daß das synoptische Modell strategischer Planung von Handlungsweisen ausgeht, die in der betrieblichen Praxis nicht ohne weiteres auffindbar sind und daß es Prozesse und Tendenzen ignoriert, die im Betriebsgeschehen eine große Rolle spielen (z.B. Ressortegoismen, Rivalitäten, Kampfspiele, retrospektive Rationalisierung von Handlungen, Konflikte, unklare Ziele). *Insoweit* kann es auch nicht als Beschreibungsmodell strategischen Handelns in Unternehmen Gültigkeit beanspruchen. Das war ja auch der Grund, weshalb wir Paradigma 1 von den anderen Para-

[14] In diesem Sinne etwa Lindblom (Science), Aharoni (Investment), S. 245ff., Mintzberg (Patterns), S. 947f., Murray (Choice), S. 960; allgemeiner auf die Theorie rationaler Wahl bezogen Simon (Entscheidungsverhalten), S. 30ff., S. 139, Cyert & March (Theory), S. 9ff.

[15] Jemison (Contributions), S. 637.

digmen abgetrennt haben. Allein – und dies ist nun der zweite, an dieser Stelle wichtigere Aspekt –, wer synoptische Planungslogik kurzerhand durch die „Logik" faktischer Planungsprozesse widerlegen möchte, argumentiert auf zwei unverträglichen Theorieebenen[16]. Er verkennt den eigentlichen Charakter des synoptischen Modells strategischer Planung; seine primäre Intention ist es ja, die Praxis der Unternehmensführung zu *verändern, rationaler* zu machen und nicht generelle Sätze über das faktische Planungsverhalten aufzustellen[17].

Paradoxer noch: würde unterstellt, daß die Entscheidungsträger strategische Planung immer schon in der bezeichneten Weise praktizieren, entfiele ja der Grund, der zur Entwicklung dieser Konzeption(en) Veranlassung gegeben hat, nämlich die Verkennung oder Unterbewertung des strategischen Problems in der Praxis und/oder fehlende oder verbesserungsbedürftige Verfahrensweisen zu seiner Lösung. Die theoretische Konstruktion geht also von der Annahme aus, daß „die Praxis", oder jedenfalls wesentliche Teile davon, anleitungs- oder korrekturbedürftig sind[18]. Die *Eignung*, die Praxis der Unternehmensführung zu verbessern, ist daher das Kriterium, das an die Beurteilung strategischer Planungskonzeptionen anzulegen ist, nicht die Frage, ob sich die Entscheidungsträger bereits in der vorgeschlagenen Weise verhalten[19].

Diese Feststellung wirft zugleich ein Licht auf jüngere Versuche der strategischen Planungsforschung, Erfolgsstrategien auf der Basis vorgefundener Invarianzen (Quasi-Gesetze) zu generieren[20]. Zu Ende gedacht, muß diese Forschung in einen Widerspruch geraten: je informativer das Gesetz, d.h. je größer sein Gültigkeitsbereich, um so weniger kann es der Intention gerecht werden, die Praxis zu beraten, wie sie durch Strategieplanung ihre Ziele

[16] Darauf weisen auch Köhler & Uebele (Einsatzbedingungen, S. 122) mit Nachdruck hin.

[17] Sofern das Konzept strategischer Planung nicht eine normativ-deskriptive Doppelfunktion beansprucht – wie das z.B. bei idealtypischen Konstruktionen (insbesondere bei dem Bürokratiemodell) oder bei der neoklassischen Preistheorie vorfindbar ist. Für diesen Fall wäre allerdings die deskriptive Validität oder das Erklärungspotential durchaus ein Beurteilungskriterium. Zu den methodischen Grundlagen des Idealtypus vgl. Janoska-Bendl (Idealtypus); zu einer dementsprechenden Diskussion der Neoklassik vgl. Kaldor (Irrelevanz).

[18] Vgl. Bretzke (Problembezug), S. 18; dort allerdings im Hinblick auf entscheidungslogische Modelle, die von ihrer Struktur her (Optimierungskalkül) einen Unterschied machen zu den Verfahrensregeln der strategischen Planungslehre. Es hat allerdings nicht an Versuchen gefehlt, die strategische Planung wenigstens ansatzweise in diesem Sinne zu „modellieren", vgl. z.B. Larréché & Srinivasan (STRATPORT) oder etwa die adaptiv-heuristische Systemanalyse, vgl. hierzu als Beispiel Milling (Grundlagen), S. 70ff.

[19] Vgl. allgemein zur Entscheidungstheorie Steinmann et al. (Praxisbezug), S. 83, Bretzke (Problembezug), S. 19, generell für die Betriebswirtschaftslehre Steinmann (Betriebswirtschaftslehre), S. 97.

[20] Vgl. oben S. 145ff. dieser Arbeit.

besser oder sicherer erfüllen kann. Die Invarianz kann also – davon wird noch zu sprechen sein – nicht der Kernpunkt für eine präskriptive Theorie strategischer Planung sein.

Indessen, *zu weit* darf dieses Gegenargument nicht getrieben werden; denn völlig unabhängig von den faktischen Gegebenheiten kann eine gute Theorie rationaler Strategiewahl auch nicht sein, stellt sie doch gerade darauf ab, diese Faktizitäten zu korrigieren. Was der Strategieplaner machen *soll*, kann vernünftigerweise nicht unabhängig davon sein, was er machen *kann*. Damit aber bedürfen die aus den deskriptiven Theorien heraus formulierten Einwendungen gegen das synoptische Modell einer Qualifikation daraufhin, ob uns in ihnen unüberwindbare, naturgesetzartige Barrieren entgegentreten oder nicht. Müßte man von ersterem ausgehen, so wäre der Entwurf einer rationalen Theorie strategischer Unternehmensführung überflüssig.

Ohne jetzt hier die oben dargestellten einzelnen Tendenzen und Verhaltensweisen im Detail unter dieser Fragestellung prüfen zu können, läßt sich wohl doch die globale Feststellung verteidigen, daß die beschriebenen Prozesse und Tendenzen, von wenigen Ausnahmen abgesehen (etwa der von Simon aufgezeigten begrenzten Informationsverarbeitungskapazität des Menschen[21]), *Kulturphänomene* sind, die einer willentlichen Veränderbarkeit nicht von vorneherein verschlossen sind[22]; d.h. es sind durch menschliche Interaktion und Intention konstituierte Zusammenhänge, die kritisierbar und damit

[21] Obgleich auch hier niemals eine exakte Grenze angebbar sein wird, weil die „Kapazitätsgrenze" eine dynamische Schwelle darstellt. An dieser Stelle offenbart sich auch eine große Schwäche von Simons Argument: „Befriedigende" Problemlösungen setzen – schon qua Wortwahl – voraus, daß eine *bessere* Problemlösung möglich gewesen wäre, implizieren also einen Verzicht. Wenn aber das Informationsverarbeitungspotential des Menschen (gehirnphysiologisch bedingt) höchstens „befriedigende" Lösungen zuläßt, dann ist ja Simons Modell gar kein „Satisficing-", sondern ein Maximierungsmodell; die Individuen verhalten sich so rational wie nur eben möglich. Einen Paradigmawechsel signalisiert das „Satisficing" erst dann, wenn sich Individuen und, noch wichtiger, Organisationen *aus guten Gründen* „befriedigende" Lösungen suchen, wie Cyert und March dies dann auch umdeuten. Die Zurückführung auf die Gehirnphysiologie bringt uns also an dieser Stelle keinen Schritt weiter, im Gegenteil, es nimmt einem Argument seine Bedeutung. Zu einer möglichen Begründung der Rationalität „befriedigender" Lösungen vgl. unten S. 260 dieser Arbeit. Hier ist freilich nicht das Argument gemeint, das das „Satisficing" nutzentheoretisch in eine „Maximierung" überführt in dem Sinne, daß die vorgefundene befriedigende Alternative in Wirklichkeit den (subjektiven) Nutzen maximiere. Dies ist ein ersichtlich tautologisches Verfahren, weil keine Entscheidung denkbar ist, die nicht ex post zu einer subjektiv nutzenmaximierenden hochstilisiert werden könnte. Vgl. hierzu auch die Debatte in der Nationalökonomie Boulding (Position), dagegen Machlup (Analysis) sowie später resümierend (Theories), S. 19ff.

[22] Vgl. Lorenzen & Schwemmer (Logik), S. 190ff.; dabei gilt es jedoch zu sehen, daß viele der im deskriptiven Teil dargelegten Theoreme – entgegen unserer Deutung – als nomologisches Aussagensystem etikettiert sind. Unabhängig davon zeigt sich aber an dieser Stelle deutlich die enge Verwobenheit von Planungsrationalität und logischem Status der Planungstheorie.

auch einer Revision fähig sind[23]. Würde man dies abstreiten und auf der Naturhaftigkeit der Dispositionen beharren wollen, wäre freilich auch der geschichtliche Prozeß der *Rationalisierung* des „Okzidents" bis hin zu einer „rational-methodischen Lebensführung", die sukzessive Entzauberung magischer Weltbilder und die Verankerung des Typus zweckrationalen Handelns, wie es Max Weber[24] so eindrucksvoll beschrieben hat, nicht mehr verstehbar bzw. eine bizarre Fehldeutung.

An dieser Stelle müssen auch die neuerdings sehr beliebten und unter Paradigma 4 kurz dargestellten Planungsanalysen in Kategorien wie „Mythos", „Beschwörung" und „Ideologie" zum Problem werden. Vertreten sie doch die Auffassung, daß die hochrationalisierte Welt industrieller Organisationen in Wahrheit nicht anders als Naturvölker handele und ihre Sinnzusammenhänge und Erfahrungen gleichfalls auf der Basis eines mythischen Denkens konstituiere[25]. Diese „Entschleierung" vermag zweifellos, Verunsicherung und Verblüffung hervorzurufen und damit auf den einen oder anderen Zusammenhang ein neues, erhellendes Licht zu werfen (etwa auf die Signalfunktion der strategischen Planung nach „außen"). Sie wird jedoch von dem Moment an fragwürdig, wo sie mythisches Denken zum selbstverständlichen Bestandteil von Strategiebildung erklärt und Strategiewandel nur noch als Austausch von Mythen begreift[26]. Die Mythenbildung wird damit quasi als unhintergehbare Disposition betrachtet. Mythisches Denken ist aber – auf der Folie unserer Vorbemerkung – *irrational* insofern, als es kein begründendes Denken ist und somit auch keine auf Gründen ruhende Verbesserung (sondern bloß emotionale Veränderung) kennt. Dies läßt nicht nur das Anliegen, eine Lehre der Strategieformulierung in diesem Rahmen zu entwickeln[27], paradox erscheinen, sondern es widerspricht den Möglichkeiten systematischen Denkens und Planens, die wir uns kulturell erworben haben.

Mit den bisherigen Feststellungen ist aber nur im prinzipiellen das Grundanliegen einer Theorie rationaler Strategiewahl als ein sinnvolles und vertretbares ausgewiesen. Wie weit und wie schnell die personalen Begrenzungen im Problemlösungsverhalten veränderbar, die Organisationsprozesse, die „politische" Dynamik, mythisches Denken usw. beherrschbar sind, ist nicht nur eine (generell kaum beantwortbare) Frage des Möglichen, sondern auch eine Frage des Willens, inwieweit überhaupt eine Bereitschaft besteht, sich einem solchen Rationalisierungsprozeß zu unterwerfen. Damit gelangt

[23] Vgl. Habermas (Theorie I), S. 85.

[24] Vgl. (Ethik), sowie die Interpretation und Einordnung bei Habermas (Theorie I), S. 225 ff.

[25] Zu einer informativen Gegenüberstellung des modernen und des mythischen Weltverständnisses vgl. Habermas (Theorie I), S. 72–113.

[26] So Hedberg & Jönsson (Process), S. 93 ff.

[27] Das ist das Anliegen von Hedberg & Jönsson (Process), Jönsson & Lundin (Myths), Starbuck & Hedberg (Saving) und in gewisser Weise auch Mitroff & Kilmann (Stories).

aber wieder unser Ausgangsproblem an die Oberfläche, nämlich das des Verhältnisses von präskriptivem und deskriptivem Ansatz. Es ist zwar soweit Klarheit hergestellt, daß die Ergebnisse der deskriptiven Strategieforschung nicht schlicht als Widerlegung des präskriptiven Ansatzes begriffen werden können. Unklar aber bleibt, wie irreal ein präskriptiver Ansatz sein darf und muß, um innovativ und dennoch praktisch bedeutsam zu sein[28]. Eine weitere Klärung läßt sich allerdings auf dieser allgemeinen Argumentationsebene nicht mehr herbeiführen. Eine *abstrakte* (Meta-)Theorie der Brauchbarkeit oder der Zweckmäßigkeit präskriptiver Modelle kann es nicht geben. Die Instanz der Brauchbarkeit kann neben Formalkriterien letztlich doch nur die Praxis sein und damit sind, wie immer man es dreht und wendet, grundsätzlich die Probleme verbunden, die eben erörtert wurden. Die generelle Bestimmung eines optimalen „Realitätsgehalts" rationaler Modelle ist ein ersichtlich unmögliches Unterfangen[29]. Dem Konstrukteur „rein" rationaler Modelle bleibt immer das Argument der *Orientierungsfunktion* der (unverfälschten) Rationalität, die ja unverzichtbar bleibt, weil sonst ein *weiterer* Fortschritt nicht erzielt und die dann verwirklichte Praxis nicht mehr kritisierbar wäre. So bleibt zunächst einmal nur die strukturelle Unterschiedlichkeit der Ansätze und ihr schwer faßbares *Spannungsverhältnis* zueinander festzuhalten.

Dieser Diskussion um die Konsequenzen der Ergebnisse deskriptiver Strategieforschung wird von einigen Autoren jedoch eine andere, radikalere Wendung gegeben. Sie konfrontieren nicht nur die synoptische Planungsidee mit ihren vielen Fehlschlägen und dem Abweichen tatsächlicher Planungsprozesse, sondern stellen grundsätzlich den synoptischen Rationalitätsbegriff in Frage. Wildavsky formuliert pointiert: „It cannot be rational to fail"[30]. In den praktisch-empirischen Verfahrensweisen, wie sie in den deskriptiven Strategieanalysen zum Ausdruck kommen, wird ein vorziehenswürdiger Ansatz zur Behandlung strategischer Problemstellungen gesehen. Es verbindet sich damit die Vorstellung einer Art sozialer oder empirischer „Rationalität" (die Rationalität „anti-rationalen" Handelns!). Der herausragende Repräsentant dieser Denkrichtung ist Lindblom; seine Argumentation sei hier kurz nachgezeichnet und diskutiert.

[28] Dabei unterstellen wir hier einmal, daß die Vorschläge der strategischen Planungslehre als solche problemgerecht sind. Wie oben bei der Darstellung angemerkt, kann dies nicht für jedes (Teil-)Konzept ohne Umschweife belegt werden.

[29] Es wird ja eine statische Lösung für ein dynamisches Problem gesucht. Vgl. hierzu auch den Versuch von Bretzke (Problembezug), sich einer solchen abstrakten Theorie der Brauchbarkeit für entscheidungslogische Modelle zu nähern. Er stellt zuletzt die Lösung des Problems einem rationalisierenden Verständigungsprozeß zwischen Wissenschaft und Praxis anheim und verbindet damit den Appell, sich wechselseitig für Kritik offenzuhalten (S. 240f.). Damit ist aber das Problem nur verschoben.

[30] Wildavsky (Planning), S. 153.

Lindblom geht zunächst von deskriptiven Planungsstudien aus und folgert für komplexe Probleme[31] sei der synoptische Ansatz der Planung „of course impossible"[32]. Als wichtigste Gründe für das Versagen des synoptischen Ideals nennt er[33]:

- die begrenzte Problemlösungskapazität des Menschen,
- die mangelnde Verfügbarkeit und Unsicherheit von Informationen[34],
- die Vernachlässigung der Kosten, die ein solcher Analyseprozeß verursacht,
- das Fehlen eines transitiv geordneten Zielsystems bei Individuum und Organisation,
- die unvermeidliche Vermischung von Fakten (Mittel) und Wertfragen (Ziel),
- die fehlende Abschließbarkeit des Informationsgewinnungsprozesses in einer sich fortlaufend wandelnden Umwelt,
- die mangelnde Durchdringbarkeit der Planungszusammenhänge.

Bis hierher ergeben sich noch keine gravierenden Unterschiede zu dem bisher Diskutierten[35]. Lindblom geht nun aber einen Schritt weiter und erklärt das faktisch vorfindbare Verhalten, die („irrationale") Handhabung von Planungsproblemen in der Praxis, als Problemlösungsverfahren dem synoptischen Ansatz überlegen. So, wie die Verwaltungen jetzt mit Planungsproblemen umgehen, dieses „Sich-Durchwursteln", lasse nicht nur die synoptische Planung als Illusion erscheinen, sondern repräsentiere im Grunde auch die bessere Methode der Planung: „Successive limited comparisons is, then, indeed a method or system; it is not a failure of method for which administrators ought to apologize"[36]. Provokativ nennt er das empirisch-praktische Vorgehen „science of muddling through" und formt es zu dem *präskriptiven* Konzept *inkrementaler* Planung (später: disjointed incrementalism) aus[37]:

[31] Ursprünglich bezog Lindblom (Science) seine Analysen auf die Planung der (öffentlichen) Politik, später dehnte er aber dann die Aussagen auf alle Bereiche der Planung aus; vgl. Braybrooke & Lindblom (Strategy), Lindblom (Intelligence), S. 137ff.

[32] Lindblom (Science), S. 42.

[33] Vgl. Braybrooke & Lindblom (Strategy), S. 41ff.; wie schnell zu sehen ist, stehen die Einwände in enger Verwandtschaft zum Organisationsprozeß-Paradigma.

[34] An diesem und an dem vorhergehenden Punkt setzt auch Poppers Kritik am synoptischen Planungsansatz ein; diese zwei Punkte verhindern seines Erachtens, daß ein Plan aufgrund der Unmöglichkeit, alle Relationen zu erfassen, jemals ein Totalplan werden kann. Vgl. (Elend), S. 61ff.

[35] Nachdem Cyert & March (Theory) und die anderen deskriptiven Theoretiker eine ähnliche, jedoch theoretisch besser begründete Gegenargumentation führen, erübrigt es sich hier, diese Einwände von Lindblom im Detail zu erläutern.

[36] Lindblom (Science), S. 58.

[37] Vgl. Lindblom (Science), S. 45ff., ders. (Intelligence), S. 130ff., Braybrooke & Lindblom (Strategy), S. 81ff. Obwohl immer wieder als präskriptives Modell bezeichnet, verwendet

(1) Der inkrementale Planer soll nur solche Ziel- und Mittelalternativen prüfen, die in der Nachbarschaft des Vertrauten liegen und die ihm auf dem Hintergrund seiner Erfahrung und nicht von Theorien wichtig erscheinen. Dies entlastet ihn nicht nur von dem überzogenen Anspruch synoptischer Verfahrensweise, sondern bringt auch erheblich geringere Informationskosten. Diese Logik der gezielten Vernachlässigung sei – erläutert Lindblom und ähnlich Popper – immer noch besser als die Logik der Konfusion, die die unweigerliche, wenn auch unbeabsichtigte Folge des unrealisierbaren synoptischen Ideals wäre[38].

(2) Inkrementale Planung stellt sich darauf ein, daß wegen mangelnder Problemübersicht und fehlendem Verständnis ein strategisches Problem nicht endgültig gelöst werden kann; der Planer soll sich stattdessen dem problemhaften Tatbestand in immer wieder neuen Korrekturansätzen nähern (never-ending series of attacks).

(3) Der Inkrementalist soll keinen systematischen Plan eines erwünschten Zukunftszustandes entwerfen, sondern nur kleine Veränderungs-Schritte ins Auge fassen, die rasch wieder revidiert werden können, ohne daß sie zu großen Schaden angerichtet hätten. Jeder Schritt soll nur die Lösung eines *Einzelproblems* in Angriff nehmen („Stückwerktechnologie“). Die Implementation der verschiedenen Schritte bedarf keiner übergreifenden Koordination. Konkrete Handlungsschritte leiten sich nicht aus einem Perspektivplan ab, sondern Veranlassung zum Handeln ist erst dann gegeben, wenn akute, klar umrissene *Probleme* oder Entscheidungszwänge vorliegen. Die zu ergreifenden Aktionen sind mehr „reparierend“ (remedial orientation) denn prospektiv auszulegen.

(4) Zur Beurteilung einer Handlungsalternative ist weder eine einheitliche Definition des Problems noch ein Zielkonsens bzw. ein transitives Zielsystem anzustreben. Zieldebatten sind auszuklammern. Ob eine Alternative „gut“ ist, bestimmt sich vielmehr im Verhandlungsprozeß zwischen den Beteiligten am Entscheidungsprozeß (partisan mutual adjustment)[39]. Kann über eine Maßnahme Einigung erzielt werden (und sei es auch nur auf der Basis von Stillhalteabkommen oder ähnlichem), so ist sie als *„gute Alternative“* zu qualifizieren. Es existieren *keine objektiven* Güte-Kriterien für einen Plan, die für alle Beteiligten (partisans) Geltung beanspruchen könnten (und wie sie die synoptische Planung zwingend voraussetzen muß). Jede Perspektive hat in gewisser Weise ihre Berechtigung.

Lindblom bei der Charakterisierung des Inkrementalismus zumeist deskriptive Termini. Nachdem uns hier der Ansatz in seiner normativen Wendung interessiert, versuchen wir ihn auch in diesem Sinne darzustellen. Auf den bisweilen etwas verwirrenden Gebrauch deskriptiver und präskriptiver Sätze bei Lindblom haben wir ja bereits hingewiesen.

[38] Vgl. Lindblom (Intelligence), S. 143 ff. Die Idee ist, daß die mangelnde Realisierbarkeit synoptischen Vorgehens den Planer in Panik geraten läßt.

[39] Vgl. speziell zu dem „partisan mutual adjustment“ oben S. 190.

(5) Dem Inkrementalismus soll schließlich auch deshalb Vorrang eingeräumt werden, weil nur so ein flexibler Interessenpluralismus in den Entscheidungsprozessen seinen Niederschlag finden kann und weil er nicht, wie die synoptische Planung, den Keim des *Totalitären* und Rigorosen in sich trage[40].

(6) Der inkrementale Ansatz stellt sich auch dem (relativierenden) Argument in den Weg, das zugesteht, daß der synoptische Ansatz ein unrealisierbares Ideal sei, ihm aber dennoch eine wichtige Orientierungsfunktion zukomme nach dem Grundsatz: „If *the best* decision is an impossible ideal, *a better* decision is not"[41]. Braybrooke und Lindblom lehnen diese *Annäherungslogik* – allein schon aus Kostenüberlegungen – rundweg ab und formulieren für den Planer das Prinzip: „One should never ever be 'as comprehensive as possible', whatever that means"[42].

Lindblom und ähnlich Popper[43] schlagen also vor, das, was in der Praxis überwiegend exerziert wird, zum Prinzip und Programm zu erheben. Nun ist ja der Schluß vom Sein auf das Sollen nicht erlaubt (naturalistischer Fehlschluß, es sei denn, es können hinreichende Gründe geltend gemacht werden, die das Seiende zugleich auch als das Vernünftige ausweisen. Die Gründe, die Lindblom für seine normative Wende anführt[44], sind u. E. nicht überzeugend genug. Gewiß wird man seinen Einreden gegen das synoptische Modell nicht einfach widersprechen können; indessen, die *Begründung des Inkrementalismus* speist sich lediglich aus dieser Kritik. Positive Gründe finden sich kaum. Aus der Kritik am synoptischen Modell folgt jedoch keineswegs zwingend das inkrementale „Programm" mit all seinen problematischen Implikationen. Das gilt es kurz zu zeigen.

(1) Zuletzt war bereits angeklungen, daß der Inkrementalismus ein Kontrastprogramm ist, das seine Identität aus dem Unterschied oder genauer: aus der behaupteten Unmöglichkeit der synoptischen Planungslogik bezieht. Eine eigenständige Logik ist nicht erkennbar. Insoweit *setzt* der Inkrementalismus die synoptische Rationalität wenigstens argumentativ *voraus*, erst aus der Diskrepanz wird das verständlich, was hier zum (Anti-)Prinzip erhoben werden soll. Man muß das synoptische Modell schon durchdacht haben, um das inkrementale Programm verstehen zu können. Dies zeigt zumindest, daß

40 Vgl. zu dieser Pluralismus-These, die uns hier nur am Rande beschäftigen kann, die Diskussion bei Klages (Planungspolitik), S. 32 ff.

41 Regan (Rationality), S. 87.

42 Braybrooke & Lindblom (Strategy), S. 47; in dieselbe Richtung laufen die Argumente von Wildavsky (Planning), S. 141.

43 Die Nähe des „disjointed incrementalism" zu Poppers „piecemeal engineering" ist unübersehbar; vgl. Popper (Elend), ders. (Gesellschaft), S. 215 ff.; vgl. zu einer ausführlichen Behandlung der Gemeinsamkeiten und Unterschiede in den beiden Konzepten Klages (Planungspolitik), S. 28 f.

44 Leider markieren Lindblom und die ihm nahestehenden Theoretiker in ihren Arbeiten diese Wende nicht explizit, so daß auch ihre Begründung weit verstreut liegt.

auf einen *Begriff* rationaler Planung im Sinne des synoptischen Programms nicht verzichtet werden kann[45].

An dieses Argument schließt sich die Frage an, ob der Inkrementalist wirklich und gezielt in Stückwerkmanier plant oder ob er sich in seinen Planentwürfen nicht doch an dem synoptischen Modell orientiert und nur praktisch immer wieder daran scheitert, so daß das Ergebnis ein „Stückwerk" wird.

(2) Der zweite und entscheidende Einwand gegen das Inkremental-Prinzip ist aber, daß es im Grunde genau die Entscheidungen zu vermeiden trachtet, die den Kern strategischer *Planung* ausmachen[46], nämlich die Entwicklung eines Zukunftsbildes auf der Basis systematischer Informationsgewinnung, der Eruierung langfristiger Chancen und Probleme im Hinblick auf bestimmte Ziele und die rationale Wahl geeigneter Mittel und Maßnahmen. Strategische Planung heißt auch und gerade zu versuchen, schwerwiegende Entscheidungen, die weit in die Zukunft greifen, trotz hoher Ungewißheit und trotz fehlender und auch prinzipiell nicht beschaffbarer Informationen[47] einer rationalen Wahl zugänglich zu machen. Strategische Planung ist ja eben auch ein Planen der Zukunft bzw. ihre aktive (Mit-)Gestaltung[48]. Der Inkrementalismus repräsentiert eine Planungsattitüde, die jedes Risiko zu vermeiden trachtet[49]. Am meisten Sicherheit glaubt man dadurch gewinnen zu können, daß man nur einen kleinen Schritt mit kurzfristigem Horizont macht, der sich im Umfeld des Vertrauten bewegt und der mit Erfahrungsdaten gestützt werden kann. Man kann die strategische Planung geradezu als Gegenmittel, als Versuch der Überwindung eines so konservativen Handlungsmusters begreifen, das dem Unternehmen den *Horizont* für wichtige Chancen und in weiterer Zukunft drohender Probleme *versperrt* und es dadurch eventuell in

[45] Dasselbe gilt im übrigen auch für normative Wendungen des Kampfspiel-Paradigmas oder der „organisierten Anarchie".

[46] Noch genereller Staudt (Planung, S. 97), wenn er schreibt, Lindblom „umgeht ... das Problem der Planung". Staudt entscheidet sich letztlich aber doch für das „piecemeal engineering" als Leitkonzept betrieblicher Planung, weil Selektivität und die Ungewißheit der Zukunft eine Gesamtplanung aus dem Bereich des Möglichen ausschlössen. (S. 36ff.)

[47] Zu Recht kritisiert Hanssmann (Rolle, S. 35): „Das Bemühen um immer perfektere Prognosemodelle geht methodisch in die falsche Richtung und ist praktisch zum Scheitern verurteilt". Für eine strategische Planung unbefriedigend bleibt allerdings sein Lösungsvorschlag, von hypothetischen Zukunftszuständen (quasi ohne Prognose) auszugehen und von dort aus erste „robuste", langfristig sinnvolle Handlungsschritte zu ermitteln, die sich bei allen Zukunftszuständen als überlegen erweisen. Vgl. als Beispiel Hanssmann (Planning), S. 84ff. Abgesehen davon, daß man nicht davon ausgehen kann, daß sich solche robusten Schritte immer finden lassen, vgl. hierzu auch Wilde (Prognosen, S. 937), wird mit einer solchen Art strategischer Planung das eigentliche Strategiefindungsproblem an den Rand gedrängt. Die Idee, durch frühzeitiges Handeln Wettbewerbsvorteile zu erzielen, verschwindet.

[48] Vgl. Kappler (Planung), S. 3.

[49] Dror (Muddling Through, S. 154) spricht von einem Prinzip des „maximizing security in making change".

seinem Bestand gefährdet. In vielen Fällen ist es gerade ein *großer Schritt*, der getan werden muß und ja auch getan wird[50], um eine Chance zu nutzen (z. B. Diversifikation) oder um ein strategisches Problem zu lösen (z. B. „Umkehrstrategie"). Paradoxerweise stellt daher die risikovermeidende Haltung des sich durchwurstelnden Planers langfristig ein enormes Risiko dar, weil die Kontinuität keineswegs eine Bestandsgarantie zu liefern vermag[51]. Ferner stellen sich in vielen Fällen strategische Planungsprobleme in einem neuen und auch nicht wiederkehrenden Kontext, so daß gar kein Rückgriff auf vergangene Problemlösungen und Erfahrungen möglich ist.

Die strategische Planung richtet sich also gerade gegen jene *passiv reagierende* Haltung, die der Inkrementalismus zum wünschenswerten Zustand erhebt, und will an die Stelle dessen eine *aktiv gestaltende* Unternehmenssteuerung setzen aus der Einsicht heraus, daß erstere auf die Dauer gesehen eine bestandsgefährdende Haltung ist. Wenn auch das synoptische Modell überzogene Forderungen stellt und z. T. auch – wie sich noch erweisen wird – falsche Ideale setzt, hat es doch den Verdienst, das Neu-Durchdenken von Problemen, die In-Frage-Stellung von Routinen und die Öffnung für Innovationen zu stimulieren, während der Inkrementalismus eine Politik der Absicherung und der Beharrung rechtfertigt[52].

Lindblom kontert allerdings diesen Einwand geschickt: „Nothing would be more paralyzing to an administrator than to take seriously the prescription of the rational comprehensive model that he makes no decision until he canvass all possible alternative ways of reaching well formulated goals, making sure that he has investigated every possible major consequence of each possible alternative"[53]. Gewiß, man wird auch diesen von Lindblom hier beschriebenen dysfunktionalen Effekt synoptischer Planung nicht einfach leugnen dürfen, dennoch: der Kern des Einwandes bleibt davon *unberührt*, nämlich die grundsätzliche Tendenz des inkrementalen Modells, alles Eingespielte zu *rechtfertigen*, ja ihm den Schein des Wissenschaftlich-Systematischen zu geben, Impulse zu größeren Innovationen und alle Initiativen zur Erweiterung der grundsätzlichen Alternativen abzublocken[54].

[50] So auch Guth (Theory), wenn er schreibt: „we know, however, that some business organizations have made such departures" (S. 379).

[51] Vgl. Haseloff (Paradigm), S. 24.

[52] Vgl. Dror (Muddling Through), S. 155; dort heißt es wörtlich: „Lindblom's model justifies a policy of 'no effort'".

[53] Lindblom (Contexts), S. 157.

[54] Dror (Muddling Through) spricht daher von „ideological reinforcement of the pro-inertia and anti-innovation forces prevalent in all human organizations, administrative and policy making" (S. 155). Hier zeigt sich aber zugleich, daß das Denken in den Kategorien „inkremental" und „synoptisch" zu eng ist. Das eben angeklungene Problem der Innovationsfähigkeit läßt sich nämlich weder in dem einen noch in dem anderen Raster adäquat abbilden, weil in beiden kein Raum für intuitive, spontan-schöpferische Prozesse bleibt.

(3) Diese Grundsatzproblematik des „Muddling Through“ spiegelt sich auch in der Ablehnung jedweder langfristigen Zukunftsprojektion wider. Abgesehen davon, daß Großunternehmen heute bei der Anschaffung von Investitionsgütern mit langjähriger Nutzungsdauer und in stärkerem Maße noch bei Investitionen in die (Grundlagen-)Forschung und Entwicklung gar nicht anders können als (zumindest implizit) mit längerfristigen Zukunftsprojektionen zu arbeiten[55], stellt diese Ablehnung einen zweifelhaften Verzicht auf Orientierung dar. Dies bringt ein Zitat von Boulding treffend zum Ausdruck: „we do stagger through history like a drunk putting one disjointed incremantal foot after another“[56]. Letztlich liegt hier die problematische Empfehlung, zumindest aber Konsequenz zugrunde, grundsätzlich das gegenwärtig Praktizierte zur Norm für die Zukunft zu erheben[57]. Dies ist – um an die Vorbemerkung zu diesem Kapitel wieder anzuschließen – ein ersichtlich unvernünftiges (irrationales) Prinzip, weil das Gegenwärtige nicht immer auch schon das Vernünftige sein kann[58]; jedenfalls bedarf die Affirmation des Faktischen immer erst einer Prüfung. Eine solche Prüfung kann wiederum eines dem Bestehenden vorgeordneten Rationalmaßstabes nicht entraten. Es läßt sich also nicht begründen, weshalb Planung darauf angewiesen sein soll, wie Popper und Lindblom unterstellen, immer nur auf sichtbar werdende Probleme mit kleinen Reparaturmaßnahmen zu reagieren[59]. Es gibt auch zu viele praktische Gegenbeispiele, als daß dieser Basissatz des Inkrementalismus aus dem Stande der bloßen Behauptung in ein zumindest empirisch-triftiges Argument überführt werden könnte.

(4) Der von Lindblom erhobene Einwand, die synoptische Analyse verursache zu hohe Kosten (in Relation zu ihrem mageren Ertrag), ist ebenfalls nicht stichhaltig genug, um das Blatt zugunsten des Inkrementalprinzips zu

Zu den Bedingungen innovationsfähiger Organisationen vgl. March (Technology), Hedberg (Organizations), Kirsch, Esser & Gabele (Reorganisation), S. 172ff., siehe auch unsere Diskussion unten S. 260ff.

[55] Vgl. dazu auch Mellerowicz (Unternehmenspolitik), S. 251; dies wirft zugleich noch einmal ein Licht auf den Einwand der mangelnden Informationsbasis von Staudt (Planung), S. 37ff. Auch wenn die gewünschten Informationen nicht verfügbar oder zu unsicher sind, muß sich die Großunternehmung Orientierung schaffen, zumal sie ja auch über aktiv gestaltende Kräfte verfügt.

[56] Boulding (Book Review), S. 931.

[57] Vgl. die kritischen Anmerkungen von Ozbekhan (Theory, S. 45 passim) zu einer solchen konservativen Planungshaltung.

[58] Heydebrand (Administration) merkt hierzu treffend an: „many contemporary problems have become issues precisely because traditional methods of solving them have become ineffective or inapplicable“.

[59] Vgl. Klages (Planungspolitik), S. 55; Braybrooke & Lindblom (Strategy, S. 106ff.) versuchen diesen Konservatismus-Vorwurf zu relativieren, indem sie auf die Existenz einer völlig konträren Auffassung verweisen, die im Inkrementalismus den *schleichenden* Totalwandel zu erkennen glaubt. Dies ist allerdings wenig überzeugend. Das Problem liegt ja in der Logik des Entwurfs und nicht in irgendwelchen gegriffenen Meinungen.

wenden. Dieses Argument verwechselt tendenziell zwei Ebenen: kurzfristige und langfristige Kosten/Nutzen-Relation. Weil der inkrementale Planer nur die kurzfristige Lösung von Problemen im Auge hat – und auch nur diese für sinnvoll hält –, gerät ihm der *langfristige* Nutzen einer synoptisch-strategischen Analyse und der hierfür anfallenden Kosten aus dem Blickfeld, zumindest aber ist durch diese Voreingenommenheit von vorneherein eine Perspektivverzerrung der Nutzenerwartung zugunsten der kurzfristigen Intervention vorhanden[60].

(5) Die Fassung des Gütekriteriums (was ist eine gute Strategie?) bringt ein weiteres Grundproblem zum Ausdruck, das der Inkrementalismus – speziell in der späteren Form des „partisan mutual adjustment" – mit dem Kampfspiel-Paradigma und der „organisierten Anarchie" teilt; nämlich die Frage, inwieweit überhaupt nach *gemeinsamen* Orientierungen gesucht werden soll und kann. Die genannten Ansätze gehen alle davon aus, daß die Planungsbeteiligten als „partisan" handeln, d.h. – wie oben bei den Paradigmen mit den je unterschiedlichen Akzenten dargelegt – sie treten in den Entscheidungsprozeß ein, um *ihre* Problemdefinition und *ihre* Interessen zu vertreten, ohne damit die Erwartung zu verknüpfen, daß eine gemeinsame Problemdefinition und/oder gemeinsame Bewertungsmaßstäbe, geschweige denn gemeinsame Ziele, gefunden werden können. Problemdefinition, Umweltinterpretationen, Zielzustände werden als *prinzipiell nicht konsensfähig* (wohl aber kompromißfähig) betrachtet. Es gibt so viele Standpunkte der Perzeption und Bewertung, wie es eben Partizipanten und Gruppierungen („Kontextgemeinschaften") gibt. Eine solche *relativistische* Position[61] führt aber letztlich in die *Willkürlichkeit*; was in diesen Entscheidungsprozessen zur Geltung gelangt, hängt – wie gezeigt – nicht von verständigungsorientiertem Handeln, sondern von Zufälligkeiten, von den gewählten Kampfstrategien der Teilnehmer, von Macht usw. ab. Wenn aber zwischen der *faktischen* Durchsetzungsfähigkeit und der Gültigkeit von Argumenten nicht mehr unterschieden werden *kann* und *soll*, wenn das Gütekriterium für eine Entscheidung nur noch die Tatsache ist, daß über sie ein Beschluß herbeigeführt werden konnte, dann ist auch die eigentliche Idee von Planung, die *Rationalisierung* der Handlungen, preisgegeben. Die Verbesserung des status quo setzt immer Kritik und damit ein *objektives* Beurteilungskriterium voraus, das es dann auch ermöglicht, die ergriffenen Maßnahmen auf ihre (objektive) Rationalität hin zu befragen[62]. Anders ist Fortschritt und gesteuerte

[60] Vgl. Heydebrand (Administration), S. 165.

[61] Vgl. allgemein zur Problematik relativistischer Positionen Mittelstraß (Dingler-Komplex), S. 86ff., Habermas (Theorie I), S. 25ff.

[62] Smit & Rade (Planning, S. 100) stellen treffend fest: „The conventional incremental policy-maker ... confuses expressed interests with concretely experienced problems". Etzioni (Society, S. 272) zeigt die problematischen Konsequenzen dieser dem Inkrementalismus zugrundeliegenden Handlungsorientierung für die Planung der öffentlichen Poli-

Entwicklung, sei es auf Unternehmens- oder gesellschaftlicher Ebene nicht denkbar. Auch verschwimmt mit dem Relativismus die Ordnungsfrage auf Makro- und Mikroebene ins Ungewisse. Es hatte sich schon bei Cyert und March gezeigt, welche Schwierigkeit es bereitet, aus einer solchen Position heraus überhaupt noch zu Unternehmenszielen vorzustoßen, die nicht nur für *eine* Firma zu *einem* bestimmten Zeitpunkt gelten sollen. Dasselbe Problem stellt sich für die anderen beiden Paradigmen. So kann z.B. auch die Virulenz von Marktzwängen nicht mehr erklärt werden, wenn die Vorstellung einer objektiven „Umwelt" aufgegeben und die Umweltbedingungen vollständig als Perzeptionsprodukt des jeweiligen Entscheidungsträgers und Informationsverarbeiters begriffen werden[63], dann können auch keine ordnungsstiftenden Marktzwänge mehr gedacht werden. Die „Umwelt" wird zum individuellen oder gruppenspezifischen Problem[64].

So sehr sich die synoptische Planungsrationalität von dem Relativismus-Gedanken des Inkrementalismus unterscheidet (objektiver Rationalitätsbegriff), so stimmt sie mit ihm doch an einem gewichtigen Punkt überein, nämlich der atomistischen Prämisse. Rationalität wird im Sinne *individueller Handlungsrationalität* und nicht kollektiver Rationalität begriffen[65]. Auf dieses wichtige Problem werden wir in Abschnitt 5.5 zurückkommen.

Zusammenfassend läßt sich feststellen, daß das Inkremental-Prinzip keine Alternative zum synoptischen Modell strategischer Planung bilden kann. Grundhaltungen, die als Problem erkannt und gerade durch die Idee der strategischen Planung überwunden werden sollten, werden hier nicht nur festgeschrieben, sondern zu einer „wissenschaftlichen Methode" überhöht. Das inkrementale Programm erklärt bei Licht besehen das eigentliche Problem der strategischen Planung, die produktive zukunftsgerichtete Unternehmenssteuerung, zum Irrweg. Zwar werden gegen die synoptische Planungsrationalität triftige Gründe geltend gemacht, diese lassen sich jedoch nicht zugleich als ausreichende Argumente für den Inkrementalismus verwenden. Es zeigte sich, daß auf einen Begriff und den Anspruch rationaler

tik auf. Mißstände wie Unterprivilegierung, Rassendiskriminierung usw. können von anderen nicht aufgedeckt werden, weil es an objektiven Maßstäben fehlt; diesen Gruppen selbst fehlt es aber an Macht, um ihre Probleme in die Entscheidungsprozesse hineinzutragen. Die ungleichen Voraussetzungen können nicht mitberücksichtigt werden. Vgl. hierzu auch Klages (Planungspolitik), S. 32ff.

[63] Vgl. oben S. 158 dieser Arbeit.

[64] Es muß jedoch klargestellt werden, daß nicht alle Konzepte, die bei den theoretischen Grundlagen der strategie-analytischen Paradigmen referiert wurden, als relativistisch einzustufen sind. Viele sind auch, wie im übernächsten Abschnitt noch gezeigt wird, unter ein objektives Rationalitätstheorem subsumierbar.

[65] Vgl. Etzioni (Society), S. 272, zur Atomismus-Prämisse der synoptischen Planungslogik vgl. Fester (Vorstudien), S. 50, Churchman (Prediction), S. 90, Rühli (Unternehmungsführung), S. 204.

Planung – wie er auch immer gefaßt sein mag – im Prinzip nicht verzichtet werden kann.

Noch eines sollte diese kurze Debatte gezeigt haben. Ein experimenteller *Wettbewerb* zwischen den beiden Planungskonzepten in dem Sinne, daß der „Empirie" die Entscheidung darüber übertragen wird, welchem der beiden Konzepte der Vorzug gegeben werden soll (welcher Ansatz vermag die erfolgreicheren Strategien zu produzieren?)[66], kann aus systematischen Gründen keine Antwort auf seine Fragestellung finden. Dies aus mehreren Gründen: (1) Wie gezeigt steht die Idee der strategischen Planung in einem strukturellen *Widerspruch* zu dem inkrementalen Programm; eine strategische Planung im Sinne einer weit vorausschauenden Bestimmung globaler Mittel und Maßnahmen zur Erreichung vorgelagerter Unternehmensziele läuft diametral dem Anliegen der Stückwerktechnologie zuwider. Wie soll da ein Vergleich gezogen werden? (2) Die Begründung für den Inkrementalismus speist sich primär aus der empirisch beobachteten *Unmöglichkeit* der synoptischen Planung. Solange diese Unmöglichkeit nicht zurückgewiesen ist, kann ja zunächst einmal ein empirischer Wettbewerb keinen Sinn geben[67]. (3) Ein solcher Vergleich impliziert zwingend ein *objektives* Erfolgskriterium[68], es muß ja entschieden werden, welches Programm die besseren Strategien hervorzubringen vermochte. Ein Grundmerkmal des Inkrementalismus war nun aber, daß das Kriterium für eine gute Strategie im Prozeß selbst, d.h. in der Einigung auf eine Strategie zu suchen ist. Das sollte ja gerade ein besonderer Vorteil sein, daß hier eine Einigung über die Mittel erzielt werden kann, ohne daß eine Einigung über die Ziele oder ein Testkriterium vorausgesetzt werden muß (was aufgrund des „partisan"-Charakters der Teilnehmer ja ohnehin als unwahrscheinlich gilt[69]).

[66] Vgl. zu einer solchen Verfahrensweise Wheelwright (Analysis) und das Replikationsexperiment von Picot & Lange (Gestaltung).

[67] Ein weiterer – hier nicht so wichtiger – Punkt ist natürlich der, daß sich inkrementale Planung im wesentlichen auf lange praktizierte Verfahrensregeln und vertraute Problemlösungen stützt und nicht auf die Anwendung theoretischen Wissens. Es ist schwer vorstellbar, wie dies von Studenten der Betriebswirtschaftslehre in einem Experiment (so bei Wheelwright als auch bei Picot & Lange) simuliert werden kann.

[68] (In-)Konsequenterweise geben Picot & Lange (Gestaltung, S. 582) auch ein solches an: ROI und Eigenkapitalrendite.

[69] Lindblom (Muddling Through) schreibt dazu wörtlich: „Agreement on policy thus becomes the only practicable test of the policy's correctness. And for one administrator to seek to win the other over to agreement on ends as well would accomplish nothing and create quite unnecessary controversy" (S. 50).

5.3 Kontingenztheoretische Perspektive

In jüngerer Zeit sind des öfteren Vorschläge zu finden, die das Spannungsverhältnis von inkrementalem und synoptischem Ansatz nicht durch eine Pro/Contra-Entscheidung, sondern im Sinne eines kontingenztheoretischen Wahlmodells – wie aus der Organisationstheorie bekannt – auflösen wollen[70]. Mit anderen Worten, es werden differente Situationstypen spezifiziert, die entsprechend unterschiedliche Planungsansätze erfordern. Es gilt also, kein „one best model" mehr zu wählen, sondern alles bestimmt die Situation, in der sich die Unternehmung befindet: In der einen Situationskonstellation ist der inkrementale Ansatz, in der anderen dagegen der synoptische gebotener Planungsmodus, um Erfolg zu erzielen. Man spricht dann auch davon, daß Situation und Planungstypus einen *Fit* bilden sollen. Anderson und Paine – um ein repräsentatives Beispiel herauszugreifen – spezifizieren auf der Basis zweier Dimensionen, „perzipierte Umweltunsicherheit" und „perzipierte Notwendigkeit strategischen Wandels"[71], vier Situationstypen und weisen Modi der Strategieplanung (synoptisch, inkremental, unternehmerisch)[72] in der folgenden Weise zu:

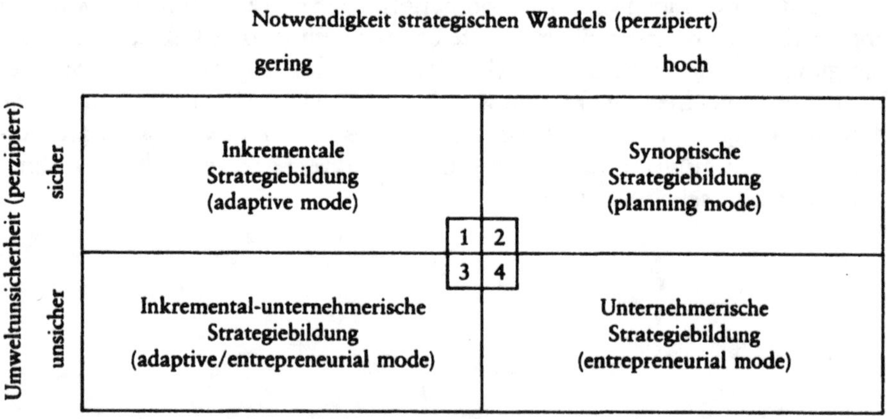

Abb. 28 Kontingenztheoretisches Modell der Planansatzwahl
Quelle: Anderson & Paine (Perceptions), S. 817, Paine & Anderson (Contingencies), S. 156

[70] Vgl. z.B. Anderson & Paine (Perceptions), Mascarenhas (Planning), Mintzberg (Modes), Olsen (Choice), S. 85.

[71] Wörtlich heißt es: „perceived need to alter strategic properties", Anderson & Paine (Perceptions), S. 815.

[72] Diese sind von Mintzberg (Modes) übernommen, „unternehmerisch" bezeichnet eine aktiv-risikofreudige, unsystematische Strategiebildung, wie sie insbesondere bei Firmenneugründungen zu beobachten sein soll.

Das gesamte Modell soll nicht im einzelnen diskutiert werden[73]. Wir interessieren uns hier nur für die Art der Problemlösung und – inhaltlich – für welche Umweltzustände inkrementale bzw. synoptische Planung als angemessen empfohlen werden. Gerade zu letzterem gehen die Meinungen weit auseinander. Während Anderson und Paine – ähnlich wie Dror[74] – eine inkrementale Vorgehensweise bei sicherer Umwelt und nur geringen strategischen Problemen empfehlen, erscheint Milling diese Vorgehensweise gerade umgekehrt für Situationen extremer Unsicherheit („turbulenter Felder") angemessen, für Situationen, „in denen mangelnde Informationen vorliegen, um Veränderungen des Systemverhaltens antizipieren und analysieren zu können"[75]. Gerade die Bewältigung solcher Situationen war aber z. B. von Wild[76] und Albach[77] als Hauptaufgabe synoptisch-strategischer Planung angegeben worden (was nun wiederum im Unterschied zu Paine und Anderson steht).

Diese Unsicherheit der Zuordnung ist symptomatischer Ausdruck eines grundlegenden *Mangels* solcher „Fit"-Modelle, der sie für eine Theorie strategischer Unternehmensführung unseres Erachtens denkbar ungeeignet macht, dies ist ihr *statischer* Charakter. Strategische Entscheidungen wollen immer intern und/oder extern etwas *bewegen*, Veränderungen in die Wege leiten bzw. frühzeitige Vorsorge für Veränderungen treffen. Eine bloße Anpassung an den status quo ohne systematische Umweltbetrachtung (Zelle 1, in Abb. 28) kann existenzgefährdend sein, frühe Signale einer Umweltveränderung werden gar nicht wahrgenommen, jedenfalls wird nicht systematisch danach gesucht. Die Unternehmung in diesem Anpassungsverhalten auch noch zu verstärken, wie die „Fit"-Modelle es in der einen oder anderen Form tun, ist ersichtlich wenig zweckmäßig.

Schon damit zeigt sich, daß der Frage nach der geeigneten Planungs*rationalität* nicht durch den Verweis auf Situationserfordernisse sinnvoll begegnet werden kann[78].

[73] Ein besonders kritischer Punkt ist natürlich das ausschließliche Abstellen auf Perzeptionsvariable; daß dies für den zu erklärenden Zusammenhang unangemessen ist, läßt sich unmittelbar aus unserem Kapitel 1 ableiten. Zur internen Kritik des etwas anders gearteten und auch nur grob skizzierten Vorschlages von Olsen (Choice, S. 85) vgl. unsere Kritik oben S. 206 dieser Arbeit.

[74] Vgl. (Muddling Through), S. 154.

[75] Milling (Grundlagen), S. 69. Es fragt sich hier natürlich, wie dann die großen Innovationssprünge, die gewöhnlich als typisches Anforderungsmerkmal turbulenter Umwelten gelten, bewältigt werden sollen.

[76] Vgl. (Grundlagen), S. 20f.

[77] Vgl. (Unternehmensplanung), S. 702ff.

[78] Das setzt nicht das Argument von Kapitel 1 außer Kraft, daß strategische Planung nur dort sinnvoll entfaltet werden kann, wo ein entsprechender Gestaltungsspielraum besteht. Dort ging es um die Bedingung der Möglichkeit, hier geht es um das „wie"!

Ferner gilt es zu sehen, daß sich die oben aufgezeigten Probleme der Planungsansätze durch die Zuordnung zu einem Situationstypus nicht erledigen. Sie waren ja *inhärenter* Natur und nur sehr bedingt situationsrelativ.

Man kann natürlich bestimmte Situationen *konstruieren*, die dann die aufgezeigten Probleme in den Hintergrund treten lassen. Die Stimmigkeit von Situation und Planungsansatz ist dann aber keine Frage der Empirie mehr, sondern sie ist eine analytische Wahrheit. Dies zeigt sich in aller Deutlichkeit bei der Vorgehensweise von Dror[79]. Er spezifiziert die Bedingungen, unter denen das Inkrementalprinzip Anwendung finden kann wie folgt: (1) die Ergebnisse mit der bisher verfolgten Strategie sind positiv; (2) die Natur der zu lösenden Probleme ändert sich nicht; (3) die verfügbaren Mittel bleiben im großen und ganzen die gleichen. Daß hier inkremental vorgegangen werden kann, ist nach Voraussetzung wahr, denn die Anlässe für eine andere Vorgehensweise sind hinwegdefiniert. Nachdem aber niemand wissen kann, wie sich die Zukunft – zumal die fernere – entwickelt, ist auch eine solche Situation bloß fiktiv[80].

Im Prinzip derselbe Vorbehalt gilt für die strukturverwandten Versuche, den Planungstypus über einen *„Fit"* mit der *Unternehmenskultur* bzw. „Strategischen Grundhaltung" zu bestimmen, wie es z.B. Schwartz und Davis[81], Kirsch und Trux[82] oder Miller und Friesen[83] vorschlagen. Obleich die Bedeutung der Unternehmenskultur für die *Erklärung* historischer Strategien ohne Zweifel einen bisweilen sehr bedeutsamen Faktor darstellt, kann wiederum die „Kultur" keine Variable sein, die den Planungstypus determiniert. Dies verbietet die Logik strategischer Planung, die ja gerade darauf abstellt, solche Traditionsbarrieren zu überwinden. Ist es doch gerade Aufgabe der strategischen Planung, um ein Beispiel herauszugreifen, den „Verteidiger"[84], der sich nur in seiner angestammten Domäne bewegt, auf die Risiken bzw. die Option der Risikostreuung hinzuweisen oder ihm kommende Innovationsnotwendigkeiten vor Augen zu halten. Es geht ja gerade darum, den „Verteidiger" in seiner Verteidigungshaltung zu verun-

[79] Vgl. (Muddling Through), S. 154.

[80] Diese Situationsspezifikation von Dror ist allerdings nicht ganz ohne List entworfen, er will damit – wenn wir es recht sehen – eigentlich zeigen, daß es kaum eine Situation gibt, in der der inkrementale Ansatz anwendbar wäre.

[81] Vgl. (Matching); die Autoren gestehen allerdings – wie die anderen genannten auch – für den Extremfall zu, daß die Kultur geändert und an die Strategie angepaßt wird (S. 43).

[82] Vgl. (Perspektiven), S. 200ff.; die strategische Kultur wird dort differenziert im Anschluß an die Typen von Miles & Snow (Strategy): Verteidiger, Prospektoren (Pioniere), Analysten, Reagierer.

[83] Vgl. (Archetypes), Miller (Gestaltung).

[84] Die strategische Grundhaltung des Verteidigers wird in der Taxonomie von Miles & Snow (Strategy) wie folgt gekennzeichnet: Stabiles Produkt/Markt-Konzept, innovationsabgeneigt, konkurriert hauptsächlich auf der Basis von Preis, Qualität, Service und Lieferbereitschaft.

sichern, ihn zu bewegen, seine bisherige Haltung zu reflektieren und sie nicht unreflektiert zu bekräftigen, indem man sie als unverrückbare Prämisse behandelt. Daß Kultur-Barrieren und Grundhaltungen existent sind, soll nicht bezweifelt werden, wohl aber ihre Eignung für eine normative Wendung derart, daß sie als Determinante die Strategieformulierung bestimmen soll.

Die *Fit-Idee* geht ferner von einem *präfixierten* Entsprechungsverhältnis aus (das folgt zwingend aus der Logik der Fit-Idee). Die Begründung für eine solche Prä-Fixierung ist indessen schwer zu geben. Entweder wird bei einem kybernetisch inspirierten Determinismus von Entsprechungsstrukturen Anleihe genommen – dies ist schon wegen der Strukturvarianz sozialer Systeme unhaltbar[85], oder aber man verweist auf den (Miß-)Erfolg eines „(Mis-) Fits". Letzteres ist allerdings nur auf Kosten eines Zirkelschlusses möglich. Fragt man nämlich, warum eine spezifische Konstellation einen „Fit" bildet, so wird man auf den Erfolg verwiesen, fragt man nach den Gründen des Erfolgs, so wird man auf den „Fit" verwiesen[86]. Das aber kann kein Beweis für eine Prä-Fixierung oder Entsprechungsnotwendigkeit sein.

Beide Argumente übersehen die vielfältigen Gestaltungsmöglichkeiten sozialer Systeme; insbesondere aber tragen sie der gerade für eine betriebswirtschaftliche Betrachtung so bedeutsamen Möglichkeit funktionaler Äquivalente nicht Rechnung[87].

Darauf weist auch Kirsch hin[88]. Er schlägt allerdings dann – ähnlich wie Donaldson[89] –, um das Fit-Konzept dennoch halten zu können, eine „Korridor"-Lösung vor, d.h. ein Fit kann begrenzt unterschiedliche Formen annehmen, die Fit-Konstellation ist nicht streng fixiert. Solange aber nicht genau angegeben wird, welche Konstellationen *in* den „Korridor" fallen (Fit) und welche *außerhalb* (Misfit) und welche *Gründe* dafür maßgeblich sind[90], solange bleibt dieser Vorschlag für eine Gestaltungslehre strategischer Unternehmensführung wenig instruktiv.

Insgesamt gesehen führt uns die bisherige Diskussion in ein Dilemma. Obwohl für den präskriptiv-synoptischen Ansatz ganz zweifellos eine Reihe von

[85] Vgl. genauer unten S. 244 dieser Arbeit.

[86] Vgl. hierzu im Hinblick auf die Kontingenztheorie der Organisation Schreyögg (Comments), S. 7.

[87] Vgl. Luhmann (Methode), S. 36ff., sowie unsere Ausführungen unten S. 249, 277ff.

[88] Vgl. Kirsch (Handhabung), S. 169.

[89] Vgl. (Comments), S. 68.

[90] Diese würden letztlich – so ist zu vermuten – wieder auf das „Prä-Fixierungs-Konzept" hinauslaufen oder auf eine Ex post-Begründung vom Effekt her in dem Sinne, daß alle erfolgreichen Konstellationen innerhalb des Korridors, alle erfolglosen außerhalb lagen. Hier kommt auch die Problematik der Verwendung evolutionärer Konzepte für eine „Planungstheorie" zum Ausdruck, vgl. z.B. Malik (Managementlehre). Evolutionstheorie kann und will nur rückwärts gewandt erklären, aufgrund der mannigfaltigen Anpassungsformen der Natur ist ihr ein Blick in die Zukunft nicht möglich.

Argumenten geltend gemacht werden können, darf über die in den deskriptiven Studien aufgeworfenen Probleme nicht einfach hinweg gesehen werden. Auf der anderen Seite bietet das aus deskriptiven Ansätzen heraus entwickelte Konzept des Inkrementalismus keine akzeptable Alternative, schon gar nicht, wenn es um strategische Planung geht. Es beschneidet nicht nur voreilig und künstlich die Handlungsalternativen, sondern es legt auch in unbegründbarer und, im Hinblick auf Unternehmensstrategien, gefährlicher Weise auf die Strukturen der Gegenwart und den Planer auf bloßes Reagieren fest. Daran vermag auch eine situative Spezifizierung des Einsatzes im Rahmen einer Kontingenzlösung nichts zu verändern. Damit aber ist kein befriedigender Diskussionsstand erreicht, die konstatierte Unsicherheit in der Orientierung würde damit bestätigt, ohne eine Perspektive anbieten zu können. Es gilt indessen zu sehen (und zu wiederholen), daß neben den bisher diskutierten Alternativen gerade in jüngerer Zeit eine ganz andere Idee favorisiert wird, nämlich präskriptive und deskriptive Elemente zu integrieren, um auf diese Weise eine Art aufgeklärte Planungslehre zu entwickeln. Diesen Ansätzen gilt der nächste Abschnitt.

5.4 Integrative Perspektiven

5.4.1 Implementation als Problem

In der oben geführten Diskussion hatten wir gesehen, daß der inkrementale Planer großen Wert auf die *Durchsetzbarkeit* von Entscheidungen legt, ja daß dies dort zum eigentlichen Gütestandard einer Handlungsalternative wird. Diese Position ist gebildet aus einer Reaktion heraus auf die notorischen Schwierigkeiten, die synoptische Planungssysteme (und allgemeiner: Modelle der „rationalen Wahl") mit der Implementation ihrer gefundenen Lösungen haben[91]. Die *Trennung* von Strategieformulierung und -implementation dergestalt, daß eine gefundene Lösung nach Fertigstellung in die Tat umzusetzen ist, zählt, trotz heute üblicher Hinweise auf die allumfassende Interdependenz der Prozeßphasen, zum *Kernsatz* der synoptisch-strategischen Planungslehre.

Implementationsprobleme ergeben sich in *zweifacher* Hinsicht: zum einen ist es die Einführung des Planungssystems und seine Aufrechterhaltung und zum anderen sind es die Pläne und Programme selbst, deren Durchsetzung zum

[91] Vgl. oben S. 144f., Archibald (Ansichten), S. 193.

Problem wird[92]. Die Implementation ist bald zum neuralgischen Punkt von Langfristplanern geworden; oder wie es ein Manager drastisch ausdrückte: „No plan survives contact with reality"[93]. In vielen Fällen wird der Fehlschlag der mangelnden Beachtung bzw. der Fehleinschätzung des Humanfaktors („the human side of planning") zugeschrieben[94]. Probleme, die in diesem Zusammenhang immer wieder genannt werden, sind: Widerstand gegen Planung[95], Desinteresse am Planungsprozeß, Unterlaufen der Planvorschriften, Verfälschung des Planwillens, Abkoppelung der Planung vom eigentlichen Entscheidungsgeschehen usw.; letztlich alle die Phänomene, die oben in Theorien und praktischen Beispielen zur deskriptiven Strategieforschung aufgezeigt wurden.

Die Implementation wird heute zunehmend als *eigenständiges Problem* definiert[96] (genauer: nicht mehr nur als abgeleitetes Problem der Plandekomposition und der bürokratischen Willensdurchsetzung). Die Grundidee, das Problem zu lösen, ist nun zunächst die gewesen, die Phasen des strategischen Planungsprozesses unterschiedlich zu gestalten: Im Gegensatz zur rational-synoptischen Strategieformulierung will man die Strategieimplementation gezielt sozialen Gegebenheiten anpassen und der politischen Dynamik öffnen. Es soll – mit anderen Worten – versucht werden, die Erkenntnisse der deskriptiven Strategieforschung und allgemeiner der Verhaltenswissenschaften *sozialtechnologisch* umzusetzen, um den Implementationsvorgang erfolgreicher zu gestalten und zu unterstützen. Ziel ist es also, eine verhaltenswissenschaftlich gestützte Technologie der Umsetzung strategischer Programme und ferner auch der Einführung strategischer Planungssysteme zu entwickeln[97]. Die hierzu entwickelten Vorschläge reichen von der Schaffung eines breiteren Verständnisses für die Notwendigkeit strategischer Planung („Planungskultur")[98], über den verstärkten Einbezug und ein offensicht-

[92] Vgl. aus der reichhaltigen Literatur Ewing (Planning), S. 25 ff., Steiner (Pitfalls), Taylor (Aspects), Madden (Planning), Ansoff (Entwicklungsstand), S. 77 f., Lyles & Lenz (Managing), Götzen & Kirsch (Problemfelder), S. 187 ff., Zahn (Planung), S. 272 ff. Einen Überblick über die ähnlich gelagerte Problematik der Operations-Research-Implementierung geben Hildebrandt (Implementation), Börsig (Implementierung).

[93] Zitat aus Taylor (Dimensions), S. 104.

[94] Bereits 1957 schrieb Wrapp (Organization): „I would venture the hypothesis that the most serious obstacle to long-range planning is not so much the drain on management time, the actual problems of doing good planning, or the danger of revealing company strategy, as it is the subtle, but occasionally open opposition of some executives" (S. 39).

[95] Vgl. hierzu die empirische Studie von Suffel (Widerstand).

[96] Vgl. hierzu auch die Darstellung der Entwicklung der Implementationsproblematik bei Ansoff, Declerck & Hayes (Planning), S. 39 ff.

[97] Vgl. hierzu analog die Ansätze zur Verbesserung der Implementation von Operations Research-Lösungen in der betrieblichen Praxis, im Überblick: Schmidt (Operations Research), S. 238 f.

[98] Vgl. z.B. Cleland & King (Developing), S. 73 f.

licheres Bekenntnis zur strategischen Planung von seiten des Top-Managements[99] bis hin zu allgemeineren Vorschlägen, den Widerstand gegen Änderungen zu überwinden (z.B. verstärkte Kontakte zwischen Planern und Linienmanagern)[100].

Die Logik dieser Vorgehensweise ist klar. Der synoptische Kern der Planung soll *erhalten* bleiben, die Implementation davon unabhängig als Gegenstand eines eigenständigen Prozeßmanagements (mit eigener Logik) verbessert werden. Es ist offensichtlich, daß ein solcher Problemlösungsansatz zu kurz greift, weil die Gründe für das „Implementationsproblem" nicht einfach nur in irrationalen Widerständen zu suchen sind[101], sondern, wie bei den Strategieanalysen gezeigt, gewöhnlich eine viel *tiefere Wurzel* haben (z.B. Arbeitsteilung, Perzeptionsmuster, Rivalitäten). Die Verpflichtung auf eine Entscheidung beginnt mit der Definition des Problems und kann nur schwer nach getroffener Entscheidung hergestellt werden[102]. So ist es nicht weiter verwunderlich, daß im Zuge eines solchen Integrationsversuchs von einigen Theoretikern bald ein Schritt weiter getan und die *Strategie- und Zielformulierung* in die Überlegungen mit einbezogen wurde. In einer Art Meta-Planung[103] werden Maßnahmen entwickelt, die den *gesamten* Planungsprozeß besser an die sozialen Gegebenheiten und die Organisationsprozesse anpassen sollen: „Managing the planning process"[104]. Noch weitergehender ist die Forderung von Zahn: „Spätestens ... in der Durchsetzungsphase wird damit deutlich, daß die strategische Planung nicht als eine technokratische Planung konzipiert sein darf, die auf einer nur Maschinen adäquaten Rationalität basiert und deshalb notwendig an den Bedürfnissen der Menschen im

99 Vgl. die Diskussion bei Ansoff, Declerck & Hayes (Planning), S. 140f., Cohen & Cyert (Strategy, S. 363) sprechen von einer „enthusiastischen Kooperation", die es für die Planimplementation zu gewinnen gilt. Vgl. auch die jüngst vorgetragenen Vorschläge von Naylor (Planning). Das mangelnde Engagement des Top-Managements war ja auch einer der immer wieder genannten Hauptgründe für Mißerfolg in der „Fehlerforschung". Vgl. oben S. 145 dieser Arbeit.

100 Vgl. Ewing (Planning), S. 160, Taylor (Aspects), S. 67f., Mumford & Pettigrew (Implementing), sowie als Grundlage der klassische Aufsatz von Lawrence (Resistance).

101 Gross, Giacquinta & Bernstein (Implementing) weisen außerdem kritisch darauf hin, daß die „Widerstand gegen Änderungen"-Argumentation in der Regel ignoriert, daß „widerstrebende" Organisationsmitglieder häufig reale Schwierigkeiten bei der Umsetzung haben und frustriert werden, weil sich trotz ihrer Bemühungen das gewünschte Ziel nicht erreichen läßt.

102 Zu weiteren Aspekten vgl. Lyles & Lenz (Managing), S. 114f., und Narayanan & Fahey (Micro-Politics), S. 32. Mintzberg (Policy, S. 91) kritisiert das kontinuierliche Beklagen des Implementationsproblems, ohne die Strategieformulierung selbst zu problematisieren.

103 Den Ausdruck in diesem Sinne verwendet Emshoff (Planning).

104 Lyles & Lenz (Managing), S. 105; vgl. hierzu auch den jüngst von Nadler (Planning) vorgelegten „Planning and Design Approach (PDA)", der, auf konkrete Schritte heruntergebrochen, Vorschläge für die Verwirklichung eines solchen Integrationskonzeptes unterbreitet.

planenden System vorbeigeht. Die strategische Planung muß vielmehr als eine konsensuelle Planung aufgefaßt werden, die der politischen Dimension in Organisationen Rechnung trägt, die mit anderen Worten den handelnden Menschen, seine Attitüden, Werte, Wünsche, Urteile und Reaktionen in die Überlegungen bei der Formulierung strategischer Programme zur Zukunftsgestaltung mit einbezieht[105].

Konkretisierte Vorschläge zur gezielten Integration sozialer und politischer Aspekte liegen in sehr unterschiedlicher Form vor. Ewing etwa entwickelt Handlungsregeln und Tricks für den strategischen Planer („politics for planners")[106], die ihm zeigen, wie er die Klippen der politisch-sozialen Prozesse erkennen und umschiffen kann (z.B. „Allocate most of the time you spend in discussion and contact work to the power centers of the organization", oder: „Compromise on the less important matters when something can be gained thereby").

Weitergehende Vorschläge entwickelt MacMillan[107]. Danach soll z.B. der strategische Entscheidungsträger frühzeitig antizipieren, welche *Koalitionen* sich gegen eine Strategiealternative formieren und wieviel Macht diese für sich mobilisieren könnten, um zu entscheiden, ob die Alternative in der konzipierten Form durchsetzbar ist, den internen politischen Gegebenheiten angepaßt oder als nicht-implementierbar fallengelassen werden muß[108].

Ähnlich auch Mauthe und Roventa[109], wenn sie fordern, daß der essentiell *politische Charakter* der „Strategischen Analyse" (Portfolio-Analyse) erkannt werden und es ihr als wesentliche Aufgabe gelingen muß, Arenen und Argumente für politische Aushandlungsprozesse zu schaffen[110].

Ein häufiger zu hörender Vorschlag fordert eine umfassende *Partizipation* aller betroffenen Organisationsmitglieder oder zumindest des gesamten Kaders am strategischen Planungsprozeß, um so die Planungsmotivation zu steigern, Identifikation mit der gemeinsam erarbeiteten Problemlösung zu

105 Zahn (Planung), S. 279; es sei jedoch angemerkt, daß diese Überlegungen in der dort entwickelten Konzeption des Planungsprozesses peripher bleiben.

106 Ewing (Planning), S. 156ff.

107 Vgl. (Strategy), vgl. ähnlich früher schon Wrapp (Managers), S. 97.

108 Vgl. MacMillan (Strategy), S. 111f.

109 Vgl. (Versionen), S. 202f.

110 Die Autoren (ebenda, S. 203) heben im Anschluß darauf ab, daß „politische" Aktionen (z.B. Anforderungen abzuwehren, die auf ein „Sägen am eigenen Ast" hinauslaufen würden) im Grunde etwas sehr Rationales seien und stellen die Frage, ob deshalb eine synoptisch-strategische Analyse (die das nicht anerkennt) überhaupt rational sein kann. Hier wird ersichtlich mit unterschiedlichen Rationalitätsebenen „jongliert", nämlich der des Spielers und der des Systems, so daß sich die Frage so gar nicht stellt. Unabhängig davon aber ist die Portfolio-Analyse ja wohl doch ein Instrument synoptischer Planung, wie immer man es auch dreht und wendet, und man kann ihren inhärenten Problemen nicht dadurch enteilen, daß man sie affirmativ zum gut geeigneten Kanal und zur Arena politischer Kampfspiele umdeutet.

erreichen, potentielle Widerstände schon frühzeitig abzubauen und Raum für die Interesseneinbringung und -abklärung in allen Phasen der Strategieformulierung zu geben[111]. Diese Empfehlungen schließen häufig an partizipative Konzepte und Verfahrensweisen der „Organisationsentwicklung" an[112].

Bei diesen umfassenderen Integrations-Vorschlägen stellt sich nun allerdings sofort die Frage nach der *Planungsrationalität.* Kann es bei dem Einbezug von unterschiedlichsten Werten, Interessen, Gruppenrivalitäten und politischen Intentionen in den Prozeß selbst noch eine rationale Strategieformulierung im Sinne synoptischen Denkens geben[113]? Werden nicht durch politisch geprägte Perzeptionen, gruppendynamische Prozesse, Kompromißlösungen, Kampfspiele usw. *verzerrende*, nicht assimilierbare Elemente in das Modell strategischer Planung eingepflanzt und sollte nicht die strategische Planung auch ein Versuch sein, die betriebliche Entscheidungsfindung aus diesen Alltagskämpfen und Verquickungen herauszuführen und den Horizont für eine rationalere Unternehmenssteuerung zu öffnen? Drastisch bringt Hanssmann die Befürchtungen des synoptischen Planers auf den Punkt: „Das Prinzip ‚Planung durch die Betroffenen' oder besser ‚Entscheidung durch die Betroffenen' läuft auf ein Selbstbedienungsprinzip für die Bereichsleiter hinaus und beraubt die Unternehmensleitung weitgehend der Möglichkeit, die Unternehmensstrategie aktiv zu gestalten"[114].

Oder hat man es so zu verstehen, daß diese Vorschläge auf ein *Primat* der faktischen Planungs- und Entscheidungsprozesse *vor* Rationalmodellen der strategischen Planung abheben? Dies bedürfte allerdings einer ausführlichen – und wie beim Inkrementalismus gezeigt: schwer verteidigbaren – Begründung. Indessen, der Anspruch auf eine rationale strategische Planung wird ja

[111] Vgl. zu dieser Forderung Humphrey (Getting), Taylor (Aspects), S. 67f., Zahn (Planung), S. 279ff., Armstrong (Value), S. 201; siehe auch den Überblick von Müller-Merbach & Golling (Bedarf, S. 259f.) über die diesbezügliche Diskussion („partizipativer Modellbauprozeß") in der Operations-Research-Literatur.

[112] Vgl. z.B. Taylor (Planning); vgl. allgemein zu Partizipation und Organisationsentwicklung den Überblick von Bartölke (Organisationsentwicklung).

[113] Dieses durch die Zusammenführung inkompatibler Elemente entstehende Dilemma zeigt sich z.B. bei Zahn (Planung). Auf S. 280 wird für einen optimalen Planungsprozeß neben der „rationalen Durchdringung des Planungsgeschehens" das „Einbeziehen aller jeweils betroffenen politischen Kräfte im Unternehmen" (dort als „konsensueller Aspekt" bezeichnet) gefordert. Kurz danach (S. 282) nimmt der Autor die Partizipationsforderung fast völlig zurück. Partizipation dürfe nicht als Mitspracherecht mißverstanden werden, anzustreben sei vielmehr „ein Abdecken *aller Planungsaspekte* durch die Mitarbeit *aller Managementebenen*" (S. 282). Diese Rücknahme der Partizipationsforderung durch Funktionalisierung bzw. dieses Hinausdefinieren des politischen Elements erweist sich als Notwendigkeit, um die von dem Autor letztlich doch angestrebte *synoptische* Planfigur retten zu können. So wird – wenn auch auf indirektem Wege – die Unverträglichkeit der beiden aufgestellten, eingangs zitierten Forderungen offenkundig.

[114] Hanssmann (Grundbegriffe), S. 400.

letztlich bei diesen Vorschlägen auch nicht aufgegeben[115]. Einen *optimalen Mix* aus (synoptisch-) rationalen und „irrationalen" Elementen – wie es als ungefähre Idee wohl im Hintergrund steht – kann es aber nicht geben[116], weil die Theoreme – wie eingangs gezeigt – unverträglichen Prämissensystemen entspringen. Das, was gesucht wird, nämlich eine rationale strategische Planung unter gleichzeitiger Berücksichtigung der individuellen Präferenzen und sozialen Prozesse, kann auf der *Achse* „Synoptische Planungsrationalität" versus „Politischer Prozeßverlauf" im Sinne einer beiderseitigen Annäherung *nicht gefunden* werden.

5.4.2 Logischer Inkrementalismus nach Quinn

Einen anderen Integrationsansatz wählt Quinn[117] mit seinem Logischen Inkrementalismus der von der Stoßrichtung her in den unkonventionellen Vorschlägen von Wrapp[118] einen Vorläufer hat. Quinn versucht aus halbstrukturierten retrospektiven Interviews, die er mit Managern in neun Großunternehmen (alle hatten ein formales System strategischer Planung) geführt hat, eine Antwort auf die Frage zu gewinnen, wie erfolgreicher strategischer Wandel bewerkstelligt wurde[119]. Das in den untersuchten strategischen Veränderungsprozessen[120] identifizierte *„Erfolgsmuster"* weicht sowohl vom Inkrementalismus als auch von der synoptischen Strategieplanung ab; Quinn *wendet* es normativ zum Konzept des Logischen Inkrementalismus, das eine *neue Synthese* aus den Lehren der deskriptiven Strategieforschung und der Schule präskriptiv-synoptischer Strategieplanung verspricht[121].

Die wichtigsten Merkmale dieses Ansatzes sind[122]:

(1) Der *Anstoß* und die *Vorformulierung* von Strategien erfolgt *dezentral* in „strategischen Subsystemen" (Divisionen, Funktionalbereiche, Werke, Ver-

[115] Vgl. hierzu auch Regan (Rationality), S. 87; er interpretiert das Anliegen so, daß das Rationalmodell um „qualitative" Aspekte angereichert werden soll.

[116] Vgl. hierzu unsere Diskussion oben S. 220 dieser Arbeit sowie Picot & Lange (Gestaltung), S. 593.

[117] Vgl. (Strategies).

[118] Vgl. (Managers).

[119] Zur Methodik im einzelnen vgl. Quinn (Strategies), S. 2ff.

[120] Das Wort „strategisch" gebraucht Quinn dabei allerdings in einem recht weiten Sinne. Die untersuchten Veränderungen reichen von der Diversifikation über divisionale Kontrollsysteme bis hin zum Managementstil. Vgl. (Strategies), S. 18.

[121] Wörtlich heißt es: „The rationale behind this kind of incremental strategy formulation is so powerful that it . . . probably provides the best normative model for strategic decision making". Ebenda, S. 15.

[122] Vgl. ebenda, insbesondere S. 16ff., S. 102ff., S. 192ff.; es bereitet sehr große Schwierigkeiten, die exakte Position des Autors festzumachen, weil viele Aspekte im Laufe der Abhandlung immer wieder aufgegriffen und neu beleuchtet werden, ohne daß ein kohären-

trieb usw.) mit spezialisierter Ausrichtung, unterschiedlichen Personen („Spielern“), Zielen, Informationen, Fähigkeiten und Zeitperspektiven (z.B. Finanzierung, technologische Innovation, internationale Lage). Die strategischen Subsysteme prozedieren bei ihren strategischen Aktivitäten nicht nach einem strengen Muster. Sie halten sich flexibel, experimentieren, prüfen auf Konsensfähigkeit, reagieren auf neue Herausforderungen, verwerfen wieder usw. Dabei ergeben sich bisweilen erhebliche Unterschiede im Procedere zwischen den Subsystemen.

(2) Die zentrale Aufgabe des *Top-Managements* ist es *nicht* (zusammen mit einem Planungsstab), optimale Strategien zu entwickeln und zu implementieren, *sondern* die vielfältigen Vorschläge, Impulse, Strategievorformulierungen aus den Subsystemen aufzugreifen, zu prüfen und zu einer Gesamtstrategie auszuformen. Es ist im wesentlichen eine *Prozeßsteuerungsaufgabe.* Die Entscheidungen und Entwürfe aus den Subsystemen überlappen sich, schließen einander aus, fallen zeitlich auseinander. Ihre Integration kann nicht zu *einem* bestimmten Zeitpunkt geleistet werden, das Top-Management muß immer wieder in die Prozesse eingreifen und versuchen, sie in eine Ordnung zu bringen[123]. Die Integrationsarbeit hat simultan drei Ebenen einzubeziehen: die informationsanalytische, die machtpolitische und die organisatorische Ebene. Obwohl diese Vorgehensweise keiner streng formalen Ordnung gehorcht und eher als ein Sich-Durchwursteln erscheinen könnte, folgt sie doch einer klaren inneren Logik („Logischer Inkrementalismus“). „Properly managed, it is a conscious, purposeful, proactive, executive practice“[124]. Strategien formen sich also in grob gesteuerten Prozessen heraus. Sie werden nicht zu einem bestimmten, vorab festgelegten Zeitpunkt entschieden und/oder durchgesetzt (Krisensituationen ausgenommen)[125].

ter Gesamtrahmen hergestellt würde. Von den impliziten und expliziten theoretischen Grundlagen her lassen sich am deutlichsten Gemeinsamkeiten mit dem Organisationsprozeß-Paradigma erkennen; die Fallanalysen zeigen insbesondere Gemeinsamkeiten mit denen von Bower (Managing) und Sarrazin (Planning), oben S. 173 ff. bzw. S. 176 f. dieser Arbeit.

123 Es handelt sich hierbei also um eine Art „bottom-up“-Ansatz, obwohl dieses Etikett auch wieder irreführend ist, denn weder werden alle Informationen nach oben getragen, noch erfolgt die Strategieformulierung ausschließlich „oben“. Zum Begriff der „bottom-up“- bzw. „top-down“-Planung vgl. Rühli (Unternehmungsführung), S. 92, Bower (Control), S. 20 f.

124 Quinn (Strategies), S. 58.

125 Eine ähnliche Sichtweise vertreten van Cauwenbergh & Cool (Management): „Top management ought to be the catalyst of strategic thought and activity of lower level management“ (S. 253); siehe auch van Cauwenbergh & van Robaeys (Functioning). Eine gewisse Ähnlichkeit besteht auch mit dem „Mixed Scanning“-Konzept von Etzioni (Society, S. 282 ff.), das sich ebenfalls als eine neue Synthese aus Inkrementalismus und synoptischer Planung versteht. Im Unterschied zu Quinn wird dort allerdings nicht von einem „bottom-up“-, sondern einem „top-down“-Prozeß ausgegangen. Milling (Grundlagen, S. 70) plaziert sein systemanalytisches Modell ebenfalls in die Nähe einer solchen neuen Synthese;

(3) Zur *Vorsteuerung* entwickelt das Top-Management strategische Globalziele, die in groben Zügen die Aktivitätsbahnen abstecken. Sie werden aber selbst wieder aus Interaktions- und Interventionsprozessen heraus entwickelt.

(4) Das *formale System* strategischer Planung dient – entgegen seiner eigentlichen Zweckbestimmung – primär dazu, das *Top-Management* bei seiner integrierenden und intervenierenden Steuerungsaufgabe zu *unterstützen* und *Innovationsimpulse* zu setzen. Zu diesen Funktionen zählen:

- die *Sensibilisierung* für zukünftige (visionäre) strategische Möglichkeiten und Herausforderungen („whispering in the ears of gods")[126],
- die Konkretisierung von erfolgsträchtigen Zukunftsprojekten, die in den Subsystemen *keine Verankerung* finden oder ignoriert werden[127],
- die Sicherstellung *offener Kommunikationskanäle* und die Planung von Puffern und „Slacks", um *Schwankungen* elastisch *abfangen* zu können,
- die Dokumentation und Kodifikation strategischer Entscheidungen und die *Verankerung* neuer strategischer Projekte im *laufenden Budgetierungsprozeß*.

In Anbetracht dieser vielfältigen Funktionen stellt Quinn klar: „Nevertheless, most of the important strategies that were supported by formal plans were determined in processes separate from the formal planning cycle"[128].

(5) Die strategischen Pläne fungieren nur als grobe Richtlinie, die Jahresplanung liegt bei den Funktionen und den Geschäftseinheiten. Statt eine präzise Feinformulierung der strategischen Pläne anzustreben, toleriert das Top-Management ein erhebliches Maß an *Ambiguität* und Unbestimmtheit im Prozeßablauf.

In Abbildung 29 ist die Grundstruktur des Ansatzes noch einmal überblicksartig wiedergegeben. Die beispielhaft herausgegriffenen Subsysteme (auf die Benennung kommt es hier nicht an) stellen den dynamischen Kern der Strategieformierung dar; es findet sich aber dennoch ein formales strategisches Planungssystem aus den vorstehend erläuterten Gründen (daher „but" in

es ist jedoch schon vom Anspruch her, ein konzises Gesamtmodell zu sein, das alle problemrelevanten Aspekte abdeckt und ihre Beziehungen zueinander analysierbar macht (S. 76ff.), ohne Zweifel dem synoptischen Planungsdenken zuzurechnen. Die Tatsache allein, daß das entwickelte Simulationsmodell die Lösung iterativ sucht und nicht durch einen Algorithmus gesteuert wird, markiert keineswegs eine signifikante Distanz zur synoptischen Planungslogik (S. 70). Vgl. hierzu auch unsere Diskussion oben S. 137f. dieser Arbeit.

126 Quinn (Strategies), S. 198.

127 Ein gutes Beispiel für den hier gemeinten Sachverhalt gibt der Fall „Erikson Industries" in Christensen, Andrews & Bower (Business Policy), S. 927ff. Dort wird eine Situation beschrieben, in der eine strategisch hoch bedeutsame Technologie-Innovation zwischen die Kompetenzbereiche der Divisionen fällt und deshalb von der Firma ignoriert zu werden droht.

128 Quinn (Strategies), S. 41.

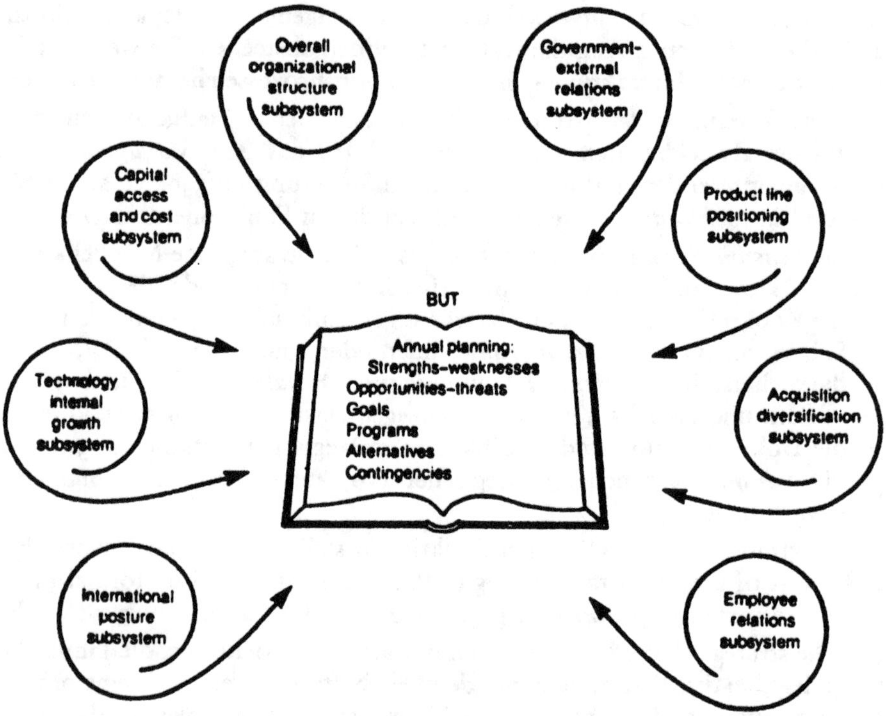

Abb. 29 Die Struktur des Logischen Inkrementalismus
Quelle: Quinn (Strategies), S. 19

Abbildung 29). Die Funktion des Top-Managements findet in der Abbildung keinen Niederschlag.

Quinn geht vom Ansatz her ähnlich vor wie Lindblom, seine Schlußfolgerungen und Empfehlungen unterscheiden sich jedoch erheblich. Im Unterschied zu einem bloßen „muddling through" oder dem „mutual partisan adjustment" wird die langfristig-strategische Perspektive nicht aufgegeben, sondern erfährt eine breite Berücksichtigung. Der Immobilismus-Einwand gegen den Inkrementalismus trifft damit auf diesen Ansatz nicht zu. Eine solche Tendenz war freilich qua Vorgehensweise von vorneherein ausgeschlossen, es wurden ja nur strategische *Änderungen* analysiert. Dies zeigt aber auch die Willkürlichkeit, die einer schlichten Generalisierung praktischer Verfahrensweisen zur Handlungsnorm eigen ist[129].

[129] Nachdem es uns an dieser Stelle mehr um die Stoßrichtung und die Art der Verklammerung deskriptiver und präskriptiver Forschungsergebnisse geht, sei auf die internen Mängel der Untersuchung hier nicht weiter eingegangen. An erster Stelle einer solchen Kritik hätte die Untersuchungsmethodik zu stehen, die einen Top-Management-Bias geradezu programmiert, diesen aber völlig unkorrigiert läßt, ja noch nicht einmal als Problem reflektiert. An diesem Punkte haben die Quinnschen Berichte weit hinter etwa denen von Bower

Indes, so plausibel der Ansatz von Quinn auch erscheinen mag, so wenig ist er gegen die „klassischen“ Einwände aus der synoptischen Planungslogik gefeit. Die Beobachtung, daß strategische Veränderungen in der beschriebenen Form bewerkstelligt werden konnten, belegt nicht, daß diese nicht noch effektiver hätten bewältigt werden können[130]. Es fehlt der Beweis, ob nicht ein höheres Maß an Planungsdisziplin und Plankohärenz das Erfolgspotential der untersuchten Unternehmen in ergiebigerer, zumindest aber in zuverlässigerer Weise zur Entfaltung gebracht hätte. Ferner könnte der synoptische Planer fragen, ob das strategische Planungssystem nur deshalb seinen eigentlichen Zweck verfehlte, weil es nicht sorgfältig genug eingeführt wurde[131] oder weil es vom Top-Management nicht das Maß an Unterstützung erhielt, das es für sein Wirksamwerden braucht; und ferner, ob die synoptischen Analysen überhaupt kompetent gehandhabt und die zweckmäßigsten Methoden eingesetzt wurden usw. Alle diese Einwände führen uns wieder zu dem Punkt, daß der empirische Anscheinsbeweis alleine nicht genügen kann, um die synoptische Planungslogik außer Gültigkeit zu setzen.

Eine Konzeption von solcher Geschlossenheit, wie es das Modell synoptischer Planungsrationalität darstellt, läßt sich aber auch nicht durch immanente Argumente widerlegen. Wer ihre Prämissen akzeptiert, kann sich aus ihrer Logik nicht mehr befreien. Es ist daher der *Ausgangspunkt*, der zum Gegenstand der Überprüfung gemacht werden muß. Erst auf der Ebene des Rationalitätsbegriffes selbst kann effektiv begegnet werden. Eine Widerlegung ist nur dann möglich, wenn es gelingt zu zeigen, daß der synoptische Ansatz eine fragwürdige *Planungsrationalität* zur Basis hat, daß dieser Rationalitätsbegriff selbst triftigen Einreden eines anderen, nicht bloß „antirationalen“ Rationalitätsverständnisses (wie dies beim Inkrementalismus der Fall ist) unterliegt. Eine solche Einrede soll im nächsten Abschnitt mit dem Konzept der *Systemrationalität* versucht werden. Auf den Ansatz von Quinn wird dabei zurückzukommen sein, er läßt sich – wie sich zeigen wird – in großen Teilen als Ausdruck eben eines solchen Rationalitätsverständnisses begreifen.

5.5 Systemrationalität als Alternative

Im folgenden wird die These vertreten, daß die synoptisch-strategische Planung – wie bei der Charakterisierung von Paradigma 1 bereits angeklungen, aus Gründen der Klarheit jedoch nicht sogleich erörtert wurde – Rationali-

(Managing) oder Pettigrew (Politics) zurückzustehen. Vgl. oben S. 173 ff. und S. 193 ff. dieser Arbeit.

[130] Dies um so mehr als ja nicht zwischen mehr oder weniger erfolgreichen Änderungsmaßnahmen differenziert und auch kein Vergleich zu mißglückten Strategien gezogen wurde.

[131] Vgl. hierzu auch Camillus (Reconciling), S. 278.

tät als *individuelle* Rationalität begreift und insoweit den Unterschied übersieht, der zwischen einer rationalen Einzelhandlung und der Handlungsrationalität eines sozialen System besteht. Mit anderen Worten, wir wollen behaupten, daß eine strategische Planung nach synoptischem Muster deshalb problematisch geblieben ist, weil ihre Rationalitätsvorstellung an dem Paradigma der Einzelhandlung gewonnen ist und somit für ihre Aufgabe, der Steuerung der *Systementwicklung*, keine hinreichenden Kategorien bereitstellt und auch nicht ausbilden kann. Um dies zu begründen, ist es erforderlich, im einzelnen darzulegen, weshalb die synoptische Rationalität für eine Theorie strategischer Unternehmensführung ein *zu einfaches* Denkmodell unterlegt, worin sich dieser Mangel konkret ausdrückt und inwiefern das Konzept der Systemrationalität als attraktive Alternative zu betrachten ist.

In der Systemtheorie hat – wenn auch in *sehr unterschiedlicher* Weise – die Frage der Systemsteuerung immer schon die zentrale Rolle gespielt. Sie ist daher als theoretischer Ankerpunkt für unser Vorhaben bedeutsam. Wir werden jedoch nur die für unseren Kontext der Planung organisierter Sozialsysteme relevanteste Argumentationslinie verfolgen, nämlich die funktional-strukturelle Systemtheorie von Niklas Luhmann[132]. Die in der Folge darzulegenden Argumente nehmen in größerem Umfange Bezug auf die Kritik Luhmanns an der bürokratischen Zweck-Mittel-Rationalität und dem Hierarchieprinzip. Wir übertragen sie auf das präskriptive Modell strategischer Planung und setzen dann als Orientierungskategorie die Systemrationalität entgegen, ohne dabei allerdings die Gedanken von Luhmann zur Planung[133] übernehmen zu wollen; sie skizzieren u.E. das Problem zu eng, zu sehr an den Problemen des Verwaltungshandelns ausgerichtet. Nicht verfolgen wollen wir die an der Maschinentechnik orientierte – bisweilen auch in der Betriebswirtschaftslehre verwendete[134] – kybernetische Systemtheorie, weil sie der Möglichkeit von „elastischen Strategien" nicht Rechnung trägt, d.h. im Grunde nur *eine* richtige Beziehung zwischen System und Umwelt kennt, allgemeiner: weil sie dem Spezifikum sozialer Systeme, nämlich ihrer *sinnhaften* Konstituierung, nicht gerecht werden kann[135]. Sie verfehlt als Folge davon die Kontingenz der Regulierungsmechanismen sozialer Systeme; das kybernetische System ist ein „gebundenes" System, das sich über die programmierten Lösungen und Systemzustände hinaus weder anpassen noch entwickeln kann. Es fehlt die Selbstreflexion und damit auch die Möglichkeit, andere Problemlösungen in Betracht zu ziehen[136]. Genau das ist aber der Dollpunkt strategischer Unternehmensführung.

132 Wir beziehen uns insbesondere auf das Werk „Zweckbegriff und Systemrationalität".

133 Vgl. vor allem (Planung).

134 Vgl. stellvertretend Grochla (Systemtheorie), Baetge (Systemtheorie), Schiemenz (Betriebskybernetik).

135 Vgl. Luhmann (Systemtheorie), S. 9ff., ders. (Zweckbegriff), S. 157ff..

136 Vgl. Crozier & Friedberg (Macht), S. 142ff.

Es ist zwar schon des öfteren in allgemeiner Form ein systemtheoretischer Rahmen für Systeme *strategischer* Planung vorgeschlagen worden[137, 138], nirgends wurden aber dabei, soweit wir sehen, Probleme der Planungsrationalität als der logisch zwingende Grund für einen solchen Paradigmawechsel herausgearbeitet[139]. Im Zuge der Argumentation wird sich zeigen, daß sich viele (keineswegs jedoch alle) Ergebnisse präskriptiver und deskriptiver Strategieforschung auf diesem Hintergrund neu verstehen und als Konstruktionselemente integrieren lassen.

5.5.1 Strategisch-synoptische Planung und Zweck/Mittel-Prinzip

Unsere Überlegungen setzen an dem Unterschied von Einzelhandlung und Handlungssystem an und stellen auf die Verschiedenartigkeit der damit implizierten bzw. erstrebten Rationalität ab. Das Zweck/Mittel-Schema als ge-

[137] Vgl. z.B. Ackoff (Revolution), Taylor (Dimension), S. 81 ff., Guth (Theory), van Cauwenbergh & Cool (Management), S. 247 ff., Ulrich (Unternehmungspolitik), S. 13 ff., Oberkampf (Grundlagen), zu gewissen Teilen auch Zahn (Planung), S. 177 f.; die engsten Bezüge ergeben sich zu den ebenfalls auf der Basis der funktional-strukturellen Systemtheorie entfalteten Überlegungen von Welters (Horizontschließung), insbesondere S. 15 ff., sowie ders. (Problembegriff); dieser Autor rückt jedoch mit gänzlich anderer Akzentuierung die Gewinnung des Problembegriffs in der strategischen Planung und die Frage der Horizontschließung in den Vordergrund. Besonderes Gewicht wird dabei auf die Gewinnung einer System/Umwelt-Perspektive gelegt; dabei gilt es zu sehen, daß die Thematisierung dieser Interaktion nicht zwingend eines systemtheoretischen Gebäudes bedarf (man denke etwa an den „Industrial Organization"-Ansatz!). Problematischer aber ist die Unverbindlichkeit, mit der Welters (Horizontschließung) den Schritt zur Systemtheorie tut. Obwohl einerseits argumentiert wird, daß nur auf dieser Basis ein angemessenes Problemverständnis der strategischen Planung gewonnen werden kann, soll sie bloß ein heuristischer Bezugsrahmen sein, ein Auslöser für Beobachtungen, die zu konkreten Modellen mit konkreten Gesetzeshypothesen führen sollen, die sich in die individuelle (synoptische) Planungsforschung einordnen (vgl. S. 15, S. 56 ff.). So gesehen besteht die Gefahr, daß der Paradigmawechsel, den ein systemtheoretischer Rahmen zweifelsohne mit sich bringt, unbeachtet und die Änderung der Bezugsbasis damit letztlich doch konsequenzenlos bleibt.

[138] Nicht hier zuzuordnen sind wegen strukturell verschiedener Grundlagen Ansätze der „Systemanalyse"; zu den Strukturmerkmalen der Systemanalyse (dort umfassender: Systemforschung) vgl. Hanssmann (Einführung), S. 22 ff. und die dort gegebene Abgrenzung zur Allgemeinen Systemtheorie, S. 142 ff.; vgl. auch die von Gäfgen (Theorie, S. 474) herausgearbeiteten Unterschiede. Die mangelnde Eignung der Systemanalyse für strategische Entscheidungen (umfassende Abbildung der relevanten funktionalen Zusammenhänge, Quantifizierbarkeitserfordernis, fixierte Umweltzustände etc.) zeigt Dror (Systemanalyse, S. 207 ff.) im Überblick.

[139] Diese Rationalitätsdebatte wird auch, in allerdings verengter Perspektive, bei der Konzeptualisierung organisationaler Effektivität unter den Stichworten „Zielmodell" und „Systemmodell" geführt. Vgl. im Überblick Strasser et al. (Conceptualizing), Staehle & Grabatin (Effizienz).

nuines Modell der individuellen Handlungsrationalität – ein bezweckter Zustand wird durch eine Handlung (= Mittel) hergestellt (einschließlich der Variante des Optimierungskalküls) – vermag nicht in gleichem Sinne die Rationalstruktur sozialer Systeme zu erschließen[140]. Um diesen Sachverhalt weiter zu konkretisieren, sei zunächst noch einmal kurz das synoptisch-strategische Planungsmodell und das dahinter stehende Prämissengebäude im Hinblick auf die jetzt interessierenden Gesichtspunkte rekapituliert[141].

(1) Die strategische Planungslehre ordnet sich nach dem Zweck/Mittel-Schema. Die Strategie (einschließlich ihrer Implementation) wird als Mittel zur Erreichung eines (langfristigen) Unternehmenszieles verstanden[142]. Die Strategielehre ist deshalb als ein Rationalmodell der Mittelwahl zu verstehen, als ein Versuch, die strategische Entscheidungssituation so zu (re-)konstruieren, daß eine optimale Mittelwahl getroffen werden kann. Sie beläßt gewöhnlich sowohl die Zwecke als auch die Mittel so allgemein, daß verschiedene Inhalte einsetzbar sind[143]. Die Unternehmung handelt rational, sofern es ihr gelingt, Mittel zur Erreichung ihrer langfristigen Zwecke zu finden. Die Strategielehre bietet Regeln zum Entdecken und zum Vergleich von Alternativen. Die Existenz eindeutiger Ziele wird vorausgesetzt, ggf. als Resultat einer Zielplanung.

(2) Strategische Planung ist eine originäre Aufgabe der obersten Führungsebene. Sie legt die Unternehmensziele fest, formuliert die geeigneten Strategien und trägt nachhaltig Sorge für ihre Implementation.

(3) Die Unternehmung wird als System von Plänen (mit Anweisungscharakter) interpretiert. Die Unternehmensplanung ordnet die einzelnen Pläne so zueinander, daß sich die Teile zu einem Ganzen zusammenfügen. Die

[140] Vgl. Luhmann (Zweck), S. 38.

[141] Vgl. dazu auch unsere obige Schilderung des Rationalaktor-Paradigmas in Kapitel 4, 4. 1.

[142] Auf die komplizierte und traditionsreiche Frage, welcher Art das Zweck/Mittel-Verhältnis sei, wollen wir nicht vertiefend eingehen, weil sie für unseren Gedankengang nicht so erheblich ist. Eines sollte jedoch klargestellt sein: Es handelt sich, soweit es um die Planung der Unternehmenssteuerung geht, nicht um ein kausales Ursache-Wirkungs-Verhältnis im Humeschen Sinne. Vgl. zu dieser Debatte, den unterschiedlichen Kausalbegriffen und der zweckrationalen Handlungsdeutung von Wright (Erklären), S. 42ff.

[143] Wie in Kapitel 3 dargestellt, variiert das Ausmaß der inhaltlichen Spezifizierung in den einzelnen Modellentwürfen erheblich. Sie reicht von rein formalen Verfahrensrichtlinien bis zu enger umgrenzten Normstrategien, die mit (zumeist grob) spezifizierten Zwecken und Mitteln operieren. Ein Basissatz von Zwecken ist ja für die kapitalistische Firma ohnehin qua Typus vorbestimmt, nur sind diese (z.B. Rentabilität) zu allgemein, als daß daraufhin eine strategische Mittelwahl getroffen werden könnte, vgl. statt anderer Haseloff (Paradigm), S. 20. Die Strukturähnlichkeit, aber auch die Unterschiede zwischen dem Zweck/Mittel-Schema und dem Optimierungsprinzip arbeitet Luhmann (Zweckbegriff, S. 106) heraus; nachdem die Problemstellung der langfristigen Unternehmensplanung nur sehr selten in Form eines Optimierungskalküls konstruiert wird, wollen wir hier auf diese Unterschiede nicht weiter eingehen.

Planhierarchie wird als Zweck/Mittel-Verhältnis begriffen. Alle Teilpläne haben sich als Mittel zum Zweck (langfristige Unternehmensziele) auszuweisen. Der strategische Plan soll in genau umrissene Programmpläne umgesetzt und weiter in operativen Plänen mit detaillierten Budgets präzisiert werden. Programme und Budgets sollen einen reibungslosen *Vollzug* des strategischen Plans sicherstellen. Oberstes Gebot der Planhierarchie ist *Konsistenz*. „Die Konsistenzbedingung ist dann erfüllt, wenn die Planungsspektren der untergeordneten Pläne jeweils vollständig innerhalb der Planungsspektren der entsprechenden Pläne höherer Ordnung liegen“ [144]. Um diese Konsistenz sicherzustellen, aber – wichtiger noch – um die Interdependenz zwischen den Entscheidungen beherrschbar zu machen, wird – wie erwähnt – bisweilen statt der Hierarchisierung eine *simultane Totalplanung* als Ideallösung vorgeschlagen.

(4) Das synoptische Planungsmodell geht von einem reibungslosen Vollzug der Pläne aus. Die Pläne werden an eine bürokratische *Befehlshierarchie* angekoppelt gedacht, die einen zuverlässigen Willenstransfer ermöglicht[145].

Das Fassungsvermögen für Problembezüge einer solchermaßen bestimmten Planungsrationalität ist relativ gering; dies drückte sich indirekt schon bei den vielen oben referierten empirischen Beobachtungen aus, die alle aus einem so abgesteckten Rationalbereich herausfielen und insofern dem Verdikt des Irrationalen unterlagen. Das Modell vermittelt als Grundlage für eine Theorie der strategischen Unternehmenssteuerung keine Systemvorstellung, die hinreichend komplex wäre, um den Problembestand von Systemen zu erfassen und einer Rationalisierung zu öffnen. Woran liegt das?

Strategische Planung nach dem Zweck/Mittel-Prinzip (oder auch dem Optimierungsprinzip) begreift die Tätigkeit von Unternehmen als eine Art zweckrationaler Handlung im großen[146]. Zwei Varianten sind dabei latent vorhanden: einmal die Unternehmung als zweckrationales „Kollektivsubjekt“ [147] und zum anderen die Unternehmung als Anstalt zweckrational handelnder Mitglieder (im Rahmen von geplanten Zweck-Mittel-Ketten).

An dem Zweck-Mittel-Schema wurde in vielfacher Weise Kritik geübt. Uns geht es hier aber nicht in erster Linie um die bekannten Einwände, daß man

[144] Zahn (Planung), S. 221.

[145] In der Terminologie von Luhmann gesellt sich hier neben das „Zweckmodell“ (Zweck/Mittel-Schema) das „Befehlsmodell“ der Hierarchie; vgl. ders. (Zweck), S. 39f., ders. (Planung), S. 68f. Die Bereitschaft, sich Befehlen zu unterwerfen, also der Gehorsam, speist sich im Bürokratiemodell bekanntlich aus der generalisierten Anerkennung von Autorität, aus dem Glauben an ein regulativ begrenztes Recht auf Befehl, nicht aber aus dem Inhalt des Befehls (legale Herrschaft). Vgl. Weber (Wirtschaft), S. 122ff.

[146] In Anlehnung an die Charakterisierung des Weberschen Zweckmodells bei Habermas (Theorie II), S. 453.

[147] Zu diesem Terminus siehe Habermas (Gesellschaft), S. 271; zur Problematik dieser Auffassung vgl. die Diskussion bei Kirsch (Entscheidungsprozesse III), S. 135ff.

Zwecke nicht unabhängig von den verfügbaren Mittel setzen kann oder daß Zwecke Mittel in ihrem Wertbezug nicht vollständig neutralisieren können[148], sondern vielmehr um die mangelnde Eignung dieses Prinzips, eine Grundlage für eine Theorie der strategischen Unternehmenssteuerung abzugeben.

Die Fiktion des „Kollektivsubjekts" ist ebensowenig tragfähig wie die Vorstellung, die Probleme, die sich einem System stellen, ließen sich über zweckrationales Handeln der einzelnen Mitglieder in dem Sinne lösen, daß Handlungsrationalität und Systemrationalität in eins fielen[149].

Was Systemrationalität genauer meint, läßt sich sinnvoll nur in Zusammenhang mit einer Systemkonzeption bestimmen. Eine solche Systemtheorie kann hier nicht im Detail dargelegt werden. Einige skizzenhafte Darlegungen müssen genügen, um die Zweckmäßigkeit des Systemrationalitätskonzepts für den Bezugsrahmen einer Theorie strategischer Unternehmensführung einsichtig zu machen.

5.5.2 Zum Konzept der Systemrationalität

Ausgangspunkt der folgenden Überlegungen ist die These, daß die moderne Großunternehmung ein funktional differenziertes Sozialsystem ist. Unter einem sozialen System sei hier – ohne die verwickelte Debatte um den Systembegriff aufnehmen zu wollen[150] – Luhmann folgend eine empirische Handlungseinheit verstanden, die gegenüber einer komplexen, fordernden Umwelt relativ einfach und konstant gehalten wird, die objektiv gestellte Probleme durch *kollektive* Leistungsprozesse lösen kann[151]. Die Systembildung wird demnach – abstrakt – als Leistung begriffen, als Reduktion von Komplexität auf ein Ausmaß, das sinnvolles und wirksames Handeln ermöglicht.

Systeme stehen – nach dem Verständnis der funktionalen Systemtheorie – in einer *Interdependenzbeziehung*, also keiner einfachen Abhängigkeitsrelation zur Umwelt[152]. Um überhaupt als System bestehen zu können, muß

[148] Vgl. vor allem Myrdal (Nationalökonomie).

[149] Vgl. Luhmann (Zweck), S. 41 ff., ähnlich auch Heinen (Einführung), S. 48 ff.

[150] Vgl. den Überblick bei Grochla & Lehmann (Systemtheorie), Sp. 2207 ff.

[151] Luhmann (Theorie, S. 65) setzt sich mit dieser Definition betont von dem Systemkonzept ab, wie es in der traditionellen Organisationslehre verwendet wird, nämlich als komplexe Verknüpfung von Teilen zu einem Ganzen. Der Haupteinwand ist, daß dieses Konzept den Blick auf die innere Ordnung richtet und die Rationalität eines Systems so zu beurteilen sucht, als hätte es keine Umwelt.

[152] Luhmann (Funktion, S. 13) begreift Umwelt „als alles das, was nicht zu dem System gehört". Insofern hat dann jedes System eine spezifische Umwelt, weil es selbst nicht dazu gehört. Die Umwelt selbst wird konsequenterweise, aber im Unterschied zur Kybernetik, nicht als System begriffen (wohl aber können sich Systeme in ihr finden), weil sie „grenzenlos in die Welt übergeht und die Welt selbst kein System ist" (S. 13).

ein *Komplexitätsgefälle* zwischen Umwelt und System bestehen, d.h. jedes System muß selektiv verfahren und Punkt-für-Punkt Abhängigkeiten zur Umwelt vermeiden: also das Problem der Reduktion von zu hoher Komplexität lösen[153]. Grundlage für die Selektionsleistung ist die Systemstruktur (verstanden als „generalisierte Verhaltenserwartung"), die damit zum Merkmal der Systemdefinition wird, weil ohne Struktur kein System denkbar ist[154]. Nicht mehr die Erhaltung einer *unveränderlichen Substanz* wird in der neueren funktionalen Systemtheorie als oberstes Bezugsproblem definiert[155], sondern die Erhaltung einer relativen *Invarianz* der *Systemstruktur* und der System*grenzen* gegenüber einer wechselhaften, nur teilweise kontrollierbaren Umwelt, die eine fortlaufende Orientierung an anderen Möglichkeiten erfordert[156]. Systeme besitzen eine begrenzte Autonomie, in deren Rahmen sie zwischen verschiedenen „Strategien" der Selbsterhaltung *wählen* können (funktionale Äquivalente)[157].

Daraus ergibt sich ein Dilemma. Die identitätsstiftende Reduzierung der Umweltkomplexität bringt die Probleme in ein für das System bearbeitbares Format, ändert aber an der Umweltkomplexität selbst nichts. Sie kann also jederzeit eine kritische Überraschung für das System bringen. Die Bestandserhaltung stellt sich daher als *permanentes Problem,* es wird durch die einmal gefundene Systemstruktur nicht definitiv gelöst[158]. Die Selbsterhaltungsproblematik differenziert Luhmann in drei zentral zu erbringende Systemleistungen aus[159]: „Erhaltung (1) einer relativen Indifferenz gegenüber Umweltbewegungen, (2) einer distanzierten Autonomie und (3) einer reaktionsbeweglichen Elastizität, die unvermeidbare Umwelteinwirkungen kompensieren kann". Bekannter und plastischer sind die vier von Parsons formu-

153 Vgl. Luhmann (Funktion), S. 14f.; Habermas (Gesellschaft, S. 153ff.) macht in diesem Zusammenhang auf ein logisches Anfangsproblem aufmerksam. Ein System kann nicht *vor* seiner Konstituierung schon die Aufgabe der Reduktion von Komplexität gedacht haben, weil der Terminus Komplexität ein relativer ist. Es gibt kein Komplexitätsproblem an sich, sondern Komplexität kann nur ein Problem für ein System darstellen. Eine problematische Welt kann also „nicht ohne mindestens *ein* gleichursprüngliches System gedacht werden" (S. 154). Die Systembildung kann insoweit auch kein erster Schritt zur Lösung der Weltkomplexität sein.

154 Vgl. Luhmann (Theorie), S. 66.

155 Diese Konzeption hat sich als *zu statisch* erwiesen. Soziale Systeme sind flexible Systeme, Leistungen können in unterschiedlicher Weise erbracht werden, außerdem können Systeme Strukturveränderungen vollziehen, die den Fortbestand unter veränderten Bedingungen ermöglichen. Vgl. Luhmann (Methode), S. 33.

156 Vgl. ebenda, S. 39.

157 Vgl. Luhmann (Zweck), S. 47, ders. (Zweckbegriff), S. 177.

158 Vgl. Luhmann (Methode), S. 39ff., auf diesen Punkt weist auch Welters (Problembegriff, S. 136f.) mit Nachdruck hin. Er erblickt darin eine geeignete Fassung des Problembegriffs für die strategische Unternehmensplanung.

159 Vgl. Luhmann (Methode), S. 39; die in Klammern gesetzten Zahlen sind von uns hinzugefügt.

lierten Grundprobleme (AGIL-Schema), die jedes System zu seiner Selbsterhaltung lösen muß[160]:

(1) Anpassungsfähigkeit an externe Bedingungen (adaptation),
(2) Realisierung von Zielen (goal attainment),
(3) Integration (integration),
(4) Sicherung der Identität (latent pattern maintenance).

Diese vier Funktionserfordernisse stehen – wie gleich noch zu diskutieren ist – in einem *widerspruchsvollen* Verhältnis zueinander; es muß dem System jedoch trotzdem gelingen, alle in einem ausreichenden Maße zu erfüllen.
Um solche Leistungen erbringen zu können, muß das System selbst ein gewisses Maß an *struktureller Komplexität* (Differenzierung) entwickeln, wobei Umfang und Art der Ordnung wiederum auch von den gewählten „Reduktionsstrategien" abhängig sind[161]. Systemdifferenzierung führt dazu, daß in dem System immer neue Subsysteme entstehen und daß diese einander nicht mehr vollständig durchschauen können und somit auch die Verhaltensweisen der anderen nicht mehr mit Gewißheit vorhersagbar sind[162].

Immer wenn ein System eine Mehrzahl von Subsystemen ausdifferenziert, muß eine Mehrheit von Systemreferenzen beachtet werden. Jedes Subsystem hat drei verschiedenartige Systemreferenzen: „(1) die zu sich selbst, (2) die zum umfassenden System, dessen Teil es ist; und (3) die zu anderen Teilsystemen"[163]. In der ersten Beziehung reflektiert das Teilsystem auf sich selbst („*Reflexion*"). In der zweiten Beziehung („*Funktion*") kommt die Differenzierungsidee vorrangig zum Ausdruck. Spezifische Funktionen, die auf der Gesamtsystemebene eine unter mehreren sind, erhalten für das *Teilsystem* im Zuge der funktionalen Differenzierung *vorrangige* Bedeutung. Die

[160] Vgl. Parsons (Grundzüge), S. 231 ff., ders. (Theory), die Differenzen, die sich zu Luhmanns Konzept ergeben, können für die hier doch nur sehr grob zu führende Argumentation unerörtert bleiben.

[161] Vgl. Luhmann (Zweckbegriff), S. 181 ff.; obwohl hier gewisse Anklänge an das kybernetische „law of requisite variety", Ashby (Introduction), feststellbar sind, ist die von Luhmann vorgeschlagene gedankliche Fassung des Problems weniger mechanistisch, sehr viel mehr für Wahl- und Gestaltungsmöglichkeiten geöffnet, so daß sie für eine Theorie der strategischen Planung wesentlich geeigneter erscheint. Das menschliche Handeln ist in der funktional-strukturellen Systemtheorie nicht als determinierter Faktor eingesetzt, „sondern als an Sinn orientierte Selektion, die nur durch systemstrukturelle Einschränkung der Möglichkeiten, aus denen gewählt werden kann, voraussehbar wird". Luhmann (Sinn), S. 90. Invarianz ist also durch vorhergehende Strukturbildung erklärbar. Damit kommt der Kategorie „Sinn" in dieser Systemtheorie im Unterschied zur Kybernetik ein zentraler Stellenwert zu. „An Sinn orientierte Selektion" heißt, daß soziale Systeme im Unterschied zu Maschinen oder Organismen ihre Erlebnisverarbeitung sinnhaft-bewußt betreiben und daß also aus im Prinzip unbegrenzten Möglichkeiten bewußt ausgewählt werden kann. Vgl. ebenda, S. 94.

[162] Vgl. Luhmann (Orientierung), S. 287.

[163] Luhmann (Probleme), S. 323.

dritte Systemreferenz, die Beziehung zu anderen Teilsystemen, nennt Luhmann „*Leistung*"; sie ist in der Regel an eine Mehrzahl verschiedener Leistungsabnehmer zu erbringen[164].

Je komplexer aber ein System selbst ist, um so mehr *interne* Mechanismen der Reduktion von (Eigen-)Komplexität muß es entwickeln; diese Thematik wird in funktionalen Analysen klassischerweise unter dem spannungsgeladenen Begriffspaar: Differenzierung und Integration diskutiert.

Ein *System* ist demzufolge in dem Maße *rational* gesteuert, als es gelingt, die Systemleistungen zu erbringen – abstrakter: externe Komplexität zu absorbieren und die damit einhergehenden internen Probleme zu lösen[165]. Der Einzelbeitrag, die Einzelentscheidung können für sich allein keine Rationalität beanspruchen; rational können sie demnach nur in bezug auf und nach Maßgabe von Systemreferenzen sein[166]. Das System gibt den Hintergrund für die (begründungsbedürftige) *Rationalitätsbeurteilung*, nicht die Zweckrationalität der Einzelhandlung[166]. Die (kollektive) Systemrationalität läßt sich nicht auf die individuelle Rationalität zurückführen und umgekehrt[167].

Die vorangestellten Bemerkungen sollten eine Orientierung für den gemeinten Sachverhalt geben. Sie können in dieser Abstraktheit sicherlich noch nicht das erforderliche Maß an Überzeugungskraft entfalten. Anhand konkreter Implikationen dieser Perspektive sei daher der Versuch gemacht, ihre Vorziehenswürdigkeit als Basis einer Theorie strategischer Unternehmensführung aufzuzeigen.

5.5.3 Systemrationalität versus synoptische Rationalität: Konkurrierende Grundlagen einer Theorie strategischer Unternehmensführung

(1) *Unternehmensgesamtplan und Organisation*

Das präskriptive Modell strategischer Unternehmensplanung geht in der strengen Version davon aus, daß die Unternehmensspitze die Strategien festlegt (präziser: Strategien als Mittel zur Erreichung der langfristigen Unternehmensziele formuliert) und diese zum Ausgangspunkt der Entwicklung eines kohärenten *Unternehmensgesamtplans* gemacht werden. Die Annahme, die *Steuerung* eines komplexen Systems ließe sich auf diese Weise „in den

[164] Vgl. Luhmann (Probleme), S. 323 f.

[165] Vgl. Luhmann (Methode), S. 47 f.

[166] Noch einmal sei hier darauf hingewiesen, daß es nicht unser Anliegen ist, das Zweck/Mittel-Schema als Deutungsparadigma der Einzelhandlung in Frage zu stellen. Seine Triftigkeit bleibt von der hier geführten Argumentation unberührt.

[167] Vgl. Luhmann (Interpenetration), S. 163.

Griff bekommen", erweist sich in mehrfacher Hinsicht als irreführende *Fiktion*.

Der Aufbau eines solchen Gesamtplans impliziert in letzter Konsequenz die totale Zentralisation des Entscheidens. Das ergibt sich schon aus der einfachen (von den meisten präskriptiven Vertretern auch so gesehen) Überlegung, daß die Frage nach der Eignung eines Mittels zur Erreichung des strategischen Ziels nicht beantwortet werden kann, wenn man nicht weiß, mit welchen Mitteln dieses Mittel (Unterziel) erreicht werden soll[168]. Ein vollständig abgestimmtes Plansystem kann also erst dann aufgebaut werden, wenn alle Mittel bestimmt sind. Nur so läßt sich das erstrebte nahtlose Ineinandergreifen der Planerfüllung[169] sicherstellen. Eine solche kohärente Gesamtlösung ist aber in Wirklichkeit nur durch den Vergleich aller Mittelalternativen in *einer* Entscheidung zu erreichen[170], also in einer Art simultanen Gesamtlösung. Daß die meisten Vertreter dieser Richtung eine solche Lösung als „Zukunftsmusik" oder als „(noch) an Datenproblemen (z.B. Kausalwissen) scheiternd" betrachten, ändert nichts daran, daß sie an dem Prinzip festhalten und eine Orientierung daran verbindlich machen wollen[171].

Eine Totalkoordination (bisweilen auch Totaloptimierung) dieser Art bedeutet aber die Abstraktion von Organisation, praktisch gesprochen, den „Verzicht auf Organisation"[172]. Organisation, also Struktur, erwies sich aber als das Mittel schlechthin, Umweltkomplexität (und in Folge davon Eigenkomplexität) bearbeitbar zu machen[173]. Organisieren heißt im wesentlichen arbeitsteilige Binnendifferenzierung in Subsysteme einschließlich einer entsprechenden Zuweisung von Entscheidungen – sowie die Regelung ihrer Koordination. Der fiktiv, nicht aber praktisch denkbare Verzicht auf Organisation in größeren Sozialsystemen würde eine hoffnungslose Überforderung der Unternehmensspitze in jeder nur denkbaren Hinsicht nach sich ziehen. Das Informationsaufnahme- und -verarbeitungspotential wäre so gering, daß

168 Vgl. Bretzke (Problembezug), S. 82f., Kappler (Betriebswirtschaften), S. 90f.

169 Bretzke (Problembezug) nennt es in bezug auf die Zielplanung treffend „von ‚unten' nach ‚oben' durchgreifende Zielerfüllungsautomatik" (S. 83).

170 Vgl. Hanssmann (Einführung), S. 10, Luhmann (Planung), S. 71.

171 Vgl. hierzu auch die abwägende Diskussion bei Welters (Problembegriff), S. 138f. Hanssmann (Einführung, S. 10) vertritt die Meinung, daß mit der „Systemforschung" ein Vehikel gefunden ist, das Postulat der simultanen Totalplanung einzulösen.

172 Luhmann (Planung), S. 71; in einem anderen Zusammenhang, aber durchaus denselben Sachverhalt betreffend, haben wir diese Thematik oben S. 35 dieser Arbeit schon einmal beleuchtet, als es um die „Organisationslosigkeit" der neoklassischen Preistheorie ging.

173 Luhmann (Methode) schreibt wörtlich: „Über die Art, wie Systeme ihre Probleme lösen, läßt sich zumindest eine zusammenfassende Aussage machen: Durch Strukturbildung" (S. 42). Vgl. hierzu auch Ashby (Design), S. 136ff.

das System keinen Bestand hätte. Eine Entlastung des Zentrums kann aber nur eintreten, wenn die dezentralisierten Entscheidungen auch Entscheidungen im Sinne des Wortes sind, daß also das Entscheidungsfeld nicht geschlossen ist, sondern Freiräume läßt. In allen einigermaßen komplexen Handlungssystemen kann die Informationsverarbeitung zu Entscheidungen nur arbeitsteilig erfolgen, d.h. an die Stelle einer Entscheidungs- und Handlungseinheit treten Entscheidungen einer Vielzahl von Personen und Subsystemen, die miteinander in vielfältigen, nicht linear abbildbaren Beziehungen stehen[174].

Für eine Theorie der Unternehmenssteuerung heißt das aber, daß das atomistische Handlungsmodell kein geeignetes Leitbild abgeben kann bzw. daß der zugrunde zu legende Rationalitätsbegriff die *Handlungskoordination* und die *interpersonalen* Beziehungen einholen muß.

(2) *Hierarchische Unternehmensplanung und Struktur*

Dieser Einwand gilt nicht nur für die Vorstellung der simultanen Totalkoordination, sondern auch für die – wie erwähnt – in dem synoptisch-strategischen Planungsschrifttum viel häufiger anzufindende abgeschwächte Version der hierarchischen Unternehmensplanung[175]. Demnach legt ja das strategische Zentrum, also die Unternehmensspitze, zu einem bestimmten Zeitpunkt (zu dem auch alle relevanten Informationen aus dem Gesamtsystem dort zusammengeflossen sind) das strategische Konzept fest, das sodann in einem hierarchischen Planaufbau über Programm- und Operativpläne bis zur Bestimmung der ausführenden Handlung heruntergebrochen werden soll. Hier wird zwar Organisation mitgedacht, insofern als das „Herunterbrechen" der Strategie gewöhnlich jedenfalls von den entsprechenden Instanzen der Managementpyramide geleistet werden soll[176]; die Vorstellung ist dabei jedoch die eines reibungslosen kontinuierlichen Umsetzungsvorgangs, der die einzelnen Ebenen aufeinander einspielt. Die Organisation (Struktur) ist reines Hilfmittel. Gutenberg hat diese Position pointiert zum Ausdruck gebracht, danach soll unter Organisation „nur diejenige Apparatur verstanden werden, die die Aufgabe hat, eine durch Planung vorgegebene

[174] Auf die Bedeutung dieser Perspektive für die Betriebswirtschaftslehre hat Heinen mit Nachdruck hingewiesen und ihr in der „Entscheidungsorientierten Betriebswirtschaftslehre" Ausdruck verliehen. Vgl. Heinen (Wissenschaftsprogramm), ders. (Einführung), S. 48ff., 267.

[175] „Abgeschwächt" deshalb, weil sie – um es kurz zu rekapitulieren – die vollständige Berücksichtigung des total interdependenten Entscheidungsfeldes aufgibt und eine Zerlegung in der zeitlichen Dimension nach lang-, mittel- und kurzfristiger Planung vorsieht. Die unberücksichtigt gebliebene Interdependenz soll dann über die Hierarchie abgearbeitet werden. Der Nachweis für ein Gesamtoptimum kann dann nicht mehr geführt werden.

[176] Mit anderen Worten: die Instanzen sollen die Unbestimmtheit auffüllen, die der strategische Plan noch läßt.

Ordnung zu realisieren. ... Sie ist lediglich der verlängerte Arm der Geschäfts- und Betriebsleitung"[177].

Auch diese Variante ist viel zu einfach, weil zu „problemlos", um die Steuerungsleistungen komplexer Systeme erfassen zu können[178]. Die Dezentralisierung des Entscheidungsprozesses (wie auch die horizontale Arbeitsteilung) bringt eine Spezialisierung mit sich, ein subsystemspezifischer Außenverkehr wird aufgenommen, eigene Interpretationsmuster werden entwickelt, kurzum, es formen sich die Phänomene heraus, die oben unter dem Organisationsprozeß-Paradigma beschrieben wurden. Das Konzept der Systemrationalität gibt hierfür einen neuen Interpretationshintergrund. Die bezeichneten Entwicklungen müssen nun nicht mehr als bedauerliche Abweichungen vom Ideal der kohärenten Planordnung oder als in Rechnung zu stellende Faktizitäten behandelt werden mit all den mehrfach aufgezeigten Problemen, sondern lassen sich jetzt, jedenfalls zu wesentlichen Teilen[179], als *zweckmäßige funktionale Differenzierung* begreifen. Eine partielle Unabhängigkeit

[177] Gutenberg (Produktion), S. 234; in seiner Habilitationsschrift gibt Gutenberg (Unternehmung) die theoriestrategische Begründung. Nicht die konkreten betriebswirtschaftlichen Einrichtungen sollten den Gegenstand betriebswirtschaftlicher Theorie bilden, sondern die (abstrahierten) Prozesse rationaler Zweck/Mittel-Wahlen. Die Organisation soll in der Theorienbildung als Quelle eigener Probleme ausgeschaltet werden: „So muß denn überhaupt versucht werden, die Unternehmung als Gegenstand betriebswirtschaftlicher Theorie in eine Ebene zu projizieren, in der zwar Organisation vorhanden ist, aber nur eine solche, die der eigenen Problematik entbehrt" (S. 25 f.). Diese theoriestrategische Begründung wird später Gestaltungsprinzip. Faktoren, die auf den systemhaften Charakter der betrieblichen Leistungsrationalität aufmerksam machen (z.B. informelle Gruppen), werden als Störfaktoren begriffen, die in Kauf genommen werden müssen; vgl. (Produktion), S. 285.

[178] Vgl. hierzu auch die an Gutenberg gerichtete Kritik von Heinen (Einführung), S. 50.

[179] Völlig uninformativ wäre natürlich das Konzept der Systemrationalität, wenn es jedwede empirische Erscheinung als funktional ausweisen ließe. Das ist nicht der Fall. Man interessiert sich ja gerade auch für *dysfunktionale* Wirkungen gefundener Problemlösungen. So sind z.B. das oben beschriebene „Gruppendenken" oder Prozesse des „escalating commitment" auch unter dem Blickwinkel der Systemrationalität problematisch, jedenfalls einer näheren Qualifikation bedürftig. „Funktional" ist ein sozialer Tatbestand nur dann, wenn der Nachweis gelingt, daß hiermit ein Systemproblem gelöst werden kann. Systemprobleme sind als objektive Erfordernisse konzipiert, sie lassen sich nicht ad hoc zu jeder beliebigen empirischen Erscheinung in rechtfertigender Weise hinzu konstruieren. Insoweit geht auch der Tautologievorwurf, wie er von Vertretern neopositivistischer Schulen häufig in diesem Zusammenhang erhoben wird, vgl. z.B. Nagel (Structure), S. 259, Hempel (Logic), S. 271 ff., jedenfalls gegen die funktionale Systemtheorie fehl. Vgl. Luhmann (Funktion), S. 15. Gleichwohl kann nicht bestritten werden, daß – worauf Hempel hinweist – die Widerlegung funktionaler Thesen oder allgemeiner: ihre empirische Relevanz methodologisch gesehen (nach wie vor) ein ungelöstes Problem darstellt. Vgl. hierzu Bubner (Systembegriff), S. 113 ff. Diese Problematik erfährt in dem Luhmannschen Gedankengebäude eine besondere (allerdings nicht fruchtbare) Wendung, insoweit als er Wissenschaft und Wahrheit selbst in die systemtheoretische Betrachtungsweise hereinholt und (nur) unter funktionalen Gesichtspunkten betrachtet. Damit ist aber keine Metaebene mehr denkbar, auf der über die Zweckmäßigkeit dieser Vorgehensweise als solche (objektiv) reflektiert werden könnte. Vgl. ebenda, S. 121 ff.

der Subsysteme ermöglicht es z.B., daß störende Umwelteinwirkungen in Teilen des Systems lokalisiert werden und sich nicht ohne weiteres auf das Gesamtsystem übertragen[180]. Parsons zeigt auf, daß in komplexen Systemen *qualitativ gebrochene Hierarchiezüge* eine wichtige Bedeutung haben, weil sie eine sehr viel bessere Rationalisierung der vielfältigen Umweltbezüge des Systems ermöglichen, als dies eine einzige Wechselbeziehung vermag. Seine Konzeption weist drei relativ autonome, vertikal geschnittene Subsysteme als typisch aus: das technische, das managerielle und das institutionelle Subsystem[181]. Die technische Ebene ist ganz auf die technische Natur der Aufgabe bezogen (Materialbereitstellung, Personaleinsatz usw.) und hat sich dabei ein hohes Maß an technischer Kompetenz erworben, das die anderen Subsysteme von ihm abhängig macht. Das managerielle Subsystem kontrolliert das technische System und erbringt bestandskritische Koordinationsleistungen[182], während das institutionelle Subsystem als Besitzer von Übersichtswissen vornehmlich die zwei anderen Subsysteme vorsteuert, die interorganisationale Interdependenz verhandelt und Legitimationsprobleme für das Gesamtsystem löst. Egal, ob man nun diese oder eine andere Einteilung wählt, etwa die Differenzierung in Spezialisten und Generalisten[183], wichtig ist, daß mit solchen vertikal geschnittenen Subsystemen die hierarchischen Ebenen nicht mehr nach oben voll ineinander rückführbar sind, sondern relativ autonome und zugleich interdependente Teilsysteme darstellen, mit *je eigenen Beiträgen* für das Gesamtsystem[184]. In den Teilsystemen sind Spezialwissen, Erfahrungen, gute Beziehungen usw. angelagert, die sich nicht vollständig nach „oben" zum Zwecke der Entscheidungsfindung transportieren lassen (schon gar nicht zu einem bestimmten Zeitpunkt); es wäre dies auch gar nicht systemrational, weil ja eben das Komplexitätsfassungsvermögen des Systems durch eine solche Zentralisierung erheblich *geschwächt* würde[185]. Damit erweist sich das Konzept der hierarchischen Planungskette

180 Vgl. Luhmann (Zweckbegriff), S. 185; ein Beispiel für das hier Gemeinte ist die These von Thompson (Organizations, S. 19ff.), daß bestimmte Grenzsysteme (boundary spanning units) Umweltunsicherheit abfangen und von dem in der Regel an relativ hoher Stabilität interessierten Produktionssystem „wegpuffern". Z.B. versucht der Einkauf, Marktschwankungen so auszugleichen, daß dennoch ein kontinuierlicher Materialfluß möglich bleibt, oder die Produktionsplanung durch Antizipation von Schwankungen, den Produktionsfluß stetig zu halten.

181 Vgl. Parsons (Structure), S. 59ff.; bezogen auf ein Rahmenkonzept der strategischen Unternehmensplanung vgl. van Cauwenbergh & Cool (Management), S. 247ff.

182 Hier besteht eine enge Verwandtschaft mit der Beschreibung des Mittelmanagements als „Koordinationsspezialisten" in den Chandlerschen Analysen; vgl. oben S. 62f. dieser dieser Arbeit.

183 Zu dieser Unterscheidung, die häufig anhand der Stab-Linien-Organisation plausibel gemacht wird, vgl. z.B. Scott (Konflikte).

184 Vgl. Luhmann (Zweck), S. 44, Thompson (Organizations), S. 161.

185 Thompson (Organizations) konstatiert denn auch: „the monolithic authority network with centralized decision making is not typical of complex organizations in modern socie-

als ungeeigneter Bezugsrahmen für eine Theorie der strategischen Unternehmenssteuerung.

Diese Überlegungen lassen zugleich einige der oben referierten empirischen Befunde in einem anderen Licht erscheinen. So ist demnach z.B. der immer wieder berichtete Mangel an enger *Verknüpfung* von strategischer und operativer Planung[186] weniger als ein Versäumnis der Praxis zu verstehen, das es alsbald zu beheben gilt, sondern es drückt sich darin vermutlich eine gesunde Skepsis der Praxis aus, die im operativen Bereich angesammelte Steuerungspotenz (einschließlich suboptimaler Planungskalküle) aufzugeben zugunsten des Vollzuges eines komprehensiven Detailplans, in dem „alle für die kurzfristige Steuerung des Unternehmensgeschehens zu berücksichtigenden Aktivitäten zu erfassen sind"[187]. Der reklamierte Vorteil einer voll integrierten Planhierarchie steht wohl gewöhnlich in keinem Verhältnis zu den *Anpassungskosten* und *Reibungsverlusten*, die ein solches System mit sich bringen würde[188]. Der Einwand, die Planvorgaben müßten eben permanent auf die Veränderungsbedürftigkeit hin überwacht werden, kann nicht überzeugen. Allein schon der enorme Aufwand, alle Pläne bei einer Veränderung neu zu erstellen und damit die Frage, ob sich eine Anpassung „lohnt", läßt schon das „bürokratische Momentum"[189] voll zum Tragen kommen. In effizient gesteuerten Unternehmen würde die Abweichung vom voll integrierten Detailplan die Regel sein. Insoweit hat dann das gewöhnlich praktizierte Verfahren, strategische Planung und operative Planung nur grob über Ressourcenzuweisungspläne (Budgets) zu koppeln und die Integrationsaufgabe dem Koordinationssystem zu übertragen, durchaus seinen guten Sinn, obgleich – wie zu zeigen sein wird – strategisch-anpassende Struktureingriffe (z.B. Bonussysteme, neue Vertriebskanäle usw.) hinzutreten müssen, um veränderten Stoßrichtungen Raum zu schaffen[190].

ties" (S. 160). Zur Komplexitätsthese und ihren Implikationen für eine Theorie der Planung vgl. auch die spezifische Sichtweise von v. Hayek (Theorie) und daran anschließend Malik (Managementlehre).

186 Vgl. Gabele (Entwicklungen), S. 130, Hobbs & Heany (Strategy), S. 119ff., Kreikebaum & Suffel (Entwicklungsprozeß), S. 182f., Thanheiser & Patel (Planung), S. 24f., sowie oben S. 145 dieser Arbeit.

187 Wild (Grundlagen), S. 169.

188 Mangelnde „Durchplanbarkeit" des Tagesgeschäfts zeigte sich auch in den zahlreichen Studien zur sog. informellen Organisation, in denen die Beschäftigten durch eine Fülle inoffizieller Informations- und Verkehrswege für einen reibungslosen Leistungsvollzug sorgten. Thomas (Situation) resümiert: „Ein Betrieb, in dem ab morgen die Arbeiter nur noch das täten, wozu sie der Ordnung nach verpflichtet sind, würde aufhören zu funktionieren" (S. 87).

189 Diesen Ausdruck verwendet Mintzberg (Patterns), S. 947; dort bezogen auf die Gefahr, daß sich eine *explizit* formulierte Strategie verselbständigt und im bürokratischen Apparat verfestigt. Der bürokratische Apparat verführe mit strategischen Plänen wie ein Elefant: „once underway there is no stopping it". Ebenda.

190 Mit dieser Ausdeutung ist natürlich nicht gemeint, daß strategische Konzepte aufgestellt

Weiterhin spricht das Gebot der funktionalen Differenzierung (vertikal und horizontal) für eine *dezentrale Strategieformulierung* wie es vor allem von Bower so anschaulich beschrieben und von Quinn zum Konzept des Logischen Inkrementalismus geformt wurde. Die häufig kritisierte, in vielen diversifizierten Großunternehmen aber dennoch übliche Praxis, Investitionsplanung und strategische Planung mehr oder weniger getrennt laufen zu lassen und nur rahmenmäßig zu koordinieren[191], läßt sich dann auch auf diesem Hintergrund besser verstehen. Die dezentral (z.T. noch unterhalb der Divisionsleitung) formulierten Investitionsinitiativen werden von der strategischen Planung *interpretiert* und zu einem Strategiekonzept geformt.

Die massive Kritik an der immer wieder beobachteten relativ geringen Beteiligung des Top-Managements am (inhaltlichen) Strategieformulierungsprozeß[192] bedarf auf diesem Hintergrund ebenfalls der Relativierung. Eine intensive Beteiligung an der – oder gar eine alleinige – Strategieformulierung würde für so komplexe Systeme, wie sie heutige Großunternehmen nun einmal darstellen, ein viel zu hohes Maß an Zentralisierung erfordern. Was in der synoptischen Planungslogik fast als selbstverständlich erschien, erweist sich auf dem Hintergrund der Systemrationalität als ineffizient.

(3) *Organisationsstruktur und strategische Planung*

Die Überlegungen zur Zweck/Mittel-Ordnung und zur Plankette haben zur Konsequenz, daß die Organisationsstruktur (insbesondere die Art der Teilung des Entscheidungsprozesses) nicht mehr als neutral, sondern als *eigenständiges* Element im Planungsprozeß betrachtet werden muß[193]. Damit kommen die Prozesse *vor* der Beschlußfassung in das Blickfeld der Planungsrationalität, d.h. die Planungsqualität ist auch abhängig von der Organisationsstruktur[194]. Das Organisationsproblem umfaßt damit neben der Planbefolgung mindestens gleichgewichtig auch die Planentwicklung[195].

An dieser Stelle werden nun die großen Schwierigkeiten verständlich, die die Anti-Chandler-These: „strategy follows structure"[196] der präskriptiven Theorie strategischer Planung bereitet hat (und auch weiterhin bereitet).

werden sollen, ohne zu überlegen, ob sie im operativen Bereich überhaupt durchführbar sind, vgl. hierzu auch „Schritt 1" bei Hobbs & Heany (Strategy), S. 123.

191 So erst kürzlich wieder in einem Bericht zur strategischen Planung der BASF AG anläßlich eines Vortrages am 20. 1. 1983 in Nürnberg. Vgl. ferner den referierten Befund von Bower (oben S. 173 ff.).

192 Zu solchen Befunden vgl. oben S. 145 sowie Keppler (Aspekte), Budde (Organisationsstruktur), S. 57 ff.

193 Vgl. Guth (Theory), S. 386.

194 Gemeint ist hier nicht die sog. Organisation der Planung, sondern die Struktur des Gesamtsystems, wie bei den theoretischen Grundlagen der Paradigmen 2–4 skizziert. Zur Organisation der Planung vgl. Szyperski & Müller-Böling (Gestaltungsparameter), Gälweiler (Organisation).

195 Vgl. in einem allgemeineren Sinne Luhmann (Zweck), S. 45.

196 Vgl. oben S. 128, FN 175; zur Chandler-These: Structure follows strategy, vgl. Kap. 2.

Wirft diese These doch ein Schlaglicht auf die – zumeist uneingestandene – Implikation der Organisationsneutralität und auf den zu eng gefaßten Rationalitätsbegriff der synoptischen Planung, der diesen Zusammenhang von Strategie und Struktur gar nicht denkbar macht.

Die oben referierten Studien von Bower und Aharoni zeigen eindrücklich den großen (nicht-geplanten) Einfluß der Organisationsstruktur (Teilung des Entscheidungsprozesses, formalisierte Leistungsstandards etc.), gerade was die Initiierung und die Durchschlagskraft (Impetus) von Strategievorschlägen anbelangt. In diesen Studien, die die Strategieformulierung eindringlich als einen multilokalen und multipersonalen Organisationsprozeß zeichneten, trat das Problem der Plandurchsetzung im Vergleich zur Bedeutung der Frage der Entscheidungsfindung in den Hintergrund.

Es zeigt sich erneut, daß das Rationalitätskonzept der strategischen Planung einer breiteren und komplexeren Basis bedarf als es der synoptische Begriff bietet, um den Systemsteuerungsanspruch erfüllen zu können.

(4) *Motivation*

Mit der Neutralitätsfiktion der Organisation – wie sie die synoptische Planung impliziert – ist zugleich eine Indifferenz gegenüber Problemen der *Motivation* verbunden[197]. In dem Maße aber, wie qualitative Hierarchiebrüche und relativ autonome (partiell selbstgesteuerte) Subsysteme nicht mehr als baldmöglichst zu beseitigende Fehlerscheinungen bzw. Abweichungen, sondern – jedenfalls im Prinzip – funktionale Strukturdifferenzierung begriffen werden, gerät die Frage der Motivation der Organisationsmitglieder in den Vordergrund und wird zur Gestaltungsaufgabe einer (rationalen) Theorie strategischer Unternehmenssteuerung. Komplexe Systeme müssen, wie wir gesehen haben, in ihren Teilsystemen relativ hohe Freiräume institutionalisieren und „strukturelle Risiken" eingehen[198]. Das arbeitet mit aller Klarheit das *Kampfspiel-Paradigma* heraus. Der Spielbegriff erweist sich ja deshalb als so kraftvolles Analyseinstrument, weil er organisationales Handeln und Planen genau zwischen den Polen „Determiniertheit" und „Autonomie" festmacht und die aus dieser Betrachtung fließende Idee des *„Spielraumes"* thematisieren kann.

Die Lernbereitschaft unterer Stellen in spezialisierten Subsystemen, die spontane Kooperation auf horizontaler Ebene, das strategische „Mitdenken", die strategiegerechte Informationselektion etc.[199], alles dies werden aber mit der

[197] Vgl. Luhmann (Planung), S. 72; den „Einbruch" der Motivation in ein zweckrationales Entscheidungsmodell hatten wir oben (S. 38ff.) bei der Frage diskretionären Managerverhaltens schon einmal – wenn auch mit anderer Zielrichtung – beleuchtet.

[198] Vgl. Luhmann (Systemtheorien), S. 23.

[199] Die einzelnen Konzepte und Vorschläge zur Integration der Motivation in Führungsmodelle (Human-Resourcen-Ansatz) dürfen hier als bekannt unterstellt werden, so daß sich eine weitere Darstellung erübrigt. Vgl. stellvertretend Likert (Organization).

Existenz von Freiräumen Probleme, denen die Planungslogik Raum geben muß, um die komplexe Steuerungsaufgabe faßbar zu machen. Die in jüngeren Ansätzen der strategischen Unternehmensplanung aufgestellte (aber – wie gezeigt – in den synoptischen Planungsbegriff ja gar nicht integrierbare) Forderung nach umfassender Partizipation an den Planungsprozessen[200], läßt sich als eine Reaktion auf Motivationsprobleme verstehen[201]. Diese Forderung ist jedoch auch als Antwort auf das *„politische" Problem* (Macht- und Interessenfragen) zu begreifen, das die Prämisse der neutralen Organisation ebenso wie die Motivation mit ausklammert[202]. Die synoptisch-strategische Planung legt – wie gezeigt – entweder den politischen Aspekt völlig aus dem System hinaus (externe Vorgabe des Oberziels) oder aber er wird an der Spitze zusammengedrängt und bei den „unergründlichen" Wertvorstellungen der obersten Entscheidungsträger angelagert, deren Wertentscheidungen dann den eigentlichen Planungsprozeß erst in Gang setzen. Mit der Lockerung der Zweck/Mittel-Kette und der Notwendigkeit begrenzt geöffneter Entscheidungsfelder ergeben sich aber vielfältige „Einbruchstellen" für politische Prozesse, wie ja bei dem Kampfspiel-Paradigma ausführlich beschrieben. Verdeckt politische Prozesse entfalten tendenziell zentrifugale, bestandsgefährdende Kräfte, die durch partizipative Planung und auch die Bildung von Teilkonsensen aufgefangen werden sollen. So weit wie das funktionale Erfordernis reicht, ist die Berücksichtigung politischer Prozesse daher nicht „irrational", sondern systemrational[203].

(5) *Prozeßrationalität*

Die bislang erörterten Gedanken lassen sich auch auf dem Hintergrund der Theorie des brauchbaren Entscheidens, wie sie von Simon und von Cyert und

[200] Vgl. oben S. 237f. sowie die abwägende Diskussion bei Kappler (Betriebswirtschaften), S. 100f.

[201] Es sei darauf hingewiesen, daß Luhmann (Komplexität, S. 314ff.) aus seinem theoretischen Gebäude meint zwingend ableiten zu können, daß diese Partizipationsforderung nicht nur unrealistisch, weil das System mit Komplexität überfrachtend, sei, sondern auch „Frustrierung zum Prinzip" erhebe, weil Entscheidungsprozesse eben Prozesse der Selektion seien, deren Negationsrate mit der Zahl der betrachteten Alternativen wächst. Ganz anders dagegen Naschold (Gesellschaftsreform, S. 5ff.), der auf einer vergleichbaren theoretischen Basis zu der Auffassung kommt, daß Planungspartizipation in hochkomplexen Systemen ein funktionales Erfordernis der Komplexitätsreduktion darstelle, das allerdings Verselbständigungstendenzen nicht ausschließen könne und so Chancen autonomer Motivbildung böte.

[202] Vgl. Luhmann (Planung), S. 72, Kappler (Betriebswirtschaften), S. 92ff.

[203] Die Frage der normativen Wünschbarkeit der Partizipation, etwa zur besseren Einbringung bislang unterdrückter, aber berechtigter Forderungen, soll hier nicht näher diskutiert werden. Dies ist nur auf dem Hintergrund einer breiteren Diskussion möglich, der eine Einführung mehrerer grundsätzlicher Kategorien über normatives Argumentieren vorangestellt werden müßte. Das kann und soll hier nicht nebenbei geleistet werden. Ein kategorialer Rahmen zur Diskussion solcher Probleme ist dargestellt in Steinmann et al. (Praxis), Steinmann & Gerum (Reform), S. 27ff.

March entwickelt wurde, widerspiegeln. Sie weist indirekt – wie oben bei der Darstellung des Organisationsprozeß-Paradigmas schon aufgezeigt –, auf die Bedeutung der Organisationsstrukturen und der Systemmerkmale hin. Dies in zweierlei Hinsicht[204]: Zum einen erschließt sich dies aus der Art der Problemlösung. Die (zwingende) Zweck/Mittel-Beziehung und das Optimalprinzip sind – wie gezeigt – strukturindifferent, für die Rationalität ihrer Lösung machen unterschiedliche Strukturen keine Differenz; eine solche Differenz ergibt sich nur, wenn man die *Rationalität in Prozeßlösungen* sucht[205], also in Lösungsformen, wie sie z.B. die Theorie des brauchbaren Entscheidens beschreibt[206]. Erst dann wird überhaupt ein Einfluß der Organisationsstruktur denkbar, weil dann die Struktur die Problemdefinition ebenso beeinflußt wie den Horizont möglicher Problemlösungen und die Art der Suche nach geeigneten Lösungen.

Zum zweiten setzt die Theorie des brauchbaren Entscheidens, wie erwähnt, eine Theorie der Firma voraus, die angibt, unter welchen Bedingungen Entscheidungen als befriedigend gelten können. Cyert und March zeigen auf, daß hier vielfältige organisatorische Prozesse eine Rolle spielen und daß damit nicht etwa eine bloße Reduzierung der Gewinnerwartung (angemessener statt maximalem Gewinn) gemeint ist[207]. Die Vorgabe eines bestimmten *Entscheidungsniveaus öffnet* den Entscheidungsprozeß (führt ihn von der Idee der einzig richtigen und somit deterministischen Lösung weg) und macht dadurch in dem Entscheidungsprozeß den komplexen Problembestand, den ein System zu seiner Erhaltung lösen muß, verankerbar. So sind z.B. bei einer Niveauvorgabe gewöhnlich mehrere Lösungen zugelassen, unter denen dann nach zusätzlichen systemrationalen Gesichtspunkten (Stabilisierung, Konsensfähigkeit usw.) ausgewählt werden kann.

(6) *Anpassungsfähigkeit, Innovation und Reflexivität*

Mit der Idee des *variablen Anspruchsniveaus* eröffnet diese Theorie ferner einen Zugang zu Problemen der Anpassung und des Lernens, wie sie als permanente Basisfunktion jedes System erfüllen muß[208]. Hier läßt sich nun die Brücke schlagen zu einigen neueren Entwicklungen der strategischen Planungsliteratur, die das Anpassungsvermögen und die Lernfähigkeit der Unternehmung als zentrale strategische Systemeigenschaft in den Vordergrund

[204] Im Anschluß an Luhmann (Zweckbegriff), S. 118ff.

[205] Zum Begriff der Prozeßrationalität vgl. genauer Simon (Rationality), S. 8ff.

[206] Uns geht es hier ausschließlich darum, die Strukturimplikationen einer Prozeßlösung offenzulegen, nicht aber um eine normative Wendung der spezifischen Heuristik der Theorie des brauchbaren Entscheidens. Wie schon bei der Kritik des inkrementalen Ansatzes gezeigt, ist der Heuristik eine unbegründet konservative Entscheidungsorientierung zu eigen, die sie gerade für strategische Planungen ungeeignet macht.

[207] Letzteres wäre ja von der Struktur her nichts anderes als das herkömmliche Zweckmodell.

[208] Vgl. Luhmann (Zweckbegriff), S. 123.

rücken[209] (dort allerdings zumeist mit der fraglichen Begründung, daß die Umwelt zunehmend turbulenter werde[210]). So diagnostiziert z.B. Ansoff, der wohl als Pionier dieser Entwicklung in der präskriptiven Lehre angesehen werden darf, ein Dilemma: die Rate der Umweltveränderungen beschleunige sich laufend, während die Reaktionsfähigkeit der Unternehmung mit zunehmender Größe und Komplexität immer mehr abnehme[211]. Auch und gerade die herkömmlichen strategischen Planungssysteme seien viel zu *starr*, um rechtzeitig auf *strategische Diskontinuitäten* zu reagieren, d.h. auf bestandskritische Wandelprozesse der Umwelt, die bei Passivität den Ruin des Unternehmens herbeiführen können[212]. Es ist genau auch diese Beobachtung, die Rhenman zu der Schlußfolgerung veranlaßt: „The procedures of strategic planning make it more difficult to observe and deal with strategic problems"[213]. Ansoff schlägt daher vor, die Unternehmung müsse sich für solche Situationen rüsten, einerseits durch die Entwicklung eines leistungsfähigen *Krisenmanagements* und andererseits durch die Einrichtung *„strategischer Bereitschaften"*, die der Diskontinuität durch Aufnahme von „schwachen Signalen" zum Zeitpunkt ihres Wirksamwerdens den Charakter der Überraschung nehmen sollen[214]. Als Modell dienen Alarm- und Überraschungs-Bereitschafts-Techniken, wie sie in militärischen Organisationen Anwendung finden. Die von Ansoff hierzu vorgeschlagenen Maßnahmen laufen zu großen Teilen auf *organisatorische* Vorkehrungen und die Schaffung einer Atmosphäre der strategischen Wachsamkeit (Sensibilisierung für schwache Signale) hinaus. In Konsequenz bedeutet das: Vor oder an die Stelle von Planung tritt *Organisation*[215]. Ansoff sieht hier allerdings keinen Widerspruch; er schlägt vor, strategische Planung im herkömmlichen Sinne und das Konzept der strategischen Bereitschaft komplementär zu begreifen[216].

Abgesehen von der logisch so nicht haltbaren Komplementaritätsannahme[217] lassen sich Ansoffs Vorschläge als Plädoyer für eine erweiterte Planungsrationalität verstehen, indem die Anpassungs- und die Lernfähigkeit der Unternehmung als gesonderte, nicht innerhalb der Unternehmensplanung zu ra-

209 Vgl. hierzu insbesondere die jüngeren Konzeptionen von Ansoff (Bewältigung), ders. (Management) sowie Kirsch & Trux (Perspektiven), S. 322ff., Kirsch, Esser & Gabele (Reorganisation), S. 469ff., Ellis (Response), Chakravarthy (Adaptation), Ronchi (Adaptation).

210 Diese These haben wir oben S. 72ff. diskutiert.

211 Vgl. Ansoff (Reaktionen), S. 237.

212 Vgl. Ansoff (Entwicklungsstand), S. 79f., vgl. hierzu auch Ozbekhan (Theory).

213 Rhenman (Theory), S. 4.

214 Vgl. Ansoff (Reaktionen), S. 234f.; vgl. hierzu auch die (bisweilen etwas paradoxen) Vorschläge von Hedberg, Nystrom & Starbuck (Camping).

215 Vgl. zur Deutung dieser allgemeinen Entwicklung in der Planungstheorie Musto (Wandlungstendenzen), S. 300ff.

216 Vgl. Ansoff (Reaktionen), S. 260f.

tionalisierende Systemfunktionen ausgezeichnet werden[218]. In jedem Falle ist es ein Hinweis auf die mangelnde Komplexität des Steuerungskonzeptes der synoptischen Planungslogik.

Was die *Lernfähigkeit* des Systems anbelangt, so weist – um ein weiteres Beispiel herauszugreifen – Argyris darauf hin, daß „Lernen" bei großen (= strategischen) Entscheidungen, nicht immer als eine Soll/Ist-Kontrolle am Ende der Berichtsperiode stattfinden kann, sondern *vor* dem Entschluß in den Prozeß selbst als Disposition Eingang finden muß[219]. Damit wird erneut die Bedeutung der *Prozeßgestaltung* für die Entscheidungsqualität hervorgehoben. Argyris weist, u.E. zu Recht, darauf hin, daß Verhaltensweisen, wie sie insbesondere im Kampfspiel-Paradigma (aber auch teilweise in den zwei anderen Paradigmen) beschrieben sind, tendenziell die Lernfähigkeit des Systems behindern (invalides Feedback, Informationszurückhaltung, Kommunikationsverweigerung usw.) und leitet daraus – nachdem es sich um keine „Naturereignisse" handelt[220] – die Aufgabe ab, solche (systemirrationalen) Lernblockaden aufzulösen und in lernaktive Strukturen überzuführen, in einen Prozeß des Lernen des Lernens. Solche Strukturen zeichnen sich aus durch schwache hierarchische Ausprägung, vielfältige Feedbackkanäle[221], disponible Ziele und Normen, offene Konfliktaustragung und vertrauensvolles Klima[222].

[217] Wenn Ansoffs Argumente über die Schwerfälligkeit des strategischen Planungssystems gültig sein sollen, dann ist nicht einzusehen, weshalb dieses System unmodifiziert fortgeführt werden soll, da zum einen für ein solches System Kosten in beträchtlicher Höhe anfallen und zum anderen, wie Rhenman (Theory), Mintzberg (Patterns) und eben auch Ansoff selbst zeigen, von diesem dysfunktionale Effekte ausgehen. Und ferner, wenn die Umwelt so turbulent wird, wie von ihm angenommen, produziert das System ja nach Voraussetzung nur obsolete Pläne.

[218] In einem anderen Beitrag finden sich direkte Bezüge zu dieser Interpretation: „the rational process of planning is only a component of a much more complex socio-dynamic process which brings about strategic change". Ansoff, Declerck & Hayes (Planning), S. 77. Was die schlichte Nebeneinanderstellung der Elemente anbelangt, gilt jedoch dieselbe in der vorhergehenden Fußnote dargelegte Kritik.

[219] Vgl. Argyris (Models), S. 365.

[220] Es ist ein wesentliches Problem der dem Kampfspiel-Paradigma zuzuordnenden Schulen, daß sie die „Micropolitics" als Konstanten behandeln, so als ob es gar keinen Sinn hätte, über ihre (Ir-)Rationalität zu sprechen, weil sie ohnehin immer vorhanden seien. Dies ist, wie Argyris zu Recht betont, eine nicht begründbare Ausgangsposition, sie führt zu ähnlichen Argumentationsnöten, was die Erklärung der Rationalisierungsentwicklung der industrialisierten Welt anbelangt, wie sie bei dem phänomenologisch orientierten Paradigma der „organisierten Anarchie" bereits aufgezeigt wurden (vgl. oben S. 218f.).

[221] Hedberg & Jönsson (Designing) schlagen zu diesem Behufe „semi-confusing information systems" vor.

[222] Vgl. Argyris (Models), S. 368ff., Argyris & Schön (Learning), S. 26f.; zu den Bedingungen lernfähiger Organisationen vgl. auch den Katalog von Hedberg (Organizations), S. 20ff. sowie March (Technology), ferner das „organische Managementsystem" in der klassischen Studie von Burns & Stalker (Management).

Eine ähnliche Argumentation ließe sich zu der immer wieder geforderten *Kreativität* und *Innovationsfähigkeit* der Organisationsmitglieder für eine erfolgreiche strategische Planung führen[223]. Die vorbehaltlose Bereitschaft zur Umsetzung und Ausführung von Planvorgaben verträgt sich nicht mit einem neugierig-suchenden Interesse an Alternativen und Veränderungsmöglichkeiten, mit einer Einstellung, die die benutzten Problemlösungsvarianten einschließlich der projizierten Sollzustände immer als *offene* begreift[224] (bei Argyris: double-loop learning[225]). Ein *Widerspruch*, der nicht selbst wiederum durch synoptische Planung gelöst werden kann[226]. Deshalb kann auch Berthel nicht zugestimmt werden, wenn er postuliert: „Für eine betont innovationsorientierte Unternehmensführung erscheint eine strategisch-synoptische Planung als aussichtsreichste Basis"[227].

Eine Differenzierung des strategischen Planungssystems nach Maßgabe beider Aspekte, daß also ein Subsystem die Innovations- und Lernfunktion und die anderen die „Ausführung" übernehmen[228], erweist sich nach vorher Gesagtem als ungenügend. Sie perpetuiert nicht nur das Problem der „Implementation", sondern sie übersieht, daß in hoch komplexen Systemen – wie sich auch in Punkt (9) zur Frage der Integration noch zeigen wird – die Subsysteme, wenigstens bis zu einem gewissen Grad, selbst lernfähig sein müssen. Das systemtheoretische Gestaltungsprinzip der *Reflexivität* bietet die Möglichkeit, beide Aspekte, die Ausführung wie auch die Innovations- und Lernfähigkeit, zu berücksichtigen. Reflexivität heißt, daß der Entscheidungsprozeß, das Lernen, das Planen (auch) auf sich selbst angewandt wird[229]. Mit anderen Worten, das Lernen des Lernens wird (mit-)reflektiert, der Planer reflektiert den Planungsprozeß mit etc. Reflexivität schafft *Di-*

223 Strategische Planung kann man auch als institutionalisierte Innovationsproduktion begreifen, vgl. hierzu etwa Taylor (Dimensions), S. 87ff. sowie die aufschlußreichen Fallstudien von Jelinek (Innovation).

224 Vgl. Burns & Stalker (Management); im Hinblick auf den dadurch entstehenden Rollenkonflikt vgl. Luhmann (Zweckbegriff), S. 80ff.; allgemein zur Organisation von Innovationsentscheidungen vgl. statt anderer Witte (Organisation), Marr (Innovation) Sp. 955ff., zu Problemen der Innovationsforschung Downs & Mohr (Issues).

225 Vgl. Argyris (Models), S. 368f., Etzioni (Society, S. 181) spricht in einem ähnlichen Zusammenhang von „Fundamentalkritik".

226 Vgl. hierzu die differenzierenden Ausführungen von Luhmann (Organisation), S. 66ff.

227 Berthel (Innovationsorientierung), S. 311.

228 Eine solche Differenzierung schlägt allgemein z.B. Wilson (Innovation) vor.

229 Vgl. Luhmann (Zweckbegriff), S. 338, ders. (Mechanismen), S. 93; ähnlich auch das Konzept der „self-evaluating organization" von Wildavsky (Organization); er definiert: „The self-evaluating organization is one that uses its own analysis of its own programs in order to alter or abolish them" (S. 515). Eine Parallele läßt sich auch ziehen zu Weick (Design) und seiner Idee der „self-designing systems"; eines seiner Prinzipien verlangt z.B. „continuous evaluation of ongoing designs" (S. 38). Der Zustand solcher Systeme – hier ist allerdings ein deutlicher Unterschied zu Luhmanns Konzeption – wird als „chronically unfrozen" beschrieben.

stanz und erhöht das *Alternativenbewußtsein*, was als Voraussetzung für Innovations- und Lernfähigkeit angegeben wurde und auch als Basismerkmal angesehen wird. Reflexive Entscheidungsprozesse ermöglichen für beide Typen von Entscheidungen (Treffen der Entscheidung und Bedenken der Entscheidungsprämissen) die Anwendung verschiedener Arten der Rationalität, verschiedener Kriterien, die Bezugnahme auf verschiedene Referenzgruppen usw.[230]. Die *parallele Verarbeitung* von Problemen mit gänzlich unterschiedlichen Strukturen bedeutet eine Steigerung der Fähigkeit, Komplexität zu verarbeiten. Dieser Vorzug ist nicht in Form von individueller Handlungsrationalität, sondern nur als Systemrationalität begreifbar[231].

(7) *Widersprüche*

Den Stellenwert *widersprüchlicher Zwecke* gilt es weiter auszuloten. Die synoptische Planung setzt ein klar umrissenes (Ober-)Ziel oder ein konsistentes Zielsystem voraus. Das erklärt sich schon daraus, daß ihre konzeptionelle Grundlage am Paradigma der Einzelhandlung gewonnen ist. Das Konzept der Einzelhandlung schließt widerspruchsvolle Zwecke, also Zwecke, die zu unterschiedlichen Handlungen auffordern, aus. Zwar kann der Handelnde divergierende Wünsche und Vorstellungen haben, bevor es jedoch zum Handeln kommt, müssen die Widersprüche in irgendeiner Weise außer Geltung gesetzt werden, „denn niemand kann zweierlei auf einmal handeln"[232]. Das gilt analog für die synoptische Planung. Die These der funktionalen Systemtheorie besagt nun aber, daß jedes Handlungssystem verschiedene Grundprobleme lösen muß und daß diese zueinander in einem widerspruchsvollen Verhältnis stehen[233]. In der Managementlehre hat Barnard just auf dieses Problem schon sehr früh hingewiesen durch die Differenzierung der Erfolgskriterien in „efficiency" (in etwa gleichzusetzen mit Anpassungsfähigkeit, Integration, Identitätserhaltung) und „effectiveness" (Zielerreichung)[234].

Im Gegensatz zur synoptischen Rationalität kann die Systemrationalität diese Widersprüche grundsätzlich integrieren[235]. Ein System kann widerstreitende Zwecke verfolgen, indem es dezentral Widersprüche zuläßt und ab-

[230] Vgl. Luhmann (Planung), S. 71.

[231] Vgl. Luhmann (Zweckbegriff), S. 338.

[232] Vgl. ebenda, S. 228.

[233] Vgl. oben S. 249f. Luhmann (Methode, S. 41f.) weist darauf hin, daß es sich hierbei nicht um Widersprüche der klassischen Logik im Sinne von A und non-A handeln kann, sondern vielmehr um ein abgestuftes Konzept, das in der Aussagenlogik nicht formulierbar ist.

[234] Vgl. Barnard (Functions), S. 19 passim.

[235] Ein Versuch in der synoptischen Planungslehre, Systemwidersprüchen gerecht zu werden, ist die Formulierung von Restriktionen in Optimalkalkülen. Die „Kapazität" dieses Lösungsvorschlags ist aber ersichtlich eng umschrieben. Ein anderer Versuch sind die in Kapitel 3, S. 123 erwähnten „Kompromißprogramme" (z.B. Bilden von Nutzenindices). Zur Kritik vgl. Bretzke (Problembezug), S. 89.

arbeitet oder etwa indem es einmal diesen und ein anderes Mal jenen Zweck in den Vordergrund der Problemlösungsbemühungen stellt[236]. Beispiele für Maßnahmen, wie Systeme solche Widersprüche handhaben, lassen sich aus den deskriptiven Strategieanalysen (insbesondere Organisationsprozeß-Paradigma) gewinnen: Parzellierung von Entscheidungssystemen, zeitliche Hintereinanderschaltung von unvereinbaren Entscheidungen, Institutionalisierung von Widersprüchen in kollegialen Entscheidungsorganen, „Waffenstillstandsabkommen" etc. *Inkonsistente* Strukturen und Teilpläne können also geradezu ein Systemerfordernis sein, etwa bei sehr verschiedenen (Sub-)Umwelten oder multivalenten Erwartungsstrukturen. Insofern ist auch die Forderung nach vollständiger Konsistenz der Unternehmenssteuerungs-Pläne fehlleitend, weil sie unter Umständen (system-)irrational sein kann. An die Stelle der widerspruchsfreien Ordnung rückt die Möglichkeit, *Konsistenzanforderungen* nach Maßgabe der Systemsteuerungsprobleme *zu variieren*[237].

(8) *Zielfunktion*

Nachdem es also kein einzelnes Ziel gibt, das das ganze zu rationalisierende Systemsteuerungs- und -entwicklungsproblem repräsentieren könnte, trennt die Systemrationalität die Zweckformel und den Systemstandpunkt. Sie entthront den Zweck als einziges und oberstes Selektionsprinzip wegen seiner mangelnden Komplexitätsfassung; das heißt aber nicht, daß der Zweckbegriff völlig an Bedeutung verlöre. Das wäre eine absurde Konsequenz, gerade für Unternehmen. Er erfährt jedoch eine *Relativierung*. Die Funktion der Zweckorientierung soll mit Hilfe von sogenannten Zweckprogrammen in Strukturen übersetzt werden. Zweckprogramme sind von ihrem Inhalt her vorformulierte Entscheidungsprobleme, nicht aber vorgeschriebene Lösungen (Konditionalprogramme). Letzteres eben deshalb nicht, weil das Bestandsproblem nicht in der Zielfunktion aufgehen kann[238] und als schlechtstrukturiertes Problem nicht als Lösung, sondern nur als Problem in die Strukturbildung hineingegeben werden kann[239]. „Das Programm stabilisiert als eine Entscheidung, die in einem System erarbeitet wird, den Zweck und nicht der Zweck das Programm"[240]. Die Reduktion von Komplexität erfolgt jedoch – wie ausführlich dargelegt – nicht durch Zwecksetzung und Zweckprogrammierung allein, sondern primär durch Bildung von (relativ autonomen) Untersystemen[241].

[236] Vgl. Luhmann (Zweckbegriff), S. 228 ff.
[237] Vgl. Luhmann (Planung), S. 78.
[238] Im Modell der vollkommenen Konkurrenz fallen – das sei kurz angemerkt – Ziel- und Bestandskriterium in eines, aber nur deshalb, weil der Systemcharakter der Unternehmung durch die Prämissen wegretuschiert wird.
[239] Vgl. Luhmann (Zweckbegriff), S. 265.
[240] Ebenda, S. 269 f.
[241] Ebenda, S. 270.

Bei der Frage der *Zielklarheit*, die der synoptischen Planungsidee ja als unbedingte Forderung zugrunde liegt, gilt es vom Standpunkt der Systemrationalität her eine schwierige Balance zu finden zwischen hinreichender Präzision, um als Selektions- und Kombinationskriterium verwendbar zu sein, und notwendiger Allgemeinheit, um die Anpassungsfähigkeit des Systems zu erhalten, um Raum für interne Konsensbildungen zu schaffen usw.[242]. Mit anderen Worten, die Zweckspezifikation hängt von den verschiedenen Funktionsrichtungen ab, die in der Zweckformel kombiniert werden sollen[243]. Genau diese Problematik spiegelt sich in einer Reihe von Studien zum Management by Objectives wider, die auf Dysfunktionen zu hoher Zweckspezifikation und Schwierigkeiten bei der Erstellung operationaler Zielsysteme hinweisen[244]. Unspezifische Zwecke erlauben aber keine strenge Zweckrationalität der Einzelhandlung.

(9) *Integration*

Die heute für jede größere Unternehmung typische und immer weiter fortschreitende horizontale und vertikale Spezialisierung (Untergliederung in funktional differenzierte Subsysteme) läßt die Integration, also die Aufrechterhaltung der Handlungs- und Leistungsfähigkeit des Gesamtsystems zu einem vordringlichen Problem werden. In der Vorstellung strategisch-synoptischer Planung soll diese Integration *zentral* durch das alle Aktivitäten überspannende (zeitlich und sachlich abgestimmte) Plansystem geleistet werden, d.h. die Teile sollen mehr oder weniger zu *einer* Handlungseinheit verschmelzen. Dies indessen erwies sich – wie mehrfach erwähnt – als praktisch unmöglich; das Systemrationalitätskonzept läßt die *strukturellen* Gründe hierfür deutlich werden. Eine breitflächige Funktions-Differenzierung läßt so viele und qualitativ so unterschiedliche Bezüge zwischen den Subsystemen entstehen, daß das Gesamtsystem immer weniger garantieren kann, daß die Teilsysteme unter einheitlichen Strukturen gleichförmig handeln[245]. Mehr noch: Da jedes spezialisierte Teilsystem immer mehr Möglichkeiten erzeugt als andere Teilsysteme und damit das Gesamtsystem verarbeiten können, gleichzeitig aber jede Teileinheit durch den Optionsspielraum der anderen Teile überfordert zu werden droht, ist Kompatibilität nur noch möglich, wenn die Teile sich *selbst* beschränken, indem sie ihre Alternativen schon mit Rücksicht auf die Möglichkeiten der anderen Teilsysteme formulieren (Reflexivität)[246]. Eine solche reflexive Integration, die also die durch Spezialisierung entstandene Komplexität dadurch bearbeitbar macht,

[242] Zu weiteren „Zielunklarheits-Rationalitäten" vgl. Hauschildt („Ziel-Klarheit"), S. 311 ff.
[243] Vgl. Luhmann (Zweckbegriff), S. 214.
[244] Vgl. z.B. Levinson (Management), S. 127, Dirsmith & Jablonsky (MBO), S. 41 ff., Pringle & Longenecker (Ethics), S. 307 f.
[245] Vgl. Luhmann (Religion), S. 243.
[246] Vgl. Willke (Problem), S. 243 f.

daß die Subsysteme ihre Alternativen selbst einengen, setzt Einsicht in die Entscheidungsinterdependenz und eine entsprechende Entscheidungskompetenz voraus[247]. Anders ausgedrückt, die Subsysteme bedürfen einer „relativen Autonomie", die einen hinreichend breiten Freiraum für eigenständiges Handeln zuläßt, aber dennoch den Konnex zwischen Teil und System aufrechterhält[248]. Bezogen auf die Gesamtsystemsteuerung bedeutet dies, daß im Unterschied zu der nicht leistbaren zentralen Totalplanung – die Integration zu einem wesentlichen Teil in Form von *dezentralen* Mechanismen (insbesondere Gestaltung von Reflexionsstrukturen) auf der Ebene der Subsysteme vorzusteuern ist („regulierte Autonomie")[249]. Aus der Organisationstheorie bekannte Modelle der horizontalen Kooperation, etwa in Form der Matrixorganisation, ließen sich hier als Beispiele anführen[250].

(10) *Strategisches Problem*
Zusammenfassend sei darauf verwiesen, daß das Konzept der Systemrationalität eine gänzlich andere Sichtweise des „Problems strategischer Unternehmensführung"[251] impliziert als dies in der synoptisch orientierten Literatur der Fall ist. Es erfordert und erlaubt es, den Horizont des „strategischen Problems" über die Produkt/Markt-Problematik hinauszuschieben und zentrale Systemsteuerungsprobleme, wie die Flexibilität („Flexible Response"), die Aufrechterhaltung der Legitimität oder die Bewältigung der nichtökonomischen System-Umwelt-Beziehungen (socio-political relations), *systematisch* in das Strategiekonzept zu integrieren, wie es Ansoff als Postulat für eine zeitgemäße Strategielehrc aufstellt: „The traditional conceptions of strategy as one level heuristic problem must be expanded to allow multilevel strategies, hierarchically related to each other"[252].

5.5.4 Schlußfolgerungen für eine Theorie strategischer Unternehmensführung

Mit diesen Überlegungen sollte an einigen ausgewählten Problembeständen die Vorteilhaftigkeit der Systemrationalität gegenüber der synoptischen Rationalität als Basis für eine Theorie strategischer Unternehmensführung belegt werden. Unsere Ausgangsthese war ja, daß eine strategische Planung auf

[247] Vgl. Luhmann (Planung), S. 72.
[248] Vgl. Willke (Problem), S. 247.
[249] Vgl. Teubner (Rationalität), S. 22, dort unter Bezugnahme auf das Rechtssystem.
[250] Vgl. z.B. die Gestaltungsvorschläge von Likert (Organizations), zur Matrixorganisation siehe anstelle anderer Staehle (Management), S. 466 ff.
[251] Ansoff (Shape) spricht von „shape of the strategic problem".
[252] Vgl. ebenda, S. 44, vgl. dort auch die Visualisierung der unterschiedlichen Strategieebenen in Abb. 1. 8, S. 42.

der Basis der synoptischen Konzeption ihren Systemsteuerungs- und -entwicklungsanspruch nur unzureichend erfüllen kann, weil mit diesem linearen Rahmen die Komplexität der Systemsteuerungsaufgabe nicht faßbar ist. Aufgrund der Tatsache, daß mit der Systemrationalität ein überlegenes Konzept der Planungsrationalität verfügbar ist, wird auch eine eingeschränkte Verwendung der synoptischen Konzeption als *regulatives Prinzip* – wie es z.B. Bretzke[253] vorschlägt – fragwürdig. Läuft man doch damit Gefahr, alle die Problembestände, die im vorangehenden Abschnitt beschrieben sind (Differenzierung, Motivation etc.), als Abweichung oder als Restriktionen hinzunehmen, ohne sie konstruktiv in das (system-)planerische Rationalisierungsbestreben zu integrieren; und eine solche Integration ist eben nur durch Änderung der Rationalitätskonzeption möglich. Diese Feststellung gilt jedoch nur für die hier zu verhandelnde Gesamtsystemplanung. Es soll mit diesen Argumenten keinesfalls die Praktikabilität entscheidungslogischer Modelle in begrenzten Bereichen *unter strenger Problemeinengung* (Suboptimierung) in Abrede gestellt werden, was ja auch angesichts erfolgreicher Einsätze abwegig wäre.

Von der Forschung her gesehen ergibt sich die Attraktivität der Systemrationalität als Paradigma einer Theorie strategischer Unternehmensführung auch daraus, daß sie den Weg ebnet, die zwei zentralen, bislang *isoliert* stehenden Forschungsbereiche, die präskriptive und die deskriptive Strategieforschung, miteinander zu verknüpfen; und zwar nicht auf der Ebene einer kompromißartigen Annäherung (die ja aufgrund der ungleichen Prämissen – wie gezeigt – eigentlich gar nicht möglich ist), sondern auf einer systematischen, also theoretisch *begründbaren* Ebene.

Was folgt nun aus all dem Gesagten für eine Theorie der strategischen Unternehmensführung? Wie hat man sich demnach eine strategische Planung vorzustellen? Einige mögliche Schlußfolgerungen seien kurz skizziert; dabei sollen uns vor allem ein *systemrational begründeter* Logischer Inkrementalismus und das Konzept von Bower als Orientierungsrahmen dienen.

(1) Die funktionale Differenzierung in vertikaler und horizontaler Hinsicht – wie wir sie in allen Großunternehmungen in weit vorangeschrittener Form vorfinden – erzwingt eine essentiell *dezentralisierte Strategieformulierung*. Die Initiative liegt im wesentlichen bei den Subsystemen. Strategien müssen dort formuliert werden, wo die besten Informationen verfügbar sind.

(2) Diese subsystem-spezifischen Strategien bedürfen der *Integration*. Der Unternehmensleitung fällt hier im strategischen Prozeß eine Schlüsselrolle zu, nicht nur in dem Sinne, daß sie das an Grob-Koordination nachliefert, was bei der dezentralen Strategiebildung und -abstimmung verloren ging,

[253] Vgl. (Problembezug), S. 136f.; nach der massiven Kritik, die der Autor gegen die Idee der total koordinierten Gesamtplanung auftürmt, ist diese Wendung ohnehin überraschend.

sondern auch, daß sie im Sinne *„reflexiver Planungsorganisation"* nach Instrumenten Ausschau hält, die eine horizontale (Selbst-)Abstimmung verbessern. Es ist sicherlich kein abwegiger Vorschlag, wenn Quinn hier dem strategischen Planungsstab eine wichtige *Verbindungs- und Konsensfindungsaufgabe* zuweist. Insgesamt bedeutet das, daß der zentrale Stellenwert der Organisationsstruktur für die Strategieformulierung („strategy follows structure") in die Strategielehre Eingang finden muß. Es ist genau dieser Punkt, auf den Ansoff abstellt, wenn er fordert: „Concepts of 'strategy of structure' now need to be developed"[254].

(3) Die Dezentralisierung des strategischen Prozesses, die organisationale Arbeitsteilung und die damit einhergehende eigenständige Bedeutung der Prozeßstruktur bringt eine neue Aufgabenbestimmung für die oberste Leitungsebene mit sich. Sie darf – wie Witte treffend schreibt – „jetzt nicht mehr darauf vertrauen, den langwierigen Prozeß von seinem Ende her beherrschen zu können, sondern wird – wenn sie Einfluß nehmen will – die Vor-Entschlüsse als organisatorische Notwendigkeit erkennen, sie nicht bekämpfen, sondern *bewußt steuern* und kontrollieren"[255]. Es ist somit *irreführend* an der klassischen Idee festzuhalten, strategische Entscheidungen seien nicht delegierbar, weil sie eine monolithische Entscheidung suggeriert. Die Aufgabe der Unternehmensleitung stellt sich – jedenfalls zu wesentlichen Teilen – als eine Prozeßsteuerungsaufgabe dar und zwar vorrangig *indirekt* und nicht in Form direkter konkreter Handlungsanweisung. Mit anderen Worten, sie legt die „Spielregeln" fest und arbeitet strategische Rationalitätskriterien heraus, denen eine gute (Vor-)Entscheidung zu entsprechen hat bzw. die untere Entscheidungsträger zur Maxime ihres Handelns machen sollen (z.B. Karrierekriterien, Leistungsbeurteilungen, Bonussystem)[256]. Die zukünftige präskriptive Strategieforschung muß u.E. diese indirekte Lenkung, die ja in den Studien von Bower und Berg so anschaulich beschrieben wurde, sehr viel stärker beachten und den strategischen Planer für solche Wirkungszusammenhänge sehr viel besser sensibilisieren. In der Studie von Bower z.B. war der Geschäftsführung der strategische Lenkungszusammenhang der Leistungsbeurteilungskriterien nicht bewußt. Untersuchungen belegen immer wieder, daß eine mangelnde Reflexion dieses Zu-

254 Ansoff (Shape), S. 44.

255 Witte (Mikroskopie), S. 493; dort allerdings nicht speziell auf den strategischen Prozeß bezogen.

256 Vgl. Crozier & Friedberg (Macht), S. 210f.; natürlich bietet es sich hier an, Parallelen zu dem (antibürokratischen) Konzept der „pretialen Lenkung" von Schmalenbach (Lenkung) zu ziehen bzw. allgemeiner zu der Diskussion der innerbetrieblichen Verrechnungspreise, vgl. hierzu Albach (Lenkpreise), Hax (Verrechnungspreise). Ein noch engerer Zusammenhang ergibt sich zu der oben S. 47f. unter anderem Vorzeichen angesprochenen Diskussion um die ROI-Kennzahl als Steuerungs- und Kontrollinstrument multidivisionaler Unternehmen.

sammenhangs tendenziell zu Kriterien führt, die eine kurzfristige (also gerade nicht eine strategische) Orientierung begünstigen[257].

(4) Nachdem eine Dezentralisierung und Spezialisierung immer Lücken in dem Sinne schafft, daß z.B. eine bestimmte strategische Chance oder auch Bedrohung nicht wahrgenommen wird, weil sie in keine der definierten strategischen Geschäftseinheiten fällt, scheint der Vorschlag von Quinn, dem strategischen Planungsstab für solche Fälle die Innovations- und Promotorenfunktion zuzuschreiben, sehr sinnvoll.

(5) Die *Instrumente* der präskriptiven Strategielehre verlieren durch eine solche Konzeption des strategischen Managements und die damit einhergehende Revision der Planungsrationalität nicht ihre Funktion. Einige von ihnen, etwa die Techniken der Umweltanalyse oder der Konkurrenzdiagnose, werden im Gegenteil von einem breiteren Personenkreis im Rahmen einer dezentralen Strategieformulierung zur Präzisierung der Entscheidungsprobleme und als Problemlösungshilfen (vergleichbar mehrstufigen Zweckprogrammen) zu verwenden sein. Die (Un-)Verträglichkeit der einzelnen Instrumente wäre in einer näheren Prüfung zu untersuchen.

(6) Nicht kompatibel mit einer systemrationalen Perspektive ist, wie bereits dargelegt, die Ausformulierung des strategischen Plans zu einem umfassenden *Totalplan*, der bis in konkrete Handlungsanweisungen im operativen Tagesgeschäft hineinreicht. Dies setzt entweder die Komplexitätsverarbeitungsfähigkeit des Systems in bestandskritischer Weise herab oder aber es bleibt bloße unverbindliche Orientierung, was schon aus ökonomischen Gründen ausscheiden muß.

(7) Die *Verknüpfung* von Strategie und operativer Planung muß im strategischen Prozeß selbst gefunden werden, allenfalls vorgesteuert durch Zweckprogramme mit hohen strukturellen Elastizitäten. Mintzberg nennt diese Art der Verknüpfung von Strategie und konkreter Handlung „adaptive planning"[258] und beschreibt sie sehr instruktiv mit einem Zitat von Simon[259]: „We watch an ant make his laborious way across a wind- and wave-molded beach. He moves ahead, angles to the right to ease his climb up a steep dunelet, detours around a pebble, stops for a moment to exchange information with a compatriot. Thus he makes his weaving, halting way back to his home. ... (His path) has an underlying sense of direction, of aiming toward a goal. ... He has a general sense of where home lies, but he cannot

[257] Vgl. hierzu Stonich (Rewards) sowie die eben erwähnten ROI-Studien; vgl. hierzu auch die Vorschläge von Salter (Strategy) und Stonich (Rewards, S. 348 ff.) zum Aufbau eines Bonus- und Kontrollsystems, das mit zentralen Aspekten der Strategieformulierung verknüpft ist und eine langfristige Orientierung der Organisationsmitglieder befördert.

[258] Vgl. Mintzberg (Modes), S. 50, dort eine Mischung aus „planning mode" und „adaptive mode" des „strategy making".

[259] (Sciences), S. 23 f.

foresee all the obstacles between. He must adapt his course repeatedly to the difficulties he encounters". Mit anderen Worten, die strategischen Pläne zeigen die Richtung und eventuell alternative Wege, aber sie lassen genug Spielraum für die täglichen Operationen und allfällige Umsteuerungserfordernisse. Der gute Instinkt der „Ameise" wird jedenfalls gebraucht.

Voranstehende Überlegungen bilden lose aneinander gereihte Elemente für eine (systemrationale) Theorie strategischer Unternehmensführung, sie wollen und können aber in dieser Form nicht schon ein solcher Theorieentwurf sein. Es war auch nicht unsere Absicht, einen solchen Entwurf zu liefern, sondern es sollten ja vorliegende Theorien der Unternehmensstrategie gegenübergestellt und aus der Gegenüberstellung Klarheit und gegebenenfalls neue Einsichten gewonnen werden.

Für ein auch nur hinreichend vollständiges Grundgerüst fehlt in jedem Falle ein Aspekt, den wir aus Gründen der Übersichtlichkeit bisher weitgehend ausgeklammert haben, wohl wissend, daß eine solche Trennung nur künstlich möglich ist: es ist der *normative Aspekt*. Gerade hier aber gilt es auf eine wichtige Seite der Systemrationalität aufmerksam zu machen.

Durch das Denken in *funktionalen Äquivalenten* eignet sich die Systemrationalität besser als das deterministische Zweck/Mittel- oder das Optimalprinzip und gleichfalls besser als das die Faktizitäten bloß fortschreibende Inkrementalprinzip – auch und gerade in der relativistischen Fassung des „partisan mutual adjustment" –, den normativen Aspekt in die Planungstheorie einzuführen. Das Denken in mehreren möglichen Lösungen (also funktionalen Äquivalenten) weitet den Handlungsspielraum aus und eignet sich schon deshalb für eine multivalente Betrachtung; es ist tendenziell geeignet, sterile Debatten wie „Humanisierung oder Wirtschaftlichkeit?", „Effektivität oder Gerechtigkeit?" theoretisch und praktisch in ein besser bearbeitbares Format zu bringen[260].

Nun präsentiert sich die funktionale Systemtheorie allerdings als ein Denkgebäude, das normative Aspekte selbst nur wieder unter funktionalisierten Gesichtspunkten betrachtbar macht (z.B. Unternehmenszweck als Mittel der Komplexitätsreduktion), also eine normative Argumentation im eigentlichen Sinne ausschließt. Dieser Zirkel aber bricht sich, wenn man den Ausgangspunkt der Theorie näher beleuchtet, d.h. die Formel vom *Systembestand*. Sie wurde insoweit unproblematisiert gelassen, als wir nicht geklärt haben, ob der Bestand eines Systems, wie die Unternehmung, überhaupt *objektiv* feststellbar ist. Was bei Organismen und Maschinen einfach zu bewerkstelligen ist, gerät bei sozialen Systemen zum Problem. Weder lassen sich die Systemgrenzen empirisch zuverlässig bestimmen, noch lassen sich „lebenswichtige" Funktionen finden, die den Systembestand rein empirisch definieren

[260] Wir haben an anderer Stelle diesen Gedanken im Hinblick auf die Organisationsgestaltung fruchtbar zu machen versucht, vgl. Schreyögg (Umwelt), S. 235ff., S. 254ff.

könnten[261]. Die Bestandsvoraussetzungen sozialer Systeme sind Ausdruck *kultureller Muster* und *Normen*; sie sind nicht objektiv in einer ontologischen Weise gegeben[262].

Letztlich liegt damit aber der Systembestandsperspektive eine normative Theorie oder zumindest die Setzung von Basisnormen zugrunde. Dies gilt auch – trotz aller Gegenargumente[263] – für die Position von Luhmann, denn die völlige *Beliebigkeit* der Zwecke bzw. die rein funktionsorientierte Betrachtung von Zwecken findet dort ihre Grenze, wo von den Systemmitgliedern nicht mehr jede Lösung akzeptiert wird. Mit der Möglichkeit aber, daß Zwecke zurückgewiesen werden können, daß also der (implizit unterlegte) Basiskonsens aufgekündigt wird, kommt jene normative Dimension in die Fragen der Bestandserhaltung hinein (z.B. Fragen der gerechten Machtverteilung, der Überschußverteilung usw.), die nicht mehr aus der systemtheoretischen Perspektive heraus angemessen verhandelt werden kann[264].

Schon diese grobe Argumentationsskizze belegt, daß die bloß technische Systemrationalität (das gilt natürlich im gleichen Maße für die synoptische Rationalität und den Inkrementalismus) einer weiteren Dimension, nämlich der historisch-normativen, nicht entraten kann. Habermas spricht in diesem Zusammenhang von der „praktischen Planungsrationalität", die ihre Basis in den Regeln vernünftigen Argumentierens findet[265]. Diese Rationalität eignet sich zur Beurteilung vorfindbarer Zwecke und Normenstrukturen und vermag eine Orientierung für die Gestaltung der Beziehung zwischen Planer und Planbetroffenen zu geben[266], indes eine gesamte Planungstheorie, die also auch den technischen Bereich mit überdecken könnte, ist daraus nicht zu gewinnen. Es ist daher kein konkurrierendes Prinzip; es bedarf vielmehr der Verknüpfung mit der Systemrationalität[267]. Wir haben uns in dieser Arbeit mehr auf den technischen Aspekt konzentriert. Es ist der normative Aspekt auch in einer Theorie strategischer Unternehmensführung nur sehr fragmentarisch behandelbar, weil an dieser Stelle, wie in Kapitel 1 aufgezeigt, eine sehr enge Verknüpfung zur Gesamtwirtschaft besteht.

[261] Vgl. zu diesen zwei Basisfragen der Systemtheorie und ihrer Diskussion Habermas (Logik), S. 172ff.

[262] Vgl. Greven (Systemtheorie), S. 204ff.

[263] Vgl. z.B. Luhmann (Sinn).

[264] Vgl. Streeck, zitiert nach Habermas (Theorie), S. 268f.

[265] Vgl. Habermas (Legitimationsprobleme), S. 191, zum Dialog-Prinzip Kambartel (Philosophie), S. 9ff.; es geht dabei nicht bloß um eine Erweiterung der technischen Rationalität, wie Vente (Zielplanung), S. 15ff. das sieht, sondern um eine andere Art von Rationalität.

[266] Wir haben dieses Problem und hierfür vorgeschlagene Modelle an anderer Stelle ausführlich unter dem Stichwort „Kommunikative Planungstheorie" diskutiert; vgl. Schreyögg (Zielsetzung), S. 122ff., vgl. auch Grabow & Heskin (Foundations), Fester (Vorstudien), S. 57f.

[267] So auch Habermas (Legitimationsprobleme), S. 192; ebenso Teubner (Rationalität), S. 56ff.

6 Zur Methodologie einer Theorie strategischer Unternehmensführung – Abschließende Bemerkungen

Die Wahl der Planungsrationalität impliziert eine Vorentscheidung über den logischen Status der Planungstheorie. Statt einer nochmaligen Zusammenfassung der ohnehin schon verdichteten Thesen sei daher abschließend die geführte Diskussion auf der methodologischen Ebene ergänzt. Nachdem das hier herausgearbeitete Konzept der Planungsrationalität *heterogen* strukturiert ist – an die Systemrationalität angekoppelt waren ja die praktische Rationalität und Teile der präskriptiven Strategielehre – läßt es sich auch nicht auf *einen* Typus wissenschaftlicher Methodik projizieren. Es spielen unterschiedliche Wissenschaftstheorien eine Rolle. Die Logik der Bildung praktischen Wissens unterscheidet sich von der Logik der Bildung technischen Wissens und innerhalb des technischen Wissens sind wiederum verschiedene Logiken der Wissensbildung, je nach Wissensgebiet, virulent[1]. Wir wollen uns – analog zu der oben getroffenen Ausgrenzung – auf die Logik der Bildung technischen Wissens konzentrieren.

Eine betriebswirtschaftliche Planungstheorie ist herkömmlicherweise präskriptiv insoweit, als damit ein Gestaltungsinteresse verbunden ist; es sollen Aussagen über eine zweckmäßige Ausgestaltung der Planungspraxis gewonnen werden[2]. Allein, präskriptiv kann eine Wissenschaft auf unterschiedliche Weise werden. Eine methodologische Rekapitulation der diskutierten Planungsansätze vermag hier Orientierung zu geben.

Die *synoptische Planungsrationalität*, wie sie als Strukturmuster dem traditionellen strategischen Planungsansatz (nicht aber allen Instrumentbildungen) zugrunde liegt, bedingt im wesentlichen eine *normativ-analytische* Methodik[3]. Die Problematik einer solchen Methodik für eine strategische Planungstheorie haben wir demonstriert; eine Empfehlung zur Strategiebildung ist mit dem Anspruch auf Wirksamkeit der angeratenen Maßnahmen ver-

[1] Diese Sichtweise schließt an Lorenzen & Schwemmer (Logik), S. 15f., S. 130ff. an. Die verschiedenen Logiken der Wissensbildung finden ihr einigendes Band darin, daß die Wahrheit von Propositionen und die Gerechtigkeit von Handlungsnormen letztlich nur in einem dialogischen Verfahren gewonnen werden kann, das die Bildung argumentativer Überzeugungen zur Grundlage hat. Vgl. Kambartel (Argumentieren), S. 66f., Habermas (Theorie I), S. 52 passim.

[2] Vgl. allgemein zur Betriebswirtschaftslehre als praxisorientierte Wissenschaft Steinmann (Betriebswirtschaftslehre), S. 92ff.

[3] Vgl. Habermas (Legitimationsprobleme), S. 192.

knüpft und sie muß sich daher in einem gewissen Maße auch auf empirisch-triftiges Wissen stützen[4]. Genau das ist aber das Problem normativ-analytischer Methodik, daß sie den Stellenwert der Empirie nicht systematisch zu verankern vermag[5]. Ist ein Rationalmodell, dessen Bedingungen nicht erfüllbar sind, irrational?

Die neuere unternehmensstrategische Literatur versucht – wie erwähnt – das Problem durch eine strikte erfahrungswissenschaftliche Umorientierung zu lösen.

Eine strikte *erfahrungswissenschaftliche* Orientierung liegt auch der „inkrementalen Planung“ als methodisches Prinzip zugrunde. Empirisch gehaltvolle Aussagen („Gesetze“) über (erfolgreiche) Planungsverhaltensweisen werden in eine Planungstechnologie umgeformt. Eine solche methodische Grundlage wird auch in Teilen der jüngeren Business Policy-Literatur[6] und der deutschen betriebswirtschaftlichen Planungslehre[7] empfohlen – ohne dabei allerdings eine Planung nach dem Inkremental-Prinzip nahezulegen. So schreibt etwa Zahn: „Die primäre Aufgabe des wissenschaftlichen Bemühens auf dem Gebiet der Planung ist . . . im Erarbeiten informativen Wissens zu

[4] Vgl. unsere Ausführungen oben S. 219ff., ferner die Arbeit von Bretzke (Problembezug), die sich ausführlich mit diesem Problem beschäftigt.

[5] Vgl. hierzu auch den letztlich unverbindlich bleibenden Klärungsversuch von Gäfgen (Theorie), S. 53ff.; ferner die Konzeption einer handlungstheoretischen Betriebswirtschaftslehre von Koch (Betriebswirtschaftslehre). Obwohl Koch (S. 53) konstatiert, es verstehe sich von selbst, „daß die Modelle der allgemeinen Theorie des Handelns, soweit wie möglich, an der Erfahrung zu orientieren sind“, gelingt es ihm dennoch nicht, die Empirie in seine Entscheidungslogik methodisch zu integrieren. Vgl. hierzu kritisch Hauschildt (Handlungstheorie), S. 182ff., Dlugos (Anmerkungen), S. 135ff., Braun & Schreyögg (Betriebswirtschaftslehre), S. 190ff.

[6] Vgl. stellvertretend Schendel & Hofer (Theory Building), S. 384ff.

[7] Vgl. z.B. Wild (Grundlagen), S. 28f.; Braun (Methodologie), Zahn (Planung), Szyperski (Planungswissenschaft), S. 681f. Szyperski stellt neben eine solche „empirische Planungstheorie“ als weitere Elemente der Planungswissenschaft noch die „Planungslogik“ und die „Planungstechnologie“, ohne allerdings das (widerspruchsvolle) wissenslogische Verhältnis dieser drei „Aussagenkategorien“ zueinander zu klären. Ähnlich geht auch Wild vor; er ordnet jedoch die (empirische) „Planungstheorie“ über. Sie sei notwendig, „wenn vermieden werden soll, daß die Theorie der Planung zu einer formalen Entscheidungslogik, einer normativen Planungstechnologie oder einem sonstwie einseitigen Aussagensystem über rationales Handeln degeneriert“ (Grundlagen, S. 31). Ähnlich auch Braun (Methodologie, S. 15ff., 148ff.). Er unterscheidet zwischen „abstraktem“ und „konkretem“ Planungsansatz. Das empirisch-nomologische Wissenschaftsideal im Gewande des Kritischen Rationalismus soll nur für den übergreifenden „abstrakten Ansatz“ gelten, mit dem die Bedeutung von Planungsmodellen „an sich“ (S. 149) geklärt und die „Richtschnur für die . . . Konstruktion neuer Planungsmodelle“ (S. 155) gegeben wird. Mit dem Begriff „konkreter Ansatz“ werden praxisnahe „Methodologien“ bezeichnet, die „eine kritische Verlängerung wesentlicher Komponenten des abstrakten Verständnisses in die planerische Praxis hinein“ (S. 156) darstellen sollen. Die methodische Verknüpfung bleibt unklar; die Dominanz des ersteren scheint in einer solchen Anordnung jedoch zwingend.

sehen. Entsprechend dem Erkenntnisideal der Wissenschaft muß es sich dabei um ‚im Kern *nomologisches* ... Wissen' handeln"[8].

Indessen, sieht man einmal von der Prognose naturhafter Ereignisfolgen als *Randbedingung der Planung* ab, so kann – wie schon mehrfach angedeutet – eine solche Methodologie für eine betriebswirtschaftliche Theorie strategischer Unternehmensführung kein geeignetes Fundament abgeben.

Strategisches Handeln setzt Kontingenz, d.h. Indeterminiertheit und somit also Gestaltbarkeit voraus. Hätte man nomologische Theorien über „strategisches" Handeln, was ja an sich schon eine contradictio in adjecto darstellt[9], wäre das betriebswirtschaftliche Bestreben, die Bildung von Unternehmensstrategien zu rationalisieren, ein müßiges, ja ein geisterhaftes Unterfangen, die Verhaltensweisen lägen ja fest. Je informativer, d.h. je näher am nomologischen Ideal liegend, die Theorie geriete, um so *einheitlicher* würden die Unternehmensstrategien ausfallen. Strategische Planung stellt aber gerade auf (relativ) autonomes Handeln und eben auch darauf ab, *anders* als die Konkurrenten handeln zu können, eigene Stärken herauszubilden.

Auch wenn man das nomologische Ideal lockert und lediglich die Erkundung von (raum/zeit-abhängigen) Invarianzen zum Forschungsziel erklärt[10], ändert sich die Situation nicht grundlegend. Vorzufindende Invarianzen in der Bildung von Strategien sind informativ, es kann aber im Kern nicht Aufgabe strategischer Planung sein, Invarianzen zu replizieren. Überspitzt könnte man sagen, es war immer schon Merkmal guter Strategien, daß sie *Invarianzen gebrochen* haben[11].

Grundsätzlicher gilt es zu sehen, daß die betriebswirtschaftliche Planungslehre eine Wissenschaft ist, der es von der Stoßrichtung her um die Richtig-

[8] Vgl. Zahn (Planung), S. 112; der Autor legt zwar dann Teilen seiner weiteren Ausführungen als „vorwissenschaftliche Entscheidung" (S. 133) einen systemtheoretischen Rahmen zugrunde, will diesen aber nur als „Heuristik" für die Gewinnung einer noch zu formulierenden nomologischen Planungstheorie verstanden wissen, vgl. S. 131 ff. Wie gleich zu zeigen sein wird, ist die Systemtheorie just für diesen Zweck wenig geeignet; vgl. auch Opp (Kybernetik).

[9] Wir haben diesem Umstand bei der deskriptiven Strategieanalyse dadurch Rechnung getragen, daß wir – entgegen der Eigeninterpretation einiger Autoren, z.B. Carter (Theory) – die Literatur nach *Deutungsparadigmen* geordnet, die Strategieanalysen also im wesentlichen als Deutungsverfahren, nicht als nomologische Theorien(bildung) begriffen haben. Mit den Paradigmen legt der Forscher fest, was im Ereignisfeld als relevant zu gelten hat, um sich auf diese Weise das strategische Handeln verständlich zu machen. Dabei greifen die Paradigmen (2) – (4) auf strukturelle Handlungsverläufe zurück; ihre Entstehung läßt sich jedoch selbst wieder sinnbezogen rekonstruieren.

[10] Vgl. z.B. das PIMS-Projekt: Schoeffler, Buzzell & Heany (Impact); programmatisch Hatten (Methods), S. 448 ff., S. 466 f.

[11] Im Kern ähnlich argumentiert Argyris (Models), S. 366 f.; zum Überwinden von Invarianzen vgl. Galtung (Methodologie), S. 98 f. passim, Steinmann (Betriebswirtschaftslehre), S. 74, 80, Kirsch (Sinn), S. 202 ff.

keit, nicht um die Prognose des Planungshandelns geht[12]. Es ist ihr konkret daran gelegen, aufzuzeigen, wie zukunftsgerichtete Entscheidungen *besser als bisher* bewältigt werden können oder wie *neuen* Herausforderungen am zweckmäßigsten begegnet werden kann; dazu sind Informationen über Invarianzen bei gegenwärtig verfolgten Strategien nur von begrenztem Wert[13]. Sicher ist aus dem Studium historischer Strategiebildungen, -erfolge und -mißerfolge sehr viel zu lernen, nur kann die hieraus ableitbare strategische Handlungsmaxime nicht „unbesehene Fortschreibung des Bestehenden" heißen[14]. Das verbietet allein schon die Logik: Von Seinssätzen darf nicht auf Sollenssätze geschlossen werden[15]. Die „Umformung" des gegenwärtig Seienden zum rational Sollenden[16] bedarf einer Begründung, und diese Begründung wird häufig nicht gelingen. Just an diesem *Begründungsproblem* setzen ja traditionellerweise Handlungswissenschaften wie die Betriebswirtschaftslehre an, die sich um die Richtigkeit und die Rationalisierung von Handlungen bemühen[17].

Damit stoßen wir auf der (hier betrachteten) *methodischen* Ebene auf ein Dilemma, dem wir bei der Gegenüberstellung von empirisch-deskriptiver und rational-präskriptiver Planungsforschung schon begegnet waren[18]. Was dort zunächst nur als Theorievergleich erschien, erwuchs zum zentralen Orientierungsproblem einer Theorie strategischer Unternehmenssteuerung[19]. Der präskriptive und deskriptive Ansatz der Strategieforschung können aufgrund praktischer und methodischer Divergenzen nicht ineinander hinein-

[12] Dabei gilt es freilich zu sehen, daß rationales Handeln auf der Basis des Modells strenger Zweckrationalität oder des homo oeconomicus grundsätzlich voraussagbar ist. Kennt man die Rahmenbedingungen, weiß man auch, wie gehandelt werden wird; vgl. Gäfgen (Theorie), S. 32. Ob dies auch eine faktisch zutreffende Prognose wird, hängt nicht nur von der Realisierbarkeit des formulierten Rationalitätskonzeptes ab, sondern auch davon, wie zuverlässig das Individuum dieser normierten Handlungsweise zu folgen geneigt ist.

[13] Es ist daher Zahn (Planung) eindeutig zu widersprechen, wenn er behauptet, erfahrungswissenschaftliche Theorien mit hoher Allgemeingültigkeit böten Planungsgrundlagen, „die sich am ehesten durch *höchstmögliche* Rationalität auszeichnen" (S. 152).

[14] Wir unterstellen dabei, daß über diese „Ableitung" entschieden werden kann, sie also nicht ihrerseits wieder determiniert ist.

[15] Vgl. z.B. Black (Gap), Albert (Traktat), S. 57f.

[16] Zu den unterschiedlichen „Umformungs"-Varianten und ihren fundamentalen logischen Problemen vgl. für die Betriebswirtschaftslehre Schneider (Ziele), S. 72ff.

[17] Vgl. hierzu allgemein für die Betriebswirtschaftslehre Moxter (Grundfragen), S. 41ff.

[18] Für die neoklassische Nationalökonomie hat Albert (Modell-Platonismus) diese Divergenz pointiert herausgearbeitet.

[19] Vgl. im Hinblick auf die analoge Problematik bei der Konstituierung einer Theorie der Verwaltungswissenschaft Luhmann (Theorie), S. 22ff. Die Betriebswirtschaftslehre hat lange Zeit die Trennung von präskriptiver und deskriptiver Forschung nicht mitvollzogen. Dies liegt – wie Schneider (Geschichte, S. 61) vermutet – daran, daß der Begriff „ökonomisch" immer schon normativ und deskriptiv zugleich verwendet worden ist. Dasselbe gilt für die Nationalökonomie, ja eigentlich alle praktischen Wissenschaften, vgl. Hennis (Politik), insbes. S. 89ff.

definiert oder kompromißartig angenähert werden. Es ist aber auch nicht sinnvoll, die Divergenz als Entscheidungsproblem zu rekonstruieren derart, daß der Forscher entweder die eine oder die andere Richtung zu wählen habe[20]. Die strategische Planungslehre ist weder eine Idealwissenschaft, wie die Mathematik, die nur der logischen Stringenz unterworfen ist, noch rein erklärende Wissenschaft. Mit ihren Empfehlungen zur rationalen Strategiewahl verbindet sie den Anspruch auf praktische *Wirksamkeit*. Sie kann deshalb weder auf die Konstruktion von und Urteile über die Rationalität in Entscheidungen, noch auf Wissen über die faktische Bildung von Strategien und die ihr vorgelagerten empirischen Bedingungen verzichten, eben weil sie unmittelbar praktisch werden will[21]. Dieser Intention eine methodische Fassung zu geben ist schwer[22]. Bislang jedenfalls ist das nur für die polaren Argumentationstypen selbst möglich.

Die funktional-strukturelle Systemtheorie bzw. das Konzept der Systemrationalität *unterläuft* den Gegensatz zwischen rationaler Analytik und empirisch-deskriptiver Wissenschaft[23]. Sie *erklärt* einerseits sinnhaft empirische Tatbestände – etwa, weshalb Subsysteme unterschiedliche Strukturen aufweisen oder weshalb die strategische Planung nur schwach mit den kurzfristigen Plänen verknüpft wird –, sie setzt aber die *Rationalität* des Systems nicht in dem voraus, was es seinem Wesen nach *ist*, sondern in der Verfügbarkeit anderer Möglichkeiten, die eine Leistung funktionaläquivalent ersetzen können – also gerade in der Veränderbarkeit, der *Unabhängigkeit* von einem konkreten Sein[24].

Der Fixpunkt dieses Ansatzes ist nicht das Entdecken von Ursache/Wirkungs-Zusammenhängen im Sinne von Verlaufsgesetzen[25] und auch nicht

[20] Vgl. hierzu auch Köhler & Uebele (Einsatzbedingungen), S. 122ff.

[21] Vgl. hierzu – wiederum analog zur Verwaltungswissenschaft – Luhmann (Theorie), S. 25, ferner allgemein für die Betriebswirtschaftslehre: Köhler (Forschungskonzeption), S. 328f.; Steinmann (Betriebswirtschaftslehre), S. 82, Braun & Schreyögg (Betriebswirtschaftslehre), S. 203; die rein normativ-analytische Ausdeutung der Ökonomie und betriebswirtschaftlicher Entscheidungsbildung („Handeln unter reinen Maximen") von Habermas (Logik, S. 134f.) geht u.E. am Kern der Sache vorbei.

[22] Vgl. hierzu die Analyse von Lorenzen (Wissenschaftstheorie), S. 16f., S. 27ff.; er übergibt allerdings seine allgemeine „Lösung" just an der Stelle der Detailarbeit der Fachwissenschaften, die uns hier als Problem beschäftigt. Man könnte eventuell auch den Weberschen Idealtypus als ein solches „Vereinigungsmodell" begreifen, weil er präskriptive und deskriptive Zwecke erfüllen kann. Seine deskriptive Potenz liegt indessen primär darin, daß faktische Handlungsverläufe als (irrationale) „Abweichungen" vom Ideal beschreibbar werden; vgl. hierzu Habermas (Logik), S. 131. Das reicht für die empirische Basis einer Planungstheorie nicht hin, weil es ja gerade darum geht, die Abweichung zu verstehen.

[23] Vgl. zu dieser treffenden Charakterisierung Habermas (Legitimationsprobleme), S. 192.

[24] Vgl. Luhmann (Theorie), S. 110f.

[25] Nicht diskutieren wollen wir hier die grundsätzliche Problematik, ob es überhaupt ein sinnvolles Ziel kulturwissenschaftlicher Forschung sein kann, solche raum/zeit-unabhängigen Gesetze zu suchen. Die These, daß dies eine methodologische Fehlorientierung ist,

von Konstanzhypothesen, sondern die Feststellung „anderer Möglichkeiten". Als Bezugseinheit dienen *Probleme*, die ein System zu seiner Erhaltung lösen muß[26]. Studiert werden Problemlösungen, und zwar auf der Basis *objektiver* Handlungs-Intentionalität[27] und nicht zwangsläufigen Vollzuges (Invarianzen sind das Ergebnis vorgängiger Stabilisierungs-Entscheidungen)[28].

Funktional-strukturelle Systemanalyse ist aber auch keine formale Analytik; welche Maßnahmen und Vorkehrungen funktional oder dysfunktional sind, ergibt sich nicht schon aus der Formulierung des Bezugsgesichtspunktes, sondern ist Sache des empirischen Studiums[29]. Die funktionale Methode ist eine *vergleichende* Methode; sie ermittelt, bezogen auf das eben Gesagte, welche „Problemlösungen" funktional äquivalent werden können[30] und ist insofern eben auch präskriptiv: „Die Rationalisierung der Problemstellung ist der eigentliche Sinn der funktionalen Methode"[31].

Insoweit setzt die funktionale Systemtheorie *vor* (oder „unter") der Trennung von empirischer und präskriptiver Forschung an; sie verschmilzt beide Perspektiven[32]: also einerseits die Untersuchung der empirischen Frage,

haben wir an anderer Stelle (Umwelt, S. 306ff.) im Anschluß an insbesondere Lorenzen & Schwemmer (Logik, S. 191ff.) zu begründen versucht. Deshalb soll hier auch nicht die Debatte aufgegriffen werden, ob der Funktionalismus in eine Kausalmethode uminterpretiert werden sollte oder ob er bloß einen „fruchtbaren" heuristischen Rahmen für die Formulierung von Kausalhypothesen abgeben kann – vgl. dazu statt anderer Hempel (Logic), S. 299ff.; für die strategische Planung – wie erwähnt – Zahn (Planung), S. 131ff. Neben all den bekannten Schwierigkeiten ginge ja gerade eine signifikante Stärke der funktionalen Analyse verloren, nämlich die sinnhafte Strukturierung der Tatsachen, der Aufweis intentionaler Strukturzusammenhänge, vgl. die Diskussion bei Habermas (Logik), S. 174ff. Diese Kritik trifft auch für den Versuch zu, die Systemtheorie als Anwendungsfall einer „weicheren" Kausal-Methodologie, etwa der von Bunge (Research), zu interpretieren, wie es Braun (Systemforschung) vorschlägt.

26 Vgl. Luhmann (Funktion), S. 18; ders. (Methode), S. 33; dabei wird kein ontologischer Überlebensdrang von Systemen unterstellt; die Bestandsfrage ist selbst wieder ein Entscheidungsproblem.

27 Das bedeutet, daß die Problemlösung in ihrem Sinnbezug rekonstruiert wird, ohne damit notwendig zu implizieren, sie sei als solche in der Erlebniswelt des Handelnden präsent; vgl. Luhmann (Funktion), S. 26; vgl. hierzu ähnlich Schwemmer (Begründen), S. 59ff.

28 Das heißt aber nicht, daß die funktionale Methode grundsätzlich auf Voraussagbarkeiten verzichtet. Sie fordert ja dazu auf, Stabilisierungsprobleme und ihre Lösungen zu studieren. Eine gelungene Stabilisierung kann jedoch nicht – relativ zu einem universellen Gesetz – als Wirkung einer Ursache begriffen werden, sondern sie „ist Sache gemeinsamer Erwartungen". Luhmann (Funktion), S. 27. Die Prognose ist dann solange erfolgreich, wie die Erwartungen nicht geändert, d.h. neue Normen eingeführt werden. Vgl. hierzu auch Lorenzen (Autonomie), .S 251ff.

29 Vgl. Luhmann (Funktion), S. 15.

30 Dabei geht es gerade nicht darum, möglichst ähnliche Dinge (im Sinne einer Seinsgleichheit) zu vergleichen, sondern Unähnliches als äquivalent auszuweisen; vgl. Luhmann (Funktion), S. 25.

31 Luhmann (Methode), S. 35.

32 Die präskriptive Perspektive ist dabei auf die technische Seite begrenzt; wie auf S. 271f.

welche Handlungsmöglichkeiten bestimmte Funktionen mit welchen „Folgeproblemen erfüllen oder erfüllen können“ und andererseits die „Beantwortung der Frage, welche Handlungen in bestimmten konkreten Systemen systemrational sind, das heißt: als Beitrag zur Lösung der Probleme dieses Systems empfohlen werden können“[33]. Reduktion von Komplexität ist – so gesehen – ein Prozeß, der weder rein empirisch noch als bloße Handlungsvorschrift begriffen werden kann[34]. Diese bereits *methodologisch* zentrierte Ansatzweise am *Problemdenken* macht die funktional-strukturelle Systemtheorie zu einem geeigneten Rahmenkonzept für eine *strategische Planungstheorie*. Sie setzt analog zur Idee der Unternehmensstrategie an der problemhaften Beziehung von System und Umwelt an und spiegelt diese Problemverarbeitung als Systemsteuerungsaufgabe wider. Die Problemverarbeitung wird als Prozeß wählender und problemlösender (Planungs-)Entscheidungen gedeutet. Die funktionale Analyse basiert – parallel zur Idee der Planung – auf dem „Denken in Alternativen“; indem sie vergleicht, bringt sie Distanz, weil sie die vorgefundenen „Problemlösungen“ zu *Variablen* erklärt und funktionale Äquivalente zur Wahl stellt.

Hier erweist sich allerdings auch die Schwäche dieses Ansatzes, die ihn als Grundlage einer Theorie strategischer Unternehmensführung, wie oben gefordert, zwingend *ergänzungsbedürftig* macht. Zum einen muß sich der strategische Planer nicht nur fragen, welche Äquivalente zur Wahl stehen, sondern auch, weshalb in der Vergangenheit dieser und nicht jener Alternative der Vorrang galt. Die Antwort hierauf verlangt eine Genese, die das Zustandekommen der Entscheidung erklärt. Eine solche Erklärung kann aber ein funktionales Interpretationsschema nicht mehr liefern[35].

Weiterhin ist – und das ist für die strategische Planung noch bedeutsamer – durch die Verschmelzung der empirischen und der präskriptiven Fragestellung die Analyse auf *bereits praktizierte* Problemlösungen beschränkt. Durch den Aufweis funktionaler Äquivalenz werden zwar der Alternativenraum um – eventuell bislang noch nicht erkannte – Möglichkeiten erweitert oder Strukturen und Verfahrensweisen gegebenenfalls erst in ihrem Wahlcharakter erschlossen; dennoch kann gerade eine strategische Planung einer Entwicklung *neuer* Problemlösungen nicht entraten, sei es, weil die gefundenen Problemlösungen noch nicht befriedigen oder schon von zu vielen praktiziert werden und damit strategisch an Wert verloren haben, sei es, weil neue Probleme aufgetaucht sind, die sich mit den bisherigen Mustern nicht lösen lassen. Dazu bedarf es eines *Konstruktionswissens*. Die präskriptive Pla-

schon angesprochen, negiert die funktionale Systemtheorie eine außerhalb der Systemperspektive liegende Vernunft, weil die Wahl der Grundbegriffe eine Verabsolutierung des Systems mit sich bringt. Vgl. Habermas (Theorie II), S. 462.

[33] Luhmann (Theorie), S. 112.

[34] Vgl. Luhmann (Zweckbegriff), S. 349.

[35] Hierauf macht Mayntz (Zweckbegriff, S. 62) nachdrücklich aufmerksam.

nungslehre hat hierfür unter dem Stichwort „Strategieformulierung“ eine Reihe von zweckdienlichen Instrumenten (Ressourcen-, Umweltanalyse etc.) entwickelt[36] und kann insoweit als Komplement wirken[37]. Wir hatten jedoch am Ende des vorhergehenden Kapitels zu zeigen versucht, daß ein solches Zusammenwirken nur auf der *Einsicht* gedeihen kann, daß Systeme (Großunternehmen) viel zu komplex sind, um auf dem Paradigma der Einzelhandlung bearbeitbar zu sein. Wir haben deshalb ein *Primat der Systemrationalität* gesetzt.

Wie aber könnte man diese Verfahrensregeln und Entwurfs-Techniken der Strategieformulierung *methodisch* greifen? Sie sind weder empirische Theorie[38], noch sind sie – jedenfalls in ihrer überwältigenden Mehrheit – Kalkül im Sinne axiomatischer Wissenschaft, es sind Hilfen zur Erhöhung der Rationalität des Strategieformulierungsprozesses, nicht aber idealisierte Problemlösungsfiguren. Die Formulierung von Strategien bewegt sich im Bereich des Kontingenten; die Schlüsse, die man in diesem Bereich ziehen kann, folgen in aller Regel nicht aus notwendigen, sondern aus plausiblen Gründen[39]. Es muß eine große Zahl *nicht vollständig durchdringbarer* Elemente zueinander in Verbindung gebracht werden. Für die Richtigkeit einer angestrebten Lösung gibt es keinen *exakten* Beweis[40]. Je mehr Gründe für eine Lösungsalternative angeführt werden können, um so eher wird man geneigt sein, sie zu akzeptieren[41].

Die Verfahrensweisen und Regeln der Strategieformulierung wird man am ehesten wohl als Strukturierungshilfen, als Winke verstehen können, wie

[36] Vgl. hierzu im einzelnen die Darstellung der Instrumente in Kapitel 3, wobei allerdings zwischen den einzelnen Instrumenten durchaus differenziert werden müßte. Das soll hier aber nicht mehr geleistet werden.

[37] Luhmann (Zweckbegriff, S. 346) schlägt allgemeiner ein Hand-in-Hand-Arbeiten von funktionaler Systemtheorie und formaler Entscheidungstheorie vor. Er greift jedoch zu kurz, wenn er die Aufgabe der Entscheidungstheorien nur als ein „Ummünzen“ oder „Transformieren“ der von den Systemwissenschaften erarbeiteten Einsichten bezeichnet. Sie ist ja gerade nicht durch die Bindung an das Faktische gekennzeichnet.

[38] Dem widerspricht nicht die Empfehlung, empirische Theorien zu Prognosezwecken (etwa über die Erschöpfung der Erdölvorkommen) zu verwenden; denn dies sind ja keine instrumentalen Planungsmethoden im hier gemeinten Sinne.

[39] Im Anschluß an die Charakterisierung der praktischen Wissenschaften von Hennis (Politik), S. 94.

[40] Vgl. hierzu auch die „Epistemologie inexakter Wissenschaften“ von Helmer & Rescher (Epistemology), die jedoch im Grunde an dem nomologisch-deduktiven Schema festhält und letztlich nur nach Substitutionsmöglichkeiten für „exakte“ Gesetze sucht. Der bereits erwähnten Expertenbefragung in Form der Delphi-Methode wird dabei eine herausragende Rolle (als Theorieersatz) zugeschrieben. Vgl. auch die Diskussion dieses Ansatzes bei Köhler (Betriebswirtschaftslehre) und die dort vorgetragene kritische Einschätzung der Expertenbefragung als Theorieersatz.

[41] Bei einem exakten Verfahren genügt ja ein Beweis; mehrere Beweise sind dort redundant. Vgl. Hennis (Politik), S. 95.

man sich in einer solchen amorphen (schlecht strukturierten) Entscheidungssituation zurechtfinden kann; als Regeln, die das Auffinden der für die Lösung eines Problems wesentlichen Gesichtspunkte erleichtern, die darauf hinweisen wollen, welche Erwägungen möglichst angestellt werden sollen und wie man die Stärke oder Schwäche von Argumenten erkennen kann. Die Regeln sind aber nicht – um Mißverständnissen vorzubeugen – als verkürzende Daumenregeln gedacht, die bewußt auf ein Höchstmaß an möglicher Rationalität verzichten. Es handelt sich um eine Art Erörterungslehre, die die Formulierung von Strategien aus dem Bereich des Willkürlichen herausholen soll[42], ohne sie sogleich dem Schema strenger Modellierung oder – schwächer – programmierbarer Heuristik[43] unterwerfen zu können und zu wollen. Die Juristen sprechen in diesem Zusammenhang von einer *„Techne des Problemdenkens"* und knüpfen dabei eben nicht an die Idee einer aus universellen Gesetzen und Technologien abgeleiteten *„Technik"*[45], sondern an die aristotelische *Topik* an[46]. Hennis rekonstruiert dies als genuine Methode der politischen Entscheidung[47] und es scheint uns, daß dies ein guter Weg ist, um die Verfahrens- und Erörterungsregeln der Strategieformulierung methodisch zu erschließen und zu verankern. Es ist kein Zufall, daß die juristische und die unternehmenspolitisch-strategische *Ausbildung* ganz wesentlich auf praktischen Fallanalysen aufbaut[48]. Mit der Erörterung von Einzelfällen soll auf allgemeiner Ebene das Führen einer komplexen Argu-

[42] Vgl. hierzu auch den jüngsten Vorschlag von Mitroff & Mason (Issues) zur Strukturierung schlecht-strukturierter Strategieprobleme, der auf der allgemeinen Argumentationstheorie von Toulmin (Uses) aufbaut. Zu einer instruktiven Auseinandersetzung mit der Toulminschen Konzeption vgl. Habermas (Theorie I), S. 46 ff., S. 56 ff.

[43] Simon (Logic) versucht ja, das faktische, von ihm beobachtete menschliche Entscheidungsverhalten in einem Programm abzubilden und den Beweis zu erbringen, daß diese „Entscheidungsheuristik" auf der Basis der Aussagenlogik vollständig rekonstruierbar ist, daß also keine anders geartete Logik benötigt wird.

[44] Viehweg (Topik), S. 15.

[45] So etwa der Vorschlag von Schanz (Einführung, S. 97 ff.) und jüngst wieder von Brockhoff (Entscheidungsforschung, S. 62 ff.); dabei soll die Kette: *Theorie – Technologie – Technik* durch (stochastische) Transformationsprozesse generiert werden. Nun ist aber, wie gezeigt, für die Rationalisierung strategischen Handelns der Rekurs auf eine universelle Theorie weder grundsätzlich nötig noch durchgängig sinnvoll (von der prinzipiellen Schwierigkeit, solche in den Kulturwissenschaften zu finden, einmal abgesehen). Ferner sind solche „Transformationen" von Ursache/Wirkungs- in Zweck/Mittel-Relationen keinesfalls bloße logische Operationen („tautologisch"), dies verbietet schon allein die mangelnde Wertneutralität von Mitteln. Vgl. hierzu ausführlich Schneider (Ziele), insbesondere S. 147 ff.

[46] Vgl. den gerade auch für eine unternehmenspolitische Argumentationsbildung sehr informativen Überblick bei Gröschner (Dialogik, S. 189 ff.) und die dort vorgetragenen Differenzierungen.

[47] Vgl. Hennis (Politik), S. 89 ff.

[48] So berichtet z. B. Hegarty (Differences) von seiner Befragung von 180 U.S.-amerikanischen Hochschullehrern für Business Policy, daß im Durchschnitt 65% der gesamten Unterrichtszeit Falldiskussionen vorbehalten ist.

mentation des gesuchten Typs erlernt werden, die als solche abstrakt schwer vermittelbar ist[49].

Wenn wir sagen, daß eine solche „*Techne der strategischen Problemerörterung*" einen strukturellen Unterschied zur deduktiven „Entscheidungslogik" oder allgemeiner: Aussagenlogik macht[50], so ist damit natürlich nicht gemeint, daß die Regeln der Logik verlassen und falsche Schlüsse gezogen werden sollen. Es geht vielmehr darum, daß die Prämissen, aus denen geschlossen werden soll, nicht jenes Maß an Eindeutigkeit bieten, das für einen apodiktischen Schluß notwendig wäre[51]. Strategieentwürfe sind Ergebnisse von Erörterungen, die sich mehr oder weniger gut begründen, nicht aber zwingend ableiten lassen[52]. Das eigentlich Problematische ist denn auch gar nicht das Schließen, sondern das Finden und das Begründen der Prämissen, das Auffinden der für die Lösung des Problems wesentlichen Gesichtspunkte[53]. Und gerade dazu will und soll ja auch die Strategielehre Hinweise geben und Wege zeigen: „The focus of interest is on the formulation aspect."[54]

[49] Christensen, Andrews & Bower (Business Policy) schreiben zu diesem Problem: „The concept of strategy is an idea that experience has shown to be useful ... in developing a comprehension of, and an approach to, policy problems. ... it will serve as an informing idea to which we can return again and again with increasing understanding after dealing with one unique case situation after another" (S. 11).
Ähnlich auch Lorenzen (Wissenschaftstheorie, S. 30): „Die praktischen Kulturwissenschaften haben die Aufgabe, die Menschen, die politische Entscheidungen z.B. in den Betrieben oder im Staat zu treffen haben, für solche Beratungen auszubilden. Man übt sich dazu an Beispielen von Entscheidungen aus der Vergangenheit."
Reynolds (Method) präzisiert dieses „Üben" dahingehend, daß mit den Fällen (1) eine breite Skala von Problemen kennengelernt, (2) Vertrautheit mit praktischen Problemlösungen erreicht, (3) Erfahrung in der Identifizierung von Problemen gewonnen, (4) Problemlösungswissen in einer solchen Art und einem solchen Umfang erworben werden kann, daß damit neue Problemsituationen bewältigbar werden.

[50] Hier ist ein deutlicher Unterschied unserer Argumentation zu der von Christensen, Andrews & Bower (Business Policy); während wir diese Art von Erörterungslehre als eigenständigen, problemangemessenen Argumentationstypus betrachten, wird dieser von den drei Autoren mehr oder weniger doch als Notbehelf angesehen. Sie bedauern, daß ihr Konzept keine Theorie oder Modell im traditionellen Sinne ist (S. 11) und im Vorwort schreiben sie: „The sophisticated developments in quantitative analysis are not yet readily available to policy problems, but if all goes well, this will come" (S. VIII).

[51] Braun (Methodologie, S. 50) postuliert, in Umkehrung der Verhältnisse, daß jede nichtapodiktische Logik, also etwa die Modallogik, für das Planungsdenken „völlig ungeeignet" sei, ohne allerdings eine nähere Begründung dafür anzugeben.

[52] Im Anschluß an Gröschner (Dialogik), S. 200, dort im Hinblick auf die Topik in der Jurisprudenz. Vgl. auch Hennis (Politik), S. 93f.

[53] Vgl. Viehweg (Topik), S. 40, Hennis (Politik), S. 112f.

[54] Ansoff (Strategy), S. 23; der Autor stellt dies für die strategische Planung unter Bezugnahme auf die Investitionstheorie klar, die davon ausgeht, daß sowohl das Entscheidungsproblem als auch die Alternativen bekannt sind und nur den Bewertungs- und Auswahlaspekt thematisiert. Vgl. hierzu die analoge Kritik an der neoklassischen Theorie der Firma von Burton & Naylor (Theory), S. 249ff. Ähnlich betont auch Szyperski (Planungswissen-

Eine solche „Techne“ ist also eine *Argumentationslehre*[55], sie hat ihre „Herkunft aus dem Disputierbetrieb der Rhetoren und Sophisten“[56]; ihr Paradigma ist der *Dialog*[57]. Nicht das Schließen aus gesetzten Prämissen, sondern Wettstreit von Behauptung und Einrede ist das Vorrang-Prinzip[58].

Auf den ersten Blick läßt sich hier eine Brücke schlagen zum Konzept der „Dialektischen Planung“, wie es speziell zur Lösung von Strategieproblemen entworfen wurde[59]. Danach soll – vergröbernd gesagt – eine strategische Situation aus mindestens zwei sehr unterschiedlichen Positionen heraus analysiert werden; was die eine Seite als Gegebenheit betrachtet, wird von der anderen radikal in Frage gestellt und umgekehrt (These – Antithese bzw. Plan – Gegenplan). Bis hierher könnte man einen direkten Anschluß an die Dialog-Idee vermuten. Der Vorschlag wird dann aber in eine ganz andere Richtung getrieben. Ziel der „dialektischen Debatte“ ist es nicht, die triftigste Problemanalyse zu ermitteln, sondern nur das gegenseitige Offenlegen letztlich unentscheidbarer Prämissen: „The purpose of the debate is to show both parties that there are different ways of viewing the situation“[60]. Diese Offenlegungen unterschiedlicher Sichtweisen sollen dann ggf. in eine „Synthese“ münden, d.h. dort: in eine neue Lösung oder eine kompromißartige Annäherung. Churchman, auf den das Konzept zurückgeht, glaubt hier an Hegel anknüpfen zu können (Hegelian Inquiring System)[61].

schaft, S. 674) das „Entwerfen neuer oder abgeänderter Alternativen“ als wichtiges Moment einer Planungstheorie.

[55] Einen Überblick über die allgemeine Argumentationstheorie gibt Habermas (Theorie I), S. 44ff.

[56] Hennis (Politik), S. 94.

[57] Vgl. Kamlah & Lorenzen (Propädeutik), insbes. Kap. VI, Gröschner (Dialogik), S. 212ff. Lorenzen rekonstruiert allerdings auch den apodiktischen Schluß „dialogisch“; ja, er führt jede wissenschaftliche Beweisführung auf den Dialog zurück, weil er zeigen kann, daß der Wahrheitsbegriff nur an dem Paradigma des Konsenses gewinnbar ist; vgl. Lorenzen (Kritik), ders. (Forschung), S. 139ff. Genau dies ist auch der Grund, weshalb wir die „Techne des Problemdenkens“ nicht – was zunächst einmal naheliegend erscheint – verknüpfen müssen mit der Frage, die die Betriebswirtschaftslehre zu Beginn dieses Jahrhunderts und später immer wieder stark bewegt hat: Kunstlehre oder Wissenschaft?; vgl. hierzu Schmalenbach (Privatwirtschaftslehre), Weyermann & Schönitz (Grundlegung); zusammenfassend Wöhe (Einführung), S. 52ff. Eine nähere Erörterung dieser Problematik erübrigt sich deshalb, weil die Argumente einer „*Kunstlehre*“ denselben methodischen Basisanforderungen genügen müssen wie eine „deduktive Wissenschaft“, denn „Wissenschaftliches Denken ist methodisch geübtes gewöhnliches Denken“. Lorenzen (Forschung), S. 141.

[58] Ganz in diesem Sinne lassen sich auch Christensen, Andrews & Bower (Business Policy) deuten, wenn sie schreiben: „The student will not really learn how to distinguish effective from ineffective recommendations and good from bad judgement by his study of the 'world', but rather by active argument with his classmates“ (S. 11).

[59] Vgl. insbesondere Mason (Approach).

[60] Mitroff, Emshoff & Kilman (Analysis), S. 589.

[61] Vgl. Churchman (Konstruktion), S. 129ff.

Nun ist allerdings nicht einzusehen, weshalb nicht das bessere Argument den Ausschlag geben sollte, sondern die Lösung in einer nebulös aufsteigenden Synthese oder einem (unbegründbaren) Kompromiß gefunden werden soll. Für eine solche Lösung kann auch keine Vernunftvermutung in dem Sinne reklamiert werden, daß zumindest die Bedingungen des Dialogs, dem sie entstammt, „vernünftig" wären, wie Bretzke dies tut[62]. Die Dialogpositionen werden ja mit letztlich unentscheidbaren „Weltanschauungen" gleichgesetzt (nur die Prämissen sind aufzudecken) und das Dialogergebnis läßt sich nicht aus den Argumenten rekonstruieren. Der Dialog ist, was die Synthese anbelangt, nur als Stimulanz für einen undurchschaubaren Kreations-Prozeß gedacht, nicht aber als der Ort, an dem die eigene Meinung der Diskussion geöffnet und ggf. durch ein „besseres Argument" ersetzt wird[63, 64]. Insoweit ist ein markanter Unterschied zwischen der hier anvisierten „Techne des strategischen Problemdenkens" und der „Dialektischen Planung" zu sehen.

Eine Techne des strategischen Problemdenkens in der hier umrissenen Form – darauf sei abschließend hingewiesen – ist grundsätzlich auch offen und geeignet für die (Mit-)Erörterung normativ-ethischer Problemstellungen, sie kennt keine Trennung von technischer und praktischer Vernunft. Es ist deshalb auch nicht verwunderlich, daß nahezu alle Lehrbücher der Unternehmenspolitik und des strategischen Managements – im Unterschied zu großen Teilen der sonstigen Literatur – diesen Trennungsstrich nicht markieren; die Strategieformulierung muß ja auch beide Aspekte verknüpfen.

[62] Vgl. Bretzke (Problembezug), S. 59.

[63] Zur Normierung „vernünftiger" Dialogbedingungen vgl. Kambartel (Argumentieren), S. 66ff., Habermas (Bemerkungen), S. 136ff.

[64] Vgl. auch die Kritik von Cosier (Dialectical Inquiry), der auf empirisch-experimentellem Wege die Erfolgsträchtigkeit der Dialektischen Methode für die strategische Planung in Frage stellt und an Stelle dessen die „Devil's-Advocate"-Methode vorschlägt. Siehe dazu auch die Erwiderung von Mitroff & Mason (Metaphysics), die die Gültigkeit der experimentellen Bedingungen bestreiten, und Cosiers Antwort (Thoughts) hierauf.

Verzeichnis der Abbildungen und Tabellen

Abbildungen

1 Gewinnmaximum im Monopol . . . 11
2 Nachfragekurve von Anbietern mit differenzierten und undifferenzierten Produkten . . . 28
3 Das Mason/Bain-Paradigma . . . 52
4 Revidiertes Industrial Organization-Paradigma . . . 55
5 Strategische Planung nach Gilmore & Brandenburg . . . 82
6 Das LCAG-Schema zur Analyse strategischer Probleme . . . 83
7 Elemente und Schrittfolge der strategischen Planung . . . 85
8 Dreidimensionales Such- und Klassifikationsraster für strategische Geschäftsfelder nach Abell . . . 91
9 Die Marktwachstums-/Marktanteils-Matrix nach Hedly . . . 93
10 Die Marktattraktivitäts-/Wettbewerbspositions-Matrix . . . 96
11 Die Produkt-Positionierungs-Matrix für einen Markt . . . 97
12 Basisstrategien nach Porter . . . 98
13 Die Produkt/Markt-Matrix . . . 99
14 Das 3-Stufen-Modell der Umweltanalyse von General Electric . . . 101
15 Voraussage des Wertwandels 1969–1980 für die General Electric-Planung 103
16 Beispiel einer Cross-Impact-Matrix . . . 104
17 Szenarien der Deutschen Shell AG . . . 106
18 Das Produktlebenszykluskonzept in erweiterter Form . . . 108
19 Determinanten der Absatzprognose . . . 109
20 Funktions/Ressourcen-Matrix . . . 113
21 Beispiel eines konsolidierten strategischen Zielportfolios . . . 124
22 Hierarchische Unternehmensplanung . . . 126
23 Organisation als Mittel der Strategieimplementation . . . 129
24 Das Prinzip der rollenden Planung . . . 132
25 Deskriptive Strategieforschung im Überblick . . . 142
26 Klassifikationsschema für Unternehmensstrategien nach Mintzberg . . . 148
27 Organisationsstruktur der EDV-Abteilung bei Brian Michaels . . . 194
28 Kontingenztheoretisches Modell der Planansatzwahl . . . 230
29 Die Struktur des Logischen Inkrementalismus . . . 242

Tabellen

1 Konzentration in den Industriegruppen 1973, 1975 und 1977 in der Bundesrepublik Deutschland . . . 19
2 Veränderungen zwischen 1950 und 1968 in der Zahl der Branchen („four-digit industries"), in denen die 200 größten U.S.-amerikanischen Industrieunternehmen tätig waren . . . 65
3 Diversifikation in der U.S.-amerikanischen Industrie: 1949 und 1969 . . . 66
4 Die Diversifikation zwischen 1950 und 1970 in verschiedenen Ländern . . . 67

Abkürzungsverzeichnis

Zeitschriften:

AER, (P. & P.)	American Economic Review, (Papers & Proceedings)
AMJ	Academy of Management Journal
AMR	Academy of Management Review
AOS	Accounting, Organization and Society
ASQ	Administrative Science Quarterly
ASR	American Sociological Review
BFuP	Betriebswirtschaftliche Forschung und Praxis
CMR	California Management Review
DBW	Die Betriebswirtschaft
HBR	Harvard Business Review
ISM & O	International Studies of Management & Organization
JEB	Journal of Economics and Business
JIE	Journal of Industrial Economics
JMSt	Journal of Management Studies
JoB	Journal of Business
JPE	Journal of Political Economy
LRP	Long Range Planning
MS	Management Science
OBHP	Organizational Behavior and Human Performance
OD	Organizational Dynamics
PAR	Public Administration Review
PS	Policy Sciences
QJE	Quarterly Journal of Economics
REStat	Review of Economics and Statistics
SMJ	Strategic Management Journal
SMR	Sloan Management Review
WiSt	Wirtschaftswissenschaftliches Studium
ZfB	Zeitschrift für Betriebswirtschaft
ZfbF	Schmalenbachs Zeitschrift für betriebswirtschaftliche Forschung
ZfO	Zeitschrift für Organisation
ZgS	Zeitschrift für die gesamte Staatswissenschaft

Handwörterbücher:

HOD	Handbook of organizational design, Vol. I, II, ed. by Nystrom, P.C. & Starbuck, W.H., Oxford 1981
HWB	Handwörterbuch der Betriebswirtschaftslehre, hrsg. v. Grochla, E. & Wittmann, W., 3 Bde., 4. Aufl., Stuttgart 1974–1976
HWO	Handwörterbuch der Organisation, hrsg. v. Grochla, E., 2. Aufl., Stuttgart 1980

Literaturverzeichnis

Abell, D.F. (*Defining*), Defining the business: The starting point of strategic planning, Englewood Cliffs, N.J. 1980

Abell, P. (*Organizations*), Organizations as bargaining and influence systems, in: ders. (ed.), Organizations as bargaining and influence systems, London 1975, S. 10–40

Ackoff, R.L. (*Unternehmensplanung*), Unternehmensplanung – Ziele und Strategien rationeller Unternehmensführung, übers. a.d. Engl., München–Wien 1972

Ackoff, R.L. (*Revolution*), The system revolution, in: LRP 1974, 7, Nr. 6, S. 2–20

Ackoff, R.L. (*Creating*), Creating the corporate future, N.Y. u.a. 1981

Ackoff, R.L. (*Use*), On the use of models in corporate planning, in: SMJ 1981, 2, S. 353–359

Agthe, K. (*Unternehmensplanung*), Langfristige Unternehmensplanung, in: Agthe, K. & Schnaufer, E. (Hrsg.), Unternehmensplanung, Baden-Baden 1963

Agthe, K. (*Strategie*), Strategie und Wachstum der Unternehmung, Baden-Baden 1972

Aguilar, F. (*Scanning*), Scanning the business environment, N.Y. 1967

Aharoni, Y. (*Investment*), The foreign investment decision process, Boston 1966

Albach, H. (*Anforderungen*), Betriebswirtschaftliche Anforderungen an eine langfristige Unternehmensplanung, in: ZfB 1968, 38, Ergänzungsheft 2, S. 3–21

Albach, H. (*Lenkpreise*), Innerbetriebliche Lenkpreise als Instrument dezentraler Unternehmensführung, in: ZfbF 1974, 26, S. 216–242

Albach, H. (*Prognosen*), Technologische Prognosen, in: HWB, Bd. 3, Sp. 3861–3877

Albach, H. (*Entwicklung*), Zur Entwicklung der Verschuldung deutscher Industrieaktiengesellschaften, in: ZfB 1978, 48, S. 1007–1010

Albach, H. (*Geschäftseinheiten*), Thema: Strategische Geschäftseinheiten, ZfB-Diskussions-Forum, in: ZfB 1978, 48, S. 424

Albach, H. (*Unternehmensplanung*), Strategische Unternehmensplanung bei erhöhter Unsicherheit, in: ZfB 1978, 48, S. 702–715

Albach, H. (*Beiträge*), Beiträge zur Unternehmensplanung, 3. Aufl., Wiesbaden 1979

Albach, H. (*Finanzkraft*), Finanzkraft und Marktbeherrschung, Tübingen 1981

Albach, H. (*Nature*), The nature of the firm – A production-theoretical viewpoint, in: ZgS 1981, 137, S. 717–722

Albert, H. (*Traktat*), Traktat über kritische Vernunft, 2. Aufl., Tübingen 1969

Albert, H. (*Modell-Platonismus*), Modell-Platonismus: Der neoklassische Stil des ökonomischen Denkens in kritischer Beleuchtung, in: Topitsch, E. (Hrsg.), Logik der Sozialwissenschaften, 6. Aufl., Köln–Berlin 1970, S. 406–434

Alchian, A.A. & Demsetz, H. (*Production*), Production, information costs, and economic organization, in: AER 1972, 62, S. 777–795

Alchian, A.A. & Kessel, R.A. (*Competition*), Competition, monopoly, and the pursuit of pecuniary gain, in: Aspects of labor economics. Princeton: National Bureau of Economic Research 1962

Aldrich, H.E. (*Organizations*), Organizations and environments, Englewood Cliffs, N.J. 1979

Aldrich, H.E. & Pfeffer, J. (*Environments*), Environments of organizations, in: The Annual Review of Sociology 1976, 2, S. 79–106

Allison, G.T. (*Essence*), Essence of decision: Explaining the Cuban missile crisis, Boston 1971

Allison, G.T. (*Modelle*), Drei Modelle zur Analyse politischer Prozesse, übers. a.d. Engl., in: Badura, B. (Hrsg.), Seminar: Angewandte Sozialforschung, FfM 1976, S. 466–502

Altmann, N. & Bechtle, G. (*Herrschaftsstruktur*), Betriebliche Herrschaftsstruktur und industrielle Gesellschaft, München 1971

Amey, L.R. (*Budget Planning*), Budget planning and control systems, London 1979

Anderson, C.R. & Paine, F.T. (*Perceptions*), Managerial perceptions and strategic behavior, in: AMJ 1975, 18, S. 811–823

Anderson, C.R. & Paine, F.T. (*PIMS*), PIMS: A reexamination, in: AMR 1978, 3, S. 602–612

Andrews, K.R. (*Concept*), The concept of corporate strategy, rev. ed., Homewood/Ill. 1980

Anshen, M. & Guth, W.D. (*Strategies*), Strategies for research in policy formulation, in: JoB 1973, 46, S. 499–511

Ansoff, H.I. (*Strategy*), Corporate strategy, N.Y. 1965

Ansoff, H.I. (*Theory*), Toward a strategic theory of the firm, in: ders. (ed.), Business strategy, Harmondsworth 1969, S. 11–40

Ansoff, H.I. (*Shape*), The changing shape of the strategic problem, in: Schendel, D. & Hofer, C.W. (eds.), Strategic management, Boston–Toronto 1979, S. 30–44

Ansoff, H.I. (*Management*), Strategic issue management, in: SMJ 1980, 1, S. 131–148

Ansoff, H.I. (*Bewältigung*), Die Bewältigung von Überraschungen und Diskontinuitäten durch die Unternehmensführung – Strategische Reaktionen auf schwache Signale, übers. a.d. Engl., in: Steinmann, H. (Hrsg.), Planung und Kontrolle, München 1981, S. 233–264

Ansoff, H.I. (*Entwicklungsstand*), Zum Entwicklungsstand betriebswirtschaftlicher Planungssysteme, übers. a.d. Engl., in: Steinmann, H. (Hrsg.), Planung und Kontrolle, München 1981, S. 59–82

Ansoff, H.I., Declerck, R.P. & Hayes, R.L. (*Planning*), From strategic planning to strategic management, in: dies. (eds.), From strategic planning to strategic management, London u.a. 1976, S. 39–78

Ansoff, H.I., Kirsch, W. & Roventa, P. (*Unschärfenpositionierung*), Unschärfenpositionierung in der strategischen Portfolio-Analyse, in: ZfB 1981, 51, S. 963–988

Ansoff, H.I., Avener, J., Brandenburg, R.G., Portner, F.E. & Radosevich, R. (*Planning*), Does planning pay?, in: LRP 1970, 3, Nr. 2, S. 2–7

Arbeitskreis „Langfristige Unternehmensplanung" der Schmalenbach-Gesellschaft (*Planung*), Strategische Planung, in: ZfbF 1977, 29, S. 1–20.

Archibald, K.A. (*Ansichten*), Drei Ansichten über die Rolle des Experten im politischen Entscheidungsprozeß: Systemanalyse, Inkrementalismus und klinischer Ansatz, übers. a.d. Engl., in: Badura, B. (Hrsg.), Seminar: Angewandte Sozialforschung, FfM 1976, S. 187–204

Argyris, C. (*Models*), Single-loop and double-loop models in research on decision making, in: ASQ 1976, 21, S. 363–375

Argyris, C. & Schön, D.A. (*Learning*), Organizational learning: A theory of action perspective, Reading/Mass. 1978

Armstrong, J.S. (*Value*), The value of formal planning for strategic decisions: Review of empirical research, in: SMJ 1982, 3, S. 197–211

Arrow, K.J. (*Essays*), Essays in the theory of risk bearing, Chicago 1971

Arrow, K.J. (*Limits*), The limits of organization, N.Y. 1974

Asch, S.E. (*Effects*), Effects of group pressure upon the modification and distortion of judgements, in: Maccoby, E.E., Newcomb, T.M. & Hartley, E.L. (eds.), Readings in social psychology, 3rd ed., N.Y. 1958, S. 174–183

Ashby, R. (*Design*), Design for a brain, London 1952

Ashby, W.R. (*Introduction*), Introduction to cybernetics, N.Y. u.a. 1956

Aurich, W. & Schroeder, H.-U. (*Unternehmensplanung*), Unternehmensplanung im Konjunkturverlauf, München 1977

Baetge, J. (*Systemtheorie*), Betriebswirtschaftliche Systemtheorie, Opladen 1974

Bain, J.S. (*Barriers*), Barriers to new competition, Cambridge/Mass. 1956

Bain, J.S. (*Industrial Organization*), Industrial Organization, 2nd ed., N.Y. 1968

Bain, J.S. (*Stability*), The comparative stability of market structure, in: ders., Essays on price theory and industrial organization, Boston 1972

Baldwin, W.L. (*Feedback*), The feedback effect of business conduct on industry structure, in: Journal of Law and Economics 1969, 12, S. 123–153

Bamberg, G. & Coenenberg, G.A. (*Entscheidungslehre*), Betriebswirtschaftliche Entscheidungslehre, München 1974

Barnard, C.I. (*Functions*), The functions of the executive, Cambridge/Mass. 1938

Bartölke, K. (*Organisationsentwicklung*), Organisationsentwicklung, in: HWO, Sp. 1468–1481

Bass, B.M. (*Decision Making*), Organizational decision making, Homewood/Ill. 1983

Bauer, R.A. (*Study*), The study of policy formation: An introduction, in: Bauer, R.A. & Gergen, K.J. (eds.), The study of policy formation, N.Y. – London 1968, S. 1–26

Baumol, W.J. (*Behavior*), Business behavior, value and growth, N.Y. 1959

Baumol, W.J. (*Stock Market*), The stock market and economic efficiency, 2nd ed., N.Y. 1969

Baumol, W.J. (*Markets*), Contestable markets: An uprising in the theory of industry structure, in: AER 1982, 72, S. 1–15

Bazzaz, S.J. & Grinyer, P.H. (*Planning*), Corporate planning in the U.K.: The state of the art in the 70s, in: SMJ 1981, 2, S. 155–168

Bechtle, G. (*Betrieb*), Betrieb als Strategie, FfM 1980

Benson, J.K. (*Network*), The interorganizational network as a political economy, in: Karpik, L. (ed.), Organization and environment: Theories, issues and reality, London–Beverly Hills 1978, S. 69–101

Berg, N. (*Planning*), Strategic planning in conglomerate companies, in: HBR 1965, 43, Nr. 3, S. 79–92

Berle, A. (*Impact*), The impact of the corporation on classical economic theory, in: QJE 1965, 79, S. 25–40

Berle, A. & Means, G. (*Corporation*), The modern corporation and private property, rev. ed., N.Y. 1968

Berthel, J. (*Unternehmenssteuerung*), Zielorientierte Unternehmenssteuerung, Stuttgart 1973

Berthel, J. (*Innovationsorientierung*), Innovationsorientierung von Unternehmensführung und Personal-Management, in: BFuP 1982, 34, S. 302–322

Beyer, J.M. (*Ideologies*), Ideologies, values, and decision making in organizations, in: HOD, Vol. 2, S. 166–202

Bidlingmaier, J. (*Zielkonflikte*), Zielkonflikte und Zielkompromisse im unternehmerischen Entscheidungsprozeß, Wiesbaden 1968

Bircher, B. (*Unternehmensplanung*), Langfristige Unternehmensplanung, Bern–Stuttgart 1976

Blattner, N. (*Theorie*), Volkswirtschaftliche Theorie der Firma, Berlin u.a. 1977

Black, M. (*Gap*), The gap between 'is' and 'should', in: Hudson, W.D. (ed.), The is-ought question, London u.a. 1969, S. 99–113

Blau, P.M. & Scott, R. (*Organizations*), Formal Organizations, San Francisco 1962

Blum, G., Müller-Bölling, D. & Schmidt, F. (*Bibliographie*), Annotierte Bibliographie der Empirischen Planungsforschung. Arbeitsbericht Nr. 13 des Seminars für Allgemeine Betriebswirtschaftslehre und betriebswirtschaftliche Planung der Universität zu Köln, 2. Aufl., Köln 1979

Böbel, I. (*Industrial Organization*), Industrial Organization, Tübingen 1978

Böhnke, R. (*Unternehmen*), Diversifizierte Unternehmen, Berlin 1976

Böhret, C. (*Entscheidungshilfe*), Das Planning-Programming-Budgeting System als zukunftsorientierte Entscheidungshilfe für die Regierung, in: Ronge, V. & Schmieg, G. (Hrsg.), Politische Planung in Theorie und Praxis, München 1971, S. 158–169

Börsig, C.A.H. (*Implementierung*), Die Implementierung von Operations Research in Organisationen, Diss. Mannheim 1975

Boulding, K.E. (*Position*), The present position of the theory of the firm, in: Boulding, K.E. & Spivey, W.A. (eds.), Linear programming and the theory of the firm, N.Y. 1960, S. 1–17

Boulding, K. (*Book Review*), Book review of Braybrooke/Lindblom "A strategy of decision", in: ASR 1964, 29, Nr. 6, S. 930–931

Boulding, K.E. (*Economics*), The economics of knowledge and the knowledge of economics, in: AER 1966, 56, P. & P., S. 1–13

Boulton, W.R., Lindsay, W.M. & Rue, L.W. (*Companies*), How are companies planning now? – A survey, in: LRP 1982, 15, Nr. 1, S. 82–86

Bourgeois, L.J. III (*Strategy*), Strategy and environment: A conceptual integration, in: AMR 1980, 5, S. 25–39

Bower, J.L. (*Managing*), Managing the resource allocation process – A study of corporate planning and investment, Boston 1970

Bower, J.L. (*Planning*), Planning within the firm, in: AER 1970, 60, P. & P., S. 186–194

Bower, J.L. (*Strategy*), Strategy as a problem-solving theory on business planning, in: ders., Instructor's Manual zu: Christensen, Andrews & Bower (Business Policy), Homewood/Ill. 1973, S. 129–141

Bower, J.L. (*Control*), Planning and control: Bottom up or top down, in: Journal of General Management 1974, 1, No. 3, S. 20–31

Bower, J.L. (*Business Policy*), Business policy in the 1980s, in: AMR 1982, 7, S. 630–638

Bracker, J. (*Development*), The historical development of the strategic management concept, in: AMR 1980, 5, S. 219–224

Braun, G.E. (*Methodologie*), Methodologie der Planung, Meisenheim 1977

Braun, G.E. (*Systemforschung*), Systemforschung in der Betriebswirtschaftslehre, Arbeitspapier Universität-Gesamthochschule Essen 1977

Braun, W. & Schreyögg, G. (*Betriebswirtschaftslehre*), Betriebswirtschaftslehre als rationale und empirische Handlungswissenschaft, in: Köhler, R. (Hrsg.), Empirische und handlungstheoretische Forschungskonzeptionen in der Betriebswirtschaftslehre, Stuttgart 1977, S. 189–207

Braybrooke, D. & Lindblom, C.E. (*Strategy*), A strategy of decision: Policy evolution as a social process, N.Y. 1963

Bretzke, W.-R. (*Problembezug*), Der Problembezug von Entscheidungsmodellen, Tübingen 1980

Brittain, J.A. (*Dividend Policy*), Corporate dividend policy, Washington 1966

Brockhoff, K. (*Probleme*), Probleme und Methoden technologischer Vorhersagen, in: ZfB 1969, 39, Ergänzungsheft 2, S. 1–24

Brockhoff, K. (*Planung*), Planung und Prognose in deutschen Großunternehmen, in: Der Betrieb 1974, 27, Nr. 18, S. 38–41

Brockhoff, K. (*Prognoseverfahren*), , Prognoseverfahren für die Unternehmensplanung, Wiesbaden 1977

Brockhoff, K. (*Entscheidungsforschung*), Entscheidungsforschung und Entscheidungstechnologie, in: Witte, E. (Hrsg.), Der praktische Nutzen empirischer Forschung, Tübingen 1981, S. 61–77

Brozen, Y. (*Doctrine*), The concentration-collusion doctrine, in: Antitrust Law Journal 1977, 46, S. 826ff.

Brunsson, N. (*Irrationality*), The irrationality of action and action rationality: Decisions, ideologies and organizational actions, in: JMSt 1982, 19, S. 29–44

Bubner, R. (*Systembegriff*), Wissenschaftstheorie und Systembegriff. Zur Position von N. Luhmann und deren Herkunft, in: ders., Dialektik und Wissenschaft, FfM 1973, S. 112–128

Budde, A. (*Organisationsstruktur*), Die Organisationsstruktur von Investitionsentscheidungen in Unternehmungen, FfM u.a. 1979

Bunge, M. (*Research*), Scientific research, 2 Bde., Berlin u.a. 1967

Burch, P.H. (*Revolution*), The managerial revolution reassessed, Lexington 1972

Burns, T. (*Micropolitics*), Micropolitics: Mechanisms of institutional change, in: ASQ 1961, 6, S. 257–281

Burns, T. & Stalker, G.M. (*Management*), The management of innovation, London 1961

Burton, R.M. & Kuhn, A.J. (*Strategy*), Strategy follows structure: The missing link of their intertwined relation, Mimeo, o.O. 1979

Burton, R.M. & Naylor, T.H. (*Theory*), Economic theory in corporate planning, in: SMJ 1980, 1, S. 249–263

Buzzell, R., Gale, B. & Sultan, R. (*Market Share*), Market share – a key to profitability, in: HBR 1975, 53, Nr. 1, S. 97–106

Cable, J. & Dirrheimer, M. (*Innovation*), American innovation abroad: An empirical test of the multidivisional hypothesis in West Germany, Discussion Papers des International Institute of Management IIM/IP 81–21, Berlin 1981

Camillus, J.C. (*Reconciling*), Reconciling logical incrementalism and synoptic formalism, in: SMJ 1982, 3, S. 277–283

Campbell, D.T. (*Reforms*), Reforms as experiments, in: American Psychologist 1969, 24, S. 409–429

Carroll, A.B. (*Goals*), Setting operational goals for corporate social responsibility, in: LRP 1978, 11, Nr. 2, S. 35–38

Carter, E.E. (*Theory*), The behavioral theory of the firm and top level corporate decisions, in: ASQ 1971, 16, S. 413–428

Carter, E.E. (*Allocation*), Resource allocation, in: HOD, Vol. 2, S. 152–165

Cartwright, D. & Zander, A. (*Group dynamics*), Group dynamics: Research and theory, 3rd. ed., N.Y. 1968

van Cauwenbergh, A. & van Robaeys, N. (*Functioning*), The functioning of management at the corporate level, in: Journal of General Management 1980, 5, Nr. 3, S. 19–29

van Cauwenbergh, A. & Cool, K. (*Management*), Strategic management in a new framework, in: SMJ 1982, 3, S. 245–264

Caves, R. E. (*Industry*), American industry: Structure, conduct, performance, 4th ed., Englewood Cliffs, N.J. 1977

Caves, R.E. (*Industrial Organization*), Industrial organization, corporate strategy and structure, in: JEL 1980, 18, S. 64–92

Caves, R.E., Porter, M.E. & Spence, A.M. (*Competition*), Competition in the open economy, Cambridge/Mass. 1980

Chakravarthy, B.S. (*Adaptation*), Adaptation: A promising metaphor for strategic management, in: AMR 1982, 7, S. 35–44

Chamberlin, E.M. (*Theory*), The theory of monopolistic competition, 6th ed., Cambridge/Mass. 1950

Chandler, A.D. jr. (*Strategy*), Strategy and structure: Chapters in the history of the industrial enterprise, Cambridge/Mass. 1962

Chandler, A.D. jr. (*Enterprise*), Giant enterprise. Ford, General Motors and the automobile industry, N.Y. u.a. 1964

Chandler, A.D. jr. (*Hand*), The visible hand: The management revolution in American business, Cambridge/Mass. 1977

Chandler, A.D. jr. (*Seedbed*), The United States: Seedbed of managerial capitalism, in: Chandler, A.D. jr. & Daems, H. (eds.), Managerial hierarchies, Cambridge/Mass. 1980, S. 9–40

Channon, D.F. (*Strategy*), The strategy and structure of British enterprise, Boston 1973

Channon, D.F. (*Commentary*), Commentary, in: Schendel, D.E. & Hofer, C.W. (eds.), Strategic Management, Boston–Toronto 1979, S. 122–133

Chatov, R. (*Cooperation*), Cooperation between government and business, in: HOD, Vol. 1, S. 487–502

Child, J. (*Choice*), Organizational structure and performance: The role of strategic choice, in: Sociology 1972, 6, S. 1–22

Child, J. (*Commentary*), Commentary, in: Schendel, D.E. & Hofer, C.W. (eds.), Strategic management, Boston–Toronto 1979, S. 172–179

Christensen, C.R., Andrews, K.R. & Bower, J.L. (*Business Policy*), Business Policy: Text and cases, 3rd ed., Homewood/Ill. 1973

Churchman, C.W. (*Prediction*), Prediction and optimal decision: Philosophical issues of a science of values, Englewood Cliffs, N.J. 1961

Churchman, C.W. (*Konstruktion*), Die Konstruktion von Erkenntnissystemen, übers. a.d. Engl., Frankfurt–N.Y. 1973

Clark, J.M. (*Competition*), Toward a concept of workable competition, in: AER 1940, 30, S. 241–256

Cleland, D.I. & King, W.R. (*Developing*), Developing a planning culture for more effective strategic planning, in: LRP 1974, 7, Nr. 3, S. 70–74

Coase, R.H. (*Nature*), The nature of the firm, in: Economica, N.S. 1937, 4, S. 386–405

Cohen, K.J. & Cyert, R.M. (*Strategy*), Strategy: Formulation, implementation and monitoring, in: JoB 1973, 46, S. 349–367

Cohen, M.D. & March, J.G. (*Decisions*), Decisions, presidents and status, in: March, J.G. & Olsen, J.P., Ambiguity and choice in organizations, 2nd ed., Bergen u.a. 1979, S. 174–204

Cohen, M.D., March, J.G. & Olsen, J.P. (*Model*), A garbage can model of organizational choice, in: ASQ 1972, 17, S. 1–25

Cohen, M.D., March, J.G. & Olsen, J.P. (*People*), People, problems, solutions and the ambiguity of relevance, in: March, J.G. & Olsen, J.P., Ambiguity and choice in organizations, 2nd ed., Bergen 1979, S. 24–37

Collins, N.R. & Preston, L.E. (*Structure*), The size structure of the largest industrial firms, 1909–1958, in: AER 1961, 51, S. 986–1011

Comanor, W.S. & Wilson, T.A. (*Advertising*), Advertising and market power, Cambridge/Mass. 1974

Cooper, D.J., Hayes, D. & Wolf, F. (*Accounting*), Accounting in organized anarchies: Understanding and designing accounting systems in ambiguous situations, in: AOS 1981, 6, S. 175–191

Cosier, R.A. (*Dialectical Inquiry*), Dialectical inquiry in strategic planning: A case of premature acceptance?, in: AMR 1981, 6, S. 643–648

Cosier, R.A. (*Thoughts*), Further thoughts on dialectical inquiry: A rejoinder to Mitroff and Mason, in: AMR 1981, 6, S. 653–654

Crott, H. (*Modelle*), Sozialwissenschaftliche Modelle der Koalitionsbildung in Gruppen, in: Reber, G. (Hrsg.), Macht in Organisationen, Stuttgart 1980, S. 207–221

Crott, H., Kutschker, M. & Lamm, H. (*Verhandlungen*), Verhandlungen I + II, Stuttgart u.a. 1977

Crozier, M. (*Phénomène*), Le phénomène bureaucratique, Paris 1963

Crozier, M. & Friedberg, E. (*Macht*), Macht und Organisation, übers. a.d. Französischen, Königstein/Ts. 1979

Cyert, R.M. & March, J.G. (*Theory*), A behavioral theory of the firm, Englewood Cliffs, N.J. 1963

Cyert, R.M., Dill, W.R. & March, J.G. (*Role*), The role of expectations in business decision-making, in: ASQ 1958, 3, S. 307–340

Daems, H. (*Rise*), The rise of the modern industrial enterprise: A new perspective, in: Chandler, A.D. jr. & Daems, H. (eds.), Managerial hierarchies, Cambridge/Mass. 1980, S. 203–223

Dasgupta, P.S. & Stiglitz, J.E. (*Structure*), Industrial structure and the nature of innovative activity, in: Economic Journal 1980, 90, S. 266–293

Dearborn, D. & Simon, H.A. (*Perception*), Selective Perception: A note on the departmental identification, in: Sociometry 1958, 21, S. 140–144

Dearden, J. (*Limits*), Limits on decentralized profit responsibility, in: HBR 1962, 40, Nr. 4, S. 81–89

Dearden, J. (*Case*), The case against ROI control, in: HBR 1969, 7, Nr. 3, S. 124–135

Demsetz, H. (*Wirtschaftswissenschaft*), Wirtschaftswissenschaft als Leitfaden der Antitrustregulierung, übers. a.d. Engl., in: Assmann, H.-D., Kirchner, C. & Schanze, E. (Hrsg.), Ökonomische Analyse des Rechts, Kronberg/Ts. 1978, S. 330–349

Denning, B.W. & Lehr, M.E. (*Extent*), The extent and nature of long range planning in the United Kingdom II, in: JMSt 1972, 9/10, S. 1–18

Diesing, P. (*Reason*), Reason in society: Five types of decisions and their social conditions, Urbana/Ill. 1962

Dill, W.R. (*Environment*), Environment as an influence on managerial autonomy, in: ASQ 1958, 2, S. 409–443

Dinkelbach, W. (*Entscheidungstheorie*), Entscheidungstheorie, in: HWB, Bd. 1, Sp. 1290–1301

Dirrheimer, M.J. (*Marktkonzentration*), Marktkonzentration und Wettbewerbsverhalten von Unternehmen – eine empirische Untersuchung ausgewählter Märkte der Bundesrepublik Deutschland, Frankfurt–N.Y. 1981

Dirsmith, M.W. & Jablonsky, S.F. (*MBO*), MBO, political rationality and information inductance, in: AOS 1979, 4, S. 39–52

Dlugos, G. (*Anmerkungen*), Anmerkungen zu Helmut Kochs handlungstheoretischer Konzeption, in: Köhler, R. (Hrsg.), Empirische und handlungstheoretische Forschungskonzeptionen in der Betriebswirtschaftslehre, Stuttgart 1977, S. 131–141

Dlugos, G. (*Relationship*), The relationship between changing value systems, conflict, and conflict-handling in the enterprise sector, in: Dlugos, G. & Weiermair, K. (eds.), Management under differing value systems, Berlin–N.Y. 1981, S. 651–676

Donaldson, L. (*Comments*), Comments on 'Contingency and choice in organization theory' Georg Schreyögg, in: Organization Studies 1982, 3, S. 65–72

Dorow, W. (*Unternehmungspolitik*), Unternehmungspolitik, Stuttgart u.a. 1982

Downey, H.K., Hellriegel, D. & Slocum, J.W. jr. (*Uncertainty*), Environmental uncertainty: The construct and its application, in: ASQ 1975, 20, S. 613–629

Downs, A. (*Bureaucracy*), Inside bureaucracy, Boston 1967

Downs, G.A. & Mohr, L.G. (*Issues*), Conceptual issues in the study of innovation, in: ASQ 1976, 21, S. 700–714

Driver, M.J. & Streufert, S. (*Complexity*), Integrative complexity: An approach to individuals and groups as information-processing systems, in: ASQ 1969, 14, S. 272–285

Dror, Y. (*Muddling Through*), Muddling through – 'science' or inertia, in: PAR 1964, 24, S. 153–157

Dror, Y. (*Systemanalyse*), Angewandte Sozialwissenschaft und Systemanalyse, übers. a.d. Engl., in: Badura, B. (Hrsg.), Seminar: Angewandte Sozialforschung, FfM 1976, S. 205–231

Drumm, H.J. (*Geschäftsbereichsorganisation*), Planungs- und Anpassungsprobleme der Geschäftsbereichsorganisation, in: ZfB 1978, 48, S. 87–104

Dülfer, E. (*Aktienunternehmung*), Die Aktienunternehmung, Göttingen 1962

Dunst, K.H. (*Management*), Portfolio Management, Berlin–N.Y. 1979

Dyas, G.P. (*Strategy*), The strategy and structure of French industrial enterprise, Unpubl. Doct. Diss., Cambridge/Mass. 1972

Dyas, G.P. & Thanheiser, H.T. (*Enterprise*), The emerging European enterprise, Boulder/Colorado 1976

Dyson, R.G. (*Participation*), Participation in planning – A study of two organizations in the Netherlands, in: LRP 1978, 11, Nr. 4, S. 61–69

Dyson, R.G. & Foster, M.J. (*Relationship*), The relationship of participation and effectiveness in strategic planning, in: SMJ 1982, 3, S. 77–88

Ebert, R.J. & Mitchell, T.R. (*Processes*), Organizational decision processes, N.Y. 1975

Edwards, C.D. (*Bigness*), Conglomerate bigness as a source of power, in: Universities-National Bureau Conference Series, Nr. 5, Business concentration and price policy, National Bureau of Economic Research, N.Y. 1955, S. 331–359

Edwards, R.C. (*Stages*), Stages in corporate stability and the risks of corporate failure, in: Journal of Economic History 1975, 35, S. 428–457

Eisenführ, F. (*Unterscheidung*), Zur Unterscheidung zwischen funktionaler und divisionaler Organisation, in: ZfB 1971, 40, S. 725–746

Eisenführ, F. (*Lenkungsprobleme*), Lenkungsprobleme der divisionalisierten Unternehmung, in: ZfbF 1974, 26, S. 824–842

Ellis, R.J. (*Response*), Improving management response in turbulent times, in: SMR 1982, 23, Nr. 2, S. 3–12

Elschen, R. (*Betriebswirtschaftslehre*), Betriebswirtschaftslehre und Verhaltenswissenschaften, FfM 1982

Emshoff, J. (*Planning*), Planning the process of improving the planning process. A case study in meta-planning, in: MS 1978, 24, S. 1095–1108

Enzer, S. (*Techniques*), Cross-impact techniques in technology assessment, in: Futures 1972, 4, S. 50–51

Etzioni, A. (*Society*), The active society, London–N.Y. 1968

Ewing, D.W. (*Planning*), The human side of planning, London 1969

Fahey, L. (*Decision Processes*), On strategic management decision processes, in: SMJ 1981, 2, S. 43–60

Fahey, L., King, W.R. & Narayanan, V.K. (*Forecasting*), Environmental scanning and forecasting in strategic planning – The state of the art, in: LRP 1981, 14, Nr. 1, S. 32–39

Fama, E.F. & Laffer, A.B. (*Number*), The number of firms and competition, in: AER 1972, 62, S. 670–674

Fellner, W. (*Competition*), Competition among the few, N.Y. 1949

Fester, M. (*Vorstudien*), Vorstudien zu einer Theorie kommunikativer Planung, in: ARCH^{+} 1970, 12, S. 43–72

Fouraker, L.E. & Stopford, J.M. (*Structure*), Organization structure and the multinational strategy, in: ASQ 1968, 13, S. 47–64

Frankus, H.J. (*Fusionskontrolle*), Fusionskontrolle bei Konglomeraten, Berlin 1972

French, J.R.P. & Raven, B. (*Bases*), The bases of social power, in: Cartwright, D. (ed.), Studies in social power, Ann Arbor 1959

Frese, E. (*Entscheidungsstrategien*), Heuristische Entscheidungsstrategien der Unternehmensführung, in: ZfbF 1971, 23, S. 283–307

Frese, E. (*Grundlagen*), Grundlagen der Organisation, Wiesbaden 1980

Fruhan, W.E. (*Victories*), Pyrrhic victories in the fight for market share, in: HBR 1972, 50, Nr. 5, S. 100–107

Futia, C.A. (*Competition*), Schumpeterian competition, in: QJE 1980, 94, S. 675–695

Gabele, E. (*Entwicklungen*), Neuere Entwicklungen der betriebswirtschaftlichen Planung, in: Die Unternehmung 1978, 32, S. 115–135

Gabele, E. (*Unternehmungsstrategie*), Unternehmungsstrategie und Organisationsstruktur, in: ZfO 1979, 48, S. 181–190

Gabele, E. (*Einführung*), Die Einführung von Geschäftsbereichsorganisationen, Tübingen 1981

Gabriel, G. (*Begriffsbildung*), Wissenschaftliche Begriffsbildung und Theoriewahldiskurse, in: Badura, B. (Hrsg.), Seminar: Angewandte Sozialforschung, FfM 1976, S. 443–455

Gäfgen, G. (*Theorie*), Theorie der wirtschaftlichen Entscheidung, 3. Aufl., Tübingen 1974

Gälweiler, A. (*Planung*), Die Planung der Unternehmensziele (Zielplanung), in: Fuchs, J. & Schwantag, K. (Hrsg.), agplan-Handbuch der Unternehmensplanung, Kennzahl 1205, III. Lieferung 1973

Gälweiler, A. (*Geschäftseinheiten*), Strategische Geschäftseinheiten (SGE) und Aufbau-Organisation der Unternehmung, in: ZfO 1979, 48, S. 252–260

Gälweiler, A. (*Organisation*), Planung, Organisation der, in: HWO, Sp. 1884–1895

Gälweiler, A. (*Kontrolle*), Zur Kontrolle strategischer Pläne, in: Steinmann, H. (Hrsg.), Planung und Kontrolle, München 1981, S. 383–399

Gälweiler, A. (*Unternehmensplanung*), Strategische Unternehmensplanung, in: Steinmann, H. (Hrsg.), Planung und Kontrolle, München 1981, S. 84–99

Gaitanides, M. (*Planungsmethodologie*), Planungsmethodologie: Vorentscheidungen bei der Formulierung integrierter Investitionsplanungsmodelle, Berlin 1979

Galbraith, J.K. (*Industriegesellschaft*), Die moderne Industriegesellschaft, übers. a.d. Engl., München 1968

Galbraith, J.K. (*Volkswirtschaftslehre*), Volkswirtschaftslehre als Glaubenssystem, übers. a.d. Engl., in: Vogt, W. (Hrsg.), Seminar: Politische Ökonomie, FfM 1973, S. 56–79

Galbraith, J.K. (*Age*), The age of uncertainty, Boston 1977

Galbraith, J.R. & Nathanson, D.A. (*Role*), Strategy implementation: The role of structure and process, St. Paul 1978

Gale, B.T. (*Market Share*), Market Share and rate of return, in: REStat 1972, 54, S. 412–423

Galtung, J. (*Methodologie*), Methodologie und Ideologie, FfM 1978

Gerl, K. & Roventa, P. (*Geschäftseinheiten*), Strategische Geschäftseinheiten – Perspektiven aus der Sicht eines strategischen Managements, in: ZfbF 1981, 33 S. 843–858

Gilmore, F.F. & Brandenburg, R.G. (*Anatomy*), Anatomy of corporate planning, in: HBR 1962, 40, Nr. 6, S. 61–69

Glueck, W.F. (*Business Policy*), Business policy and strategic management, 3rd ed., Tokio u.a. 1980

Götzen, G. & Kirsch, W. (*Problemfelder*), Problemfelder und Entwicklungstendenzen der Planungspraxis, in: ZfbF 1979, 31, S. 162–194

Goodman, P.S. & Pennings, J.M. (eds.) (*Perspectives*), New perspectives on organizational effectiveness, San Francisco 1977

Gordon, R.A. (*Leadership*), Business leadership in the large corporation, 2nd ed., Berkeley–Los Angeles 1966

Gottfredson, L.S. & White, P.E. (*Agreements*), Interorganizational agreements, in: HOD, Vol. 1, S. 471–487

Gotthold, J. (*Macht*), Macht und Wettbewerb in der Wirtschaft, Köln 1975

Grabow, S. & Heskin, A. (*Foundations*), Foundations for a radical concept of planning, in: Journal of the American Institute of Planners 1973, 39, S. 106–114

Grant, J.H. & King, W.R. (*Logic*), The logic of strategic planning, Boston–Toronto 1982

Grether, E.T. (*Industrial Organization*), Industrial organization: Past history and future problems, in: AER 1970, 60, P. & P., S. 83–89

Greven, M.T. (*Systemtheorie*), Systemtheorie und Gesellschaftsanalyse, Darmstadt–Neuwied 1974

Grinyer, P. (*Anatomy*), The anatomy of business strategic planning reconsidered, in: JMSt 1971, 8, S. 199–212

Grochla, E. (*Systemtheorie*), Systemtheorie und Organisationstheorie, in: ZfB 1979, 40, S. 1–16

Grochla, E. & Lehmann, H. (*Systemtheorie*), Systemtheorie und Organisation, in: HWO, Sp. 2204–2216

Grochla, E. & Szyperski, N. (Hrsg.) (*Unternehmensplanung*), Modell- und computergestützte Unternehmensplanung, Wiesbaden 1973

Grochla, E. & Welge, M.K. (*Problematik*), Zur Problematik der Effizienzbestimmung von Organisationsstrukturen, in: ZfbF 1975, 27, S. 273–289

Gröschner, R. (*Dialogik*), Dialogik und Jurisprudenz, Tübingen 1982

Gross, W., Giacquinta, J.B. & Bernstein, M. (*Implementing*), Implementing organizational innovations, N.Y. 1971

Grün, O. (*Zielbildung*), Zielbildung, Prozesse der, in: HWO, Sp. 4719–4730

Gutenberg, E. (*Unternehmensführung*), Unternehmensführung – Organisation und Entscheidungen, Wiesbaden 1962

Gutenberg, E. (*Unternehmung*), Die Unternehmung als Gegenstand betriebswirtschaftlicher Theoriebildung, FfM 1967 (Erstdruck Berlin 1929)

Gutenberg, E. (*Produktion*), Grundlagen der Betriebswirtschaftslehre, Bd. I: Die Produktion, 13. Aufl., Berlin u.a. 1967

Gutenberg, E. (*Absatz*), Grundlagen der Betriebswirtschaftslehre, Bd. II: Der Absatz, 15. Aufl., Berlin u.a. 1976

Guth, W.D. (*Manual*), Instructor's Manual zu Learned u.a. (Business Policy), Homewood/Ill. 1969

Guth, W.D. (*Theory*), Toward a social system theory of corporate strategy, in: JoB 1976, 49, S. 374–388

Guth, W.D. (*Strategies*), Corporate growth strategies in the 1980s, in: Glueck, W.F., Business policy and strategic management, 3rd ed., Tokio u.a. 1980, S. 264–270

Guth, W.D. & Tagiuri, R. (*Values*), Personal values and corporate strategy, in: HBR 1965, 43, Nr. 5, S. 123–132

Habermas, J. (*Logik*), Ein Literaturbericht: Zur Logik der Sozialwissenschaften, in: ders., Zur Logik der Sozialwissenschaften, FfM 1970, S. 71–310

Habermas, J. (*Bemerkungen*), Vorbereitende Bemerkungen zu einer Theorie der kommunikativen Kompetenz, in: Habermas, J. & Luhmann, N., Theorie der Gesellschaft oder Sozialtechnologie, FfM 1971, S. 101–141

Habermas, J. (*Gesellschaft*), Theorie der Gesellschaft oder Sozialtechnologie? Eine Auseinandersetzung mit Niklas Luhmann, in: Habermas, J. & Luhmann, N., Theorie der Gesellschaft oder Sozialtechnologie, FfM 1971, S. 142–290

Habermas, J. (*Legitimationsprobleme*), Legitimationsprobleme im Spätkapitalismus, FfM 1973

Habermas, J. (*Theorie*), Theorie des kommunikativen Handelns, 2 Bde., FfM 1981

Hackman, R.J. (*Individuals*), Group influences on individuals, in: Dunnette, M.D. (ed.), Handbook of industrial and organizational psychology, Chicago 1976, S. 1455–1526

Hadaschik, M. (*Einsatzbedingungen*), Einsatzbedingungen organisierter langfristiger Unternehmensplanung, Diss. Berlin 1979

Hahn, D. (*PuK*), Planungs- und Kontrollrechnung (PuK), Wiesbaden 1974

Hahn, D. (*Frühwarnsystem*), Frühwarnsysteme, Krisenmanagement und Unternehmensplanung, in: Frühwarnsysteme, Schriftleitung: Albach, H., Hahn, D. & Mertens, P., ZfB Ergänzungsheft 2/79, Wiesbaden 1979, S. 25–46

Hahn, D. & Steinmetz, D. (*Gesamtunternehmungsmodelle*), Gesamtunternehmungsmodelle als Entscheidungshilfe im Rahmen der Zielplanung, strategischen und operativen Planung, in: Plötzeneder, H.D. (Hrsg.), Computerunterstützte Unternehmensplanung, Stuttgart u.a. 1977, S. 15–23

Halberstam, D. (*Elite*), Die Elite, übers. a.d. Engl., Reinbek b. Hamburg 1974

Hall, D.J. & Saias, M.A. (*Contraintes*), Les contraintes structurelles du processus stratégique, in: Revue Française de Gestion 1979, Nr. 23, S. 4–15

Hambrick, D.C. (*Awareness*), Strategic awareness within top management teams, in: SMJ 1981, 2, S. 263–279

Hambrick, D.C. (*Scanning*), Environmental scanning and organizational strategy, in: SMJ 1982, 3, S. 159–174

Hambrick, O.C. & Schecter, S.M. (*Strategies*), Turnaround strategies for mature industrial-product business units, in: AMJ 1983, 26, S. 231–248

Hamel, W. (*Zieländerungen*), Zieländerungen im Entscheidungsprozeß, Tübingen 1974

Hammer, R.M. (*Unternehmungsplanung*), Unternehmungsplanung, München–Wien 1982

Hansen, H. (*Jahresabschlüsse*), Jahresabschlüsse 1976, in: Die Aktiengesellschaft 1977, 22, S. 285–288

Hanssen, R.A. & Reiß, W. (*Börsenzwang*), Börsenzwang und Markteffizienz, in: Kredit und Kapital 1977, 10, S. 306–320

Hanssmann, F. (*Planning*), Corporate planning based on a static analytical model, in: Plötzeneder, H.D. (Hrsg.), Computerunterstützte Unternehmensplanung, Stuttgart u.a. 1977, S. 83–102

Hanssmann, F. (*Einführung*), Einführung in die Systemforschung, München 1978

Hanssmann, F. (*Rolle*), Die Rolle von Entscheidungsmodellen in der strategischen Planung, in: Müller-Merbach, H. (Hrsg.), Quantitative Ansätze in der Betriebswirtschaftslehre, München 1978, S. 31–44

Hanssmann, F. (*Unternehmensplanung*), Langfristige Unternehmensplanung. Lösung durch Proxy-Kriterien, in: Steinmann, H. (Hrsg.), Planung und Kontrolle, München 1981, S. 208–215

Hanssmann, F. (*Grundbegriffe*), Grundbegriffe der Unternehmensplanung: Versuch einer Abgrenzung und systemaren Verknüpfung, in: DBW 1982, 42, S. 397–402

Harrigan, K.R. (*Effect*), The effect of exit barriers upon strategic flexibility, in: SMJ 1980, 1, S. 165–176

Harrigan, K.R. (*Barriers*), Barriers to entry and competitive strategies, in: SMJ 1981, 2, S. 395–412

Harrison, E.F. (*Process*), The managerial decision making process, Boston 1975

Haselhoff, F. (*Paradigm*), A new paradigm for the study of organizational goals, in: Ansoff, H.I., Declerck, R.P. & Hayes, R.L. (eds.), From strategic planning to strategic management, London u.a. 1976, S. 15–28

Hatten, K.J. & Schendel, D.E. (*Role*), Strategy's role in policy research, in: JEB 1976, 28, S. 195–208

Hatten, K.J. (*Methods*), Quantitative research methods in strategic management, in: Schendel, D. & Hofer, C.W. (eds.), Strategic management, Boston–Toronto 1979, S. 448–466

Hatten, K.J., Schendel, D.E. & Cooper, A.C. (*Model*), A strategic model of the U.S. Brewing Industry: 1952–1971, in: AMJ 1978, 21, S. 592–610

Hauschildt, J. (*Handlungstheorie*), Analytische Handlungstheorie und empirische Theorie der Unternehmung – konvergierende Ansätze einer Theorie der Betriebswirtschaftslehre?, in: Köhler, R. (Hrsg.), Empirische und handlungstheoretische Forschungskonzeptionen in der Betriebswirtschaftslehre, Stuttgart 1977, S. 181–186

Hauschildt, J. (*Entscheidungsziele*), Entscheidungsziele – Zielbildung in innovativen Entscheidungsprozessen, Tübingen 1977

Hauschildt, J. (*Zielsysteme*), Zielsysteme, in: HWO, Sp. 2499–2430

Hauschildt, J. („*Ziel-Klarheit*"), „Ziel-Klarheit" oder „kontrollierte Ziel-Unklarheit" in Entscheidungen, in: Witte, E. (Hrsg.), Der praktische Nutzen empirischer Forschung, Tübingen 1981, S. 305–322

Hax, H. (*Verrechnungspreis*), Verrechnungspreise, in: Handwörterbuch des Rechnungswesens hrsg. v. Kosiol, E. Chmielewicz, K. & Schweitzer, M. Stuttgart 1981, Sp. 1688–1699

Hax, H. & Laux, H. (*Planung*), Flexible Planung – Verfahrensregeln und Entscheidungsmodelle für die Planung bei Ungewißheit, in: ZfbF 1972, 24, S. 318–340

von Hayek, F.A. (*Theorie*), Die Theorie komplexer Phänomene, übers. a.d. Engl., Tübingen 1972

Hedberg, B.L.T. (*Organizations*), How organizations learn and unlearn, in: HOD, Vol. 1, S. 3–27

Hedberg, B.L.T. & Jönsson, S.A. (*Process*), Strategy formulation as a discontinuous process, in: ISM & O 1977, 7, Nr. 2, S. 88–109

Hedberg, B.L.T. & Jönsson, S.A. (*Designing*), Designing semi-confusing information systems for organizations in changing environments, in: AOS 1978, 3, S. 47–64

Hedberg, B.L.T., Nystrom, P.C. & Starbuck, W.H. (*Camping*), Camping on seesaws: Prescriptions for a self-designing organization, in: ASQ 1976, 21, S. 41–65

Hedley, B. (*Approach*), A fundamental approach to strategy development, in: LRP 1976, 9, Nr. 6, S. 2–11

Hedley, B. (*Strategy*), Strategy and the "business portfolio", in: LRP 1977, 10, Nr. 1, S. 9–15

Heflebower, R.B. (*Firm*), The firm in oligopoly analysis, in: Weltwirtschaftliches Archiv 1960, 84, S. 150–163

Heflebower, R.B. (*Observations*), Observations on decentralization in large enterprises, in: JIE 1960, 9, S. 7–22

Hegarty, W.H. (*Differences*), Contextual and pedagogical differences in teaching business policy among academicians, in: Academy of Management Proceedings 1976, S. 125–130

Hekhuis, D.J. (*Commentary*), Commentary, in: Schendel, D.E. & Hofer, C.W. (eds.), Strategic Management, Boston–Toronto 1979, S. 241–245

Heinen, E. (*Wissenschaftsprogramm*), Zum Wissenschaftsprogramm der entscheidungsorientierten Betriebswirtschaftslehre, in: ZfB 1969, 39, S. 207–220

Heinen, E. (*Einführung*), Einführung in die Betriebswirtschaftslehre, 6. Aufl., Wiesbaden 1977

Helmer, O. & Rescher, N. (*Epistemology*), On the epistemology of the inexact sciences, in: MS 1960, 6, S. 25–62

Hempel, C.G. (*Logic*), The logic of functional analysis, in: Gross, L. (ed.), Symposium on sociological theory, Evanston/Ill. 1959, S. 271–307

Henderson, B.D. (*Erfahrungskurve*), Die Erfahrungskurve in der Unternehmensplanung, übers. a.d. Engl., Frankfurt–N.Y. 1974

Hennis, W. (*Politik*), Politik und praktische Philosophie, Neuwied–Berlin 1963

Herman, E.S. (*Control*), Corporate control, corporate power, Cambridge 1981

Heuß, E. (*Markttheorie*), Allgemeine Markttheorie, Tübingen–Zürich 1965

Heuß, E. (*Bemerkungen*), Methodische Bemerkungen zur Preis- und Wettbewerbstheorie, in: Enke, H., Köhler, W. & Schulz, W. (Hrsg.), Struktur und Dynamik der Wirtschaft, Freiburg i.Br. 1983, S. 61–74

Heydebrand, W. (*Administration*), Administration of change, in: PAR 1964, 24, S. 163–165

Hicks, J.R. (*Survey*), Annual survey of economic theory: The theory of monopoly, in: Econometrica 1935, 3, S. 1–20

Hickson, D.J., Hinings, C.R., Lee, C.A., Schneck, R.E. & Pennings, J.M. (*Theory*), A strategic contingencies' theory of intraorganizational power, in: ASQ 1971, 16, S. 216–229

Hildebrandt, S. (*Implementation*), Implementation: The bottleneck of operations research – The state of the art in: European Journal of Operational Research 1981, 6, S. 4–12

Hill, W. (*Unternehmungsplanung*), Unternehmungsplanung, 2. Aufl., Stuttgart 1971

Hinterhuber, H.H. (*Unternehmungsführung*), Strategische Unternehmungsführung, 2. Aufl., Berlin–N.Y. 1980

Hinterhuber, H.H. (*Wettbewerbsstrategie*), Wettbewerbsstrategie, Berlin–N.Y. 1982

Hirschman, A.O. (*Exit*), Exit, voice, and loyalty Cambridge/Mass. 1972

Hobbs, J.M. & Heany, D.F. (*Strategy*), Coupling strategy to operating plans, in: HBR 1977, 55, Nr. 3, S. 119–126

Hofer, C.W. (*Theory*), Toward a contingency theory of business strategy, in: AMJ 1975, 18, S. 784–810

Hofer, C.W. (*Research*), Research on strategic planning: A survey of past studies and suggestions for future efforts, in: JEB 1976, 28, S. 261–286

Hofer, C.W. & Schendel, D. (*Strategy*), Strategy formulation: Analytical concepts, St. Paul 1978

Hoffmann, K. (*Zeit*), Zeit und Geld vertan: HDW, in: Manager Magazin 1982, 12, Nr. 8, S. 40–47

Honko, J. (*Entwicklungstendenzen*), Entwicklungstendenzen und Neubewertung der Unternehmensplanung, in: Brockhoff, K. & Krelle, W. (Hrsg.), Unternehmensplanung, Berlin u.a. 1981, S. 3–16

Hoppmann, E. (*Konzept*), Das Konzept der optimalen Wettbewerbsintensität, in: Jahrbücher für Nationalökonomie und Statistik 1966, Bd. 179, S. 286ff.

Hoppmann, E. (*Abgrenzung*), Die Abgrenzung des relevanten Marktes im Rahmen der Mißbrauchsaufsicht über marktbeherrschende Unternehmen, Baden-Baden 1974

Hoppmann, E. (*Marktmacht*), Marktmacht und Wettbewerb, Tübingen 1977

Horovitz, J.H. (*Control*), Strategic control. A new task for top management, in: LRP 1979, 12, Nr. 3, S. 2–7

Horváth, P. (*Controlling*), Controlling in der „organisierten Anarchie", in: ZfB 1982, 52, S. 250–260

Huber, G.P., O'Connell, M.J. & Cummings, L.L. (*Uncertainty*), Perceived environmental uncertainty: Effects of information and structure, in: AMJ 1975, 18, S. 725–740

Humphrey, A.S. (*Getting*), Getting management commitment to planning – A new approach, in: LRP 1974, 7, Nr. 2, S. 45–51

Hunsicker, J.Q. (*Managers*), Can top managers be strategists?, in: SMJ 1980, 1, S. 77–83

Imai, K. (*Organization*), Japan's industrial organization, in: Japanese Economic Studies 1978, 6, Nr. 3/4, S. 3–67

Irle, M. (*Macht*), Macht und Entscheidungen in Organisationen, FfM 1971

Janis, I.L. (*Victims*), Victims of groupthink, Boston 1972

Janoska-Bendl, J. (*Idealtypus*), Methodologische Aspekte des Idealtypus. Max Weber und die Soziologie der Geschichte, Berlin 1965

Jauch, L.R. & Osborn, R.N. (*Theory*), Toward an integrated theory of strategy, in: AMR 1981, 6, S. 491–498

Jauch, L.R., Osborn, R.N. & Glueck, W.F. (*Success*), Success in large business organizations: The environment-strategy connection, in: Academy of Management Proceedings 1977, S. 113–117

Jelinek, M. (*Institutionalizing*), Institutionalizing innovation, N.Y. 1979

Jemison, D.B. (*Contributions*), The contributions of administrative behavior to strategic management, in: AMR 1981, 6, S. 633–642

Jönsson, S.A. & Lundin, R.A. (*Myths*), Myths and wishful thinking as management tools, in: Nystrom, P.C. & Starbuck, W.H. (eds.), Prescriptive models of organizations, Amsterdam 1977, S. 157–170

Johnson, H.G. (*Aspects*), Aspects of patents and licenses as stimuli to innovation, in: Weltwirtschaftliches Archiv 1976, 112, S. 417–428

Jones, J.C.H., Laudadio, L. & Percy, M. (*Profitability*), Profitability and market structure: A cross section comparison of Canadian and American manufacturing industry, in: JIE 1977, 25, S. 195–211

Kahn, A.E. (*Comment*), Pricing objectives in large companies. Comment, in: AER 1959, 49, S. 670–678

Kahn, H. & Wiener, A.J. (*Voraussagen*), Ihr werdet es erleben. Voraussagen der Wissenschaft bis zum Jahre 2000, Wien u.a. 1968

Kaldor, N. (*Irrelevanz*), Die Irrelevanz der Gleichgewichtsökonomie, übers. a.d. Engl., in: Vogt, W. (Hrsg.), Seminar: Politische Ökonomie, FfM 1973, S. 80–102

Kallfass, H.H. (*Chicago School*), Die Chicago-School – Eine Skizze des „neuen" amerikanischen Ansatzes für die Wettbewerbspolitik, in: Wirtschaft und Wettbewerb 1980, 30, S. 596–601

Kambartel, F. (*Philosophie*), Was ist und was soll Philosophie?, Konstanz 1968

Kambartel, F. (*Argumentieren*), Moralisches Argumentieren. Methodische Analysen zur Ethik, in: ders. (Hrsg.), Praktische Philosophie und konstruktive Wissenschaftstheorie, FfM 1974, S. 54–72

Kambartel, F. (*Mißverständnisse*), Wie ist praktische Philosophie konstruktiv möglich? Über einige Mißverständnisse eines methodischen Verständnisses praktischer Diskurse, in: ders. (Hrsg.), Praktische Philosophie und konstruktive Wissenschaftstheorie, FfM 1974, S. 9–33

Kamien, M. & Schwartz, N. (*Innovation*), Market structure and innovation: A survey, in: JEL 1975, 13, S. 1–37

Kamlah, W. & Lorenzen, P. (*Propädeutik*), Logische Propädeutik, 2. Aufl., Mannheim u.a. 1973

Kantzenbach, E. (*Funktionsfähigkeit*), Die Funktionsfähigkeit des Wettbewerbs, Göttingen 1966

Kappler, E. (*Betriebswirtschaften*), Zielsetzungs- und Zieldurchsetzungsplanung in Betriebswirtschaften, in: Ulrich, H. (Hrsg.), Unternehmensplanung, Wiesbaden 1975, S. 83–102

Kappler, E. (*Informationskosten*), Informationskosten aus der Sicht der Informationsökonomik und des Informationsverhaltens, in: ZfO 1975, 44, S. 95ff.

Kappler, E. (*Interessen*), Zur praktischen Berücksichtigung pluralistischer Interessen in betriebswirtschaftlichen Entscheidungsprozessen – Anmerkungen zu einem Investitionskalkül von Sieben und Goetzke, in: BFuP 1977, 29, S. 70–82

Kappler, E. (*Planung*), Planung ohne Prognose, in: Blick durch die Wirtschaft 1982, Nr. 234, S. 3, 7

Karass, C.L. (*Game*), The negotiating game, N.Y. 1970

Kaufer, E. (*Industrieökonomik*), Industrieökonomik, München 1980

Kaysen, C. (*Corporation*), The corporation: How much power? What scope?, in: Mason, E.S. (ed.), The corporation in modern society, Cambridge/Mass. 1959, S. 85–105

Kaysen, C. (*View*), Another view of corporate capitalism, in: QJE 1965, 79, S. 41–51

Kelley, G. (*Seducing*), Seducing the elites. The politics of decision making and innovation in organizational networks, in: AMR 1976, 1, S. 66–74

Kepner, C.H. & Tregoe, B.B. (*Manager*), The rational manager, N.Y. 1965

Keppler, W. (*Aspekte*), Institutionelle Aspekte einer politischen Planung in Organisationen, Diss. Mannheim 1975

Keppler, W., Bamberger, I. & Gabele, E. (*Organisation*), Organisation der Langfristplanung, Wiesbaden 1977

Keuning, D. et al. (*Practice*), Practice of corporate planning in the Netherlands, Amsterdam 1975

Khandwalla, P.N. (*Properties*), Properties of competing organizations, in: HOD, Vol. I, S. 409–432

Klages, H. (*Planungspolitik*), Planungspolitik, Stuttgart 1971

Kieser, A. (*Organisation*), Organisation und Umwelt, Arbeitspapier, Universität Mannheim 1982

Kieser, A. & Kubicek, H. (*Organisationstheorien*), Organisationstheorien, 2 Bde., Stuttgart u.a. 1978

King, W.R. & Cleland, D.I. (*Planning*), Strategic planning and policy, N.Y. 1978

Kirsch, W. (*Entscheidungsprozesse*), Entscheidungsprozesse, 3 Bde., Wiesbaden 1971

Kirsch, W. (*Institutionalisierung*), Institutionalisierung langfristiger Planung und politische Führung von Unternehmen, Einführung zu Keppler, W., Bamberger, I. & Gabele, E., Organisation der Langfristplanung, Wiesbaden 1977, S. 9–15

Kirsch, W. (*Handhabung*), Die Handhabung von Entscheidungsproblemen, München 1978

Kirsch, W. (*Sinn*), Über den Sinn der empirischen Forschung in der angewandten Betriebswirtschaftslehre, in: Witte, E. (Hrsg.), Der praktische Nutzen empirischer Forschung, Tübingen 1981, S. 189–229

Kirsch, W. & Trux, W. (*Perspektiven*), Perspektiven eines strategischen Managements, in: Kirsch, W., Unternehmenspolitik: Von der Zielforschung zum strategischen Management, München 1981, S. 290–396

Kirsch, W., Esser, W.-M., Gabele, E. (*Reorganisation*), Reorganisation, München 1978

Kirsch, W. u.a. (*Planung*), Planung und Organisation in Unternehmen, München 1975

Kirzner, J.M. (*Wettbewerb*), Wettbewerb und Unternehmertum, übers. a.d. Engl., Tübingen 1978

Kitching, J. (*Mergers*), Why do mergers miscarry, in: HBR 1967, 45, Nr. 6, S. 84–101

Kitching, J. (*Winning*), Winning and losing with European acquisitions, in: HBR 1974, 52, Nr. 2, S. 124–136

Koch, H. (*Betriebswirtschaftslehre*), Die Betriebswirtschaftslehre als Wissenschaft vom Handeln, Tübingen 1975

Koch, H. (*Planung*), Planung, betriebswirtschaftliche, in: HWB, Bd. II, Sp. 3001–3016

Koch, H. (*Aufbau*), Aufbau der Unternehmensplanung, Wiesbaden 1977

Koch, H. (*Verfahren*), Zum Verfahren der strategischen Programmplanung, in: ZfbF 1979, 31, S. 145–161

Koch, H. (*Budgetierung*), Budgetierung und Unternehmensplanung, in: ders., Neuere Beiträge zur Unternehmensplanung, Wiesbaden 1980, S. 27–38

Koch, H. (*Entscheidungskriterien*), Die Entscheidungskriterien in der hierarchischen Unternehmensplanung, in: ZfbF 1981, 33, S. 1–21

Kocka, J. (*Enterprise*), The rise of the modern industrial enterprise in Germany, in: Chandler, A.D. jr. & Daems, H. (eds.), Managerial hierarchies, Cambridge/ Mass. 1980, S. 77–116

Kocka, J. & Siegrist, H. (*Industrieunternehmen*), Die hundert größten deutschen Industrieunternehmen im späten 19. und frühen 20. Jahrhundert, in: Horn, N. & Kocka, J. (Hrsg.), Recht und Entwicklung der Großunternehmen im 19. und frühen 20. Jahrhundert, Göttingen 1979, S. 55–122

Köhler, R. (*Betriebswirtschaftslehre*), „Inexakte Methoden" in der Betriebswirtschaftslehre, in: Ulrich, H. (Hrsg.), Zum Praxisbezug der Betriebswirtschaftslehre, Bern 1976, S. 153–169

Köhler, R. (*Kontrolle*), Die Kontrolle strategischer Pläne als betriebswirtschaftliches Problem, in: ZfB 1976, 46, S. 301–318

Köhler, R. (*Forschungskonzeption*), Die empirische und die handlungstheoretische Forschungskonzeption im Sinne Eberhard Wittes bzw. Helmut Kochs – Stand und Entwicklungsmöglichkeit, in: ders. (Hrsg.), Empirische und handlungstheoretische Forschungskonzeptionen in der Betriebswirtschaftslehre, Stuttgart 1977, S. 301–335

Köhler, R. (*Grundprobleme*), Grundprobleme der strategischen Marketingplanung, in: Geist, M.N. & Köhler, R. (Hrsg.), Die Führung des Betriebes, Stuttgart 1981, S. 261–291

Köhler, R. & Uebele, H. (*Einsatzbedingungen*), Einsatzbedingungen von Planungs- und Entscheidungstechniken, in: Witte, E. (Hrsg.), Der praktische Nutzen empirischer Forschung, Tübingen 1981, S. 115–158

Kordina-Hildebrandt, I. & Hildebrandt, L. (*Planung*), Planung bei steigender Unsicherheit des Managements, Bern–Stuttgart 1979

Kreikebaum, H. (*Potentialanalyse*), Die Potentialanalyse und ihre Bedeutung für die Unternehmensplanung, in: ZfB 1971, 41, S. 257–272

Kreikebaum, H. (*Unternehmensplanung*), Strategische Unternehmensplanung, Stuttgart u.a. 1981

Kreikebaum, H. & Grimm, U. (*Unternehmensplanung*), Strategische Unternehmensplanung in der Bundesrepublik – Ergebnisse einer empirischen Untersuchung, in: Hahn, D. & Taylor, B. (Hrsg.), Strategische Unternehmensplanung, Würzburg–Wien 1980, S. 517–542

Kreikebaum, H. & Suffel, W. (*Entwicklungsprozeß*), Der Entwicklungsprozeß der strategischen Planung, FfM 1981

Krelle, W. (*Preistheorie*), Preistheorie, Tübingen 1961

Krüsselberg, H.-G. (*Organisationstheorie*), Organisationstheorie, Theorie der Unternehmung und Oligopol, Berlin 1965

Kubicek, H. & Thom, N. (*Umsystem*), Umsystem, betriebliches, in: HWB, 3. Bd. Sp. 3977–4017

Kudla, R. (*Effects*), The effects of strategic planning on common stock returns, in: AMJ 1980, 23, S. 5–20

Küting, K. (*Wachstumspolitik*), Unternehmerische Wachstumspolitik, Berlin u.a. 1980

Kuhn, T.S. (*Struktur*), Die Struktur wissenschaftlicher Revolutionen, übers. a.d. Engl., FfM 1973

Kutschker, M. & Kirsch, W. (*Verhandlungen*), Verhandlungen auf dem Markt für Investitionsgüter, München 1978

Lancaster, K. (*Variety*), Variety, equity and efficiency, N.Y. 1979

Lange, B. (*Portfolio-Methoden*), Portfolio-Methoden in der strategischen Unternehmensplanung, Diss. Hannover 1981

Lanzillotti, R.F. (*Pricing*), Pricing objectives in large companies, in: AER 1968, 48, S. 921–940

Larner, R.J. (*Control*), Management control and the large corporation, Cambridge/Mass. 1970.

Larréché, J.-C. & Srinivasan, V. (*STRATPORT*), STRATPORT: A model for the evaluation and formulation of business portfolio strategies, in: MS 1982, 28, S. 979–1001

Latsis, S.J. (*Determinism*), Situational determinism in economics, in: British Journal for the Philosophy of Science 1972, 23, S. 207–245

Lawrence, P.R. (*Resistance*), How to deal with resistance to change, in: HBR 1954, 32, Nr. 3, S. 49–57

Lawrence, P.R. & Lorsch, J.W. (*Organization*), Organization and environment: Managing differentiation and integration, Boston 1967

Leibenstein, H. (*Effizienz*), Allokative Effizienz versus "x-Effizienz", übers. a.d. Engl., in: Dürr, E. (Hrsg.), Wachstumstheorie, Darmstadt 1978, S. 335–348

Lenel, H.O. (*Ursachen*), Ursachen der Konzentration, 2. Aufl., Tübingen 1968

Lenk, H. (*Prolegomena*), Prolegomena zur Wissenschaftstheorie der Planung, in: ders., Erklärung, Prognose, Planung, Freiburg 1972, S. 63–94

Lenz, R.T. (*Determinants*), 'Determinants' of organizational performance. An inter disciplinary review, in: SMJ 1981, 2, S. 131–154

Leontiades, M. (*Strategy*), Management policy, strategy, and plans, Boston–Toronto 1982

Leontiades, M. (*Words*), The confusing words of business policy, in: AMR 1982, 7, S. 45–48

Levinson, H. (*Management*), Management by whose objectives? in: HBR 1970, 48, Nr. 4, S. 125–134

Levitt, T. (*Marketing*), Marketing myopia, in: HBR 1960, 38, Nr. 4, S. 45–56

Lieberson, S. & O'Connor, J.F. (*Leadership*), Leadership and organizational performance, in: ASR 1972, 37, S. 117–130

Likert, R. (*Organization*), The human organization, N.Y. 1967

Lindblom, C.E. (*Contexts*), Contexts for change and strategy, in: PAR 1964, 24, S. 157ff.

Lindblom, C.E. (*Intelligence*), The intelligence of democracy, N.Y.–London 1965

Lindblom, C.E. (*Science*), The science of "muddling through", in: Ansoff, H.I. (ed.), Business Strategy, Harmondsworth 1969, S. 41–60 (zuerst in PAR 1959, 19, S. 79–88)

Linnemann, R.E. & Klein, H.E. (*Use*), The use of multiple scenarios by U.S. industrial companies, in: LRP 1979, 12, Nr. 1, S. 83–90

Lintner, J. (*Distribution*), Distribution of incomes of corporations among dividends, retained earnings, and taxes, in: AER 1956, 46, P. & P., S. 97–113

Lintner, J. (*Optimum*), Optimum or maximum growth under uncertainty, in: Marris, R. & Wood, A. (eds.), The corporate economy, London 1971, S. 172–241

Lorange, P. (*Role*), The planner's dual role – A survey of U.S. companies, in: LRP 1973, 6, Nr. 1, S. 13–16

Lorange, P. (*Planning*), Divisional planning: Setting effective direction, in: SMR 1975, 17, Nr. 1, S. 77–91

Lorange, P. & Vancil, R.F. (*Systems*), Strategic planning systems, Englewood Cliffs, N.J. 1977

Lorenzen, P. (*Forschung*), Interdisziplinäre Forschung und infradisziplinäres Wissen, in: ders., Konstruktive Wissenschaftstheorie, FfM 1974, S. 133–146

Lorenzen, P. (*Kritik*), Pascals Kritik an der axiomatischen Methode, in: ders., Konstruktive Wissenschaftstheorie, FfM 1974, S. 167–189

Lorenzen, P. (*Autonomie*), Autonomie und empirische Sozialforschung, in: Mittelstraß, J. (Hrsg.), Methodologische Probleme einer normativ-kritischen Gesellschaftstheorie, FfM 1975, S. 244–265

Lorenzen, P. (*Wissenschaftstheorie*), Konstruktive Wissenschaftstheorie und Praxis, in: Steinmann, H. (Hrsg.), Betriebswirtschaftslehre als normative Handlungswissenschaft, Wiesbaden 1978, S. 13–31

Lorenzen, P. & Schwemmer, O. (*Logik*), Konstruktive Logik, Ethik und Wissenschaftstheorie, Mannheim u.a. 1973

Lüder, K. (*Anmerkungen*), Kritische Anmerkungen zur Steuerung divisional organisierter Unternehmen mit Hilfe des Return-on-Investment-Konzeptes, in: Steinmann, H. (Hrsg.), Planung und Kontrolle, München 1981, S. 400–409

Luhmann, N. (*Theorie*), Theorie der Verwaltungswissenschaft, Köln–Berlin 1966

Luhmann, N. (*Komplexität*), Komplexität und Demokratie, in: Politische Vierteljahresschrift 1969, 10, S. 314–325

Luhmann, N. (*Sinn*), Sinn als Grundbegriff der Soziologie, in: Habermas, J. & Luhmann, N., Theorie der Gesellschaft oder Sozialtechnologie, FfM 1971, S. 25–100

Luhmann, N. (*Systemtheorien*), Moderne Systemtheorien als Form gesamtgesellschaftlicher Analyse, in: Habermas, J. & Luhmann, N., Theorie der Gesellschaft oder Sozialtechnologie, FfM 1971, S. 7–24

Luhmann, N. (*Zweck*), Zweck-Herrschaft-System. Grundbegriffe und Prämissen Max Webers, in: Mayntz, R. (Hrsg.), Bürokratische Organisation, 2. Aufl., Köln–Berlin 1971, S. 36–55

Luhmann, N. (*Funktion*), Funktion und Kausalität, in: ders., Soziologische Aufklärung 1, 3. Aufl., Opladen 1972, S. 9–30

Luhmann, N. (*Mechanismen*), Reflexive Mechanismen, in: ders., Soziologische Aufklärung 1, 3. Aufl., Opladen 1972, S. 92–112

Luhmann, N. (*Methode*), Funktionale Methode und Systemtheorie, in: ders., Soziologische Aufklärung 1, 3. Aufl., Opladen 1972, S. 31–53

Luhmann, N. (*Politikbegriffe*), Politikbegriffe und die ‚Politisierung' der Verwaltung, in: Demokratie und Verwaltung, 25 Jahre Hochschule für Verwaltungswissenschaften Speyer, Berlin 1972, S. 211–228

Luhmann, N. (*Zweckbegriff*), Zweckbegriff und Systemrationalität, FfM 1973

Luhmann, N. (*Planung*), Politische Planung, in: ders., Politische Planung, 2. Aufl., Opladen 1975, S. 66–89

Luhmann, N. (*Organisation*), Organisation und Entscheidung, Opladen 1978

Luhmann, N. (*Interpenetration*), Interpenetration – Zum Verhältnis personaler und sozialer Systeme, in: ders., Soziologische Aufklärung 3, Opladen 1981, S. 151–169

Luhmann, N. (*Probleme*), Theoretische und praktische Probleme der anwendungsbezogenen Sozialwissenschaften, in: ders., Soziologische Aufklärung 3, Opladen 1981, S. 321–334

Luhmann, N. (*Orientierung*), Theoretische Orientierung der Politik, in: ders., Soziologische Aufklärung 3, Opladen 1981, S. 287–292

Luhmann, N. (*Religion*), Funktion der Religion, FfM 1982

Lyles, M.A. (*Formulating*), Formulating strategic problems: Empirical analysis and model development, in: SMJ 1981, 2, S. 61–75

Lyles, M.A. & Lenz, R.T. (*Managing*), Managing the planning process: A field study of the human side of planning, in: SMJ 1982, 3, S. 105–118

Maccoby, M. (*Chefs*), Die neuen Chefs, übers. a.d. Engl., Reinbek b. Hamburg 1979

MacCrimmon, K.R. & Taylor, R.N. (*Decision Making*), Decision making and problem solving, in: Dunnette, M.D. (ed.), Handbook of industrial and organizational psychology, Chicago 1976, S. 1397–1453

Machlup, F. (*Wettbewerb*), Wettbewerb im Verkauf, übers. a.d. Engl., Göttingen 1966

Machlup, F. (*Analysis*), Marginal analysis and empirical research, in: AER 1946, 36, S. 519–554

Machlup, F. (*Theories*), Theories of the firm: Marginalist, behavioral, managerial, AER 1967, 57, S. 1–33

MacMillan, I. (*Strategy*), Strategy formulation: Political concepts, St. Paul u.a. 1978

Madden, D. (*Planning*), People side of planning, Oxford–Ohio 1980

Mag, W. (*Entscheidung*), Entscheidung und Information, München 1977

Makridakis, S. & Wheelwright, S. (*Forecasting*), Integrating forecasting and planning, in: LRP 1973, 6, Nr. 3, S. 53–63

Makridakis, S., Reschke, H. & Wheelwright, S. (*Prognosetechniken*), Prognosetechniken für Manager, übers. a.d. Engl., Wiesbaden 1980

Malik, F. (*Managementlehre*), Die Managementlehre im Lichte der modernen Evolutionstheorie, in: Die Unternehmung 1979, 33, S. 303–316

Manne, H.G. (*Mergers*), Mergers and the market for corporate control, in: JPE 1965, 73, S. 110–120

Manne, H.G. (*Insider Trading*), Insider trading and the stock market, N.Y. 1966

Mannheim, K. (*Mensch*), Mensch und Gesellschaft im Zeitalter des Umbaus, Darmstadt 1958

March, J.G. (*Technology*), The technology of foolishness, in: March, J.G. & Olsen, J.P., Ambiguity and choice, 2nd ed., Bergen 1979, S. 69–81

March, J.G. (*Decisions*), Decisions in organizations and theories of choice, in: Van de Ven, A. & Joyce, N.F. (eds.), Perspectives on organization design and behavior, N.Y. u.a. 1981, S. 205–244

March, J.G. & Olsen, J.P. (*Ambiguity*), Ambiguity and choice in organizations, 2nd ed., Bergen 1979

March, J.G. & Olsen, J.P. (*Attention*), Attention and the ambiguity of self-interest, in: dies., Ambiguity and choice in organizations, 2nd ed., Bergen 1979, S. 38–53

March, J.G. & Olsen, J.P. (*Choice*), Organizational choice under ambiguity, in: dies., Ambiguity and choice in organizations, 2nd ed., Bergen 1979, S. 10–23

March, J.G. & Simon, H.A. (*Organizations*), Organizations, N.Y. 1958

Markham, J.W. (*Nature*), The nature and significance of price leadership, in: AER 1951, 41, S. 891–905

Marr, R. (*Innovation*), Innovation, in: HWO, Sp. 947–959

Marris, R. (*Theory*), The economic theory of 'managerial' capitalism, N.Y. 1964

Marris, R. (*Corporation*), The modern corporation and economic theory, in: Marris, R. & Wood, A. (eds.), The corporate economy, London 1971, S. 270–317

Marris, R. (*Preface*), Preface for social scientists, in: Marris, R. & Wood, A. (eds.) The corporate economy, London 1971, S. XV–XXVI

Marris, R. & Mueller, D.C. (*Corporation*), The corporation, competition, and the invisible hand, in: JEL 1980, 18, S. 32–63

Marschak, J. (*Theory*), Towards an economic theory of organization and information, in: Thrall, R.M., Coombs, C.H. & Davis, R.L. (eds.), Decision processes, N.Y.–London 1954, S. 187–220

Mascarenhas, B. (*Planning*), Planning for flexibility, in: LRP 1981, 14, Nr. 5, S. 78–82

Mason, E.S. (*Price*), Price and production policies of large scale enterprise, in: AER 1939, 29, S. 61–74

Mason, E.S. (*Concentration*), Economic concentration and the monopoly problem, Cambridge/Mass. 1957

Mason, R.O. (*Approach*), A dialectical approach to strategic planning, in: MS 1969, 15, S. B 403–B 414

Mauthe, K.D. & Roventa, P. (*Versionen*), Versionen der Portfolio-Analyse auf dem Prüfstand, in: ZfO 1982, 51, S. 191–204

Mayes, B.T. & Allen, R.W. (*Definition*), Toward a definition of organizational politics, in: AMR 1977, 2, S. 672–678

Mayntz, R. (*Zweckbegriff*), Zweckbegriff und Systemrationalität. Zu dem gleichnamigen Buch von Niklas Luhmann, in: Schmollers Jahrbuch für Wirtschafts- und Sozialwissenschaften 1971, 91, 1. Halbbd., S. 57–63

Mayntz, R. (*Struktur*), Struktur und Leistung von Beratungsgremien. Ein Beitrag zur Kontingenztheorie der Organisation, in: Soziale Welt 1977, 28, S. 1–15

Mazzolini, R. (*View*), Strategic decisions: An organizational politics view, Research Working Paper No. 173 A, Graduate School of Business, Columbia University, N.Y. 1978

Mazzolini, R. (*Strategy*), The international strategy of state-owned firms: An organizational process and politics perspective, in: SMJ 1980, 1, S. 101–118

Mazzolini, R. (*Decisions*), How strategic decisions are made, in: LRP 1981, 14, Nr. 3, S. 85–96

McCaskey, M.B. (*Management*), The management of ambiguity, in: OD 1979, 7, Nr. 4, S. 31–48

McEachern, W. (*Control*), Managerial control and performance, Lexington/Mass. 1975

Mellerowicz, K. (*Betriebswirtschaftslehre*), Allgemeine Betriebswirtschaftslehre, Bd. 4, Berlin 1958/59

Mellerowicz, K. (*Unternehmenspolitik*), Unternehmenspolitik, Bd. 1: Grundlagen, 3. Aufl., Freiburg im Breisgau 1976

Mertens, P. (*Divisionalisierung*), Divisionalisierung, in: Neue Betriebswirtschaft und Betriebswirtschaftliche Datenverarbeitung 1969, 22, S. 1–10

Mertens, P. (*Ansätze*), Ansätze zu Unternehmens- Gesamtmodellen, in: Rühle von Lilienstern, H. (Hrsg.), Die informierte Unternehmung, Berlin 1972, S. 293–310

Mertens, P. & Backert, K. (*Vergleich*), Vergleich und Auswahl von Prognoseverfahren für betriebswirtschaftliche Zwecke, in: Mertens, P. (Hrsg.), Prognoserechnung, 4. Aufl., Würzburg 1981, S. 339–362

Meyer, J.W. & Rowan, B. (*Organizations*), Institutionalized organizations: Formal structure as myth and ceremony, in: American Journal of Sociology 1977, 83, S. 340–363

Meyhak, H. (*Gesamtplanung*), Simultane Gesamtplanung im mehrstufigen Mehrproduktunternehmen, Wiesbaden 1970

Miles, R.E. (*Behavior*), Macro organizational behavior, Santa Monica 1980

Miles, R.E. & Snow, C.C. (*Strategy*), Organizational strategy, structure and process, N.Y. 1978

Miller, D. (*Gestalts*), Toward a new contingency approach: The search for organizational Gestalts, in: JMSt 1981, 18, S. 1–26

Miller, D. & Friesen, P.H. (*Archetypes*), Archetypes of strategy formulation, in: MS 1978, 24, S. 921–933

Milling, P. (*Grundlagen*), Systemtheoretische Grundlagen der Unternehmensplanung, Berlin 1981

Minkes, A.L. & Foxall, G.R. (*Entrepreneurship*), Entrepreneurship, strategy, and organization: Individual and organization in the behavior of the firm, in: SMJ 1980, 1, S. 295–301

Mintzberg, H. (*Modes*), Strategy-Making in three modes, in: CMR 1973, 16, Nr. 2, S. 44–53

Mintzberg, H. (*Managing*), Planning on the left side and managing on the right, in: HBR 1976, 54, Nr. 4, S. 49–58

Mintzberg, H. (*Policy*), Policy as a field of management theory, in: AMR 1977, 2, S. 88–103

Mintzberg, H. (*Process*), Strategy formulation as a historical process, in: ISM & O 1977, 7, Nr. 2, S. 28–40

Mintzberg, H. (*Patterns*), Patterns in strategy formulation, in: MS 1978, 24, S. 934–948

Mintzberg, H. & Waters, J.A. (*Tracking*), Tracking strategy in an entrepreneurial firm, in: AMJ 1982, 25, S. 465–499

Mintzberg, H. Raisinghani, D. & Théorêt, A. (*Structure*), The structure of "unstructured" decision processes, in: ASQ 1976, 21, S. 246–275

Mitbestimmungskommission (*Mitbestimmung*), Mitbestimmung in Unternehmen, Bundestagsdrucksache VI/334

Mitroff, I.I. & Kilmann, R.H. (*Stories*), On organization stories: An approach to the design and analysis of organizations, in: Kilmann, R.H., Pondy, L.R. & Slevin, D.P. (eds.), The management of organization design, Vol. 1: Strategies and innovation, N.Y. u.a. 1976, S. 189–207

Mitroff, I.I. & Mason, R.O. (*Issues*), Structuring ill-structured policy issues, in: SMJ 1980, 1, S. 331–342

Mitroff, I.I. & Mason, R.O. (*Metaphysics*), The metaphysics of policy and planning: A reply to Cosier, in: AMR 1981, 6, S. 649–651

Mitroff, I.I., Emshoff, J.R. & Kilmann, R. (*Analysis*), Assumptional analysis: A methodology for strategic problem solving, in: MS 1979, 25, S. 583–593

Mittelstraß, J. (*Dingler-Komplex*), Wider den Dingler-Komplex, in: ders., Die Möglichkeit von Wissenschaft, FfM 1974, S. 84–105

Mittelstraß, J. (*Entdeckung*), Die Entdeckung der Möglichkeit von Wissenschaft, in: ders., Die Möglichkeit von Wissenschaft, FfM 1974, S. 29–55

Mohr, L.B. (*Technology*), Organizational technology and organizational structure, in: ASQ 1971, 16, S. 444–459

Monopolkommission (*Wettbewerb*), Hauptgutachten 1973/1975. Mehr Wettbewerb ist möglich, 2. Aufl., Baden-Baden 1977

Monopolkommission (*Konzentration*), Hauptgutachten 1976/1977. Fortschreitende Konzentration bei Großunternehmen, Baden-Baden 1978

Monopolkommission (*Fusionskontrolle*), Hauptgutachten 1978/1979: Fusionskontrolle bleibt vorrangig, Baden-Baden 1980

Montgomery, C.A. (*Measurement*), The measurement of firm diversification: Some new empirical evidence, in: AMJ 1982, 25, S. 299–307

Morner, P. (*Kredit*), Kredit aufs Spiel gesetzt: Simonbank, in: Manager Magazin 1980, 10, Nr. 1, S. 30–34

Moxter, A. (*Grundfragen*), Methodologische Grundfragen der Betriebswirtschaftslehre, Köln–Opladen 1957

Mueller, D.C. (*Case*), The case against conglomerate mergers, in: Blair, R.D. & Lanzillotti, R.F., The conglomerate corporation, Cambridge/Mass. 1981, S. 71–95

Mueller, D.C. (*Persistence*), The persistence of profits above the norm, Vortrag, gehalten in Nürnberg, den 21.12.1981

Müller-Merbach, H. & Golling, H.J (*Bedarf*), Der Bedarf des Operations Research an empirischer Forschung, in: Witte, E. (Hrsg.), Der praktische Nutzen empirischer Forschung, Tübingen 1981, S. 243–269

Mumford, E. & Pettigrew, A. (*Implementing*), Implementing strategic decisions, London–N.Y. 1975

Murray, E.A. jr. (*Choice*), Strategic choice as a negotiated outcome, in: MS 1978, 24, S. 960–972

Musto, S.A. (*Wandlungstendenzen*), Wandlungstendenzen in der Gesellschaftsplanung, in: Soziale Welt 1975, 26, S. 293–309

Myrdal, G. (*Nationalökonomie*), Das Zweck-Mittel-Denken in der Nationalökonomie, in: Zeitschrift für Nationalökonomie 1933, 4, S. 305–329

Nadler, G. (*Planning*), The planning and design approach, N.Y. u.a. 1981

Nagel, E. (*Structure*), The structure of science, N.Y. 1961

Narayanan, V.K. & Fahey, L. (*Micropolitics*), The micropolitics of strategy formulation, in: AMR 1982, 7, S. 25–34

Naschold, F. (*Gesellschaftsreform*), Gesellschaftsreform und politische Planung, in: Österreichische Zeitschrift für Politikwissenschaft 1972, 1, S. 5–34

Naylor, T.H. (*Planning*), How to integrate strategic planning into your management process, in: LRP 1981, 14, Nr. 5, S. 56–61

Naylor, T.H. & Schauland, H. (*Experience*), Experience with corporate simulation models – A survey, in: LRP 1976, 9, Nr. 2, S. 94–100

von Neumann, J. & Morgenstern, O. (*Spieltheorie*), Spieltheorie und wirtschaftliches Verhalten, Würzburg 1961

Neumann, M. (*Konzentration*), Konglomerate Konzentration und der industrielle Monopolisierungsgrad, in: ZgS 1967, 123, S. 668–681

Neumann, M. (*Industrial Organization*), Industrial organization. Ein Überblick über die quantitative Forschung, in: ZfB 1979, 49, S. 645–660

Neumann, M. (*Volkswirtschaftslehre II*), Theoretische Volkswirtschaftslehre II: Produktion, Nachfrage und Allokation, München 1982

Neumann, M. (*Volkswirtschaftslehre III*), Theoretische Volkswirtschaftslehre III: Wachstum, Wettbewerb und Verteilung, München 1982

Neumann, M. (*Pricing*), Predatory pricing by a quantity-setting multiproduct firm, in: AER 1982, 72, S. 825–828

Newman, H.H. (*Groups*), Strategic groups and the structure-performance relationship, in: REStat 1978, 60, S. 417–427

Newman, W.H. & Logan, J.P. (*Strategy*), Strategy, policy, and central management, 7th ed., Cincinnati 1976

Nicolini, H.-J. (*Untersuchungen*), Untersuchungen zur Erfassung unternehmerischer Macht, Göttingen 1978

Nutzinger, H.G. (*Unsicherheit*), Unsicherheit, Hierarchie und vertikale Integration, in: Helmstädter, E. (Hrsg.), Neuere Entwicklungen in den Wirtschaftswissenschaften, Schriften des Vereins für Sozialpolitik, Bd. 98, 1978, S. 519–542

Oberkampf, V. (*Grundlagen*), Systemtheoretische Grundlagen einer Theorie der Unternehmensplanung, Berlin 1976

Olsen, J.P. (*Choice*), Choice in an organized anarchy, in: March, J.G. & Olsen, J.P., Ambiguity and choice in organizations, 2nd ed., Bergen 1979, S. 82–139

Opp, K.D. (*Kybernetik*), Kybernetik und Soziologie, Neuwied 1970

Oppermann, C. & Raithel, H. (*Gefangen*), Gefangen zwischen Kult und Kasse: Henkell & Co., in: Manager Magazin 1980, 10, Nr. 10, S. 44–53

Osborn, R.N. & Hunt, J.G. (*Environment*), Environment and organizational effectiveness, in: ASQ 1974, 19, S. 231–246

Ortmann, G. (*Unternehmungsziele*), Unternehmungsziele als Ideologie, Köln 1976

Ozbekhan, H. (*Theory*), Toward a general theory of planning, in: Jantsch, E. (ed.), Perspectives of planning, OECD–Paris 1969, S. 47–158

Ozga, S.A. (*Markets*), Imperfect markets through lack of knowledge, in: QJE 1960, 74, S. 29–52

Paine, F.T. & Anderson, C.R. (*Contingencies*), Contingencies affecting strategy formulation and effectiveness: An empirical study, in: JMSt 1977, 14, S. 147–158

Paine, F.T. & Naumes, W. (*Strategy*), Organizational strategy and policy, Philadelphia 1978

Papandreou, A.G. (*Issues*), Some basic issues in the theory of the firm, in: Haley, B.F. (ed.), A survey of contemporary economics, Homewood/Ill. 1952

Parsons, T. (*Theory*), General theory in sociology, in: Merton, R.K., Broom, L. & Cottrell, L.S. jr. (eds.), Sociology today, N.Y. 1959, S. 3–38

Parsons, T. (*Structure*), Structure and Process in modern societies, Glencoe/Ill. 1960

Parsons, T. (*Grundzüge*), Einige Grundzüge der allgemeinen Theorie des Handelns, in: Hartmann, H. (Hrsg.), Moderne amerikanische Soziologie, 2. Aufl. Stuttgart 1973, S. 216–244

Pavan, R.J. (*Strategy*), The strategy and structure of Italian enterprise, Unpubl. Doct. Diss., Cambridge/Mass. 1972

Pennings, J.M. (*Organizations*), Strategically interdependent organizations, in: HOD,

Vol. I, S. 433–455

Penrose, E.T. (*Theory*), The theory of the growth of the firm, Oxford 1959

Perlitz, M. (*Internationalisierungsstrategien*), Absatzorientierte Internationalisierungsstrategien, Habil. Bochum 1978

Perrow, C. (*Framework*), A framework for the comparative analysis of organizations, in: ASR 1967, 32, S. 194–208

Perrow, C. (*Power*), Departmental power and perspective in industrial firms, in: Zald, M.N. (ed.), Power in organization, Nashville 1970, S. 58–89

Peterson, S. (*Control*), Corporate control and capitalism, in: QJE 1965, 79, S. 1–24

Pettigrew, A.M. (*Politics*), The politics of organizational decision-making, London 1973

Pettigrew, A.M. (*Decision*), The industrial purchasing decision as a political process, Working Paper 74–36, European Institute for Advanced Studies in Management, Brüssel 1974

Pettigrew, A.M. (*Strategy,*), Strategy formulation as a political process, in: ISM & O 1977, 7, Nr. 2, S. 78–87

Pettigrew, A.M. (*Studying*), On studying organizational cultures, in: ASQ 1979, 24, S. 570–581

Pfeffer, J.P. & Moore, W.L. (*Power*), Power in university budgeting: A replication and extension, in: ASQ 1980, 25, S. 637–653

Pfeffer, J. & Salancik, G.R. (*Decision Making*), Organizational decision making as a political process, in: ASQ 1974, 19, S. 135–152

Pfeffer, J. & Salancik, G.R. (*Control*), The external control of organizations, N.Y. 1978

Pfeiffer, W. (*Theorie*), Allgemeine Theorie der technischen Entwicklung als Grundlage einer Planung und Prognose des technischen Fortschritts, Göttingen 1971

Pfeiffer, W. & Bischof, P. (*Produktlebenszyklen*), Produktlebenszyklen – Instrument jeder strategischen Produktplanung, in: Steinmann, H. (Hrsg.), Planung und Kontrolle, München 1981, S. 133–165

Pfeiffer, W. & Staudt, E. (*Element*), Das kreative Element in der technologischen Voraussage, in: ZfB 1972, 42, S. 853–870

Pfeiffer, W., Metze, G., Schneider, W. & Amler, R. (*Management*), Technologie-Portfolio zum Management strategischer Zukunftsgeschäftsfelder, Göttingen 1982

Pfohl, H.-C. & Braun, G.E. (*Entscheidungstheorie*), Entscheidungstheorie, München 1981

Pfohl, H.C. & Wübbenhorst, K.L. (*Einflüsse*), Einflüsse externer Anspruchsgruppen auf die strategische Planung von Elektrizitätsversorgungsunternehmen, in: DBW 1982, 42, S. 561–574

Phillips, A. (*Critique*), A critique of empirical studies of relations between market structure and profitability, in: JIE 1976, 24, S. 241–249

Picot, A. (*Strukturwandel*), Strukturwandel und Unternehmensstrategie I, II, in: WiSt 1981, 10, S. 527–532, 563–571

Picot, A. (*Transaktionskostenansatz*), Transaktionskostenansatz in der Organisationstheorie: Stand der Diskussion und Aussagewert, in: DBW 1982, 42, S. 267–284

Picot, A. & Lange, B. (*Gestaltung*), Synoptische versus inkrementale Gestaltung des strategischen Planungsprozesses, in: ZfbF 1979, 31, S. 569–595

Plötzeneder, H.D. (Hrsg.) (*Unternehmensplanung*), Computergestützte Unternehmensplanung, Stuttgart 1977

Poensgen, O.H. (*Geschäftsbereichsorganisation*), Geschäftsbereichsorganisation, Opladen 1973

Poensgen, O.H. (*Rendite*), Geschäftsbereichsstruktur, Rendite und Unternehmenswachstums, in: Kirsch, W. (Hrsg.), Unternehmensführung und Organisation, Wiesbaden 1973, S. 193–230

Poensgen, O.H. & Hort, H. (*Einflüsse*), Die situativen Einflüsse auf die unternehmerische Planung, in: ZfB 1981, 51, S. 3–32

Poensgen, O.H. & Marx, M. (*Ausgestaltung*), Die Ausgestaltung der Geschäftsbereichsorganisation in der Praxis, in: ZfB 1982, 52, S. 238–249

Popp, W. (*Planung*), Simultane strategische Planung betrieblicher Funktionsbereiche, in: Hahn, D. & Taylor, B. (Hrsg.), Strategische Unternehmensplanung, Würzburg–Wien 1980, S. 324–336

Popper, K.R. (*Gesellschaft*), Die offene Gesellschaft und ihre Feinde, Bd. 1, Der Zauber Platons, Bern 1958

Popper, K.R. (*Elend*), Das Elend des Historizismus, 2. Aufl., Tübingen 1969

Porter, M.E. (*Choice*), Interbrand choice, strategy, and bilateral market power, Cambridge/Mass. 1976

Porter, M.E. (*Location*), Please note location of nearest exit: Exit barriers and strategies and organizational planning, in: CMR 1976, 19, Nr. 2, S. 21–33

Porter, M.E. (*Market*), Market structure, strategy formulation and firm profitability: The theory of strategic groups and mobility barriers, in: Cady, J.F. (ed.), Marketing and the public interest, Cambridge/Mass. 1978, S. 101–126

Porter, M.E. (*Forces*), How competitive forces shape strategy, in: HBR 1979, 57, Nr. 2, S. 137–145

Porter, M.E. (*Structure*), The structure within industries and companies' performance, in: REStat 1979, 61, S. 214–227

Porter, M.E. (*Strategy*), Competitive strategy, N.Y.–London 1980

Porter, M.E. (*Contributions*), The contributions of industrial organization to strategic management, in: AMR 1981, 6, S. 609–620

Pratton, C.F. (*Economies*), Economies of scale in manufacturing industry, Cambridge 1971

Pressman, J.L. & Wildavsky, A. (*Implementation*), Implementation, Berkeley u.a. 1973

Preston, L.E. (*Corporation*), Corporation and society: The search for a paradigm, in: JEL 1975, 13, S. 434–453

Pringle, C.D. & Longenecker, J.G. (*Ethics*), The ethics of MBO, in: AMR 1982, 7, S. 305–312

Pross, H. (*Manager*), Manager und Aktionäre in Deutschland. Untersuchungen zum Verhältnis von Eigentum und Verfügungsmacht, FfM 1965

Provan, K.G., Beyer, J.M. & Kruytbosch, C. (*Linkages*), Environmental linkages and power in resource-dependence relations between organizations, in: ASQ 1980, 25, S. 200–225

Quinn, J.B (*Strategies*), Strategies for change. Logical incrementalism, Homewood/Ill. 1980

Regan, D.E. (*Rationality*), Rationality in policy making: Two concepts not one, in: LRP 1978, 11, Nr. 5, S. 83–88

Reynolds, J.I. (*Method*), There's method in cases, in: AMR 1978, 3, S. 129–133

Reber, G. (*Verhalten*), Personales Verhalten im Betrieb, Stuttgart 1973

Reber, G. (*Mensch*), Wie rational verhält sich der Mensch im Betrieb, Wien–N.Y. 1975

Reber, G. (*Individuum*), Individuum, Individuum über alles . . ., in: DBW 1978, 38, S. 83–102

Rhenman, E. (*Theory*), Organization theory for long-range planning, London 1973

Richards, M.D. (*Study*), An exploratory study of strategic failure, in: Academy of Management Proceedings 1973, S. 40–46

Ridder-Aab, C.-A. (*Aktiengesellschaft*), Die moderne Aktiengesellschaft im Lichte der Theorie der Eigentumsrechte, FfM-N.Y. 1980

Rieger, H.C. (*Begriff*), Begriff und Logik der Planung, Wiesbaden 1971

Ringbakk, K.A. (*Planning*), Organized planning in major U.S. companies, in: LRP 1969, 2, Nr. 2, S. 46–57

Ringbakk, K.A. (*Planung*), Warum es mit der Planung nicht klappt, in: Fortschrittliche Betriebsführung 1973, 22, Nr. 4, S. 169–177

Robinson, J. (*Economics*), Economics of imperfect competition, London 1948

Ronchi, L. (*Adaptation*), The decision-making process for strategic adaptation, in: LRP 1980, 13, Nr. 1, S. 48–54

Roventa, P. (*Portfolio-Analyse*), Portfolio-Analyse und Strategisches Management, 2. Aufl., München 1981

Rue, L.W. & Fulmer, R.M. (*Planning*), Is long-range planning profitable?, in: Academy of Management Proceedings 1973, S. 66–73

Ruefli, T. & Sarrazin, J. (*Control*), Strategic control of corporate development under ambiguous circumstances, in: MS 1981, 27, S. 1158–1170

Rühli, E. (*Unternehmungsführung*), Unternehmungsführung und Unternehmungspolitik, Bd. 2, Bern–Stuttgart 1978

Rumelt, R. P. (*Strategy*), Strategy, structure, and economic performance, Cambridge/Mass. 1974

Rumelt, R.P. (*Evaluation*), Evaluation of strategy: Theory and models, in: Schendel, D.E. & Hofer, C.W. (eds.), Strategic Management, Boston–Toronto 1979, S. 196–212

Sachverständigenrat (*Jahresgutachten 1979/80*), Sachverständigenrat zur Begutachtung der gesamtwirtschaftlichen Entwicklung, Jahresgutachten 1979/80

Salancik, G.R. & Pfeffer, J. (*Bases*), The bases and use of power in organizational decision making: The case of a university, in: ASQ 1974, 19, S. 453–473

Salop, S.C. (*Deterrence*), Strategic entry deterrence, in: AER 1979, 69, P. & P., S. 335–338

Salter, M.S. (*Strategy*), Tailor incentive compensation to strategy, in: HBR 1973, 51, Nr. 2, S. 94–102

Salter, M. S. & Wolf, W. (*Diversification*), Diversification via acquisition: Creating value, in: HBR 1978, 56, Nr. 4, S. 166–176

Samuels, J.M. & McMahon, P.C. (*Saving*), Saving and investment in the UK and West Germany, London 1978

Sarrazin, J. (*Planning*), Decentralized planning in a large French company: An interpretative study, in: ISM & O 1977/78, 7, S. 37–59

Saunders, C.B. & Thompson, J.C. (*Survey*), A survey of the current state of business policy research, in: SMJ 1980, 1, S. 119–130

Schanz, G. (*Einführung*), Einführung in die Methodologie der Betriebswirtschaftslehre, Köln 1975

Schelling, T.C. (*Strategy*), The strategy of conflict, Cambridge/Mass. 1963

Schendel, D.E. & Hofer, C.W. (*Introduction*), Introduction, in: dies. (eds.), Strategic management, Boston–Toronto 1979, S. 1–22

Schendel, D.E. & Hofer, C.W. (*Preface*), Preface, in: dies. (eds.), Strategic management, Boston–Toronto 1979, S. V–X

Schendel, D.E. & Hofer, C.W. (*Theory Building*), Theory building and theory testing in strategic management, in: dies. (eds.), Strategic management, Boston–Toronto 1979, S. 383–394

Scherer, F.M. (*Market*), Industrial market structure and economic performance, 2nd ed., Chicago 1980

Scherer, F.M., Beckenstein, A., Kaufer, E. & Murphy, R.D. (*Economics*), The economics of multi-plant operation – An international comparisons study, Cambridge/Mass. 1975

Schertler, W. (*Unternehmungsorganisation*), Unternehmungsorganisation, München–Wien 1982

Schiemenz, B. (*Betriebskybernetik*), Betriebskybernetik, Stuttgart 1982

Schmalenbach, E. (*Privatwirtschaftslehre*), Die Privatwirtschaftslehre als Kunstlehre, in: Zeitschrift für handelswissenschaftliche Forschung 1911/12, 6, S. 304–316

Schmalenbach, E. (*Betriebswirtschaftslehre*), Die Betriebswirtschaftslehre an der Schwelle der neuen Wirtschaftsverfassung, in: Zeitschrift für handelswissenschaftliche Forschung 1928, 22, S. 241–251

Schmalenbach, E. (*Lenkung*), Pretiale Lenkung des Betriebes, Bremen–Horn 1947

Schmidt, R. (*Operations Research*), Operations Research und verhaltenswissenschaftliche Erkenntnisse, in: Witte, E. (Hrsg.), Der praktische Nutzen empirischer Forschung, Tübingen 1981, S. 233–242

Schmidt, R.H. (*Aktienkursprognose*), Aktienkursprognose, Wiesbaden 1976

Schneider, D. (*Geschichte*), Geschichte betriebswirtschaftlicher Theorie, Munchen–Wien 1981

Schneider, D.J.G. (*Ziele*), Ziele und Mittel in der Betriebswirtschaftslehre, Wiesbaden 1978

Schoeffler, S., Buzzell, R. & Heany, D.F. (*Impact*), Impact of strategic planning on profit performance, in: HBR 1974, 52, Nr. 2, S. 137–145

Schöllhammer, H. (*Planning*), Corporate planning in France, in: JMSt 1970, 7, S. 60–77

Schreyögg, G. (*Umwelt*), Umwelt, Technologie und Organisationsstruktur, Bern–Stuttgart 1978

Schreyögg, G. (*Zielsetzung*), Zielsetzung und Planung – Normative Aspekte der Unternehmensplanung, in: Steinmann, H. (Hrsg.), Planung und Kontrolle, München 1981, S. 105–132

Schreyögg, G. (*Comments*), Some comments about comments: A reply to Donaldson, in: Organization Studies 1982, 3, S. 73–78

Schreyögg, G. & Steinmann, H. (*Trennung*), Zur Trennung von Eigentum und Verfügungsgewalt. Eine empirische Analyse der Beteiligungsverhältnisse in deutschen Großunternehmen, in: ZfB 1981, 51, S. 533–558

Schroder, H.M., Driver, M.J. & Streufert, S. (*Processing*), Human information processing, N.Y. 1967

Schüller, A. (*Property Rights*), Property rights, unternehmerische Legitimation und Wirtschaftsordnung, in: Eschenburg, R., Leipold, H. & Seidl, C. (Hrsg.), Ökonomische Verfügungsrechte und Allokationsmechanismen in Wirtschaftssystemen, Berlin 1978

Schüller, A. (*Theorie*), Property Rights, Theorie der Firma und wettbewerbliches Marktsystem, in: ders. (Hrsg.), Property Rights und ökonomische Theorie, München 1983, S. 145–184

Schütz, A. (*Aufbau*), Der sinnhafte Aufbau der sozialen Welt, FfM 1974

Schumpeter, J.A. (*Entwicklung*), Theorie der wirtschaftlichen Entwicklung, 2. Aufl., München–Leipzig 1926

Schumpeter, J.A. (*Kapitalismus*), Kapitalismus, Sozialismus und Demokratie, Bern–München 1950

Schwartz, H. & Davis, St.M. (*Matching*), Matching corporate culture and business strategy, in: OD 1981, 10, Nr. 1, S. 30–48

Schwemmer, O. (*Begründen*), Begründen und Erklären, in: Mittelstraß, J. (Hrsg.), Methodologische Probleme einer normativ-kritischen Gesellschaftstheorie, FfM 1975, S. 43–87

Schwemmer, O. (*Theorie*), Theorie der rationalen Erklärung, München 1976

Schwemmer, O. (*Verstehen*), Verstehen als Methode, in: Steinmann, H. (Hrsg.), Betriebswirtschaftslehre als normative Handlungswissenschaft, Wiesbaden 1978, S. 33–56

Scott, B.R. (*Stages*), Stages of corporate development, Mimeo, Harvard Business School 1971

Scott, B.R. (*State*), The industrial state: Old myth and new realities, in: HBR 1973, 51, Nr. 2, S. 133–148

Scott, B.W. (*Planning*), Long-range planning in American industry, N.Y. 1965

Scott, W.R. (*Konflikte*), Konflikte zwischen Spezialisten und bürokratischen Organisationen, in: Mayntz, R. (Hrsg.), Bürokratische Organisation, 2. Aufl., Köln–Berlin 1971, S. 201–216

Secord, P.F. & Backman, C.W. (*Social Psychology*), Social psychology, N.Y. 1964

Selznick, Ph. (*TVA*), TVA and the grass roots, Berkeley 1949

Shackle, G.L.S. (*Time*), Time and thought, in: British Journal for the Philosophy of Science 1959, 9, S. 290ff.

Shaw, M.E. (*Group dynamics*), Group dynamics, N.Y. 1971

Shepherd, W. (*Elements*), The elements of market structure, in: REStat 1972, 54, S. 25–37

Sheehan, N. (ed.) (*Pentagon Papers*), Pentagon Papers, N.Y. 1971

Sherif, M. (*Group conflict*), Group conflict and cooperation, Boston 1966

Shubik, M. (*Strategy*), Strategy and market structure, N.Y.–London 1959

Simon, H.A. (*Models*), Models of man, N.Y. 1957

Simon, H.A. (*Theories*), Theories of decision making in economics and behavioral science, in: AER 1959, 49, S. 253–283

Simon, H.A. (*Logic*), The logic of heuristic decision making, in: Rescher, N. (ed.), The logic of decision and action, Pittsburgh 1967, S. 1–20

Simon, H.A. (*Sciences*), The sciences of the artificial, Cambridge/Mass. 1969

Simon, H.A. (*Rationality*), Rationality as process and as product of thought, in: AER 1978, 68, P. & P., S. 1–16

Simon, H.A. (*Entscheidungsverhalten*), Entscheidungsverhalten in Organisationen, Übers. d. 3. amerikanischen Aufl., München 1981

Simonis, B. (*Oligopolpreistheorie*), Die Aussagen der neueren Oligopolpreistheorie und ihre Bedeutung für die Wettbewerbspolitik, Meisenheim am Glan 1971

Singh, A. (*Take-overs*), Take-overs: Their relevance to the stock-market and the theory of the firm, Cambridge 1971

Smit, J. de & Rade, N.L. (*Planning*), Rational and non-rational planning, in: LRP 1980, 13, Nr. 2, S. 87–101

Snow, C.C. & Hambrick, D.C. (*Strategies*), Measuring organizational strategies: Some theoretical and methodological problems, in: AMR 1980, 5, S. 527–538

Snow, C.C. & Hrebiniak, L.G. (*Strategy*), Strategy, distinctive competence, and organizational performance, in: ASQ 1980, 25, S. 317–336

Soelberg, P. (*Decision Making*), Unprogrammed decision making, in: Academy of Management proceedings 1966, S. 3–16

Solomons, D. (*Performance*), Divisional performance: Measurement and control, Homewood/Ill. 1965

Solow, R.M. (*Implications*), Some implications of alternative criteria for the firm, in: Marris, R. & Wood, A. (eds.), The corporate economy, London 1971, S. 318–342

von Stackelberg, H. (*Marktform*), Marktform und Gleichgewicht, Wien–Berlin 1934

Staehle, W.H. (*Management*), Management, München 1980

Staehle, W.H. & Grabatin, G. (*Effizienz*), Effizienz von Organisationen, in: DBW 1979, 39, S. 89–102

Stagner, R. (*Decision Making*), Corporate decision making, in: Journal of Applied Psychology 1969, 53, S. 1–13

Stalp, H.-G. (*Geschäftseinheiten*), Strategische Geschäftseinheiten?, in: ZfB 1978, 48, S. 919–924

Starbuck, W.H. (*Organizations*), Organizations and their environments in: Dunnette, M.D. (ed.), Handbook of industrial and social psychology, Chicago 1976, S. 1069–1124

Starbuck, W.H. (*Congealing*), Congealing oil: Inventing ideologies to justify acting ideologies out, in: JMSt 1982, 19, S. 3–28

Starbuck, W.H. & Hedberg, B.L.T. (*Saving*), Saving an organization from a stagnating environment, in: Thorelli, H.H. (ed.), Strategy + structure = performance, Bloomington–London 1977, S. 249–258

Staudt, E. (*Planung*), Planung als „Stückwerktechnologie“, Göttingen 1979

Staw, B.M. (*Rationality*), Rationality and justification in organizational life, in: Staw, B.M. & Cummings, L.L. (eds.), Research in Organizational Behavior, Vol. 2, Greenwich/Connecticut 1980, S. 45–80

Staw, B.M. (*Muddy*), Knee-deep in the big muddy: A study of escalating commitment to a chosen course of action, in: OBHP 1976, 16, S. 27–44

Staw, B.M. & Ross, J. (*Commitment*), Commitment to a policy decision: A multi-theoretical perspective, in: ASQ 1978, 23, S. 65–90

Steiner, G.A. (*Planning*), Top management planning, London 1969

Steiner, G.A. (*Rise*), Rise of the corporate planner, in: HBR 1970, 48, Nr. 5, S. 133–139

Steiner, G.A. (*Pitfalls*), , Pitfalls in comprehensive long-range planning, Oxford 1972

Steiner, G.A. (*United States*), Formal strategic planning in the United States today, in: LRP 1983, 16, Nr. 3, S. 12–17

Steiner, G.A. & Miner, J.B. (*Policy*), Management policy and strategy, 2nd ed., N.Y. 1982

Steiner, P.O. (*Mergers*), Mergers: Motives, effects, policies, Ann Arbor 1975

Steinmann, H. (*Großunternehmen*), Das Großunternehmen im Interessenkonflikt, Stuttgart 1969

Steinmann, H. (*Lehre*), Zur Lehre der „Gesellschaftlichen Verantwortung der Unternehmensführung", in: WiSt 1973, 2, S. 467–472

Steinmann, H. (*Verbraucherschutz*), Verbraucherschutz und Unternehmerverantwortung, in: Dichtl, E. (Hrsg.), Verbraucherschutz in der Marktwirtschaft, Berlin 1975, S. 129–146

Steinmann, H. (*Betriebswirtschaftslehre*), Betriebswirtschaftslehre als normative Handlungswissenschaft, in: ders. (Hrsg.), Betriebswirtschaftslehre als normative Handlungswissenschaft, Wiesbaden 1978, S. 73–102

Steinmann, H. (*Management-Prozeß*), Der Management-Prozeß und seine Problemschwerpunkte, Einführung zu: ders. (Hrsg.), Planung und Kontrolle, München 1981, S. 1–19

Steinmann, H. & Gerum, E. (*Reform*), Reform der Unternehmensverfassung, Köln u.a. 1978

Steinmann, H., Böhm, H. & Schreyögg, G. (*Grundlagen*), Grundlagen der betriebswirtschaftlichen Führungslehre, 2. Aufl., FfM 1981

Steinmann, H., Schreyögg, G. & Dütthorn, C. (*Managerkontrolle*), Managerkontrolle in deutschen Großunternehmen – 1972 und 1979 im Vergleich, in: ZfB 1983, 53, S. 4–25

Steinmann, H., Böhm, H., Braun, W., Gerum, E. & Schreyögg, G. (*Praxis*), Betriebswirtschaftslehre und Praxis, in: Ulrich, H. (Hrsg.), Zum Praxisbezug der Betriebswirtschaftslehre, Bern–Stuttgart 1976, S. 51–92

Stevens, G. V. G. (*Determinants*), The determinants of investment, in: Dunning, J. H. (ed.), Economic analysis and the multinational enterprise, London 1974, S. 47–88

Stevenson, H. H. (*Strengths*), Defining strengths and weaknesses, in/ SMR 1976, 17, Nr. 3, S. 51–68

Stigler, G.J. (*Curve*), The kinky oligopoly demand curve and rigid prices, in: JPE 1947, 55, S. 444–446

Stigler, G.J. (*Organization*), The organization of industry, Homewood/Ill. 1968

Stone, C. (*Law*), Where the law ends, N.Y. u.a. 1975

Stonich, P.J. (*Rewards*), Using rewards in implementing strategy, in: SMJ 1981, 2, S. 345–352

Strasser, S., Eveland, J.D., Cummins, G., Deniston, O.L. & Romani, J.H. (*Conceptualizing*), Conzeptualizing the goal and system models of organizational effectiveness, in: JMSt 1981, 18, S. 321–340

Streißler, E. (*Kritik*), Kritik des neoklassischen Gleichgewichtsansatzes als Rechtfertigung marktwirtschaftlicher Ordnungen, in: Streißler, E. & Watrin, C. (Hrsg.), Zur Theorie marktwirtschaftlicher Ordnungen, Tübingen 1980, S. 38–69

Strigel, W.H. (*Planning*), Planning in West German industry, in: LRP 1970, 3, Nr. 1, S. 9–15

Stümke, W. (*Planung*), Strategische Planung bei der Deutschen Shell AG, in Steinmann, H. (Hrsg.), Planung und Kontrolle, München 1981, S. 331–347

Suffel, W. (*Widerstand*), Widerstand von Geschäftsbereichsleitern im Entwicklungsprozeß der strategischen Planung, FfM 1981

Sutton, C.J. (*Economics*), Economics and corporate strategy, Cambridge 1980

Szyperski, N. (*Setzen*), Das Setzen von Zielen – Primäre Aufgabe der Unternehmensleitung, in: ZfB 1971, 41, S. 639–670

Szyperski, N. (*Planungswissenschaft*), Planungswissenschaft und Planungspraxis, in: ZfB 1974, 44, S. 667–689

Szyperski, N. & Müller-Böling, D. (*Gestaltungsparameter*), Gestaltungsparameter der Planungsorganisation, in: DBW 1980, 40, S. 357–373

Szyperski, N. & Winand, U. (*Organisation*), Duale Organisation – Ein Konzept zur organisatorischen Integration der strategischen Geschäftsplanung, in: ZfbF 1979, 31, S. 195–205

Szyperski, N. & Winand, U. (*Grundbegriffe*), Grundbegriffe der Unternehmensplanung, Stuttgart 1980

Tannenbaum, A.S. (*Social Psychology*), Social psychology of the work group organization, Belmont–London 1966

Taylor, B. (*Dimensions*), New dimensions in corporate planning, in: LRP 1976, 9, Nr. 6, S. 80–106

Taylor, B. & Irving, P. (*Planning*), Organized planning in major U.K. companies, in: LRP 1971, 3, Nr. 4, S. 10–26

Taylor, D. (*Planning*), Strategic planning as an organizational change process – some guidelines from practice, in: LRP 1979, 12, Nr. 6, S. 43–53

Taylor, R.N. (*Aspects*), Psychological aspects of planning, in: LRP 1976, 9, Nr. 2, S. 66–74

Teece, D.J. (*Economies*), Economies of scope and the scope of the enterprise, in: Journal of Economic Behavior and Organization 1980, 1, S. 223–245

Tenbruck, F.H. (*Kritik*), Zur Kritik der planenden Vernunft, Freiburg–München 1972

Teubner, G. (*Rationalität*), Reflexive Rationalität des Rechts, EUI Working Paper Nr. 13, Florenz 1982

Thanheiser, H.T. (*Strategy*), Strategy and structure of German industrial enterprise, Unpubl. Doct. Diss. Cambridge/Mass. 1972

Thanheiser, H.T. & Patel, P. (*Planung*), Strategische Planung in diversifizierten Unternehmen, Wiesbaden–Fontainebleau 1977

Thomas, K. (*Situation*), Die betriebliche Situation der Arbeiter, Stuttgart 1964

Thompson, J.D. (*Organizations*), Organizations in action, N.Y. 1967

Thompson, J.D. & Tuden, A. (*Strategies*), Strategies, structures, and processes of organizational decisions, in: Thompson, J.D. et al. (eds.), Comparative studies in administration, Pittsburgh 1967, S. 195–216

Thonet, P.J. (*Managerialismus*), Managerialismus und Unternehmenserfolg, Diss. Saarbrücken 1977

Tilles, S. (*Strategy*), How to evaluate corporate strategy, in: HBR 1963, 41, Nr. 4, S. 111–121

Tilles, S. (*Making*), Making strategy explicit in: Ansoff, H.I. (ed.), Business strategy, Harmondsworth 1969, S. 180–209

Töpfer, A. (*Entwicklungsstand*), Zum Entwicklungsstand von Planungs- und Kontrollsystemen in der deutschen Industrie. Ergebnisse einer empirischen Untersuchung, in: Wild, J. (Hrsg.), Unternehmensplanung, Reinbek b. Hamburg 1975, S. 169–194

Toulmin, S. (*Uses*), The uses of argument, Cambridge 1958

Tourangeau, K.W. (*Management*), Strategy management, N.Y. u.a. 1981

Trevelyan, E.W. (*Process*), The strategic process in large, complex organizations, unpubl. Doct. Diss. Cambridge/Mass. 1974

Tushman, M.L. (*Approach*), A political approach to organizations: A review and rationale, in: AMR 1977, 2, S. 206–216

Twiss, B. (ed.) (*Forecasting*), Social forecasting for company planning, London 1982

Ulrich, H. (*Unternehmungspolitik*), Unternehmungspolitik, Bern–Stuttgart 1978

Utterback, J.M. (*Forecasting*), Environmental analysis and forecasting, in: Schendel, D.E. & Hofer, C.W. (eds.), Strategic management, Boston–Toronto 1979, S. 134–144

Vancil, R.F. (*Formulation*), Strategy formulation in complex organizations, in: SMR 1976, 17, S. 1–18

Vancil, R.F. & Lorange, P. (*Planning*), Strategic planning in diversified companies, in: HBR 1975, 53, Nr. 1, S. 81–90

Vente, R. (*Zielplanung*), Zielplanung – Zwei Plädoyers für eine erweiterte Rationalität, Baden-Baden 1971

Vernon, J.M. (*Structure*), Market structure and industrial performance: A review of statistical findings, Boston 1972

Viehweg, T. (*Topik*), Topik und Jurisprudenz, München 1953

Walton, C.C. (*Responsibility*), Corporate social responsibility, Belmont/Calif. 1967

Wamsley, G.L. & Zald, M.N. (*Economy*), The political economy of public organizations, Lexington/Mass. 1973

Weber, M. (*Wirtschaft*), Wirtschaft und Gesellschaft, 2 Bde., 3. Aufl., Tübingen 1947

Weber, M. (*Ethik*), Die protestantische Ethik, 2 Bde., Hamburg 1972

Weick, K.E. (*Organizing*), The social psychology of organizing, 1st ed., Reading/Mass. 1969, 2nd ed. 1979

Weick, K.E. (*Design*), Organization design: Organizations as self-designing systems, in: OD 1977, 6, Nr. 2, S. 31–46

Weiner, N. & Mahoney, T.A. (*Model*), A model of corporate performance as a function of environmental, organizational, and leadership influences, in: AMJ 1981, 24, S. 453–470

Welters, K. (*Horizontschließung*), Zum Problem der Horizontschließung in unbegrenzten Planungsräumen, Diss. Köln 1974

Welters, K. (*Problembegriff*), Zum Problembegriff einer Theorie strategischer Unternehmensplanung, in: ZfO 1978, 47, S. 135–142

Weyermann, M. & Schönitz, H. (*Grundlegung*), Grundlegung und Systematik einer wissenschaftlichen Privatwirtschaftslehre und ihre Pflege an Universitäten und Fach-Hochschulen, Karlsruhe 1912

Wheelwright, S.C. (*Analysis*), Experimental analysis of strategic planning procedures, in: Journal of Business Policy 1973, 3, S. 61–74

Wiethölter, R. (*Interessen*), Interessen und Organisationen der Aktiengesellschaft im amerikanischen und deutschen Recht, Karlsruhe 1961

Wild, J. (*Grundlagen*), Grundlagen der Unternehmungsplanung, 3. Aufl., Opladen 1980

Wildavsky, A. (*Budgeting*), Budgeting as a political process, in: Sills, D.L. (ed.), The international encyclopedia of the social sciences, N.Y. 1968, S. 192–199

Wildavsky, A. (*Rescuing*), Rescuing policy analysis from PPBS, in: PAR 1969, 29, S. 189–202

Wildavsky, A. (*Organization*), The self-evaluating organization, in: PAR 1972, 32, S. 509–520

Wildavsky, A. (*Planning*), If planning is everything, maybe it's nothing, in: PS 1973, 4, S. 127–153

Wildavsky, A. (*Policy Analysis*), Policy analysis is what information systems are not, in: AOS 1978, 3, S. 77–88

Wildavsky, A. (*Information*), Information as an organizational problem, in: JMSt 1983, 20, S. 29–40

Wilde, K.D. (*Prognosen*), Langfristige Prognosen in der strategischen Planung, in: ZfB 1982, 52, S. 923–941

Willke, H. (*Problem*), Zum Problem der Integration komplexer Sozialsysteme. Ein theoretisches Konzept, in: Kölner Zeitschrift für Soziologie und Sozialpsychologie 1978, 30, S. 228–252

Williamson, O.E. (*Economics*), The economics of discretionary behavior: Managerial objectives in a theory of the firm, Englewood Cliffs, N.J. 1964

Williamson, O.E. (*Control*), Corporate control and business behavior, Englewood Cliffs, N.J. 1970

Williamson, O.E. (*Discretion*), Managerial discretion, organization form, and the multi-division hypothesis, in: Marris, R. & Wood, A. (eds.), The corporate economy, London 1971, S. 343–386

Williamson, O.E. (*Integration*), The vertical integration of production: Market failure considerations, in: AER 1971, 61, P. & P., S. 112–123

Williamson, O.E. (*Markets*), Markets and hierarchies: Analysis and antitrust implications, N.Y. 1975

Williamson, O.E. (*Emergence*), Emergence of the visible hand: Implications for industrial organization, in: Chandler, A.D. & Daems, H. (eds.), Managerial hierarchies, Cambridge/Mass. 1980, S. 182–202

Williamson, O.E. (*Corporation*), The modern corporation: Origins, evolution, attributes, in: JEL 1981, 19, S. 1537–1568

Wilson, J.Q. (*Innovation*), Innovation in organization: Notes toward a theory, in: Thompson, J.D. (ed.), Approaches to organizational design, Pittsburgh 1966, S. 193–218

Wilson, I.H., George, W. & Solomon, P.J. (*Planning*), Strategic planning for marketers, in: Business Horizons 1978, Vol. 21,

Witte, E. (*Phasen-Theorem*), Phasen-Theorem und Organisation komplexer Entscheidungsverläufe, in: ZfbF 1968, 20, S. 625–647

Witte, E. (*Mikroskopie*), Mikroskopie einer unternehmerischen Entscheidung, in: IBM-Nachrichten 1969, 19, S. 490–495

Witte, E. (Hrsg.) (*Informationsverhalten*), Das Informationsverhalten in Entscheidungsprozessen, Tübingen 1972

Witte, E. (*Organisation*), Organisation für Innovationsentscheidungen: Das Promotorenmodell, Göttingen 1973

Wittek, B.F. (*Unternehmensführung*), Strategische Unternehmensführung bei Diversifikation, Berlin–N.Y. 1980

Woo, C.Y. & Cooper, A.C. (*Case*), The surprising case for low market share, in: HBR 1982, 60, Nr. 6, S. 106–113

Wood, A. (*Analysis*), Economic analysis of the corporate economy: A survey and critique, in: Marris, R. & Wood, A. (eds.), The corporate economy, London 1971, S. 37–67

Woodward, S.N. (*Myth*), The myth of turbulence, in: Futures 1982, 14, S. 266–279

Wrapp, H.E. (*Organization*), Organization for long range planning, in: HBR 1957, 35, Nr. 1, S. 37–42

Wrapp, H.E. (*Managers*), Good managers don't make policy decisions, in: HBR 1967, 45, Nr. 5, S. 91–99

von Wright, G.H. (*Erklären*), Erklären und Verstehen, übers. a.d. Engl., FfM 1974

Wrigley, L. (*Autonomy*), Divisional autonomy and diversification, Unpubl. Doct. Diss. Cambridge/Mass. 1970

Wöhe, G. (*Einführung*), Einführung in die Allgemeine Betriebswirtschaftslehre, 13. Aufl., München 1978

Yarrow, G.K. (*Predictions*), On the predictions of managerial theories of the firm, in: JIE 1976, 24, S. 267–279

Yip, G.S. (*Entry*), Diversification entry: Internal development versus acquisition, in: SMJ 1982, 3, S. 331–345

Zahn, E. (*Planung*), Strategische Planung zur Steuerung der langfristigen Unternehmensentwicklung, Berlin 1979

Zahn, E. (*Entwicklungstendenzen*), Entwicklungstendenzen und Problemfelder der strategischen Planung, in: Bergner, H. (Hrsg.), Planung und Rechnungswesen in der Betriebswirtschaftslehre, Berlin 1981, S. 145–190

Zaleznik, A. (*Power*), Power and politics in organizational life, in: HBR 1970, 48, Nr. 3, S. 47–60

Zander, A. (*Making*), Making groups effective, San Francisco u.a. 1982

Zangemeister, C. (*Werturteil*), Werturteil und formalisierte Planungsprozesse, in: ZfO 1973, 42, S. 217–223, S. 292–298

Zeitlin, M. (*Ownership*), Corporate ownership and control: The large corporations and the capitalist class, in: American Journal of Sociology 1974, 79, S. 1073–1119

Zelger, J. (*Vorschriften*), 17 Vorschriften zur Vermeidung der ärgsten Verwirrungen beim Gebrauch des Wortes „Macht", in: Conceptus 1972, 6, S. 51–68

Zohlnhöfer, W. (*Wettbewerbspolitik*), Wettbewerbspolitik im Oligopol. Erfahrungen der amerikanischen Antitrustpolitik, Basel–Tübingen 1968

Sachregister

AGIL-Schema 250
Aktionsspielraum s. Handlungsspielraum
Alternativen
– bewertung 121 ff., 176, 229, 282
– generierung 165, 264, 279
Ambiguität 202 ff., 206, 241
Anpassung 49 f., 260 f., 266
„Arme Hunde" 94, 115, 120
Auslandsinvestition 169 ff., 200
Autonomie, regulierte 267

Basisstrategien nach Porter 98 f.
BCG-Matrix 92 ff., 115, 117
Branchenanalyse s. Marktanalyse
Budgetierung 127, 164 f., 199, 207, 241

„Cash-Kühe" 94, 115
Chicago-Schule 7, 30, 56
Commitment 159, 176
content approach 145
Cross-Impact-Analyse s. Interaktions-Analyse

Daumenregeln 157, 165, 281
Deskriptive Strategieanalyse 141 ff.
Determinismus 8 ff., 11
Dialektische Planung 106, 283 f.
Dialog 283 f.
Differenzierungsstrategie 99
disjointed incrementalism s. Inkrementale Planung
Diversifikation 5, 23 f., 31, 53, 61, 64 ff., 71, 75, 99 f., 114, 116, 118 f., 130
Divisionale Organisation 46 ff., 68 f., 130, 175, 239 f.

Eigentümerkontrolle s. Managerkontrolle
Entscheidungen unter Ungewißheit 32, 34, 164 f., 183 f.
Entscheidungsarena 204
Entscheidungsspielraum s. Handlungsspielraum
Entscheidungsverhalten 155 ff.
Erfahrungskurve 30, 92, 98, 120

Fallstudien 141 f., 281
Faktormärkte 109 f.
Finanzkraft 23 ff., 30

„Fit-Modelle" s. Kontingenztheorie der Planansatzwahl
Fixkosten 70
Fokusstrategie 99, 120
„Fragezeichen" 94, 115
Funktionale Äquivalente 53, 233, 271, 277, 279
Funktionale Organisation 45, 47, 61

Gesamtwirtschaftliche Effizienz 55 ff.
Gesellschaftlich-verantwortliche Unternehmensführung 57, 86 f.
Gewinnmaximierung 9, 12 f., 15, 33, 39, 40, 42, 43, 46, 48, 86
Globale Umwelt 101 ff.
„Gruppendenken" 161
Gruppenentscheidung 160 ff.

Handlungsdeutung 152, 202
Handlungsspielraum 7, 16 f., 23, 25, 28, 31, 40, 44, 46, 48 f., 52, 63, 69, 86, 147, 178 f., 182, 244, 249, 253, 258, 271, 275
Handlungswissenschaften 276
Hierarchische Unternehmensplanung 126 f., 244, 253

Idealwissenschaft 277
„Ideologien" s. Mythen
Indeterminiertheit 13, 34, 275
„Industrial Organization" 50 ff., 110
Inkrementale Planung 136 f., 213, 221 ff., 230 ff., 238 f., 242, 271, 272, 274
Insider Handel 42
Innovation 33, 225, 232, 241, 260 ff.
Integration
– vertikale 60 f., 71
– Vorwärts- 62, 118
– Rückwärts- 62, 118
– organisatorische 266 f.
– des strategischen Prozesses 268 f.
Interaktions-Analyse 104 ff., 135
Inter-Gruppen-Konflikte 162
Interorganisationale Beziehungen 167, 190 f., 207
Invarianzen 275 f.
Investitionsplanung 77, 173 ff., 257

Kampfspiel-Paradigma 143, 177 ff., 227, 258 f., 262
Kapitalallokation, interne 46, 47, 69, 173
Kapitalintensität 70, 111
Kapitalmarkt 38, 40 ff., 44, 45, 46, 49
Koalition
– Firma als 163
– Teilnehmer 163, 199
– Verhandlungen 164 ff., 190 f., 237
Konstruktionswissen 279
Komplexität 165, 248 ff., 270, 279
Konditionalprogramme 265
Kontingenz s. Indeterminiertheit
Konzentrationskoeffizient 18
Konzentrationsrate 18 ff., 110
Kooptation 168
Kontingenzplan 123 f., 131
Kontingenztheorie der Planansatzwahl 230 ff.
Konsens 227, 229, 266, 272
Kontrollverlust 35, 45, 183
Kostenführerschaft 98 f., 119

Langfristige Unternehmensplanung 77
LCAG-Schema 83 f., 121, 147
Legitimität 184 f.
Lernfähigkeit, organisationale 262 f.
Logischer Inkrementalismus 239 ff., 268 ff.
Lückenanalyse 114 ff.

Macht
– der Abnehmer 111
– der Lieferanten 110 f.
– der Unternehmung 24 f.
– von „Spielern" 184 f.
Machtelite 186, 189
Management by Objectives 266
Managerialismus 35, 37, 45 f., 63
Managerkontrolle 36 f., 43, 63
Marktattraktivität 95 ff.
Marktanalyse 107 ff.
Marktanteil 53, 56, 92 ff., 98, 117, 120
„Marktdurchdringung" 99 f., 117
„Marktentwicklung" 99 f., 118
Marktposition 95 ff.
Marktzutrittsschranken 29 ff., 49, 52, 64, 74, 110, 119
Marktwachstum 64, 92 ff., 118
Marktwachstums/Marktanteils-Matrix s. BCG-Matrix
Matrixorganisation 267
Mehrproduktunternehmen s. Diversifikation
Mengenanpasser 6
Methodik
– normativ-analytische 273 f.
– nomologische 274 f.
– funktionale 277 f.
Mindestgewinn 38 f., 41, 49, 86
Monopol 11 f.
Monopolistische Konkurrenz 27
muddling through s. Sich-Durchwursteln
„Mülleimer"-Entscheidungen 203 f.
Mythen 206, 208, 219

Normstrategien 94 ff., 116 ff., 145

Oligopol
– Begriff 12 f.
– empirische Relevanz 17 ff.
– Kooperation 15
– Märkte 69
– preistheorien 14 ff.
– Preisführerschaft 15 f.
Organisationsentwicklung 238
„Organisationslosigkeit" 35, 252 f.
Organisationsprozeß-Paradigma 143, 153 ff., 163, 192, 254, 260, 265
„Organisierte Anarchie" 143 f., 201 ff., 227

partisan mutual adjustment 190, 222, 227, 271
Partizipation am Planungsprozeß 131, 237 f., 259
Perzeptionsprozeß 158, 165
PIMS 93, 146
Planungskalender 128
Planungslogik s. Planungsrationalität
Planungsrationalität 79, 133, 138, 212, 231, 238, 251 ff., 273
Planungstechnologie 274
„Politische Prozesse" s. Kampfspiel-Paradigma
Portfolio
– Ist- 115
– Projektions- 115
– Ziel- 124
Portfolio-Analyse 72, 73, 76, 92 ff.
Praktische Planungsrationalität 272
Prämissen der Strategie 84, 86 ff.
Problemdefinition 114 ff., 157, 165, 179, 202, 267
Produktdifferenzierung 26 ff., 31, 49, 99
Produktlebenszyklus 97, 107 f., 119 f.
Produkt/Markt-Matrix 99 f., 117 f.

Professionalisierung des Managements s. Managerialismus
Programmplanung 124 ff., 133, 135, 247
Prognose 72 ff., 102, 107 ff., 122, 133
Prozeßmanagement 236
Prozeßrationalität 259 f.
Prozeßsteuerung 240, 262
„Psycho-Logik" 154

Rationalaktor-Paradigma 143, 151 ff.
Rationalität
- Begriff 214 f., 220, 226 ff., 243, 253, 258, 277
- individuelle Handlungs- 228, 244, 264, 281
- kollektive Handlungs- 228, 264
„Realitätsgehalt" 220
Rechtfertigungstendenz 159 f.
Reflexivität 266 f., 269
Relativismus 227 f.
Ressourcenallokation, empirische Studien 172 ff., 199 f.
Ressourcen-Analyse 111 ff., 117
Risiko 224 f., 232
ROI (Return on Investment) 47 f., 93, 269

Satisficing 36, 154, 156, 218, 260
Sektorale Analyse 102 ff.
Sich-Durchwursteln 221, 225 ff., 240
Skalenerträge 29 f., 92, 98
Slack 42, 44, 53, 164, 166, 241
„Spiel"
- Begriff 178 f., 258
- Macht 187 f.
- Regeln 189 f., 269
- Taktiken 190
- Teilnehmer 185 f.
standard operating procedures s. Daumenregeln
„Stars" 95, 115, 117
Stärken/Schwächen-Analyse 6, 16, 111 ff.
„state of the art"-Studien 144
stock options 42
Strategie
- Begriff 5, 87, 147 ff.
- Formulierung 84, 116
- Identifikation 89 ff.
- Implementation 78, 84, 124 ff., 234 ff.
- Visualisierung 92 ff.
- in „organisierten Anarchien" 206 ff.
- als Collage 179 f.
- als Ritual 208
- als Verhandlungsprozeß 168
- auf Geschäftsfeldebene 89 f., 97 ff., 116
- auf Unternehmensebene 89, 116
Strategietypen
- Marktanteilserhöhende 117 f.
- Wachstums- 118 f.
- Gewinn- 119
- Marktspezialisierungs- 120
- Sanierungs- 120
- Liquidations- 120
Strategische Analyse 89 ff.
Strategische Geschäftseinheiten 130
Strategische Geschäftsfelder 90, 130
Strategische Gruppen 32, 53 f., 146
Strategisches Management, Begriff 78
Strategische Kontrolle 78, 84, 131 f.
Strategische Wahl 114
„structure follows strategy"-These 128, 257 f.
Substitutionsprodukte 110
Synoptische Planungsrationalität 134 ff., 213 ff., 221, 230 ff., 238 f., 243, 245 ff., 251 ff., 268, 272, 273
Synthese 283 f.
Systemerhalt 249, 271 f., 278
Systemleistungen 249 ff., 264
Systemrationalität 243 ff., 273, 277, 280
Systemtheorie 244 f., 248 ff., 277, 279
Symbole 207 f.
Szenario 101, 105 ff.

Techne des Problemdenkens 281 ff.
Theorie des brauchbaren Entscheidens s. Satisficing
Topik 281 f.
Totalplan 78, 135, 247, 251, 265, 270
Transaktionskosten 56, 58 ff.

Überleben des Systems s. Systemerhalt
Übernahmedrohung 43 f.
Umweltanalyse 100 ff.
Umweltbeeinflussung 71, 107
Umweltturbulenz 72 f., 221, 231
Unternehmensgesamtplan s. Totalplan
Unternehmenskultur 206, 233
Unternehmensverfassung 57
Unvollkommene Information 32 f.

Vollkommene Konkurrenz 8 ff.

Wertsystem 84, 86, 122
Widerstand gegen Planung 235 f.
Wirkungsforschung 145
Wohlfahrtsverluste 56

Zeremonien s. Mythen
Ziel(e)
– anpassung 165
– bildung 36, 86ff., 133, 135, 154
– der Entscheidungsträger 86, 175f., 202
– klarheit 166, 183, 266
– konflikt 123, 154, 163, 176, 264
– Manager- 36ff.
– system 123, 221, 265
Zweck/Mittel-Prinzip 135, 244f., 251, 259, 271
Zweckprogramme 265, 275
Zweckrationalität s. Zweck/Mittel-Prinzip

www.ingramcontent.com/pod-product-compliance
Lightning Source LLC
LaVergne TN
LVHW010551300926
849162LV00002B/301